Ronald Gleich/Andreas Klein (Hrsg.)

Der Controlling-Berater
Band 2

Kostenmanagement in Krisenzeiten

Ronald Gleich/Andreas Klein (Hrsg.)

Der Controlling-Berater

Band 2

Andreas Klein (Band-Herausgeber)
Kostenmanagement in Krisenzeiten

Haufe Mediengruppe
Freiburg • Berlin • München

Bibliografische Information Der Deutschen Bibliothek

Die Deutsche Bibliothek verzeichnet diese Publikation in der Deutschen Nationalbibliografie; detaillierte bibliografische Daten sind im Internet über http://dnb.ddb.de abrufbar.

ISBN 978-3-448-09484-8   Bestell-Nr. 01401-5083

© 2009 Rudolf Haufe Verlag GmbH & Co. KG, Freiburg i. Br.

„DER CONTROLLING-BERATER" (CB)
Herausgeber: Prof. Dr. Ronald Gleich, Geisenheim, Prof. Dr. Andreas Klein, Worms.
Rudolf Haufe Verlag GmbH & Co. KG, Hindenburgstr. 64, 79102 Freiburg.
Fachbeirat: Dr. Michael Kieninger, Gemmrigheim, Dr. Walter Schmidt, Berlin, Klaus Spitzley, Weikersheim, Prof. Dr. Karl Zehetner, Wien.
Geschäftsführung: Martin Laqua, Markus Reithwiesner.
Beiratsvorsitzende: Andrea Haufe.
Redaktionsteam: Dipl.-Betriebswirt (FH) Günther Lehmann (verantwortlich i.S.d.P.), Dipl.-Verw.Ök. (FH) Bianca Katschek, Ellen Hamacher (Assistenz). Erscheint 5-mal pro Jahr (inkl. Haufe Controlling Office Online und Kundendienstleistungen). Preis für das Abonnement („Der Controlling-Berater") je Band 49,80 Euro zuzüglich Versandspesen.
Druckvorstufe: Reemers Publishing Services GmbH, Luisenstraße 62, 47799 Krefeld.
Druck: Schätzl Druck & Medien, 86609 Donauwörth.

Alle Rechte, auch die des auszugsweisen Nachdrucks, der fotomechanischen Wiedergabe (einschließlich Mikrokopie) sowie die Auswertung durch Datenbanken, vorbehalten.

Zur Herstellung dieses Buches wurde alterungsbeständiges Papier verwendet.

Vorwort

Liebe Leserinnen und Leser,

die Wirtschaftskrise wird bis auf Weiteres das dominierende Thema in Controlling und Management bleiben. Controllerinnen und Controller sollten jedoch auch die Chancen sehen, die diese Krise bietet – auch ihre eigenen Chancen. Denn insbesondere die Controller sind gefordert und gefragt in Krisenzeiten. Vor allem anderen gilt es, intelligente Antworten auf die Herausforderungen zu finden.

Und hier zeigen sich Unterschiede. In Gesprächen mit Controllern und Managern in den letzten Monaten ergab sich für mich ein heterogenes Bild: Zwar dominieren die Schreckensmeldungen aus Banken, Automobil- und Maschinenbau – aber innerhalb derselben Branche gibt es einzelne Unternehmen, die signifikant weniger stark betroffen sind. Offensichtlich gibt es auch Managementmethoden und -instrumente, mit denen es Unternehmen gelingt, sich zumindest ein Stück weit aus dem allgemeinen Abwärtsstrudel herauszuhalten. In diesem Band gibt Ihnen das CB-Team Handlungsanleitungen für intelligente Antworten auf sinkende Umsätze und negative Cashflows.

Einen grundlegenden Einstieg in die Thematik liefern Alexander Sasse und Hans-Jürgen Stein in *„Krisenprävention durch integrierte Unternehmenssteuerung"*. Wesentliche Fragen sind: Wie kündigen sich Krisen im Unternehmen an? Wie sollte eine integrierte Unternehmenssteuerung strukturiert sein und wie wirkt sie in Krisenzeiten?

Doch wie ist operativ zu reagieren, wenn die Umsätze wegbrechen? Zum einen sind „QuickWins" zu realisieren, aber auch für längerfristige Maßnahmen müssen frühzeitig die Weichen gestellt werden. Reinhard Bleiber greift beide Fragestellungen in seinen Beiträgen *„Einsparpotenziale ausschöpfen und Kosten senken"* und *„Mittelfristige Einsparpotenziale im Unternehmen"* auf. Für jedes Themengebiet hat er unmittelbar umsetzbare Einsparungsmaßnahmen zusammengetragen.

In Krisenzeiten ist die Liquidität letztendlich DAS Entscheidungskriterium. Ralf Dillerup beschreibt in dem Beitrag *„Liquiditätssteuerung in der Wirtschaftskrise – Cash is King"* die Möglichkeiten, um die Zahlungsfähigkeiten zu sichern.

Im Abschnitt **Umsetzung & Praxis** greifen wir kritische Aufgabenschwerpunkte auf und stellen Ihnen praxiserprobte Konzepte vor:

- Reinhard Bleiber setzt sich mit effizienten Konzepten im Rahmen der Personalarbeit auseinander.

- Wie sich Verwaltungsbereiche transparenter gestalten lassen, zeigt Marion Kellner-Lewandowsky in ihrem Beitrag „*Gemeinkostenmanagement – Kosten in Verwaltungs- und Servicebereichen steuern*".
- Einen Kostenschwerpunkt stellen in vielen Unternehmen Forschung und Entwicklung dar. Wie damit umgehen? Die Möglichkeiten reichen von „Einstellen" bis „Weiter wie bisher". Matthias Schmitt zeigt in „*Forschung und Entwicklung in Krisenzeiten*", wie grundsätzlich verfahren werden sollte. Diese Ausführungen werden durch ein Praxisbeispiel von Hubert Gebauer in „*F+E-Controlling bei Giesecke & Devrient*" ergänzt.
- Gerade in schlechten Zeiten vermehren sich die teuren Produktvarianten. Hier kann der Beitrag von Harald Schnell und André Lüttich „*Variantenmanagement: Nur wer die Kosten kennt, kann die Komplexität beherrschen*" nachhaltige Unterstützung bieten. Die Autoren stellen ein praxiserprobtes Konzept vor, das den Aufwand gegenüber einer Prozesskostenrechnung drastisch reduziert.
- Auch schlechte Nachrichten müssen kommuniziert werden. In „*Erfolgreiche Zusammenarbeit zwischen Manager und Controller*" zeigt Marion Kellner-Lewandowsky, wie gegenseitige Schuldzuweisungen vermieden und eine konstruktive Zusammenarbeit ermöglicht werden.

In der Rubrik **Organisation & IT** finden Sie folgende Inhalte:

- Benjamin Kreisler und Thomas Sima zeigen, wie „*Kostensenkungsprogramme in der Praxis*" sinnvollerweise umgesetzt werden sollten.
- Karsten Oehler erläutert die Anwendung von Business-Intelligence-Lösungen in „*Kostenrechnung mit OLAP: Verflachung oder Chance zur Flexibilisierung?*".
- Für kleinere Unternehmen beschreibt Hartmut Erb, wie sich Daten automatisiert aus unterschiedlichen Vorsystemen mithilfe von Access aufbereiten lassen, um anschließend in Excel ausgewertet werden zu können.

Es besteht ein breites Spektrum an Möglichkeiten zur Effizienzsteigerung in allen Unternehmensbereichen. Grundsätzlich gilt: Wirtschaftlich schwierige Zeiten sind Controller-Zeiten! Die Widerstände gegen unpopuläre Maßnahmen sind zu keiner Zeit geringer. Jetzt können Controller zeigen, dass sie wichtige und verlässliche Partner des Managements sind.

Wir wünschen Ihnen eine anregende Lektüre und viel Erfolg bei der Umsetzung!

Worms/Oestrich-Winkel im März 2009

Andreas Klein

Ronald Gleich

Inhalt

Kapitel 1: Standpunkt
Das Experten-Interview 15

Kapitel 2: Grundlagen & Konzepte
Krisenprävention durch integrierte Unternehmenssteuerung 21
Alexander Sasse, Hans-Jürgen Stein

Einsparpotenziale ausschöpfen und Kosten senken: Kurzfristig auf
die Krise reagieren! 39
Reinhard Bleiber

Mittelfristige Einsparpotenziale im Unternehmen: Die Krise für
die Zukunft nutzen! 55
Reinhard Bleiber

Liquiditätssteuerung in der Wirtschaftskrise – „Cash is King" 71
Ralf Dillerup

Kapitel 3: Umsetzung & Praxis
Kostensenkungsmaßnahmen in Krisenzeiten im Personalbereich ... 87
Reinhard Bleiber

Gemeinkostenmanagement – Kosten in Verwaltungs- und
Servicebereichen steuern 105
Marion Kellner-Lewandowsky

Forschung und Entwicklung in Krisenzeiten – Manövriermasse
oder unantastbarer strategischer Erfolgsfaktor? 129
Matthias Schmitt

F+E-Controlling bei Giesecke & Devrient 149
Hubert Gebauer

Variantenmanagement: Nur wer die Kosten kennt, kann die
Komplexität beherrschen! 167
Harald Schnell, André Lüttich

Erfolgreiche Zusammenarbeit zwischen Manager und Controller .. 183
Marion Kellner-Lewandowsky

Kapitel 4: Organisation & IT
Potenziale heben statt Personal abbauen: Kostensenkungsprogramme
in der Praxis 205
Thomas Sima, Benjamin Kreisler

Kostenrechnung mit OLAP: Verflachung oder Chance zur
Flexibilisierung? 227
Karsten Oehler

Mit Excel und Access Kennzahlen aus Vorsystemen generieren.... 261
Hartmut Erb

Kapitel 5: Literaturanalyse 281
Stichwortverzeichnis................................. 289

Die Autoren:

Dipl.-Kfm. Reinhard Bleiber
Ist seit vielen Jahren in der kaufmännischen Verantwortung mittelständischer Unternehmen tätig

Prof. Dr. Ralf Dillerup
Professor für Unternehmensführung und Controlling an der Hochschule Heilbronn und für Financial Management an der University of Louisville

Dipl.-Betriebswirt (FH) Hartmut Erb
Unternehmensberater mit Schwerpunkten bei der Einführung von Controlling-Lösungen bis hin zu OLAP-Datenbanken

Hubert Gebauer
Arbeitet bei Giesecke & Devrient und ist im Bereich „Cards & Services" für das F+E-Controlling international verantwortlich

Dipl.-Wirtschaftsinformatikerin Marion Kellner-Lewandowsky
Master der Organisationspsychologie, Managementtrainerin und -beraterin für Controlling und Organisationsentwicklung und stellvertretende Leiterin des AK Versorgungswirtschaft im ICV

Mag. Benjamin Kreisler
Managing Consultant bei Horváth & Partners am Standort Wien

Dipl.-Kfm., MBA, André Lüttich
Leiter des Entwicklungskosten-Controllings des Geschäftsbereiches Diesel Systems der Robert Bosch GmbH

Dr. Karsten Oehler
Leiter des Competence Centers Finance bei der Cognos GmbH in Frankfurt

Dr. Alexander Sasse
Partner bei der Concentro Management AG. Lehrbeauftragter an der Universität Erlangen-Nürnberg, an der Fachhochschule Nürnberg und an der European Business School (EBS)

Dr. Matthias Schmitt
Unternehmensberater und Interimsmanager in mittelständischen und Start-up-Unternehmen

Prof. Harald Schnell
Professor an der Hochschule Pforzheim für Controlling und Modernes Kostenmanagement

Mag. Thomas Sima
Geschäftsführer des Wiener Standortes von Horváth & Partners

Hans-Jürgen Stein
Berater bei der Concentro Management AG

Für Abonnenten des Controlling-Beraters inklusive: Haufe Controlling Office Online

Haufe Controlling Office Online bietet Ihnen ausführliche Informationen für alle Bereiche der zielorientierten Unternehmenssteuerung. Ob operatives und strategisches Controlling, Kostenrechnung, Risikomanagement oder Rating – hier finden Sie von Grundlagenwissen über vertiefende Fachbeiträge bis zu praxiserprobten Arbeitshilfen stets die passende Lösung. Es dient außerdem als Archiv der Beiträge Ihres Controlling-Beraters.

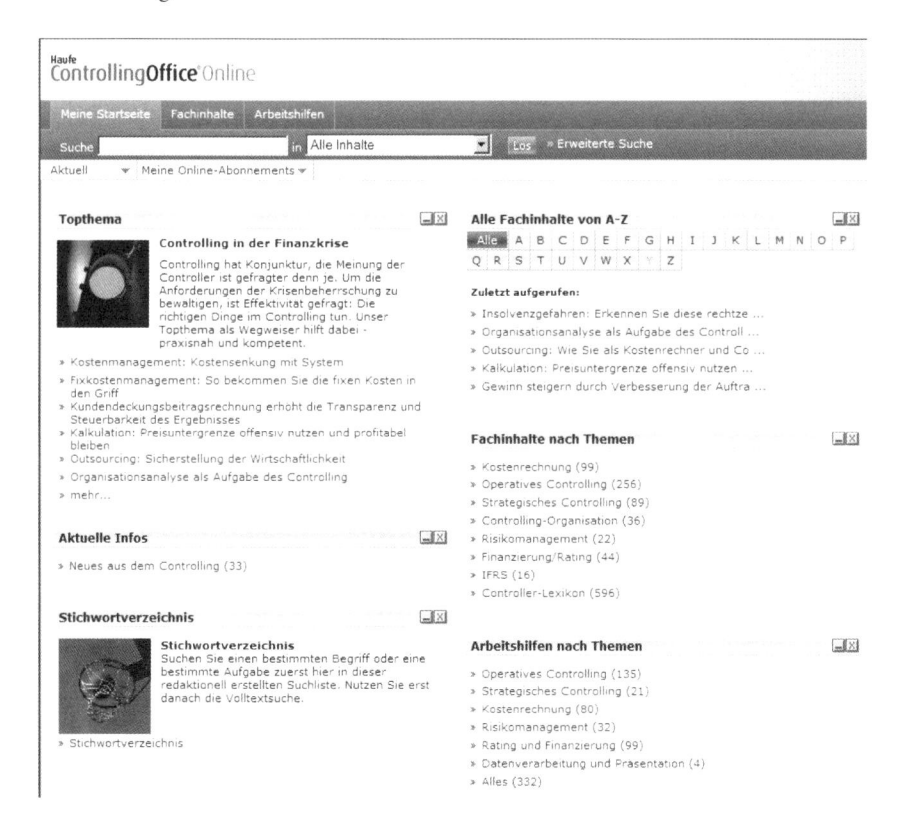

Ihr Zugang zu Haufe Controlling Office Online

Zur Registrierung bzw. Anmeldung gehen Sie dazu bitte auf www.haufe.de/controllerwissen. Den Link „Anmelden" finden Sie in der oberen Menüleiste ganz rechts (neben dem Link „Mein Konto").

(1) Wenn Sie noch nicht in unseren Portalen registriert sind, legen Sie bitte ein Haufe-Konto an (s. Abb. auf S. 12).

(2) Sind Sie bereits registriert, geben Sie zur Anmeldung einfach Ihre E-Mail-Adresse und Ihr Passwort ein. Starten Sie dann unter „Meine Online-Abonnements" in der gelben Leiste Ihr Haufe Controlling Office Online, das Profi-Informationssystem mit praktischen Arbeitshilfen für die Controller-Arbeit.

Tipp: Nähere Hinweise zum Umgang mit Haufe Controlling Office Online finden Sie im beiliegenden Kompakthandbuch.

Anmelden

Ich habe noch kein Haufe-Konto. (1) weiter

Ich habe bereits ein Haufe-Konto.
E-Mail Adresse:
Passwort: (2)
› Passwort vergessen
☑ Auf diesem Computer automatisch anmelden.
weiter

Wir wünschen Ihnen viel Erfolg bei Ihren täglichen Aufgaben und eine effektive Unterstützung durch Haufe Controlling Office Online.

Bei technischen Fragen helfen Ihnen unsere Experten gerne unter 01 80/51 21 117[*].

---

[*] 0,14 /Min. aus dem dt. Festnetz, abweichende Mobilfunkpreise. Ein Service von dtms.

Kapitel 1: Standpunkt

Das Experten-Interview zum Thema „Unternehmen in der Krise"

■ Interviewpartner

Prof. Dr. Henning Werner (henning.werner@fh-heidelberg.de) ist Dekan der Fakultät Wirtschaft der SRH Hochschule Heidelberg. Er ist Leiter des Studienschwerpunktfachs „Turnaround Management (Sanierung)". Vor seiner Berufung an die Hochschule war er u. a. als Mitglied der Geschäftsleitung bei einem mittelständischen Automobilzulieferer und als Finanzvorstand eines Technologieunternehmens tätig.

Das Interview führte CB-Herausgeber Prof. Dr. Andreas Klein.

Der Controlling-Berater: Wie beurteilen Sie die aktuelle Situation im deutschen Mittelstand?

Henning Werner: Nachdem wir in den letzten Jahren eine ständig sinkende Anzahl von Unternehmensinsolvenzen gesehen haben, werden wir nach den jüngsten Studienergebnissen der Creditreform einen drastischen Anstieg von Unternehmensinsolvenzen im Jahr 2009 zu verzeichnen haben. Nach 29.800 Unternehmensinsolvenzen im Jahr 2008 müssen wir im Jahr 2009 mit ca. 35.000 Unternehmensinsolvenzen rechnen.

Besonders drastisch wird dies eine unserer wichtigsten Branchen, die Automobilzulieferindustrie, treffen. Die Fahrzeughersteller mussten in den letzten Monaten dramatische Absatzeinbrüche hinnehmen. In der Folge wurden die Abrufzahlen bei den Zulieferern entsprechend reduziert. Vor dem Hintergrund der traditionell schwachen Eigenkapitalausstattung dieser Unternehmen gehe ich davon aus, dass wir zahlreiche Insolvenzen in diesem Bereich sehen werden.

Der Controlling-Berater: Haben hier die internen Risikomanagementsysteme bzw. die Controller bei der Früherkennung versagt?

Henning Werner: Zur Beantwortung dieser Frage ist es sicher wichtig, sich die Ursachen der aktuellen Krise vor Augen zu führen. Grundsätzlich lassen sich endogene und exogene Auslöser unterscheiden. Die Ursachen der aktuellen Krise sind sicher vorrangig im Umfeld der Unternehmen zu finden, also den exogenen Krisenfaktoren zuzuordnen. Insbesondere der durch die Finanzkrise ausgelöste weltweite Nachfragerückgang war in dieser Schärfe sicher kaum vorhersehbar. Darüber hinaus wird die Aufgabe der Controller in mittelständigen Unternehmen nach wie vor primär im Bereich des Kosten-Controllings gesehen. Demgegenüber ist der Umfang, in dem Markt- und Umfeldbeob-

Standpunkt

achtungen durchgeführt werden, eher begrenzt. Insofern ist es wenig verwunderlich, dass viele Unternehmen von der Geschwindigkeit dieser Entwicklung überrascht worden sind. Gleichwohl wäre es im Sinne eines ganzheitlichen Controlling-Ansatzes wünschenswert gewesen, über den Tellerrand des eigenen Unternehmens hinauszuschauen, um frühestmöglich auch exogene Risikofaktoren zu identifizieren und dadurch möglichst zeitnah reagieren zu können. Dies gilt insbesondere für Unternehmen, die Anfang 2008 noch in größerem Umfang Erweiterungsinvestitionen vorgenommen haben.

Der Controlling-Berater: Wenn es nun jedoch so weit gekommen ist, dass sich Krisensignale auch im eigenen Betrieb manifestieren, was ist denn Ihrer Meinung nach in dieser Situation zu tun? Was empfehlen Sie den Controllerinnen und Controllern?

Henning Werner: Welche Maßnahmen mit welcher Priorität umzusetzen sind, leitet sich aus dem Krisenstadium des jeweilgen Unternehmens ab. Grundsätzlich unterscheiden wir drei verschiedene Krisenstadien: Liquiditätskrise, Erfolgskrise, Strategiekrise.

In der Liquiditätskrise besteht die drohende oder akute Gefahr der Zahlungsunfähigkeit. In dieser Phase muss es vorrangig um die Verbesserung der Liquiditätsausstattung gehen. Unmittelbare Maßnahmen zur Liquiditätssicherung bestehen bspw. darin, ein Liquiditätsbüro einzurichten, in dem zur Vermeidung unnötiger Auszahlungen alle Bestellungen und Zahlungsfreigaben koordiniert werden.

Des Weiteren sind alle Auszahlungen, die nicht kurzfristig zur Umsatzgenerierung beitragen, zu kürzen. Ferner müssen Maßnahmen zur Liquiditätsverbesserung durch eine Working-Capital-Optimierung konsequent umgesetzt werden. Die zentralen Stellhebel zur Verringerung des Working Capitals und damit zur Verbesserung der Liquiditätsausstattung liegen in der Reduktion von Beständen, der Verringerung des Forderungsbestandes sowie der Erhöhung der Verbindlichkeiten aus Lieferungen und Leistungen.

Auch die Kunden können mitunter in die Maßnahmen zur Liquiditätssicherung einbezogen werden. So kommt den Fahrzeugherstellern aufgrund der gegenseitigen Abhängigkeiten in der Automobilindustrie bei der Bewältigung von Krisen ihrer Zulieferer eine besondere Bedeutung zu. Hier kommen Verkürzungen von Zahlungszielen, Anzahlungen auf Lieferungen und Leistungen, der Verzicht auf vertraglich vereinbarte Rabatte (Savings) oder sogar zeitlich befristete Teilepreiserhöhungen in Frage. Auch in Bezug auf Entwicklungsleistungen können die Kunden stärker in die Pflicht genommen werden, wenn es um die

Erstattung von Aufwendungen für Entwicklungsleistungen oder für Spezialwerkzeuge geht.

Begleitend ist darauf zu achten, dass in der Liquiditätskrise fortlaufend ein Liquiditätsstatus zu erstellen ist, in dem die vorhandenen liquiden Mittel und die fälligen Verbindlichkeiten gegenübergestellt werden. Ergibt sich aus diesem Liquiditätsstatus eine Liquiditätsunterdeckung, die in einem Zeitraum von drei Wochen nicht geschlossen werden kann, ist die Geschäftsführung grundsätzlich verpflichtet, einen Insolvenzantrag zu stellen. Zur Vermeidung von späteren Haftungsrisiken ist der Geschäftsführer oder Vorstand gut beraten, die Liquiditätsentwicklung geeignet zu dokumentieren, um sich gegen einen etwaigen späteren Vorwurf der Insolvenzverschleppung zu wehren.

Der Controlling-Berater: Und was raten Sie in den beiden übrigen Krisenphasen? Was ist zu tun, damit es erst gar nicht zur Liquiditätskrise kommt?

Henning Werner: In der Erfolgskrise geht es unter dem Stichwort „Performance Improvement" im Wesentlichen um die Frage, was man zur Ertragsverbesserung und Aufwandsverringerung tun kann. Das ist ja eigentlich das klassische Feld der Controller, wenngleich leider immer noch festgestellt werden kann, dass das Controlling vieler Krisenunternehmen mangelhaft ist, beispielsweise unzureichende Transparenz dahingehend besteht, welche Produktgruppen welche Ergebnisbeiträge liefern. Hier möchte ich mich darauf beschränken, auf die bereits hinreichend bekannten Instrumente wie Deckungsbeitragsrechnungen etc. zu verweisen. Daneben gilt es, sich den Bereichen zuzuwenden, die noch Ansatzpunkte für Effizienzverbesserungen bieten. Dies sind trotz aller Erfolge der Vergangenheit fraglos die Produktionsbereiche, aber m. E. wird man sich vor allem intensiv mit den Verwaltungsbereichen auseinanderzusetzen haben.

Demgegenüber kann der Beitrag der Controller zur Vermeidung von Strategiekrisen beispielsweise darin bestehen, eine stärkere Marktorientierung zu gewährleisten, Kunden und Lieferanten stärker in den Fokus zu nehmen – Stichwort: Supply-Chain-Controlling – sowie die nachhaltige Innovationsfähigkeit, aber auch die Effizienz der eingesetzten Entwicklungsbudgets zu gewährleisten. Denn die Gründe für das Entstehen von strategischen Krisen liegen häufig darin, dass Produkte am Markt vorbei entwickelt werden, die falschen Lieferanten ausgewählt werden bzw. keine ausgewogene Kundenstruktur besteht und damit gefährliche Abhängigkeiten bestehen.

Der Controlling-Berater: Wie können die Controller diese Krise als Chance für sich nutzen? Was sollten sie tun und was vermeiden?

Standpunkt

Henning Werner: Nun, in einer ganzen Reihe von Jahren kontinuierlichen Wachstums ging es primär darum, dieses Wachstum bei einer drastischen Zunahme der Modell- und Variantenvielfalt zu gewährleisten. Die nächsten Jahre wird es – wie schon gesagt – darum gehen, wieder zu striktem Kostenmanagement und Effizienzsteigerungen zurückzukehren. Auch ist es vor dem Hintergrund zunehmend engerer Margen und gestiegener Risiken z. B. aufgrund der höheren Volatilität der Beschaffungspreise unerlässlich, quasi auf „Knopfdruck" Wirtschaftlichkeitsbetrachtungen, z. B. auf Basis der Deckungsbeitragsrechnung, auf Produktebene durchführen zu können, um ggf. frühzeitig Verlustbringer zu identifizieren und gegensteuernde Maßnahmen einleiten zu können.

Für den zukünftigen Unternehmenserfolg ist somit das Controlling von zentraler Bedeutung. Die klassischen Optimierungskriterien produzierender Unternehmen lauten „Kosten", „Qualität" und „Termintreue". Aufgrund des Trends zu einer immer stärkeren Kundenindividualisierung hat die Modell- und Variantenvielfalt stetig zugenommen. Neben den genannten drei klassischen Optimierungskriterien spielt heute die „Flexibilität", d. h. die Fähigkeit, die gestiegene Modell- und Variantenvielfalt beherrschen und auf Nachfrageschwankungen flexibel reagieren zu können, eine immer größere Rolle. Um „Kosten", „Qualität", „Termintreue" und „Flexibilität" zu erreichen, ist operative Exzellenz erforderlich. Die konsequente Umsetzung von Lean-Production- und Lean-Management-Konzepten mit dem Fokus auf Wertstromoptimierung, Eliminierung von Verschwendung, Fließfertigung etc. ist dazu in der Serienfertigung unerlässlich. Die Controller werden nicht umhinkommen, sich mit derartigen Konzepten zukünftig auseinanderzusetzen.

Der Controlling-Berater: Vielen Dank für das anregende Gespräch!

Kapitel 2: Grundlagen & Konzepte

Krisenprävention durch integrierte Unternehmenssteuerung

- Unternehmenskrisen spielen sich auf rechtlichen und betriebswirtschaftlichen Ebenen ab.
- Durch integrierte Unternehmenssteuerung können Krisen erkannt und ihnen entgegengesteuert werden.
- Die Integration der Unternehmenssteuerung muss in zwei Dimensionen erfolgen.

Inhalt		Seite
1	Schwache Wirtschaftslage erfordert präventiven, integrierten Ansatz	22
2	Was ist eine Unternehmenskrise?	23
2.1	Betriebswirtschaftliche Krise	23
2.2	Rechtliche Krise	24
3	Was ist integrierte Unternehmenssteuerung?	26
3.1	Vertikale Integration	26
3.2	Horizontale Integration	28
4	Wie wirkt Unternehmenssteuerung in den Krisenphasen?	30
4.1	Strategische Krise	30
4.2	Ertragskrise	33
4.3	Liquiditätskrise	35
5	Fazit	37
6	Literaturhinweise	37

- **Die Autoren**

Dr. Alexander Sasse ist Partner bei der Concentro Management AG. Daneben ist er Lehrbeauftragter an der Universität Erlangen-Nürnberg, an der Fachhochschule Nürnberg und an der European Business School (EBS).

Hans-Jürgen Stein ist Berater bei der Concentro Management AG. Seine Schwerpunktthemen sind insbesondere die Restrukturierung/Sanierung und die Unternehmenssteuerung.

Grundlagen & Konzepte

1 Schwache Wirtschaftslage erfordert präventiven, integrierten Ansatz

Wirtschaftliche Lage verschlechtert sich

In den letzten Monaten überschlugen sich die Meldungen zur aktuellen und zukünftigen wirtschaftlichen Entwicklung. Ein sinkender Konsumklimaindex[1] sowie verschiedene Prognosen für ein stark negatives Wirtschaftswachstum[2] stellen anspruchsvolle Herausforderungen an alle Teilnehmer des Wirtschaftslebens. Aufgrund dieser Prognosen wird entgegen den Entwicklungen der letzten Jahre wieder mit einer steigenden Zahl an Unternehmenskrisen und -insolvenzen gerechnet.[3]

Fragen, die sich Unternehmer in diesen Zeiten stellen, wie

- „Was schützt vor der Insolvenz?" bzw.
- „Wie kann ich mein Unternehmen gegen die Krise rüsten?",

Fehlendes Controlling als Ursache von Krisen

werden in einer Studie, die unter Insolvenzverwaltern durchgeführt wurde, beantwortet.[4] Einer der Hauptgründe für Insolvenzen ist danach ein unzureichendes oder gar fehlendes Controlling – genannt von 79 % der Teilnehmer.

Viele weitere genannte Ursachen könnten durch ein adäquates Controlling, nämlich eine integrierte Unternehmenssteuerung, abgemildert oder schneller beseitigt werden. Zum Beispiel fordern Geldgeber oft eine Unternehmensplanung zur Gewährung von Krediten oder die Sinnhaftigkeit von Investitionen kann mit einer Planung verprobt werden. So können Investitionsfehler oder unkontrollierte Investition und Expansion vermieden werden.

Im Folgenden werden die Charakteristiken von Krisen wirtschaftlicher und rechtlicher Natur beschrieben, um nach einer Darstellung der integrierten Unternehmenssteuerung zu zeigen, wie diese bei der Krisenprävention wirken kann.

---

[1] Vgl. hierzu die Pressemitteilungen der Gesellschaft für Konsumforschung (GFK) auf www.gfk.de.
[2] DIW (2009), S. 2.
[3] Creditreform (2008), S. 2.
[4] Euler Hermes (2006), S. 20.

Integrierte Unternehmenssteuerung

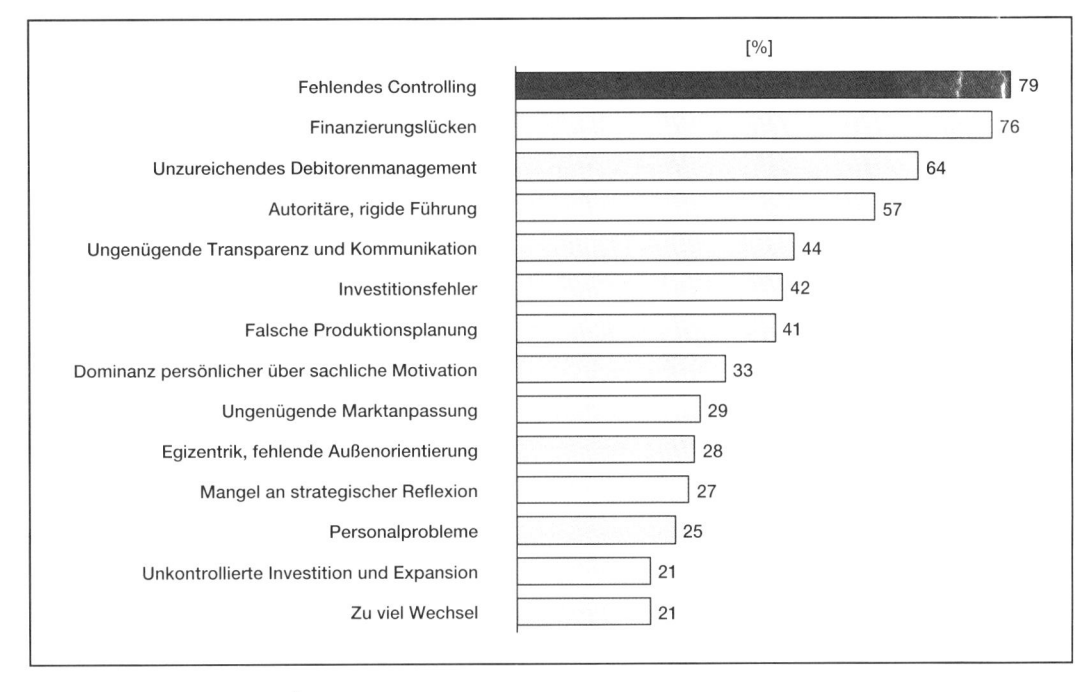

Insolvenzursache	[%]
Fehlendes Controlling	79
Finanzierungslücken	76
Unzureichendes Debitorenmanagement	64
Autoritäre, rigide Führung	57
Ungenügende Transparenz und Kommunikation	44
Investitionsfehler	42
Falsche Produktionsplanung	41
Dominanz persönlicher über sachliche Motivation	33
Ungenügende Marktanpassung	29
Egizentrik, fehlende Außenorientierung	28
Mangel an strategischer Reflexion	27
Personalprobleme	25
Unkontrollierte Investition und Expansion	21
Zu viel Wechsel	21

Abb. 1: Insolvenzursachen[5]

2 Was ist eine Unternehmenskrise?

2.1 Betriebswirtschaftliche Krise

Die betriebswirtschaftliche Krise beschäftigt sich mit den Phasen des Unternehmensumbruchs bis zur finalen Krisensituation. In der Fachliteratur sind verschiedene Verlaufs- und Phaseneinteilungen von Krisen vorhanden.[6] Ein oft verfolgter und zitierter Ansatz ist der Krisenverlauf nach *Müller*[7] (vgl. Abb. 2). Die Krise wird unterteilt in die zeitlich aufeinanderfolgenden Phasen

Krisenverlauf

- strategische Krise,
- Erfolgskrise,
- Liquiditätskrise und
- Insolvenz.

In der strategischen Krise werden die notwendigen Schritte zur Hebung zukünftiger Erfolgspotenziale falsch oder gar nicht gesetzt. Die Erfolgskrise lässt sich daran bemessen, dass Ertragsziele des Unternehmens nicht

---
[5] Euler Hermes (2006), S. 20.
[6] Eine Aufstellung findet sich bei Krystek/Moldenhauer (2006), S. 35.
[7] Vgl. Müller (1986), S. 25 ff.

Grundlagen & Konzepte

erreicht werden können. In der Liquiditätskrise drohen sich die Tatbestände einer Insolvenz zu erfüllen, d.h., das Unternehmen droht zahlungsunfähig zu werden bzw. eine Überschuldung zu durchleiden. Die Nichtabwendung der Liquiditätskrise führt letztendlich zur Insolvenz.

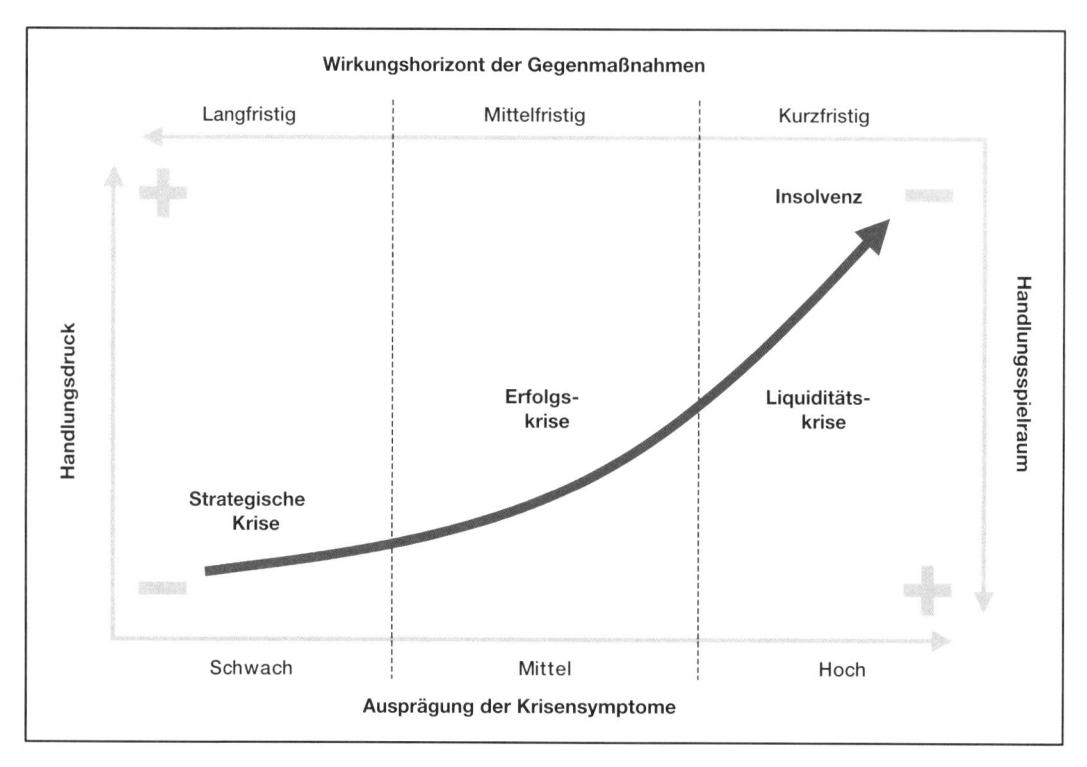

Abb. 2: Krisenverlauf[8]

2.2 Rechtliche Krise

Insolvenz — Der rechtliche Krisenbegriff setzt dort an, wo die betriebswirtschaftlichen Modelle aufhören. Im Wesentlichen wird der rechtliche Tatbestand der Insolvenz geprüft.

Für die Eröffnung einer Insolvenz muss zwingend ein Insolvenzeröffnungsgrund (vgl. Abb. 3) gegeben sein.[9]

---

[8] Müller (1986), S. 53.
[9] Vgl. §§ 16 InsO; Insolvenzgründe: §§ 17–19 InsO.

Integrierte Unternehmenssteuerung

§ 16 InsO Insolvenzeröffnungsgründe		
§ 18 InsO **Drohende Zahlungsunfähigkeit**	**§ 17 InsO** **Zahlungsunfähigkeit**	**§ 19 InsO** **Überschuldung**
Der Schuldner droht zahlungsunfähig zu werden, wenn er voraussichtlich nicht in der Lage sein wird, die bestehenden Zahlungsverpflichtungen im Zeitpunkt der Fälligkeit zu erfüllen	» Der Schuldner ist zahlungsunfähig, wenn er nicht in der Lage ist, die fälligen Zahlungsverpflichtungen zu erfüllen. » Zahlungsunfähigkeit ist in der Regel anzunehmen, wenn der Schuldner seine Zahlungen eingestellt hat	**vor FMStG** (bis 17.10.2008, ab 01.01.2011): » Überschuldung liegt vor, wenn das Vermögen des Schuldners die bestehenden Verbindlichkeiten nicht mehr deckt. » Bei der Bewertung des Vermögens des Schuldners ist die Fortführung des Unternehmens zugrunde zu legen, wenn diese nach den Umständen überwiegend wahrscheinlich ist **FMStG** (18.10.2008 - 31.12.2010) » Überschuldung liegt vor, wenn das Vermögen des Schuldners die bestehenden Verbindlichkeiten nicht mehr deckt, es sei denn, die Fortführung des Unternehmens ist nach den Umständen überwiegend wahrscheinlich

Abb. 3: Insolvenzeröffnungsgründe[10]

Die Pflicht zur Insolvenzantragsstellung ergibt sich lediglich aus der Zahlungsunfähigkeit und der Überschuldung.[11]   Insolvenzgründe

- Zahlungsunfähigkeit bedeutet, dass das Unternehmen aktuell nicht mehr in der Lage ist die Zahlungen zur Fälligkeit zu bedienen.[12]
- Die drohende Zahlungsunfähigkeit bildet ein Insolvenzantragsrecht. Hierbei hat ein Vertretungsberechtigter des Schuldners die Möglichkeit Insolvenzantrag zu stellen, sofern absehbar ist, dass Zahlungsverpflichtungen in der Zukunft nicht zum Zeitpunkt der Fälligkeit gezahlt werden können.
- Der Tatbestand der Überschuldung zielt auf die Deckung der Schulden des Unternehmens durch sein Vermögen ab. Sollte diese nicht gegeben sein, so besteht die Antragspflicht.

---

[10] Vgl. §§ 16–19 InsO, Art. 5 und 6 FMStG.
[11] Vgl. §§ 17, 19 InsO.
[12] Genaueres in BGH, Urteil v. 24.5.2005, ZInsO 2005, S. 807 ff.

Grundlagen & Konzepte

Hinweis
Die Insolvenzantragspflicht nach Überschuldung ist zeitweise vom 17.10.2008 bis zum 1.1.2011 ausgesetzt, sofern für das Unternehmen eine positive Fortführung als überwiegend wahrscheinlich gilt.

3 Was ist integrierte Unternehmenssteuerung?

Dimensionen   Die integrierte Unternehmenssteuerung beinhaltet zwei Dimensionen: die vertikale und die horizontale Integration.

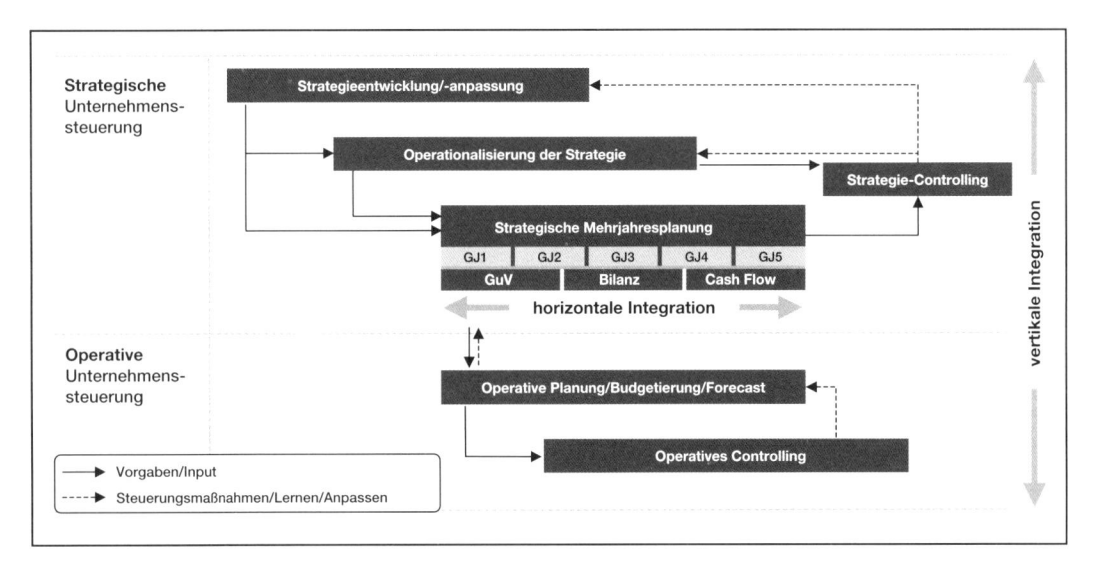

Abb. 4: Bivalente Integration

3.1 Vertikale Integration

Integration im Strategieprozess

Oftmals existieren in Unternehmen zwei Welten parallel nebeneinander. Zum einen die strategische Welt, die sich im Mittelstand meist nur in den Köpfen des Managements oder gegebenenfalls in einer Powerpoint-Präsentation wiederfindet. Zum anderen die operative Welt, in der einzelne Steuerungsprobleme mit isolierten Teillösungen allenfalls in einer Tabellenkalkulation abgebildet werden. Die vertikale Integration hat zum Ziel, diese Diskrepanz zu überbrücken.

Hierfür werden sowohl die zeitliche als auch die hierarchische Ebene der integrierten Unternehmenssteuerung abgebildet. Den Ausgangspunkt bildet in der strategischen Unternehmenssteuerung die Strategie Entwicklung bzw. Anpassung. Sie „beschäftigt sich mit den generellen Zielen der Unternehmung, mit Prinzipien, Normen und Spielregeln, die darauf ausgerichtet sind, die Lebens- und Entwicklungsfähigkeit der Unternehmung zu ermöglichen."[13] In der Praxis geschieht dies mit der Formulierung von Mission, Vision und Zielposition. Somit wird die zukünftige, längerfristige Ausrichtung des Unternehmens im Markt- und Wettbewerbsumfeld dargestellt.

Da der Erfolg einer Strategie zum großen Teil nicht von ihrer Güte an sich, sondern vielmehr von ihrer erfolgreichen Umsetzung abhängt,[14] ist es notwendig, eine entsprechende Methode zur Operationalisierung der Strategie anzuwenden. Als Denkmuster hierfür hat sich in der Praxis die Balanced Scorecard bewährt.[15] Die strategischen Ziele werden vier verschiedenen Perspektiven zugeordnet. So ergibt sich für das Unternehmen ein Gesamtbild zur Steuerung, bestehend aus

Umsetzung mit Balanced Scorecard

- Finanz-,
- Markt-,
- Prozess- und
- Ressourcensicht (vgl. Abb. 5).

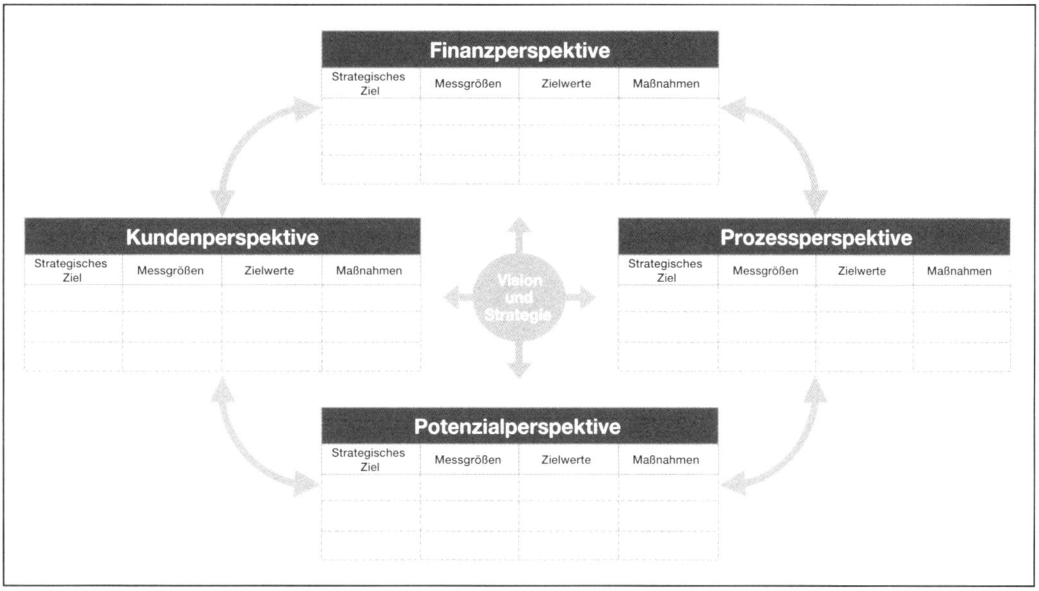

Abb. 5:   Balanced Scorecard

---

[13] Bleicher (1996), S. 73.
[14] Kaplan/Norton (2004), S. 3.
[15] Vgl. Horváth & Partners (2007), S. 2 ff.

Ziele müssen messbar sein

Da nur gesteuert werden kann, was auch messbar ist, müssen für die strategischen Ziele jeweils Messgrößen sowie Zielwerte für diese Messgrößen vorgegeben werden. In der Operationalisierung i. e. S. müssen zur Erreichung der strategischen Ziele Maßnahmen hinterlegt und diese für die Finanzplanung zunächst budgetiert, aber auch in der Ergebniswirkung erörtert werden.

Steuerung mit mehrjährigem Strategieplan

Den Abschluss der strategischen Unternehmenssteuerung bildet eine robuste Mehrjahresplanung mit einer Darstellung der Auswirkungen strategischer Planung und Maßnahmen auf die Vermögens-, Finanz- und Ertragslage des Unternehmens. Während das erste Jahr der Mehrjahresplanung als Ausgangspunkt für die operative Planung und das operative Controlling dient, können die folgenden zwei bis vier Planjahre in ihrem Detaillierungsgrad abnehmen.

Zur Überwachung und Anpassung der strategischen Planung, der Operationalisierung der Strategie sowie der Mehrjahresplanung dient das strategische Controlling. Im Wesentlichen besteht dies in einem Prämissen-Controlling aus

- den Annahmen, die in die strategische Planung eingeflossen sind, sowie
- einem Maßnahmen-Controlling, welches an der Operationalisierung der Strategie ansetzt.

3.2 Horizontale Integration

Integration der Finanzplanung

Neben der beschriebenen vertikalen Integration muss die Integration der Unternehmenssteuerung auch eine horizontale Ebene umfassen, welche die Vermögens-, Ertrags- und Finanzlage in Form einer Bilanz, GuV und Cashflow-Planung enthält.

Zur Erstellung einer horizontal integrierten Unternehmensplanung existieren verschiedene datenbankbasierte Software-Tools am Markt. Prinzipiell erfolgt die Erstellung der Planung immer nach der gleichen Vorgehensweise (vgl. Abb. 6). Verschiedene Teilpläne aus Vorsystemen, etwa zu Umsatz, Personal etc., fließen in ein integriertes Planungssystem in Gewinn- und Verlustrechnung sowie Bilanz ein. Hieraus wird automatisch über die indirekte Methode der Cashflow ermittelt und dargestellt, getrennt nach Cashflow aus

- operativer Tätigkeit,
- Investitionstätigkeit und
- Finanzierungstätigkeit.

Integrierte Unternehmenssteuerung

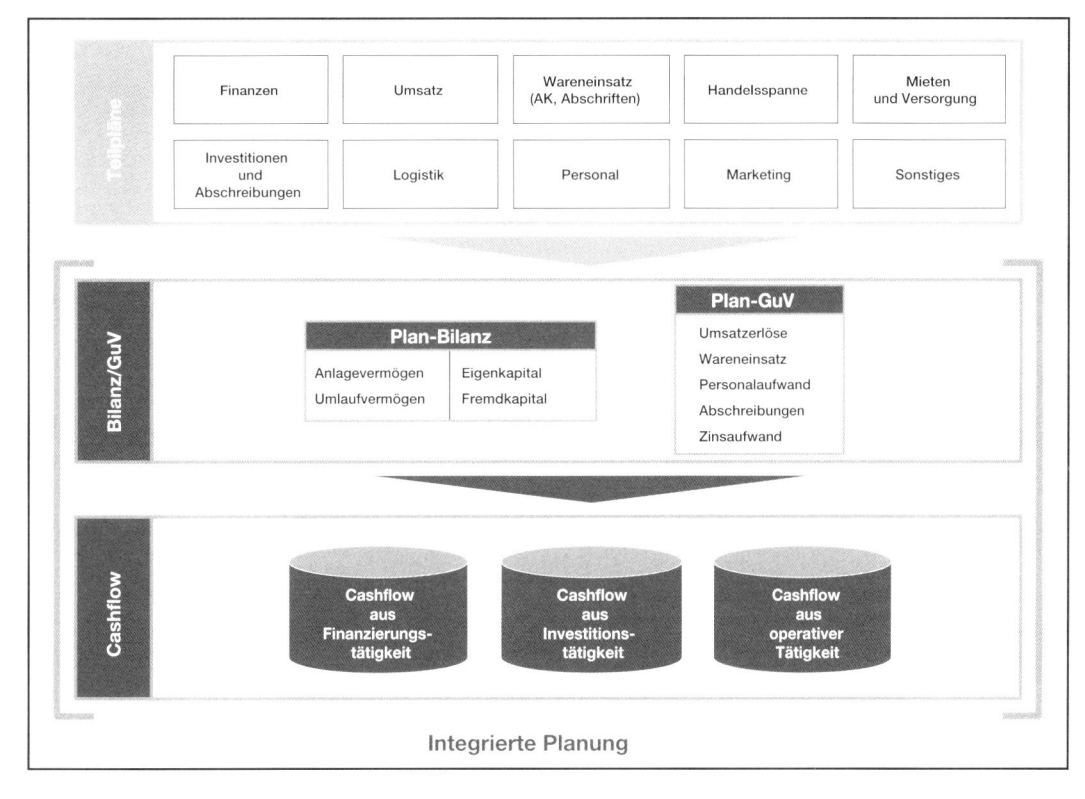

Abb. 6: Horizontale Planungsintegration

Es bietet sich an, die Planung in verschiedenen Schichten in Form einer sogenannten Layer-Planung durchzuführen. Auf diese Weise werden die Vorgaben aus der vertikalen Integration verarbeitet. Hierbei wird zunächst das Geschäft „as it is" als Basisschicht geplant. Als zusätzliche Schicht werden Maßnahmen für Erweiterungen „on top" zu der ersten Schicht hinzugefügt. Abschließend werden in einer dritten Schicht die finanziellen Implikationen aus den strategischen Zielen hinzugefügt. Abbildung 7 verdeutlicht dieses Planungsprinzip:

Planung in „Layers"

Grundlagen & Konzepte

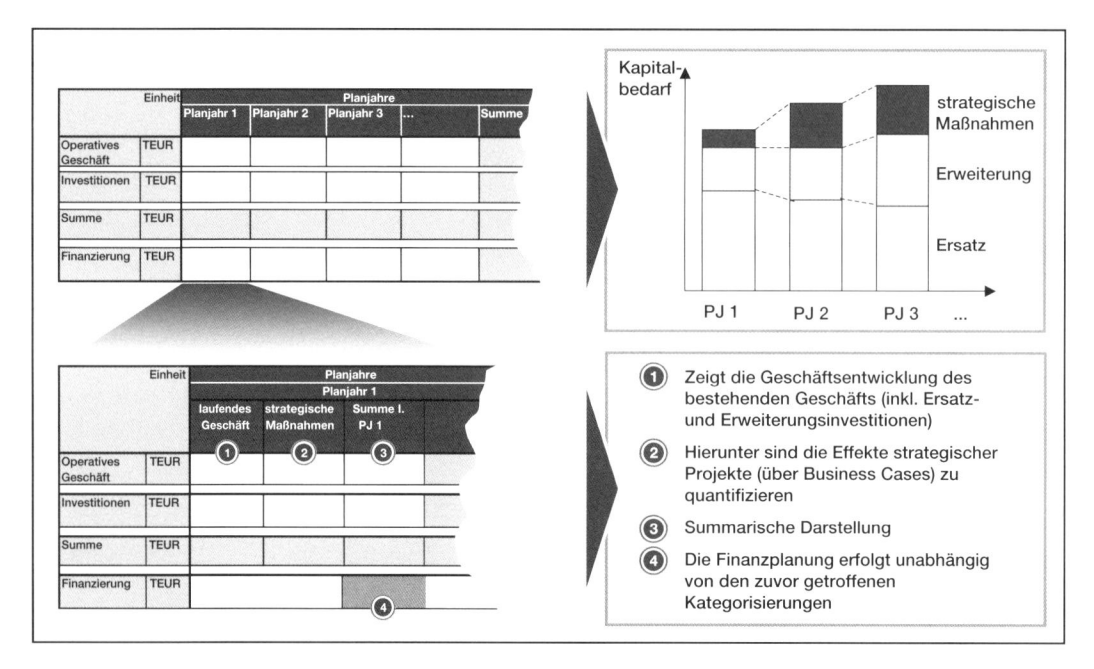

Abb. 7: Layer-Planung

Soll-Ist-Vergleich Der Planung sollten monatlich Istdaten gegenübergestellt werden. So können Abweichungen identifiziert und Gegensteuerungsmaßnahmen initiiert werden.

4 Wie wirkt Unternehmenssteuerung in den Krisenphasen?

4.1 Strategische Krise

Kennzeichen der strategischen Krise

Die strategische Krise ist dadurch gekennzeichnet, dass noch keine monetären, sprich im Ertrag erkennbaren, Missstände zutage treten. Sie sind jedoch bereits latent vorhanden.[16] Gerade weil sich die Auswirkungen noch nicht in den Zahlen des Unternehmens niederschlagen, ist es schwierig, die strategische Krise zu erkennen.

In der Beratungspraxis spiegelt sich dies am Auftragseingang bei Restrukturierungsfällen wider. Meist befinden sich Unternehmen in der Ertrags- oder Liquiditätskrise, wenn sie einen Restrukturierungsberater engagieren. Dies ist zu bedauern, da analog zum Krisenfortschritt die Handlungsoptionen und der -spielraum des Unternehmens stärker

---

[16] Erläuterungen zum Begriff der latenten Krise finden sich in Krystek (1987), S. 29.

eingeschränkt sind. Für das Controlling stellt sich somit die Frage: „Wie kann eine strategische Krise identifiziert und verhindert werden?"

Mit einer integrierten Unternehmenssteuerung ist es Unternehmen möglich, schon frühzeitig einer strategischen Krise entgegenzuwirken. Maßgebliches Instrument hierfür ist das strategische Controlling.[17] Den wesentlichen Bestandteil des strategischen Controllings stellt hierbei die Prämissenkontrolle dar.[18] Die im Rahmen der Strategieentwicklung getroffenen Annahmen und Prämissen bezüglich der Makro- und der Branchenumwelt des Unternehmens gilt es regelmäßig zu hinterfragen (vgl. Abb. 8) und die strategische Unternehmenssteuerung hierauf anzupassen.

Mit Prämissen-Controlling Krisen früher erkennen

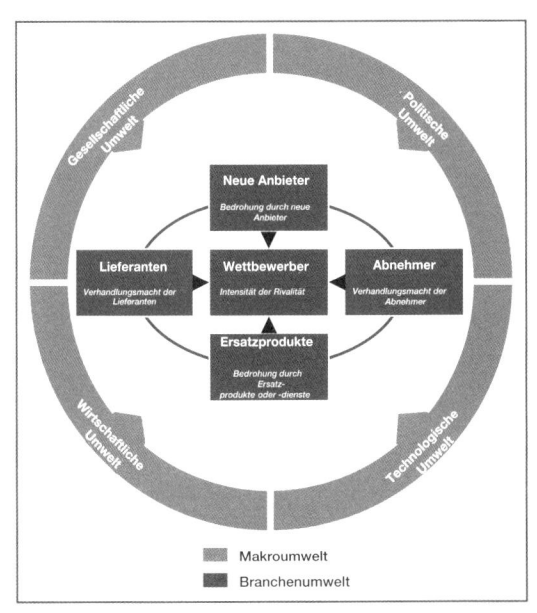

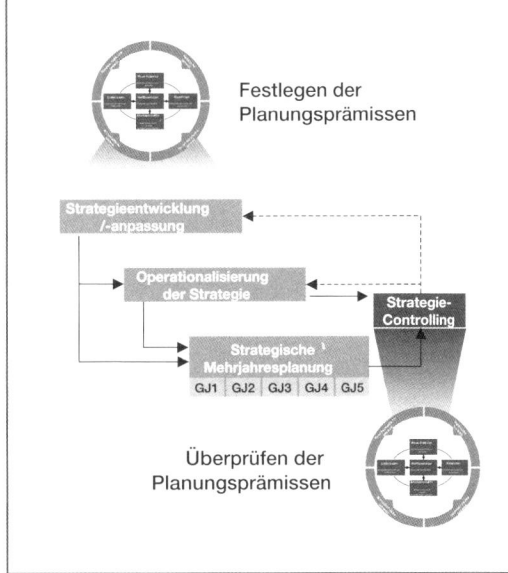

Abb. 8: Prämissen-Controlling

In der Makroumwelt sind insbesondere dis politische, die wirtschaftliche, die gesellschaftliche und die technologische Umwelt von Bedeutung. Beispielhafte Umbrüche aus der jüngeren Vergangenheit, die wesentliche Einflüsse auf strategische Planungen mit sich brachten, sind:

Politisch:
- die Rüstungsindustrie und das Ende des Kalten Krieges
- die Energiebranche (insb. erneuerbare Energien) und der Wahlsieg der Rot-Grünen Regierung
- Konflikte in rohstoffrelevanten Gebieten

---

[17] Vgl. zum strategischen Controlling: Horváth (2008).
[18] Vgl. Horváth (2008), S. 666.

Wirtschaftlich:
- Immobilien- und Finanzkrise
- Währungsschwankungen

Gesellschaftlich:
- Trends im Konsumverhalten der relevanten Zielgruppe (etwa durch Ökosensibilisierung)
- demografische Entwicklung

Technologisch:
- Durchbruch zu Flachbildschirmen
- Trend zu Netbooks (sehr kleine und günstige Laptops)

Ebenso muss die Branchenstruktur regelmäßig auf Veränderungen geprüft werden.[19] Hierbei spielen im Wesentlichen Annahmen zu Kunden, Lieferanten, Wettbewerbern, konkurrierenden Produkten und dem Verhalten innerhalb der Branche eine Rolle.

Sofern Unternehmen regelmäßig ihre Planungsprämissen und Planungsannahmen hinterfragen und mit den aktuellen Entwicklungen abgleichen bzw. auch zukünftige Erwartungen der aktuellen Situation anpassen, können sie mit dem strategischen Controlling die Eintrittswahrscheinlichkeit von strategischen Krisen vermindern.

Weniger Risiken durch Planung und vertikale Integration

Doch nicht nur das Prämissen-Controlling leistet seinen Beitrag bei der Vermeidung von strategischen Krisen. Der Planungsprozess und die vertikale Integration von strategischer Planung und Mittelfristplanung unterstützen durch das Aufzeigen von Herausforderungen und entsprechendem Handlungsbedarf. Insbesondere die strategischen Risiken, die schnell zu einer Krise führen können, werden im Planungsprozess aufgearbeitet; so z. B. Produkt-/Marktrisiken, Kapitalstrukturrisiken und organisatorische Risiken.

Produkt-/Marktrisiken

Schleichender Verlust von Marktanteilen

Externe Marktverschiebungen sind nicht zwingend sofort in den Ertragszahlen des Unternehmens zu finden. Wächst das Unternehmen, ist es grundsätzlich zu begrüßen. Wachsen die Wettbewerber des Unternehmens gleichzeitig jedoch stärker, so verliert es schleichend Marktanteile. Solch eine Kombination lässt darauf schließen, dass die am

---

[19] Vgl. Porter (1979), S. 137 ff.

Markt angebotenen Produkte nicht den Vorstellungen der Kunden entsprechen bzw. nicht mit den Konkurrenzprodukten mithalten können.

Kann das Unternehmen seinen Umsatz halten oder nur leicht ausbauen und müssen dafür jedoch immer mehr verschiedene Varianten hergestellt werden, so ist dies auch eine strategische Herausforderung für das Unternehmen. Bei steigenden Komplexitätskosten wird die Variantenvielfalt das Unternehmen zeitnah in die Ertragskrise führen. Zeigt sich in der Erstellung der Umsatzplanung, dass die wesentlichen Umsätze des Unternehmens durch überdurchschnittlich alte Produkte erzielt werden, so deutet dies darauf hin, dass das Unternehmen die Entwicklung neuer Produkte vernachlässigt und aus seiner Substanz lebt. *Steigende Komplexität kann gefährlich sein*

Anhand einer Bottom-up-Umsatzplanung lassen sich außerdem „Klümpchenrisiken" identifizieren. Das heißt, es kann festgestellt werden, wie hoch strategische Risiken sind, die sich aus möglichen Abhängigkeiten von einzelnen Kunden oder Lieferanten ergeben. *Umsätze bottom up planen*

Kapitalstrukturrisiken

Oft strategisch vernachlässigt, jedoch von großer Bedeutung ist die Kapitalstruktur der Unternehmen. Ein gesundes Verhältnis zwischen Eigenkapital und Fremdkapital sowie die Strukturierung der einzelnen Fremdkapitalbestanteile an sich sind notwendig, um die Finanzierung der Vermögensgegenstände des Unternehmens sicherzustellen. Eine ungeeignete Kapitalstruktur kann in Kombination mit Ertragsproblemen schnell zu einer Überschuldungsproblematik führen. *Kapitalstruktur ausgleichen*

Organisatorische Risiken

Ein weiteres Element, welches in der strategischen Planung berücksichtigt werden muss, ist eine Führungskräfteplanung. Fehlende Nachfolgeregelungen für Unternehmen stellen ein wesentliches strategisches Risiko dar. In Deutschland stellt in den kommenden Jahren insbesondere bei mittelständischen Unternehmen die Nachfolgeproblematik eine große Herausforderung dar. *Nachfolge regeln*

4.2   Ertragskrise

Leichter zu fassen und zu messen als die strategische Krise ist die Ertragskrise. Sie macht sich in sinkenden Erträgen (relativ und absolut) bemerkbar. Oft wird die Ertragskrise jedoch mit den Aussagen und der Einstellung „Das ist nur temporär", „Es handelt sich um eine allgemeine Marktschwäche" etc. leichtfertig abgetan und nicht weiter beachtet.

Grundlagen & Konzepte

Bedrohlich wird die Ertragskrise, sobald keine positiven Erträge mehr erzielt werden können und dem Unternehmen womöglich sogar ein negativer Cashflow aus dem operativen Geschäft entsteht.

Mit GuV Ertragskrise erkennen

Eine erste Unterstützung bei der Erkennung und bei dem Weg aus der Ertragskrise liefert die Gewinn- und Verlustrechnung (GuV). Die Entwicklungen der einzelnen Positionen geben Aufschluss über die Gründe der veränderten Ertragslage. Auch anhand der Planung können Erwartungen für einzelne Kostenpositionen dargestellt werden. Plan-Ist-Vergleiche erlauben darüber hinaus die transparente Überwachung der Werte.

Abbildung 9 zeigt am Beispiel des Umsatzkostenverfahrens, wie aus der GuV Schlussfolgerungen zur Optimierung der Ertragssituation gezogen werden können. Durch eine transparente GuV ist eine schnelle Reaktion des Unternehmens sowohl bei Kostensenkungen als auch bei der Quantifizierung notwendiger Umsatzsteigerungen möglich.

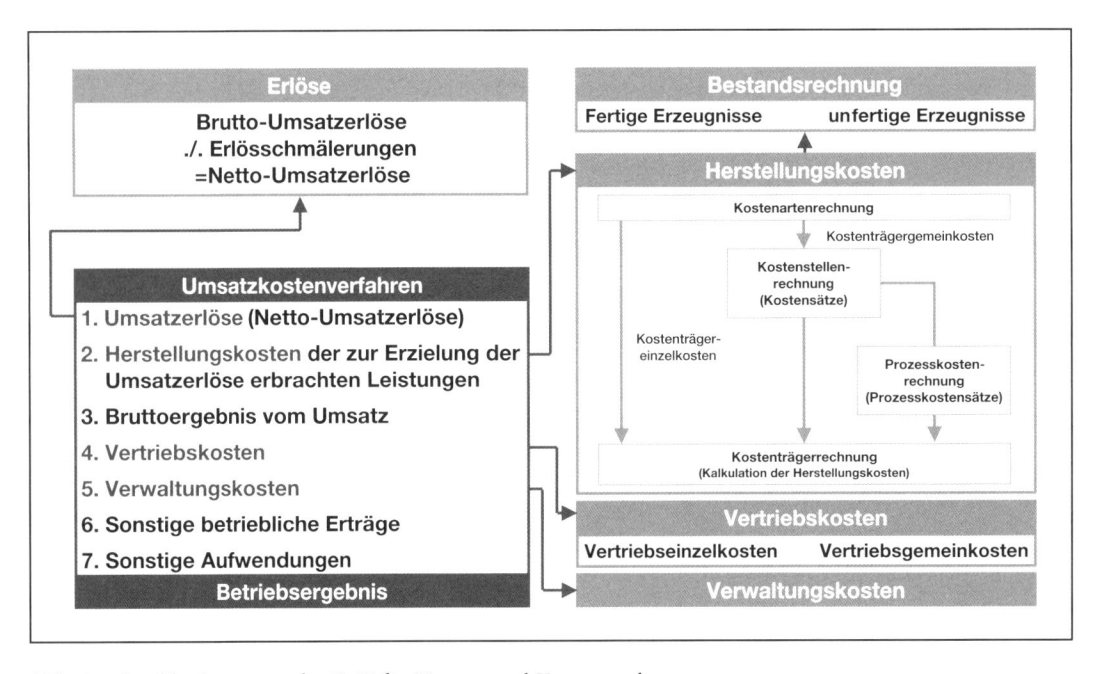

Abb. 9: Implikationen aus der GuV für Umsatz und Kostenstrukturen

Gegensteuerung in Ertragskrise

Natürlich liefert jede kostenvermeidende bzw. umsatzsteigernde Maßnahme im Unternehmen einen Beitrag zur Abwendung von Ertragskrisen. Hierbei sind alle Positionen der integrierten Unternehmenssteuerung von großer Relevanz. Die Strategieentwicklung liefert die Stoßrichtung, an der das Unternehmen seine Aktivitäten ausrichtet. Die

Operationalisierung gewährleistet, dass diese Ausrichtung in der Praxis auch umgesetzt wird. Operative Unternehmensplanung und das operative Controlling sind darauf ausgerichtet,

- Verschwendung[20] im Unternehmen zu vermeiden,
- die Optimierung des Einsatzes der Ressourcen voranzutreiben und so
- die Kosten zu senken.

Neben der allgemeinen Umsatzsteigerung bzw. Kostensenkung bietet etwa die Deckungsbeitragsrechnung eine Möglichkeit, durch selektive Auswahl eine Ertragssteigerung zu erreichen. Die Betrachtung der Produktdeckungsbeiträge liefert Informationen, wie hoch die Beiträge der einzelnen Produkte zur Fixkostendeckung und zur Gewinnerzielung sind. Werden Produkte aus dem Programm genommen, die zu geringe Deckungsbeiträge haben, so hat dies positive Auswirkungen auf den Ertrag. Gleichzeitig bewirkt diese Bereinigung eine Reduzierung der Komplexitätskosten (Verbundeffekte sind jedoch zu beachten).

Bereinigung des Produktsortiments

Den gleichen Effekt hat eine Bereinigung der Kundestruktur. Auch hier zeigt eine Analyse der Deckungsbeiträge, welche Kunden für das Unternehmen einen ausreichenden Deckungsbeitrag liefern und welche nicht.

Bereinigung der Kundenstruktur

4.3 Liquiditätskrise

Gerade in einer rechtlichen Krise lässt sich der Nutzen einer integrierten Unternehmenssteuerung zur Krisenprävention deutlich erkennen:

Zum einen leistet sie einen Beitrag zum Schutz vor einer Überschuldung. In der Planung und im Ist können die Entwicklung der Schulden sowie der Vermögenswerte und somit des Eigenkapitals verfolgt werden. Eine deutliche bzw. stetige Verringerung des Eigenkapitals kann als Anlass zur Durchführung einer Überschuldungsprüfung und letztendlich zur Einleitung von Gegenmaßnahmen bei einer drohenden Überschuldung dienen.

Des Weiteren kann mit der Cashflow-Planung präventiv gegen eine (drohende) Zahlungsunfähigkeit vorgegangen werden. Die Planung kann die mittelfristig benötigten liquiden Mittel des Unternehmens aufzeigen. Somit kann auf mangelnde finanzielle Mittel für den eingeschlagenen Kurs eingegangen werden, bevor das Problem akut wird.

Cashflow-Planung zeigt mittelfristige Liquidität

---

[20] Vgl. hierzu die sieben Arten von Verschwendung in Imai (1993).

Grundlagen & Konzepte

Beispiel: Mittelfristige Liquiditätsplanung
Abbildung 10 zeigt das Beispiel einer Unternehmensplanung, bei welcher der gleichzeitige Auf- und Ausbau dreier Geschäftsbereiche geplant war. Die ursprüngliche Planung zeigt auf, dass der Finanzbedarf für die Expansion nicht gedeckt werden kann. Die Cashflows aus dem operativen Geschäft und der Finanzierungstätigkeit können die geplanten Investitionen nicht decken. Nach einer Überarbeitung der weiteren Investition in Strategie und Erweiterung des Geschäftsbetriebes können die vorhandenen Mittel effizient genutzt werden. Ohne eine Cashflow-Planung wäre das Unternehmen vermutlich in Zahlungsschwierigkeiten gekommen und hätte seinen Zahlungsverpflichtungen nicht nachkommen können.

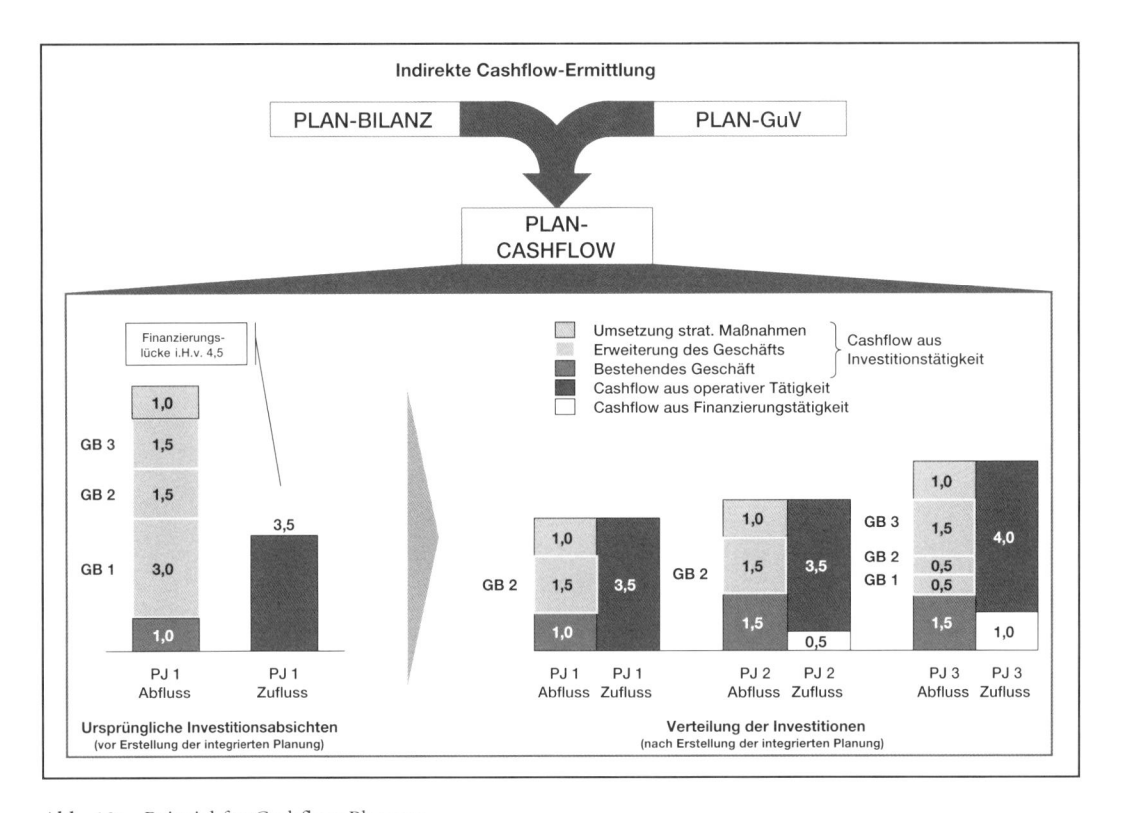

Abb. 10: Beispiel für Cashflow-Planung

Hierbei ist jedoch zu beachten, dass die indirekte Cashflow-Planung auf Monatsbasis nicht die wochen- oder taggenaue direkte Liquiditätsplanung ersetzt. Letztendlich sind tatsächliche Zahlungsverpflichtungen ausschlaggebend für eine Zahlungsunfähigkeit und nicht deren Planungen. Jedoch liefert die indirekte (mehrjährige) Cashflow-Planung das notwendige Instrument, um mittelfristige Investitions- und Finanzierungsentscheidungen und deren Wirkung auf die Liquidität aufzuzeigen.

5   Fazit

Sanierungs- und Restrukturierungsgutachten erfordern zwingend eine Planverprobungsrechnung des Konzepts.[21] Die Praxis zeigt, dass Unternehmen, die eine integrierte Unternehmenssteuerung betreiben, diese bereits vorhalten.

Gerade in guten Zeiten ist eine integrierte Unternehmenssteuerung erforderlich, um strategische Entscheidungen und das Unternehmenswachstum innerhalb der notwendigen „Leitplanken" kanalisieren zu können. Sie unterstützt das Unternehmen, den Eintritt von Krisen früh genug zu erkennen, um Gegensteuerungsmaßnahmen ergreifen zu können. In schwierigen Zeiten offenbart die integrierte Unternehmenssteuerung alsdann ihre Kraft und unterstützt den Unternehmenslenker beim Adjustieren der „Stellschrauben", um das Unternehmen auch in unruhigem Fahrwasser zu manövrieren.

Integrierte Planung wird gefordert in der Krise

Gerade die aktuelle internationale Finanz- und Wirtschaftskrise zwingt Unternehmer, schnelle und belastbare Entscheidungen zu treffen, deren Anforderungen und Implikationen ohne eine integrierte Unternehmenssteuerung nur schwer zu erfassen sind.

6   Literaturhinweise

Bleicher, Das Konzept Integriertes Management, 1996.

Creditreform, Insolvenzen, Neugründungen, Löschungen, 2008.

DIW, Wochenbericht 1-2, 2009.

Euler Hermes, Wirtschaft Konkret 414 – Ursachen von Insolvenzen, 2006.

FMStG, Finanzmarktstabilisierungsgesetz, 2008.

Horváth & Partners (Hrsg.), Balanced Scorecard umsetzen, 2007.

Horváth, Strategisches Controlling – Von der Bugetierung zur strategischen Steuerung, in: Controlling, Heft 12/2008, S. 663–669.

IDW (Hrsg.), Anforderungen an Sanierungskonzepte, FAR 1/1991.

---

[21] Vgl. IDW Standards (1991) und ISU, Mindestanforderungen an Sanierungskonzepte (2007).

Imai, KAIZEN: Der Schlüssel zum Erfolg der Japaner im Wettbewerb, 1993.

InsO, Insolvenzordnung, 2008.

ISU (Hrsg.), Mindestanforderungen an Sanierungskonzepte MaS, 2007.

Kaplan/Norton, Strategy Maps: Der Weg von imateriellen Werten zum materiellen Erfolg, 2004.

Krystek, Unternehmenskrisen. Beschreibung, Vermeidung und Bewältigung überlebenskritischer Prozesse in Unternehmungen, 1987.

Krystek/Moldenhauer, Handbuch Krisen- und Restrukturierungsmanagement, 2007.

Müller, Krisenmanagement in der Unternehmung, 2. Aufl. 1986.

Porter, How competitive forces shape strategy, in: HBR, 57. Jg. 1979, S. 137–156.

Einsparpotenziale ausschöpfen und Kosten senken: Kurzfristig auf die Krise reagieren!

- Im letzten Quartal 2008 ist die deutsche Wirtschaft geschrumpft, die Auftragsbücher sind leer, das Wirtschaftsklima ist so schlecht wie seit Jahren nicht mehr. Ebenso schnell, wie aus der US-amerikanischen Immobilienkrise über die Finanzmarktkrise die Weltwirtschaftskrise entstanden ist, werden deren Auswirkungen in den deutschen Unternehmen ankommen.
- Das Verhalten vieler deutscher Unternehmer vor allem im Mittelstand erinnert jedoch sehr an den Hasen, der auf die hungrige Schlange fixiert ist. Jeder sieht die Krise kommen, doch in vielen Unternehmen wird nicht reagiert.
- Dabei ist es überlebensnotwendig, dass so schnell wie möglich Maßnahmen ergriffen werden, um sinkende Absätze und reduzierte Preise auffangen zu können. Denn trotz aller Bemühungen des Vertriebs ist die Wahrscheinlichkeit für Absatz- und Umsatzverluste sehr hoch.
- Inmitten düsterer Wirtschaftsmeldungen vergessen viele Unternehmer, dass es durchaus praktikable Mittel gibt, die Kosten in Vertrieb, Produktion und anderen Bereichen der gesunkenen Nachfrage anzupassen und zu senken.

Inhalt		Seite
1	Kosteneinsparungen in Vertrieb und Marketing	41
1.1	Analyse des Kaufverhaltens und des Betreuungsaufwands	41
1.2	Einsparpotenziale im Einzelhandel: Miet- und Personalkosten	42
1.3	Wirtschaftlichkeit der Marketingaktivitäten hinterfragen .	42
1.4	Einsparpotenziale beim Internetauftritt	43
2	Kosteneinsparungen in den Produktionsbereichen	44
2.1	Zeitvorteil nutzen	45
2.2	Losgrößen der Nachfrage anpassen	45
2.3	Verschobene Engpässe ausnutzen	46
2.4	Kosten für die verlängerte Werkbank reduzieren	46
3	Kosteneinsparungen in der Logistik	47
3.1	Tourenplanung anpassen	47
3.2	Lieferzeiten anpassen	48

3.3	Fuhrpark reduzieren	48
3.4	Auftragskosten durch Mengenanreize reduzieren	49
3.5	Versandkostenpauschalen neu berechnen	49
4	Kosteneinsparungen in der Informationsverarbeitung	50
4.1	Wartungsverträge an die veränderte Auslastung anpassen	50
4.2	Arbeitszeit der IT-Mitarbeiter an die Auftragslage anpassen	51
4.3	Externe Anwenderschulungen durch Inhouse-Schulungen ersetzen	51
4.4	Nicht sofort jede technische Neuerung umsetzen	52
5	Weitere Einsparpotenziale im Unternehmen	52
5.1	Kostensenkung im Personalbereich	53
5.2	Working Capital optimieren	53
6	Fazit: Potenzial ist überall	54

■ Der Autor

Dipl.-Kfm. Reinhard Bleiber ist seit vielen Jahren in der kaufmännischen Verantwortung mittelständischer Unternehmen tätig. Der Arbeitsschwerpunkt liegt im Bereich Finanzen, Rechnungswesen und IT.

1 Kosteneinsparungen in Vertrieb und Marketing

In Krisenzeiten, so wird immer wieder gesagt, müssen die Vertriebs- und Marketinganstrengungen verdoppelt werden, nicht zurückgefahren. Das ist im Kern richtig. Dennoch muss der Einsatz von Mitarbeitern im Verkauf optimiert werden, ob im Außendienst, Innendienst oder Einzelhandel. Das läuft auf eine Reduktion der Mitarbeiter hinaus, die Kosten spart und dennoch die Kundenbetreuung optimiert. Gleichzeitig gibt es eine Reihe von Aufgaben in diesem Unternehmensbereich, die durch Anpassung an die veränderte Situation zu einer sofortigen Kosteneinsparung beitragen können.

Mitarbeitereinsatz optimieren

1.1 Analyse des Kaufverhaltens und des Betreuungsaufwands

Das knappe und damit teure Gut Arbeitszeit der Außendienstmitarbeiter wird optimal verteilt auf die Kunden, die einen wirtschaftlich guten Beitrag versprechen. Die Einteilung der Kunden in A-Kunden mit hohem Betreuungsaufwand, B-Kunden mit mittleren Aufwand und C-Kunden fast ohne Aufwand wird nicht permanent wiederholt. Doch jetzt, zu Beginn der Absatzkrise, ist der geeignete Zeitpunkt gekommen, eine neue Bewertung durchzuführen.

Betreuungsaufwand ermitteln

Das Kaufverhalten der Kunden hat sich verändert oder wird sich in absehbarer Zeit den Gegebenheiten des Marktes anpassen:

- einige Kunden verschwinden ganz vom Markt,
- andere hören nur auf zu kaufen,
- wieder andere konzentrieren die Nachfrage auf einen Lieferanten.

Dadurch entstehen geänderte Anforderungen an die Betreuung. Jetzt gilt es, die Einteilung der Kunden in Betreuungsklassen so vorzunehmen, dass die Potenziale ebenso berücksichtigt werden wie die aktuelle Kaufsituation. Dabei darf nicht die vorhandene Zeit der Mitarbeiter neu verteilt werden. Der tatsächliche Betreuungsbedarf wird ermittelt und in vielen Vertriebsorganisationen einen geringeren Gesamtzeitbedarf ergeben. Kostensenkungspotenzial entsteht.

Betreuung dem Kaufverhalten anpassen

Das Problem der Handelsvertreter

Können sich Vertriebsleiter, die mit Handelsvertretern arbeiten, zurücklehnen? Nein! Zwar besteht die Vergütung der Handelsvertreter aus einer umsatzabhängigen Provision, wodurch der Handelsvertreter weniger Provision erhält, wenn die Umsätze sinken; er muss aber in aller Regel den gleichen Einsatz leisten, hat also auch vergleichbare Kosten wie vor der Krise. Das kann der Handelsvertreter als Unternehmer nicht dauerhaft leisten.

Grundlagen & Konzepte

Konzentration und Kooperationen

Er wird die Zusammenarbeit mit dem Unternehmen beenden, der eine früher, der andere später, der eine freiwillig, der andere durch das Insolvenzrecht gezwungen. Dann entstehen Kosten für Ausgleichzahlungen und Neubesetzung des Gebiets. Kosten können gesenkt werden, wenn frühzeitig gemeinsam mit den Vertretern Lösungen durch Zusammenlegung von Gebieten oder Kooperationen von mehreren Repräsentanten gefunden werden.

1.2 Einsparpotenziale im Einzelhandel: Miet- und Personalkosten

Im Einzelhandel ist die Krise längst angekommen. Vor allem die Anbieter von Gütern, die nicht zum täglichen Bedarf gehören, kämpfen mit Kaufzurückhaltung, Schnäppchenjägern und fehlenden Kunden. Neben der Miete sind die Personalkosten der zweitgrößte Kostenfaktor, den es zu reduzieren gilt. Während die Miete nur wenig flexibel ist, kann der Personaleinsatz zurückgefahren werden.

Personalkapazitäten der veränderten Nachfrage anpassen

Wie der Einsatz von Mitarbeitern zurückgefahren werden kann, entscheidet sich im Personalbereich. **In welchem Umfang** das möglich ist, entscheidet sich im Vertrieb. Die Verkäuferdichte muss den veränderten Kundenfrequenzen angepasst werden. Auch hier gilt es, intelligent zu handeln. Eine einfache lineare Kürzung führt nicht zum Erfolg. Vielmehr muss untersucht werden, wie sich der Kundenandrang zeitlich verschoben hat, damit hier zur rechten Zeit noch immer ausreichend Personal verfügbar ist. Gleichzeitig muss die Veränderung in der Kundenstruktur berücksichtigt werden, um die richtigen Ansprechpartner zu behalten. Nur so kann das Kostensenkungspotenzial optimal ausgeschöpft werden.

1.3 Wirtschaftlichkeit der Marketingaktivitäten hinterfragen

Nicht jede Messe rechnet sich

Niemand will auf Marketingauftritte wie Messen, Events und andere Ereignisse verzichten. Dennoch muss die Krise als Anlass genommen werden, um die Wirtschaftlichkeit der Aktivitäten neu zu bewerten. Dabei wird sich herausstellen, dass nicht mehr jede Messe und jedes Event sinnvoll ist oder eine an sich sinnvolle Aktivität auch kostengünstiger durchgeführt werden kann:

- Jedes Marketingereignis muss seine Wirtschaftlichkeit neu beweisen. Auf kleinere Messen und Ereignisse kann verzichtet werden, wenn der erwartete Erfolg nicht mehr in Umsatz (kurz- und mittelfristig) gemessen werden kann.

- Der Messeauftritt kann in Krisenzeiten auch etwas kleiner ausfallen. Das spart Kosten für die Platzmiete und den Stand. Gleichzeitig wird der Messestand in der Größe der reduzierten Kundenzahl angepasst.
- Der Messestand kann sicherlich auch noch ein Jahr länger als geplant oder üblich genutzt werden. Trotz kleinerer Reparaturen lassen sich Kosten sparen. Vor allem wird der Geldbeutel geschont.
- Geringere Besucherzahlen auf einem Ereignis bedeuten auch weniger Betreuungsaufwand. Damit kann Vertriebspersonal eingespart werden, was Überstundenzahlungen, Reisekosten und Verpflegungskosten spart.
- Externes Messepersonal kann durch eigenes Vertriebspersonal ersetzt werden. Dadurch entsteht die Möglichkeit, im Innendienst mit fehlender Auslastung Ersatz durch den Messeeinsatz zu schaffen. Ohne Mehrkosten im eigenen Personalbereich können die externen Servicekosten gespart werden.

Auch bei den Werbeanzeigen eines Unternehmens können sich erhebliche Kosteneinsparungen ergeben, gleichgültig ob in der Tages- oder Fachpresse. Um die negativen Auswirkungen von Ausgabenkürzungen so gering wie möglich zu halten, sollte an der Frequenz der Anzeigen festgehalten werden. Stattdessen können folgende Maßnahmen sehr hilfreich sein:

Werbeanzeigen kürzen!

- Die Größe der Anzeige kann reduziert werden. Die Kosten sinken dann in der Regel proportional. Kostet z. B. eine Anzeige zweispaltig und 10 cm hoch 100 EUR, dann kostet sie bei einer Höhe von 9 cm nur 90 EUR. Der Einsparung von 10 % steht sicherlich eine geringere Nutzenreduktion gegenüber, zumindest kurzfristig.
- Die Umstellung von farbigen Anzeigen auf eine Schwarz-Weiß-Darstellung bringt erhebliche Kosteneinsparungen. Hier muss aber geprüft werden, ob der Verlust der Farbe z. B. im Logo wirklich tragbar ist.

1.4 Einsparpotenziale beim Internetauftritt

Der Internetauftritt ist für viele Unternehmen ein wichtiges Tor in die moderne Kommunikationswelt. Entsprechend hohe Kosten werden verursacht. Auch hier lässt sich ein sofortiger Einsparerfolg erzielen:

- Die regelmäßige Auswertung der Zugriffe auf die Internetseiten des Unternehmens zeigt, wie sich die technische Belastung entwickelt. Ist das Interesse aufgrund der Krise geringer als in der Vergangenheit, kann die technische Umgebung angepasst, also verkleinert werden.

Der Speicherplatz kann reduziert werden, die Bandbreite ebenfalls. Das spart Kosten.
- Nichts ist schädlicher als ein veralteter Internetauftritt. Regelmäßige Updates sind also Pflicht. Doch die Zeiträume zwischen den Erneuerungen und der Umfang der Arbeiten können optimiert werden. Das Angebot an Webseiten muss nicht jedes Jahr vollständig erneuert werden, es reicht auch eine Aufarbeitung ohne neue Strukturen. Das spart Kosten und bringt Liquidität.

2 Kosteneinsparungen in den Produktionsbereichen

Die Produktionsplanung ist immer auf der Suche nach dem Optimum zwischen

- den sinkenden Stückkosten bei großen Mengen,
- den steigenden Lagerkosten großer Lose und
- den Anforderungen des Vertriebs an die Lieferfähigkeit.

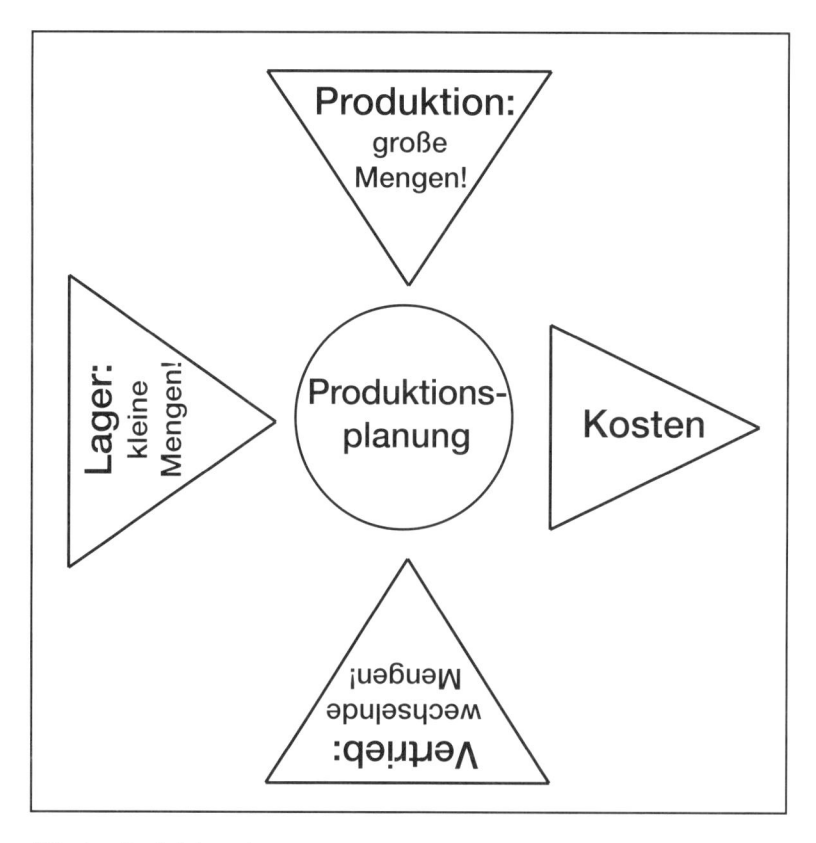

Abb. 1: Produktionsplanung

Das lässt den Kostenverantwortlichen in Krisenzeiten aufhorchen: Vieles hängt von den Produktionsmengen ab. Und die Mengen verändern sich in der Absatzkrise. Die Gesamtmenge sinkt, die Nachfrage konzentriert sich auf preiswertere Produkte. Damit verändert sich auch der Produktionsmix und es ergeben sich Chancen zur Kostensenkung.

2.1 Zeitvorteil nutzen

Die Lieferfähigkeit als oberstes Ziel der meisten Fertigungsunternehmen baut in Zeiten starker Nachfrage einen enormen Zeitdruck auf. Der wiederum sorgt dafür, dass Kostenoptima in der Produktion nicht eingehalten werden. Mit Überstunden und auf Hochtouren laufenden Maschinen wird produziert, um die Lieferverpflichtungen erfüllen zu können. Durch die Absatzkrise und die damit einhergehende sinkende Nachfrage lässt der Zeitdruck nach. Dies muss für ein kostensensibles Verhalten aller Beteiligten ausgenutzt werden. Die Produktionsplaner können jetzt optimale Kostenverhältnisse erreichen, wenn der Termindruck nicht mehr ganz so stark ist und die Kostenoptimierung nicht mehr überdeckt.

Sinkende Nachfrage verringert Termindruck

- Maschinen werden nicht mehr mit der größtmöglichen, sondern mit der optimalen Geschwindigkeit genutzt, in der Energie- und Hilfsstoffverbrauch minimiert werden. In der Praxis werden so erhebliche Kosten eingespart.
- Die Mitarbeiter können sorgfältiger arbeiten, da der Mengendruck reduziert ist. Damit ist ein besseres Arbeitsergebnis zu erreichen.
- Durch die größere Sorgfalt und die optimale Maschineneinstellung lässt sich der Materialverbrauch senken. Der größte Erfolg in dieser Kostenart ist dann zu erzielen, wenn sich die Vorarbeiter aktiv mit der Materialeinsparung beschäftigen, diese ausdrücklich beeinflussen und nicht nur die automatisch eintretenden Effekte mitnehmen.
- Die größte Kosteneinsparung in der Produktion bringt die Senkung des Ausschusses mit sich. Unbrauchbare fertige Produkte haben Materialkosten verursacht, Fertigungskosten verbraucht und Kapazitäten belegt. Die schonendere und zeitlich weniger unter Druck stehende Fertigung verringert den Ausschuss und senkt die Kosten.

2.2 Losgrößen der Nachfrage anpassen

Die sinkende Nachfrage nach Produkten beeinflusst bei gleichen Losgrößen die Lagerdauer der Waren. Jetzt dauert es länger, bis die eingelagerten Artikel abgesetzt werden können. Dadurch entsteht nicht nur ein Platzproblem im Lager, die Komponente der Lagerkosten in der

Formel für die Berechnung der optimalen Losgröße verändert sich. Der Trend wird zu geringeren Losgrößen gehen und damit zu steigenden Stückkosten. In der Summe der Lager- und Stückkosten wird sich aber eine Reduktion ergeben, wenn die Losgrößen in der Fertigung der neuen Nachfragesituation angepasst werden.

2.3 Verschobene Engpässe ausnutzen

In jeder Produktion gibt es Engpässe, die in die Produktionsplanung einfließen. Der Produktmix bestimmt,

- welche Maschine zu sehr belastet ist,
- welche Mitarbeiter Mehrarbeit leisten müssen oder
- wo nicht genügend Kapazität vorhanden ist.

Nachfragemengen verändern sich

In der Krise verändern sich die Mengen der nachgefragten Produkte, sodass sich plötzlich neue Engpässe ergeben und alte sich entschärfen. So werden z. B. vermehrt Produkte ohne aufwendige Lackierung nachgefragt, was den Anspruch an Trockenplätzen reduziert. Der Mietvertrag für zusätzliche Trockenräume kann daher gekündigt werden, was wiederum Kosten senkt.

Andere Beispiele für die Senkung von Kosten sind

- reduzierte Wochenarbeitszeiten für Mitarbeiter,
- die Stilllegung einer alten Maschine, deren Kapazität nicht mehr für bestimmte Produkte benötigt wird, oder
- der Verkauf von Fahrzeugen, wenn der Transport von Bauteilen zu einem zusätzlichen Bearbeitungsschritt überflüssig wird.

Das alles schafft sofort Kostenvorteile, die nur bei einer neuen Berechnung von Engpässen genutzt werden können.

2.4 Kosten für die verlängerte Werkbank reduzieren

Das Auslagern von Fertigungsschritten zu externen Partnern geschieht aus zwei Gründen:

- Zum einen kann der Partner die Leistung preiswerter anbieten als diese in der Produktionsabteilung des Unternehmens erledigt werden kann.
- Zum anderen erfolgt die Auslagerung, wenn in der Produktion die Kapazitäten nicht mehr vorhanden sind und keine eigenen zusätzlichen Kapazitäten aufgebaut werden sollen.

In beiden Fällen können die Kosten für die verlängerte Werkbank in Krisenzeiten reduziert werden.

- Wenn es bei der Auslagerung nur darum ging, externe Kapazitäten zu schaffen, jetzt aber Kapazitäten im Unternehmen durch den Nachfragerückgang wieder frei werden, kann die Arbeit sofort zurückverlagert werden. Die Kosten der verlängerten Werkbank werden gespart.
- Werden an anderen Stellen Kapazitäten frei, die auch ungenutzt Fixkosten verursachen, können diese dazu genutzt werden, die ausgelagerten Arbeiten auszuführen.
- Grundsätzlich entfallen bei der Abschaffung der verlängerten Werkbank die zusätzlichen Koordinations- und Transportkosten.

Voraussetzung für alle neuen Entscheidungen in der Produktionsplanung ist es, dass der Vertrieb eine aktuelle Schätzung der jetzt erwarteten Verkaufsmengen abgeben kann. Das ist gerade in Zeiten einer Wirtschaftskrise nicht einfach, bildet aber die Grundlage für sichere Entscheidungen in der Fertigung und damit die Grundlage für eine erhebliche Kostensenkung.

Optimale Produktionsplanung spart Kosten

3 Kosteneinsparungen in der Logistik

Auch in der Logistik, innerbetrieblich oder auf dem Weg zum Kunden spielt die transportierte Menge eine ausschlaggebende Rolle in der Kostenentstehung. Für Unternehmen, die ihre Transportaufgaben durch Speditionen erledigen lassen, sinken die Kosten automatisch, da weniger Sendungen anfallen. Problematisch können in dieser Situation Vereinbarungen sein, die über Staffelpreise oder Mindestmengen die Preise pro transportierte Einheit bestimmen. Dort sind neue Verhandlungen notwendig, um das Kostenniveau halten zu können.

Neuverhandlungen können Kosten senken

Für Unternehmen mit eigener Logistik gilt es, den Bezug der transportierten Menge pro Fahrzeug zu den Gesamtkosten zu beachten, wenn sich die Nachfrage reduziert. Gleichgültig, ob der Lkw die Strecke voll beladen oder nur zu 50 % ausgelastet fährt, die Gesamtkosten sind ziemlich identisch, die Kosten pro transportierte Einheit steigen jedoch. Hier setzen Maßnahmen zur Kostenreduktion an.

3.1 Tourenplanung anpassen

Die vorhandenen Tourenpläne basieren auf Berechnungen mit vergangenen Absatzzahlen. Da sich diese in der Krise verringern, führen die alten Pläne zu Leertransporten und überflüssigen Fahrten, wenn sie nicht angepasst werden.

Grundlagen & Konzepte

- Müssen die Touren in bestimmten Zeitabständen gefahren werden, um z. B. Bäcker mit frischen Rohstoffen zu beliefern, können Touren zusammengelegt werden. Dadurch können variable Kosten (Treibstoff, Fahrer) eingespart werden. Die einzelne Tour wird dabei vielleicht länger, insgesamt reduzieren sich aber Fahrtzeit und Kilometer. Das senkt die Kosten.
- Kann der Zeitraum zwischen den Touren verlängert werden, sollte jeweils so lange gewartet werden, bis die Tour voll ist. Damit werden ganze Touren eingespart, was zumindest die variablen Kosten spart. Vor allem im innerbetrieblichen Verkehr kann die Disposition darauf Rücksicht nehmen.

3.2 Lieferzeiten anpassen

Lieferzeiten der Nachfrage anpassen

Längere Lieferzeiten bedeuten auch mehr Zeit, um optimale Touren zusammenzustellen. Optimale Touren senken die Transportkosten erheblich. Es muss mit dem Vertrieb geklärt werden, wie die verbleibenden Kunden in der Krise auf die Einschränkung reagieren. Sind keine negativen Auswirkungen zu erwarten, kann die Lieferzeitverlängerung durch die Transportkostenoptimierung sofort erhebliche Kosten einsparen.

3.3 Fuhrpark reduzieren

Ungenutzte Fahrzeuge abmelden ...

Die reduzierten Transportmengen führen dazu, dass bisher genutzte Fahrzeuge überflüssig werden. Um die Kosten für Kfz-Steuern, Versicherungen, Inspektionen und Abnahmen zu sparen, sollten nicht genutzte Fahrzeuge stillgelegt werden. Der Kosteneffekt tritt sofort ein. Der Verkauf der Transporter oder Lkw scheint nicht sinnvoll, weil der Markt für Gebrauchtfahrzeuge eben wegen der schwachen Konjunktur ein Überangebot aufweist. Ein Verkauf unter Buchwert würde einen Buchverlust erzeugen und ist daher nur sinnvoll, wenn die Liquidität gebraucht wird.

... und damit Fixkosten reduzieren

Die wirtschaftliche Lage wird sich erholen. Dann können die stillgelegten Fahrzeuge wieder angemeldet werden. Das kann nach und nach geschehen, entsprechend der steigenden Nachfrage. Werden die temporär überflüssigen Fahrzeuge nicht stillgelegt, werden sie in der Regel auch genutzt. Im Ergebnis kommt es zu einer suboptimalen Tourenplanung.

3.4 Auftragskosten durch Mengenanreize reduzieren

Wenn die Kunden eines Unternehmens einen geringeren Bedarf an dessen Produkten haben, bestellen sie in der Regel nicht weniger oft, sondern geringere Mengen. Die Liefermengen werden weniger. Die Logistikkosten jedoch bleiben die gleichen und das wirkt sich negativ auf das Verhältnis des Deckungsbeitrages zu den Auftragskosten aus. Ziel der Logistik muss also sein, die Kunden dazu zu bewegen, den Bestellzyklus zu verlängern und gleichzeitig die Bestellmengen zu vergrößern.

Kunden zur optimalen Bestellmenge animieren

	unverändertes Verhalten				angepasstes Verhalten			
	Auftrag	Stück	Auftrags-kosten	Transport-kosten	Auftrag	Stück	Auftrags-kosten	Transport-kosten
Januar								
Februar	1	1.000	500 €	450 €	1	1.333	500 €	500 €
März								
April								
Mai	2	1.000	500 €	450 €				
Juni					2	1.333	500 €	500 €
Juli								
August	3	1.000	500 €	450 €				
September								
Oktober					3	1.333	500 €	500 €
November	4	1.000	500 €	450 €				
Dezember								
		4.000	2.000 €	1.800 €		4.000	1.500 €	1.500 €
Gesamtauftragskosten			3.800 €				3.000 €	

Abb. 2: Reduzierung der Auftragskosten bei geändertem Bestellverhalten

> **Beispiel: Reduzierung der Auftragskosten durch weniger Bestellungen und größere Bestellmengen**
> Wenn ein Kunde anstelle von vier Aufträgen pro Jahr à 1.000 Stück drei Aufträge à 1.333 Stück erteilt, sinken trotz steigender Transportkosten pro Auftrag die Gesamtauftragskosten um 800 EUR. Selbst wenn der Kunden dafür einen Mengenrabatt von 100 EUR pro Auftrag erhält, sinken die Kosten des Unternehmens um 500 EUR.

3.5 Versandkostenpauschalen neu berechnen

Viele Unternehmen arbeiten mit einer Versandkostenpauschale. Diese wurde in der Vergangenheit für eine durchschnittliche Auftragsgröße errechnet. Sinkt diese aufgrund eines Nachfragerückgangs – bestellt der

Durchschnittskunde also nicht mehr drei Bücher, sondern zwei pro Sendung –, muss die Pauschale überprüft werden. Ist eine Anpassung möglich, sollte sie durchgesetzt werden. Die Kostensituation begründet dies auf jeden Fall.

4 Kosteneinsparungen in der Informationsverarbeitung

Die IT-Kosten werden in aller Regel als Gemeinkosten behandelt und gelten als relativ fix. Das ist richtig für die traditionelle Kostenbetrachtung. Wenn in Zeiten einer Wirtschaftkrise Kostensenkungspotenzial aufgedeckt werden muss, finden sich auch im Bereich der Informationsverarbeitung Kosten, die vermieden werden können. Unternehmen, die Software bereits in Form von SaaS (Software as a Service) nutzen, zahlen neben einer Grundgebühr bereits mengenabhängige Gebühren. Hier erfolgt die Anpassung an das niedrigere Leistungsniveau automatisch. Alle anderen Unternehmen müssen prüfen, wo die sinkende Nachfrage Auswirkungen hat auf die notwendigen Leistungen der IT und wo diese Situation zu Kostensenkungen genutzt werden kann.

4.1 Wartungsverträge an die veränderte Auslastung anpassen

Wartungsverträge neu verhandeln

Um die Verfügbarkeit der IT im Unternehmen möglichst hoch zu halten, muss das System technisch auf einem sicheren Stand gehalten werden. Fehler sind so schnell wie möglich zu beseitigen. Dazu werden Wartungsverträge abgeschlossen. Diese basieren in ihrem Umfang auf Anforderungen, die vor der Krise bestanden haben.

- Durch die geringere Belastung werden an einigen Stellen im Unternehmen Teile der Informationstechnik nicht oder nicht mehr im kritischen Umfang genutzt. Das kann der Schnelldrucker im Versand sein oder das Kartenlesegerät in der Fertigung. Hier kann die Wartung gestrichen werden.
- Die Wartungsverträge beinhalten in der Regel eine Reaktionszeit des Wartungsanbieters. Auch diese wurde entsprechend einer früheren Belastung vereinbart. In der Fertigung ist die Reaktionszeit nicht mehr ganz so kritisch, wenn dort aufgrund geringerer Produktionsmengen Alternativen möglich sind. Wird die Reaktionszeit verlängert, sinken die Wartungskosten.
- Der zeitliche Rahmen der Verfügbarkeit von Wartungsleistungen kann eventuell verkürzt werden. Wenn z. B. die Nachtschicht nicht mehr gefahren wird, ist auch keine Fehlerbeseitigung in der Nacht mehr notwendig. Die teure 24-Stunden-Vereinbarung kann gekündigt werden.

Selbstverständlich spielt bei der Veränderung der Zusammenarbeit mit Externen die vertragliche Möglichkeit der Kündigung oder Veränderung eine wichtige Rolle. Auch der Dienstleister wird die Rezession spüren und über jede vertraglich vereinbarte Geldquelle froh sein. Er wird gleichzeitig aber die weitere Zukunft beachten müssen, in der einmal enttäuschte Vertragspartner sich einen anderen Dienstleister suchen. Das Unternehmen hat durchaus Chancen, die Wartungskosten sofort zu senken.

Wartungsverträge ggf. kündigen

4.2 Arbeitszeit der IT-Mitarbeiter an die Auftragslage anpassen

Die gleichen Gründe, die für die Reduzierung der Wartungsleistung gelten, gelten auch für die Beurteilung der notwendigen Arbeitszeit der IT-Mitarbeiter. Geringere Beanspruchung durch sinkende Absätze führt auch zu geringerer Nutzung von IT-Systemen und damit zu geringerer Anwenderbetreuung.

Auslastung kritisch prüfen

- In vielen Unternehmen arbeiten IT-Mitarbeiter zeitversetzt, um die Betreuung der Anwender in einem größeren Zeitfenster sicherzustellen. Wenn dafür ein finanzieller Ausgleich an die IT-Mitarbeiter gezahlt wird, kann dieser eingespart werden. Dazu muss die Arbeitszeit wieder der üblichen Regelung angepasst werden.
- Gibt es eine Bereitschaftsregelung, die den Zugriff auf IT-Mitarbeiter außerhalb der regulären Arbeitszeiten der IT-Abteilung sicherstellt, muss diese in der Krise auf den Prüfstand. Bereitschaftszeiten kosten Geld, das eventuell eingespart werden kann. Wird am Wochenende nicht produziert, versandt oder verwaltet, muss auch keine Bereitschaft mehr bestehen.

4.3 Externe Anwenderschulungen durch Inhouse-Schulungen ersetzen

Ein wichtiger Erfolgsfaktor für die Nutzung von Informationstechnologie ist die Ausbildung der Anwender. Während in der normalen Situation die IT-Abteilung mit vielen Aufgaben belastet ist, gibt es in der Absatzkrise durchaus die Möglichkeit, Freiräume zu schaffen. Dann können viele Schulungsinhalte auch intern von den Mitarbeitern der IT-Abteilung vermittelt werden. Das spart nicht nur die externen Schulungskosten, auch Reisekosten und Reisezeit entfallen. Gleichzeitig kann die Schulung inhaltlich genau auf das Unternehmen eingestellt werden.

Interne IT-Mitarbeiter als Multiplikatoren

4.4 Nicht sofort jede technische Neuerung umsetzen

Bei technischen Neuerungen Nutzwert hinterfragen

Die technische Entwicklung in der Informationsverarbeitung ist noch immer ungebrochen enorm. Neueste Techniken, mehr Kapazitäten und schnellere Verarbeitungen sind immer zu bekommen. Nicht immer dagegen bietet die neueste Generation an Geräten, Netzwerken und Software auch einen wirtschaftlichen Nutzen. In Krisenzeiten muss besonders genau geprüft werden, ob sich die Investition lohnt.

- Der Ersatz von Geräten wie z. B. Druckern oder PCs ist in aller Regel nicht technisch bedingt. Der PC wird ausgetauscht, weil das neue Betriebssystem einen schnelleren Prozessor benötigt, der Drucker, um noch mehr Farbe zu bekommen. Wer auf diesen Austausch ohne technische Begründung in Form von Ausfällen verzichtet, kann erhebliche Kosten sparen.

- Das neue Betriebssystem von Microsoft mag zwar technologisch anspruchsvoll und für die IT-Mitarbeiter sehr interessant sein. Trotzdem muss nicht sofort das gesamte Netzwerk entsprechend umgestellt werden. Auch wenn neue PCs mit dem neuen Betriebssystem ausgestattet sind, alte aber noch nicht, muss keine inhomogene Landschaft mit hohem Betreuungsaufwand entstehen. Auch die neuen PCs können kostenlos mit dem alten Betriebssystem genutzt werden. Eine Umstellung aller Systeme kann zu einem späteren Zeitpunkt erfolgen.

- Softwarewartung beinhaltet auch regelmäßige Updates der Software, typisch für ERP, PPS, CAD und viele andere Anwendungen. Trotz der laufenden vertraglichen Zahlungen sind Updates immer auch mit Kosten verbunden. Die können eingespart werden, wenn nicht jedes Update sofort umgesetzt wird, nur weil es vorhanden ist. Gerade in Krisenzeiten ist die Besinnung auf das, was vorhanden ist und gut genutzt werden kann, vorteilhaft.

Der technische Wandel in der IT kann in der Krise nicht mehr als Grund herhalten für einen Austausch von Systemkomponenten. Das spart Liquidität und enorme Kosten. Der Wechsel auf das neue System oder die Nutzung der neuen Softwareversion kann auch noch ein Jahr warten. Dadurch verliert das Unternehmen nicht, sondern gewinnt erheblichen finanziellen Spielraum.

5 Weitere Einsparpotenziale im Unternehmen

In der Wirtschaftskrise ist die sofortige Nutzung von Kostensenkungspotenzial überlebensnotwendig. In den genannten Bereichen Vertrieb, Produktion, Logistik oder IT ist dies schnell und oft ohne große

Einbußen möglich. Das gilt aber auch für viele weitere Bereiche im Unternehmen. Während die aufgezeigten Potenziale meist direkt gehoben werden können, müssen z. B. Einsparungen im Personalbereich langwierig mit den Mitarbeitervertretungen verhandelt und mit Zugeständnissen erkauft werden. Oder sie wirken wie bei der Nutzung von Möglichkeiten im Bereich des Working Capital nur indirekt.

5.1 Kostensenkung im Personalbereich

Die Möglichkeiten zur Kostensenkung sind im Personalbereich vielfältig und zeigen meist auch gute Erfolge, wenn sie denn umgesetzt werden können. Viele Betriebsräte sehen in den Verhandlungen nicht ihre Verantwortung für das Gesamtunternehmen, sondern nutzen die ungünstige Verhandlungsposition des Unternehmens aus, um die Maßnahmen zu verwässern oder spätere Wiedergutmachungen festzuschreiben. Dennoch müssen die folgenden Möglichkeiten in Betracht gezogen werden:

- Vorhandene Zeitguthaben können abgebaut werden. Darüber hinaus können auch negative Zeitguthaben aufgebaut werden, was zu einer Entspannung in der Zukunft führen wird.
- Kann ein großer Teil des Urlaubs in den Zeiten der Krise genommen werden, muss dies nicht später bei Anstieg der Nachfrage geschehen. Dadurch wird teure Vertretung gespart.
- Die Kurzarbeit ist eine Möglichkeit, die Minderbeschäftigungskosten zwischen Unternehmen, Mitarbeiter und Staat zu teilen und die Mitarbeiter nicht entlassen zu müssen. Die Bedingungen der Kurzarbeit werden derzeit für kleine Unternehmen verbessert.
- Nicht auszuschließen sind auch Entlassungen. Zeitarbeitsverhältnisse werden problemlos aufgelöst, Befristungen nicht verlängert. Reicht das nicht, müssen betriebsbedingte Kündigungen ausgesprochen werden.

5.2 Working Capital optimieren

In der Wirtschaftskrise werden alle Unternehmen versuchen, die Forderungen und Vorräte zu minimieren und die Lieferantenkredite zu nutzen, also das Working Capital zu optimieren. Die Maßnahmen sind vielversprechend, wenn bisher wenig Augenmerk auf diese Kennzahl gelegt wurde. Auf die Kosten wirken sie indirekt.

Gezieltes Forderungsmanagement

- Forderungen können an Inkassounternehmen verkauft werden. Das kostet zwar Geld, wie ein Kredit, verschafft aber Liquidität und entlastet vom Forderungsmanagement.
- Lagerbestände alter Waren, meist längst abgeschrieben, werden entsorgt. Dadurch wird der benötigte Lagerplatz geringer, das Lager kann besser organisiert werden. Die Wahrscheinlichkeit, dass die Waren trotz jahrelangen Winterschlafs noch genutzt werden können, ist in der Praxis minimal.
- Sinkt die Nachfrage, werden auch Rohstoffe und Materialien in geringerem Umfang benötigt. Dadurch werden die vorhandenen Vorräte zu groß. Vor allem verderbliche Waren, also natürliche Rohstoffe, oder modische Produkte müssen verkauft werden, solange noch ein vernünftiger Preis dafür erzielt werden kann.
- Wird die Kreditlinie des Unternehmens in Krisenzeiten voll ausgenutzt oder von den Banken gesenkt, kann die Nutzung der Lieferantenkredite Entspannung bieten. Das muss jedoch in Abstimmung mit den Lieferanten geschehen. Der Einkauf verhandelt längere Zahlungsziele, vielleicht sogar mit Beibehaltung von Skonto.

6 Fazit: Potenzial ist überall

Die Krise ist in den deutschen Unternehmen längst angekommen. Wer überleben will und die Krise sogar zur Verbesserung seiner Marktstellung nutzen kann, muss sich den finanziellen Spielraum schaffen. Eine wichtige Maßnahme dazu ist die Senkung der Kosten, die in Zeiten der Wirtschaftskrise unnötig anfallen. Diese müssen schnell und zuverlässig identifiziert werden. Jeder Unternehmensbereich kann dazu beitragen – das Potenzial ist in jedem Fall vorhanden.

Mittelfristige Einsparpotenziale im Unternehmen: Die Krise für die Zukunft nutzen!

- Die Wirtschaftskrise zwingt viele Unternehmen dazu, ihre Kosten sofort zu senken. Gleichzeitig muss jedoch auch an die Zukunft gedacht werden. Die aktuelle Krise kann noch viele Monate dauern. Wichtig ist, sich eine günstige Startposition zu schaffen und gestärkt aus der Krise hervorzugehen.

- Darum wird neben den Maßnahmen zur sofortigen Kostensenkung auch untersucht, welche mittel- und langfristigen Potenziale im Unternehmen schlummern. Die Zeit ist günstig, entsprechende Maßnahmen können gut begründet und einfacher durchgesetzt werden. Der fehlende Zeitdruck bei sinkender Nachfrage setzt Ressourcen frei, die in allen Abteilungen dazu genutzt werden können, Einsparpotenziale zu identifizieren.

- Mittel- und langfristige Maßnahmen zur Kostensenkung sind für ein Unternehmen weniger einschneidend als sofort wirkende, kurzfristige Maßnahmen, dafür aber vielfältiger und nachhaltiger.

- Der Unternehmer muss Kostensenkungsmaßnahmen vorantreiben und durchsetzen. Sie dürfen nicht bei ersten Anzeichen einer Erholung der wirtschaftlichen Situation aufgegeben werden. Nur unter diesen Bedingungen lohnt sich der Aufwand.

Inhalt		Seite
1	Hohe Einsparpotenziale in Vertrieb und Marketing	57
1.1	Kommunikationsstrategie evaluieren und anpassen	57
1.2	Bestimmte Marketingaktivitäten auslagern	58
1.3	In guten Zeiten einen Krisenplan erarbeiten	58
1.4	Flexible Gehaltsbestandteile einführen	59
1.5	Planung verbessern	59
1.6	Sortiment bereinigen	60
2	Einsparpotenziale in der Produktion	61
2.1	Fertigung flexibilisieren	62
2.2	Losgrößen neu berechnen	63
2.3	Alternative Fertigungsverfahren entwickeln	63
2.4	Verlängerte Werkbank nutzen	64

3	Einfluss der Entwicklungskosten	64
3.1	Kostengünstigere Materialien in der Herstellung nutzen	64
3.2	Enge interne Zusammenarbeit ermöglichen	65
3.3	Dienstleister nutzen	65
4	Einsparpotenziale mit einer geeigneten IT-Strategie	65
4.1	Software-Landschaft vereinheitlichen und Schnittstellen optimieren	65
4.2	Anwenderschulungen fördern Flexibilität der Mitarbeiter	66
4.3	IT-Leistungen outsourcen	67
5	Einsparpotenziale bei der Kapitalbeschaffung	67
6	Einsparpotenziale in anderen Bereichen	68
6.1	Personalkosten senken	68
6.2	Working Capital optimieren	69
7	Fazit	70

■ Der Autor

Dipl.-Kfm. Reinhard Bleiber ist seit vielen Jahren in der kaufmännischen Verantwortung mittelständischer Unternehmen tätig. Der Arbeitsschwerpunkt liegt im Bereich Finanzen, Rechnungswesen und IT.

1 Hohe Einsparpotenziale in Vertrieb und Marketing

Der Vertrieb und das Marketing sind näher an der Krise, als alle anderen Unternehmensbereiche. Sie erfahren jeden Tag, wie das Interesse der Kunden sinkt oder diese mit ihrer gewachsenen Marktmacht selbst unmoralische Forderungen durchsetzen. Trotz der starken Belastung der Mitarbeiter dieser Abteilung muss hier begonnen werden, das Potenzial an Kostensenkung für die Zukunft zu heben.

1.1 Kommunikationsstrategie evaluieren und anpassen

Vertriebswege und Preispolitik lassen sich mittelfristig kaum beeinflussen, da sie von den Gegebenheiten des Marktes und der Branche abhängen. Anders sieht es mit der Kommunikationsstrategie des Marketings aus. Anzeigen, Messeauftritte, Internetseiten oder Sponsoring von Sportveranstaltungen verursachen hohe Kosten. Nicht jedes Werbemedium ist anfällig gegen eine Krise, wie wir sie gerade erleben. Um für die Zukunft Kosten zu senken, muss der Mix der genutzten Medien überdacht werden.

Kommunikationsstrategie überdenken

- Ist es sinnvoll, fast das gesamte Werbebudget auf ein Medium zu setzen und die anderen Möglichkeiten zu vernachlässigen? Ein gesunder Mix garantiert einen Mindesterfolg in der Kundenkommunikation auch in Krisenzeiten.
- Ist es sinnvoll, das Budget auf viele Medien aufzuteilen? Die Nachfrage des Unternehmens nach Werbeleistung wird gesplittet und dadurch reduziert. Für die Kosten pro Werbeeinheit kann es sinnvoll sein, das Budget zu bündeln und Mengenrabatte auszuhandeln.

Diese beiden gegenläufigen Empfehlungen zeigen, dass die Kostensenkungspotenziale sehr individuell verteilt sind. Erfolg bringt die individuelle Beschäftigung mit diesem Thema unter dem Gesichtspunkt der Kosten.

Eine kurzfristige Reduktion der Werbung, um kurzfristig Kosten zu sparen, bringt Erkenntnisse über das Verhalten der Kunden. Kommt es zu einem Effekt, der auf die veränderte Werbung zurückzuführen ist? Ändert sich am Verhalten der Kunden auch bei weniger Werbung nichts? Gleichgültig, ob ein Effekt festzustellen ist oder nicht – beide Erkenntnisse müssen zu einer angepassten, kostengünstigeren mittel- bis langfristigen Kommunikationsstrategie führen.

1.2 Bestimmte Marketingaktivitäten auslagern

Im Marketing fallen viele Aufgaben an, die sowohl von eigenen Mitarbeitern als auch von Externen erledigt werden können. Marketingagenturen bieten unter anderem an:

- Kataloggestaltung,
- Platzierung von Anzeigen,
- Messeplanung und -durchführung oder
- Gestaltung der Verpackung.

Manche Argumente sprechen für die Nutzung externer Agenturen und gegen den Einsatz eigener Mitarbeiter:

- Agenturen arbeiten nur auftragsbezogen. Jede Aufgabe muss definiert, beschrieben und vor allem kalkuliert werden. Nebenaufgaben entfallen, wenn sie überflüssig sind, oder werden von anderen Stellen im Unternehmen erledigt, wenn sie wichtig sind. In vielen Fällen lassen sich dadurch Kosten sparen.
- Die Kosten werden durch das Outsourcing flexibler. Eigene Mitarbeiter haben erhebliche Rechte, was die Veränderung von Einsatzzeiten und Kapazitäten in der Marketingabteilung stark erschwert. Externe Agenturen erhalten in Krisenzeiten weniger Aufträge vom Unternehmen. Die Kosten für das Marketing sinken automatisch. Die Umstellung auf Agenturen in der Marketingabteilung muss mittel- bis langfristig betrieben werden.
- In einer Wirtschaftskrise, wie wir sie gerade erleben, haben auch die Marketingagenturen freie Kapazitäten, die auf den Marktpreis drücken. Wer jetzt die Agentur wechselt oder seine Marketingaktivitäten auf Agenturen umstellt, kann die Kosten für die Leistung drücken. Da die Marketingaktivitäten über einen längeren Zeitraum wirken, muss auch ein Agenturwechsel mittelfristig betrieben werden. Als zusätzlicher Vorteil führt der Agenturwechsel zu neuen Ideen, die das Geschäft beleben können.

1.3 In guten Zeiten einen Krisenplan erarbeiten

Von Marketing und Vertrieb wird in Krisenzeiten viel erwartet. Sie müssen schnell reagieren und erheblichen Einsatz leisten. Zeit für das Schmieden von Plänen ist nur bedingt vorhanden. Darum sollte für die Krise bereits in guten Zeiten ein Plan aufgestellt werden. Dann können Maßnahmen sofort ergriffen werden, die Kosten sinken schnell und geplant.

Im Marketing kann der Krisenplan die Festlegung der minimalen Werbemaßnahmen in Art und Umfang, das Einsparpotenzial bei der Wartung des Internetauftritts oder die maximale Kataloglaufzeit umfassen. Es wird erreicht, dass Kosteneinsparungen sofort veranlasst und Entscheidungen darüber in ruhigeren Zeiten ohne Druck der Krise gefällt werden können.

Der Vertrieb muss sich in Krisenzeit neu aufstellen. Wie er das tut, wird im Krisenplan festgehalten. Neue Kriterien der Kundenbeurteilung, neue Verteilung der vorhandenen Betreuungszeiten und maximale Zugeständnisse an Kunden sind bereits definiert und führen schnell zu den gewünschten Erfolgen.

1.4 Flexible Gehaltsbestandteile einführen

Eine umsatzabhängige Gehaltskomponente, wie sie in vielen Vertriebsorganisationen üblich ist, führt dazu, dass sich die Personalkosten zumindest teilweise automatisch an die sinkenden Umsätze anpassen. In Zeiten der Krise werden so Kosten gespart. Das gilt nicht nur für die Mitarbeiter, die im Außendienst oder im Einzelhandel direkt mit dem Kunden zu tun haben. Die umsatzabhängige Vergütung kann auch für den Verkaufsinnendienst vereinbart werden. Dadurch werden Personalkosten gespart, ohne dass Verträge oder andere Vereinbarungen verändert werden müssen.

Geeignet für Außen- und Innendienst

Die Umstellung vorhandener Entlohnungssysteme benötigt jedoch Zeit. In Krisenzeiten kann die Umsatzabhängigkeit nicht mehr als leistungsbezogen bezeichnet werden, weil der einzelne Verkäufer kaum noch wesentlichen Einfluss auf die Absatzentwicklung hat. Darin liegt auch der größte Nachteil der flexiblen Gehaltsbestandteile. Sinkt das Gehalt durch sinkende Provisionen oder variable Anteile dauerhaft, wird sich ein Mitarbeiter eine neue Aufgabe mit sicherer Entlohnung suchen. Gute Verkäufer verlassen das Unternehmen zuerst. Über eine begrenzte Krise hinweg ist das System jedoch kostensparend.

Nachteil flexibler Gehaltskomponenten

1.5 Planung verbessern

Wer die Krise am schnellsten erkennt und wer die Auswirkungen am besten vorhersagt, der kann auch schnell und gut reagieren. Dem Umsatzrückgang wird begegnet, Kostensenkungsmaßnahmen werden rechtzeitig auf den Weg gebracht. Gute Planung senkt also die Kosten der Krise.

Planung ist das A und O

- Unternehmen ohne Planung verbessern ihre Situation wesentlich, wenn eine Planung von Absatz und Umsatz sowie der wichtigsten Kostenarten eingeführt wird.
- Unternehmen mit einem Planungssystem erhalten eine verbesserte Planung, wenn mehrere Szenarien durchgerechnet werden. Eine Variante der Planung beschäftigt sich mit dem Worst Case, der Krise. Die Anzeichen werden dann früher erkannt, die Auswirkungen sind bekannt.
- Die Planungsinstrumente können verbessert werden, um die Planungsgenauigkeit zu steigern. So kostet z. B. der Zugang zu Daten von Marktforschungsinstituten zwar Geld, sorgt aber für aktuelle Informationen. Oder Mitarbeitern wird mehr Zeit für die Planung gegeben, damit die einzelnen Planer sich intensiver mit der Materie beschäftigen können.

Das Planungssystem zu verbessern ist ein langwieriger Prozess. Zunächst muss die Planungsstrategie angepasst werden, dann muss Erfahrung gesammelt werden. Erst danach können die Planungsabläufe festgeschrieben werden. Wird damit eine Krise früher erkannt, spart die schnellere Reaktion dem Unternehmen viel Geld.

1.6 Sortiment bereinigen

Eine wichtige Aufgabe im Marketing ist die Sortimentspolitik, die gemeinsam mit dem Vertrieb umgesetzt wird. In Krisenzeiten, in denen der Umsatz zurückgeht, ist der Vertrieb froh über jedes Produkt, das verkauft wird. Dabei wird in der Praxis nicht beachtet, dass nicht jeder Umsatz auch profitabel ist.

- Die Kostenstruktur vieler Artikel lässt keine ausreichende Marge zu. Der Preis liegt nur knapp über oder sogar unter den Herstellkosten. Diese Kosten können sofort eingespart werden, wenn das Produkt aus dem Sortiment genommen wird.
- Durch die Anzahl der nachgefragten Produkte wird in erheblichem Maße bestimmt, wie hoch die Fertigungskosten sind. Können wegen sinkender Nachfrage nur kleine Mengen verkauft werden, sinken die Fertigungslose bzw. die Bestellmengen und die Stückkosten steigen. Auch hier können Kosten eingespart werden, wenn auf bestimmte Produkte ganz verzichtet wird.

Eine Sortimentsveränderung sollte kurzfristig nur im äußersten Notfall durchgeführt werden. Verkaufsunterlagen müssen angepasst, Verkäufer geschult und Kunden informiert werden. Das verlangt Zeit und erhöht zunächst die Kosten. Ein gestrafftes Sortiment hilft durch die Krise und ist eine gute Basis für kommende Nachfragerückgänge.

2 Einsparpotenziale in der Produktion

In keinem Bereich werden die Kosten eines Produktes so stark bestimmt wie in der Produktion. Gleichzeitig ist das Unternehmen dort in der Kostenentstehung am stärksten von den nachgefragten Mengen abhängig. Sinken die Produktionsmengen, steigen die Stückkosten, wenn nicht gegengesteuert wird. Durch kurzfristige Maßnahmen können schnell Kosten gesenkt werden. Diese Maßnahmen müssen sich jedoch im vorgegebenen Rahmen, der von Maschinen, Verfahren und Konstruktionen geprägt ist, bewegen (s. Abb. 1).

Wie flexibel ist die Produktion?

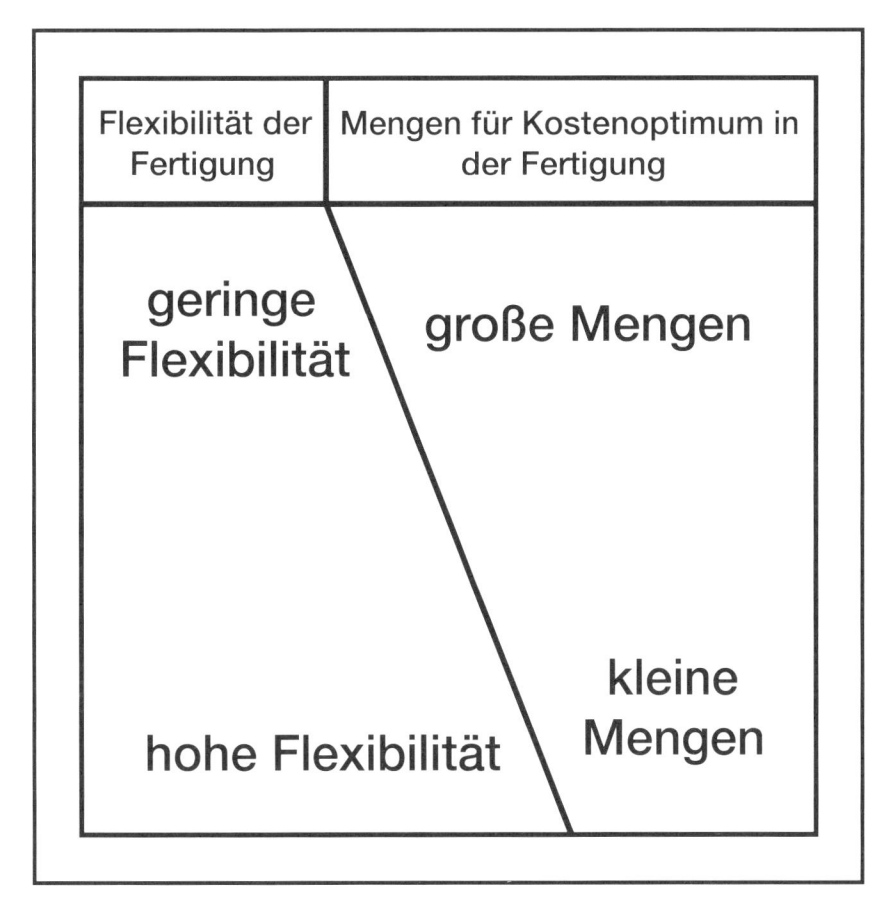

Abb. 1: Zusammenhang zwischen Flexibilität und Fertigungsmengen

Grundlagen & Konzepte

Mittelfristig geht es darum, diese Rahmenbedingungen zu flexibilisieren. Bei veränderten Mengen muss sich auch die Produktionsplanung anpassen. Je größer dabei der Spielraum ist, desto größer ist das Potenzial zur Kostensenkung, das in der Krise genutzt werden kann.

2.1 Fertigung flexibilisieren

Je besser sich die Fertigung an sinkende Produktionsmengen anpassen kann, desto größer ist die Kosteneinsparung im Krisenfall. Gleichzeitig bedeutet Spezialisierung bei großen Mengen einen Kostenvorteil. Hier muss eine Risikoabwägung der Unternehmensführung erfolgen, um das richtige Ausmaß der Flexibilität festzulegen.

- Stark beeinflusst wird die Flexibilität von den eingesetzten Maschinen in der Fertigung. Spezialmaschinen erledigen eine Aufgabe schnell, gut und kostengünstig. Flexible Fertigungsanlagen sind für viele Aufgaben geeignet, dafür aber nicht so schnell und weniger günstig pro Arbeitsschritt. Sinken die Fertigungsmengen unerwartet, kann die Produktionsplanung bei Spezialmaschinen nur mit Leerzeit reagieren, während Fertigungszentren zusätzliche Aufgaben erledigen können.

- Das Verfahren für die Fertigung einzelner Produkte wird durch die Art des Produktes, aber auch durch dessen Konstruktion festgelegt. Dabei gibt es durchaus Spielräume, die für eine Flexibilisierung genutzt werden können. So bietet z. B. das Kleben einer Verbindung meist mehr Möglichkeiten als das Schrauben. Weniger aufwändige Maschinen sind notwendig, die Fähigkeiten der Mitarbeiter werden weniger beansprucht. Die Fertigung wird flexibler und kann sich in Krisenzeiten besser anpassen, um Kosten zu sparen.

- Je mehr Fähigkeiten ein Mitarbeiter hat, desto flexibler kann er eingesetzt werden. In Zeiten sinkender Mengen führt das zu einer vereinfachten Produktionsplanung. Der Mitarbeiter kann in einer Schicht verschiedene Aufgaben erledigen, Zeitarbeitnehmer werden nicht mehr benötigt – die Kosten sinken.

Flexibilisierung ist Daueraufgabe!

Die Flexibilisierung der Fertigung ist eine langfristige Aufgabe und im Grunde nie wirklich abgeschlossen. In Krisenzeiten zeigt sich der positive Effekt in Kostenvorteilen bei sinkenden Mengen und in normalen Zeiten wird die Produktionsplanung vereinfacht, wenn mehr flexible Maschinen in flexiblen Verfahren mit flexiblen Mitarbeitern eingesetzt werden können.

2.2 Losgrößen neu berechnen

Mit der Berechnung von Losgrößen für die Produktion wird das Optimum zwischen den sinkenden Stückkosten bei hohen Mengen und den entgegengesetzt wirkenden Lagerkosten gesucht. Gleichzeitig werden Engpässe in der Produktion berücksichtigt. In der Praxis werden Losgrößen einmalig berechnet und immer wieder verwendet. Wenn sich die notwendige Menge ändert, wie z. B. in einer Krise, sind die einmal berechneten Losgrößen nicht mehr optimal.

Für die Berechnung der Losgrößen ist eine Struktur zu schaffen, in der das Optimum für die einzelnen Fertigungsprodukte immer wieder neu berechnet wird. Damit werden notwendige Anpassungen bei Mengenrückgängen in einer Krise automatisch erkannt und in der Planung kostensenkend berücksichtigt.

Eine optimale Produktionsplanung wird nur erreicht, wenn die umfangreiche Aufgabe der Losgrößenberechnung durch Informationstechnologie unterstützt wird. Dann können auch Kapazitätsengpässe berücksichtigt werden. Das bietet erhebliche Vorteile in der alltäglichen Produktion und führt zur Senkung der Gesamtkosten in einer Krisensituation.

2.3 Alternative Fertigungsverfahren entwickeln

Ein neues Fertigungsverfahren umzusetzen ist sehr aufwendig und beinhaltet immer auch ein Risiko für die Produktion. Krisenzeiten verlangen nach Verfahrensänderungen, um damit Kostenvorteile zu realisieren. Damit dies möglichst problemlos umgesetzt werden kann, müssen bereits in normalen Zeiten alternative Fertigungsverfahren entwickelt, getestet und dokumentiert werden.

Das ist meist einfacher, als es sich zunächst anhört. Wird z. B. ein Drehteil auf einer automatischen, computergesteuerten Drehmaschine hergestellt, setzt das entsprechend hohe Mengen voraus, sonst sind die Kosten für Programmierung und Einrichtung der Maschine nicht gerechtfertigt. Das Bauteil könnte technisch auch auf einer CNC-Maschine gedreht werden. Wenn nun für beide Maschinen das entsprechende Programm vorhanden ist, kann in Krisenzeiten wesentlich schneller getauscht werden. Auch für die normale Produktionsplanung steigt die Flexibilität.

2.4 Verlängerte Werkbank nutzen

Einmal geschaffene Kapazitäten können in Krisenzeiten nur langsam und oft teuer abgebaut werden. Werden Aufgaben an Dritte vergeben, können die Aufträge entsprechend den benötigten Mengen angepasst werden, ohne dass ein Aufwand dafür entsteht. Die Kosten sinken entsprechend dem nachlassenden Absatz. Gleichzeitig können ausgelagerte Aufgaben dazu dienen, in Krisenzeiten frei werdende Kapazitäten im Unternehmen zu nutzen und die Fremdfertigung vollständig einzustellen.

Voraussetzung ist jedoch, dass die verlängerte Werkbank bereits in normalen Produktionszeiten genutzt wird. Jede eigene Kapazitätserweiterung sollte geprüft, Potenzial zur Fremdfertigung sollte festgestellt werden. In die Wirtschaftlichkeitsbetrachtung ist der Faktor einer flexiblen Reaktion in Krisenzeiten einzubeziehen.

Optimal ist es, wenn eine Aufgabe sowohl in der eigenen Produktion als auch bei einem externen Partner erledigt werden kann. So erhält sich das Unternehmen das Know-how für die Arbeit und kann dennoch im Krisenfall die verlängerte Werkbank wieder ins Unternehmen zurückholen.

3 Einfluss der Entwicklungskosten

Die Herstellkosten werden vor allem bestimmt von den Materialkosten und den Fertigungskosten. Beide, Material und Fertigung, werden bestimmt durch die Konstruktion der Produkte. Damit hat die Entwicklungsabteilung einen großen Einfluss auf die Kosten, ganz abgesehen davon, dass die Abteilung selbst auch Kosten verursacht.

3.1 Kostengünstigere Materialien in der Herstellung nutzen

Alternative, kostengünstigere Rohstoffe nutzen

Der Aufbau des Produkts, die Bauteile und die Verarbeitung bestimmen die Kosten. Das benötigte Material oder der Rohstoff hängen ganz erheblich davon ab, wie die Entwicklungsabteilung gearbeitet hat. In Zeiten knapper Kapazitäten wird sehr wahrscheinlich ein Material bevorzugt, das zwar etwas teurer ist, aber weniger Bearbeitung beansprucht als ein alternatives Material. In Zeiten der Krise sind Kapazitäten vorhanden, finanzielle Mittel aber knapp. Darum kann eine Konstruktion, die alternative Materialien zulässt, in der Krise erhebliche Kosten einsparen.

3.2 Enge interne Zusammenarbeit ermöglichen

Um die Arbeit der Entwicklungsabteilung schnell und problemlos der Fertigungsabteilung zugänglich zu machen, ist eine enge Verbindung zwischen diesen Bereichen notwendig. Stücklisten, Arbeitspläne, Bearbeitungsbeschreibungen und Rohstoffspezifikationen können so direkt angepasst und übernommen werden. Dabei kann die IT helfen. Die enge Verknüpfung beider Bereiche mit Informationstechnologie muss vor allem organisatorisch sehr gut vorbereitet werden. Es ist daher eine Maßnahme, die erst in der nächsten Krise zu Kosteneinsparungen führt.

Schnittstellen managen

3.3 Dienstleister nutzen

Konstruktions- und Entwicklungsleistungen können von externen Anbietern zugekauft werden. Dadurch wird der Einsatz von Mitarbeitern, die gerade in der Entwicklungsabteilung sehr teuer sind, flexibler. In Krisenzeiten kann die Leistung zurückgefahren werden, indem z. B. die Entwicklung des neuen Produkts zeitlich gestreckt wird. Kosten können gesenkt werden. Es gilt wiederum, dass die Nutzung externer Dienstleister langfristig vorbereitet werden muss.

4 Einsparpotenziale mit einer geeigneten IT-Strategie

Die Kosten für die Informationsverarbeitung in einem Unternehmen sind relativ fix. Eine Abhängigkeit von den verkauften Mengen ist nur selten feststellbar. Dennoch können durch mittelfristige Maßnahmen auch in der IT-Abteilung Kosten gesenkt werden, wenn die IT-Strategie auf Flexibilität ausgerichtet wird. In Krisensituationen können die IT-Kosten dann auf ein Minimum reduziert werden.

4.1 Software-Landschaft vereinheitlichen und Schnittstellen optimieren

Traditionell gibt es in vielen Unternehmen historisch gewachsene IT-Lösungen, vor allem in Kleinunternehmen und im Mittelstand. Diese zeichnen sich durch viele verschiedene Module aus, die je nach Aufgabe von unterschiedlichen Software-Lieferanten gekauft wurden. Die Software-Landschaft ist dadurch sehr heterogen – das erschwert eine einfache Bedienung und die Pflege der Programme und Daten.

Einfache Programme erhöhen Flexibilität

In einer Krise müssen die Anwender mehr unterschiedliche Aufgaben erledigen als in normalen Zeiten. Das wird erleichtert, wenn die Logik der Programme und die Bedienung in den einzelnen Modulen identisch sind. Der Ersatz der vielfältigen Programme durch eine einheitliche modulare Software ist der richtige Weg dahin. Soweit sinnvoll, sollten die einzelnen Lösungen vom gleichen Lieferanten stammen. Spezialanwendungen sollte es nur noch in begrenztem Umfang geben. Dann kann auch ein Anwender sich leichter in andere Arbeitsgebiete einarbeiten. Das System wird flexibel und Kostenvorteile entstehen.

Auch bei einer optimalen Systemarchitektur bleiben Spezialanwendungen, die miteinander und mit der zentralen Anwendung Daten austauschen müssen. Die Bedienung der Schnittstellen, deren Wartung und Anpassung verursachen hohe Kosten. Wenn in der Krise Mengen nachlassen, sinkt die Belastung der Schnittstellen i. d. R. nicht. Oft stehen aber die notwendigen Kapazitäten und Fähigkeiten zur Schnittstellenbetreuung nicht mehr zur Verfügung. Darum muss als grundsätzliche Aufgabe der IT-Abteilung eine Vereinfachung der Schnittstellen festgeschrieben werden.

4.2 Anwenderschulungen fördern Flexibilität der Mitarbeiter

Wissen hilft Kosten zu sparen

Das Thema Flexibilisierung bestimmt die Kosten der IT in erheblichem Maße. Besonders betroffen sind die Anwender, die mit den IT-Systemen arbeiten müssen. Je besser diese informiert sind, desto größer ist der Vorteil für das Unternehmen. Je flexibler die Anwender in der Nutzung der IT sind, desto mehr unterschiedliche Aufgaben können übernommen werden – in Krisenzeiten eine Voraussetzung für die Nutzung von Kostensenkungspotenzial.

Wie so oft muss jedoch zunächst investiert werden, um später kostengünstiger arbeiten zu können, diesmal in die Ausbildung der Mitarbeiter. Bereits in normalen Zeiten sparen richtig ausgebildete Anwender erhebliche Kosten durch weniger Fehler, flexibleren Einsatz und bessere Nutzung der Funktionen in den Programmen. Kommt es zu einer Krise mit sinkender Beschäftigung, kann diese Flexibilität Kosten senken durch Zusammenfassung von Aufgabengebieten und Übernahme zusätzlicher Aufgaben. Vorbereitet werden muss dies über eine lange Zeit.

4.3 IT-Leistungen outsourcen

Ähnlich wie im Marketing, das mit Agenturen zusammenarbeiten kann, können auch im IT-Bereich Aufgaben ausgelagert werden. Externe übernehmen

- die Anwenderbetreuung,
- den Datenschutz oder
- die Wartung des Netzwerks.

Je nach individueller Situation des Unternehmens können so mit dem Outsourcing im IT-Bereich Kosten eingespart werden.

Kommt es zu einer Krise und sinkt die Beschäftigung auch in der IT-Abteilung, können die ausgelagerten Aufgaben zur Beschäftigungssicherung zurückgeholt werden. Die vorhandenen Mitarbeiter und deren Erfahrung werden gehalten, die Kosten des Outsourcings werden gespart.

5 Einsparpotenziale bei der Kapitalbeschaffung

Die Finanzierung des Unternehmens mithilfe von Fremdkapitalgebern ist schon zu normalen Zeiten teuer und mit Schwierigkeiten verbunden. In Zeiten der Wirtschaftskrise wird es nicht nur ungleich schwieriger, Fremdkapital zu bekommen, es wird auch teurer, wenn das Unternehmen nicht vorgesorgt hat.

Konkurrenz belebt das Geschäft, auch bei der Finanzierung. Jedes Unternehmen verfügt über eine Hausbank, der es allerdings auch „ausgeliefert" ist. Wer langfristig eine Zwei-Banken-Strategie fährt, kann schnell Kredite wechseln. Das weiß die jeweils andere Bank und wird sich entsprechend preisgünstig verhalten. In einer Krise, wenn Sicherheiten knapp und Finanzbedarfe groß sind, gibt es zwei Banken, die Erfahrung mit dem Unternehmen haben und sich das Risiko teilen können. Voraussetzung ist jedoch, dass das Volumen für Bankaufträge groß genug ist, um zwei Partner zu beschäftigen.

Nach den Vorgaben von Basel II muss die Bank Zinsen verlangen, die vom bankinternen Rating abhängig sind. Für Unternehmen mit schlechtem Rating entstehen höhere Kosten, da die Zinsen höher sind. Intensive Beschäftigung mit dem Rating der Bank führt dazu, dass im Laufe der Zeit mit der richtigen Unternehmenspolitik die Kennzahlen hinsichtlich des Ratings optimiert werden. Die Kosten für die Finanzierung sinken.

Grundlagen & Konzepte

Neben dem klassischen Fremdkapital gibt es Alternativen der Fremdfinanzierung, die für individuelle Situationen preiswerter sein können als der traditionelle Kredit. Dazu gehören unter anderem

- das Leasing,
- das Factoring oder
- die Einrichtung von Konsignationslagern im Unternehmen.

Die Beantragung ist aufwendig, von den Banken werden sie nicht geliebt, die Bedingungen sind oft unbekannt: staatliche Fördermittel. Für fast alle unternehmerischen Aufgaben und Situationen gibt es staatliche Förderung. Nur Sanierungen werden i. d. R. nicht gefördert. Die EU, die Bundesrepublik und die Länder und Kommunen subventionieren Unternehmenskredite oder, wichtiger noch, übernehmen Bürgschaften bzw. garantieren Sicherheiten für den Kreditgeber. Ein sinnvoller Mix von Bankkrediten und Fördermitteln stellt die Finanzierung des Unternehmens auf sicherere Füße. In der Krise sorgt das für eine zuverlässigere und kostengünstigere Finanzierung.

6 Einsparpotenziale in anderen Bereichen

Die vielen Beispiele zeigen, dass das Potenzial zur Kostensenkung vorhanden ist. In allen Unternehmensbereichen können Maßnahmen aktuelle und zukünftige Kosten senken. Das gilt auch für Funktionen, die nicht unbedingt direkt wirkende Maßnahmen umfassen oder deren Maßnahmen unternehmensübergreifend mit anderen Stellen abgestimmt werden müssen. Die Beschäftigung mit dem Working Capital ist ein Beispiel für indirekt auf Kosten wirkende Maßnahmen, der Personalbereich ist ein Beispiel für abzustimmende Maßnahmen.

6.1 Personalkosten senken

Arbeitszeitkonten bieten Handlungsspielraum

Die Personalkosten stellen in vielen Unternehmen einen der größten Kostenblöcke dar. Diese bei Kostensenkungsmaßnahmen nicht zu berücksichtigen wäre sträflicher Leichtsinn, auch wenn Diskussionen mit den Mitarbeitern und Verhandlungen mit dem Betriebsrat unangenehm sind. Aus diesem Grund zeigen Maßnahmen im Personalbereich in aller Regel mittel- und langfristig Auswirkungen. Darum müssen gerade sie frühzeitig begonnen werden.

- Durch den Einsatz von Zeitarbeitnehmern wird das Unternehmen flexibler, wenn Personalkapazitäten abgebaut werden müssen.
- Steigende Umsätze müssen nicht sofort mit fest angestellten Mitarbeitern beantwortet werden. Befristete Arbeitsverhältnisse und Aushilfen geben die Chance, die Entwicklung zunächst abzuwarten.
- Die Einführung von Arbeitszeitkonten erfordert meist langwierige Verhandlungen mit dem Betriebsrat und wird in offiziellen Betriebsvereinbarungen geregelt. Der Aufwand lohnt sich für das Unternehmen, da in Krisenzeiten Zeitsalden flexibel ab- und aufgebaut werden können.
- Flexible Mitarbeiter können in Zeiten von nachlassenden Umsätzen mehrere Aufgaben erledigen. Trotz notwendigem Mitarbeiterabbau funktionieren die Abläufe. Voraussetzung dafür ist die richtige Ausbildung der Mitarbeiter, damit die notwendigen Fähigkeiten abrufbereit sind.

6.2 Working Capital optimieren

Die Höhe der Forderungen eines Unternehmens hat Einfluss auf die Finanzierungskosten, die Höhe der Bestände wirkt sich zusätzlich auf Lagerkosten aus. Je höher die Verbindlichkeiten gegen Lieferanten sind, desto geringer sind die Kosten für Fremdfinanzierungen, vorausgesetzt, Skonto wird trotzdem genutzt. Maßnahmen, die diese Größen beeinflussen, die also das Working Capital optimieren, haben mittelfristig auch Auswirkungen auf die Kosten des Unternehmens.

Forderungsmanagement optimieren

- Gelingt es, die Zahlungsziele der Kunden eines Unternehmens zu reduzieren, sinken die Forderungen. Damit sinken die Finanzierungskosten und Ausfallrisiken.
- Das gleiche Ziel wird mit einem strikten Forderungsmanagement verfolgt. Schnelle Mahnungen, schnelle Klärungen von Differenzen und schnelles Eintreiben von Forderungen senkt die Höhe der Bilanzposition.
- Außerdem können die Verbindlichkeiten erhöht werden, wenn die eigenen Zahlungsziele bei den Lieferanten verlängert werden können. Die auf diese Weise entstehenden Lieferantenkredite ersetzen teures und mit vielen Bedingungen versehenes Fremdkapital.
- Durch Verbesserung der Disposition, z. B. mithilfe von IT, können Bestellmengen kleiner gehalten werden. Das wiederum senkt die Bestände und damit Kosten.

7 Fazit

Kosten zu senken, wo immer es möglich ist, ist eine permanente Aufgabe im Unternehmen. Maßnahmen zu ergreifen, die mit Blick auf eine zukünftige Krise dann Kostensenkungen möglich machen, bedeutet unternehmerische Weitsicht.

Das Wirtschaftsleben hat sich verändert. Sicherheit und Beständigkeit werden immer seltener. Mit plötzlichen Wirtschaftskrisen, wie wir sie gerade erleben, muss immer gerechnet werden. Umsatzausfälle aufgrund von Veränderungen im Käuferverhalten werden zur Normalität werden. Der Gesetzgeber wird durch seine Vorstellungen immer wieder lokale Krisen in bestimmten Wirtschaftskreisen hervorrufen. Ein Unternehmen, das dann nicht gewappnet ist und Kosten nicht schnell und nachhaltig senken kann, wird auf Dauer keinen Bestand haben.

Liquiditätssteuerung in der Wirtschaftskrise – „Cash is King"

- Klassisch lassen sich die finanziellen Ziele eines Unternehmens in die Bereiche Liquidität, Profitabilität und Risikobeherrschung unterteilen. Liquidität wird in der aktuellen Wirtschaftskrise zur dominanten Zielsetzung.
- Liquidität ist die Maßgröße für die jederzeitige Zahlungsfähigkeit eines Unternehmens. Liquiditätssteuerung umfasst demnach alle Aktivitäten zur Gewährleistung der ständigen Zahlungsfähigkeit.
- Kurzfristige Liquiditätssteuerung erfolgt über einen Liquiditätsstatus und eine Liquiditätsvorschau. Die mittel- und langfristige Liquiditätssteuerung wird in einem integrierten Ansatz aus der Gewinn- und Verlustrechnung sowie der Bilanz der Kapitalfluss abgeleitet.

Inhalt		Seite
1	Renaissance der Liquidität oder „Cash is King"	72
2	Möglichkeiten und Formen der Liquiditätssteuerung	74
3	Integrierte Liquiditätssteuerung und Gestaltungsmöglichkeiten	76
4	Liquiditätsmanagement in Zeiten der Wirtschaftskrise	82
5	Literaturhinweise	84

- **Der Autor**

Dr. Ralf Dillerup, Professor für Unternehmensführung und Controlling an der Hochschule Heilbronn und für Financial Management an der University of Louisville.

Grundlagen & Konzepte

1 Renaissance der Liquidität oder „Cash is King"

Klassisch lassen sich die finanziellen Ziele eines Unternehmens in die Bereiche Liquidität, Profitabilität und Risikobeherrschung unterteilen. Diese Zielsetzungen sind miteinander verknüpft und zum Teil widersprüchlich. So geht eine höhere Profitabilität i. d. R. auch mit höherem unternehmerischen Risiko einher. Insofern sind die Teilziele immer wieder neu zu justieren, um eine nachhaltige und den Umständen gerecht werdende Unternehmensentwicklung zu ermöglichen.

Konjunktur bestimmt finanziellen Fokus

Die ökonomischen Bedingungen geben dabei die Prioritäten vor. So stehen in Zeiten des wirtschaftlichen Aufschwungs profitables Wachstum in einzelnen Geschäften und Portfolio-Veränderungen im Vordergrund. Passend zu den Konjunkturzyklen ändern sich der Aufgabenfokus und die Priorisierung der finanziellen Ziele in Zeiten des Stillstands oder der Schrumpfung. Liquidität gewinnt an Bedeutung, insbesondere wenn in der aktuellen Wirtschaftskrise nicht nur erheblicher Umsatzrückgang zu beklagen ist, sondern auch die Beschaffung von Liquidität zum Problem wird. Dann gibt es nicht nur eine Rückbesinnung bzw. „Renaissance" der Liquiditätsorientierung, sondern diese wird vielmehr dominant. Spätestens wenn die Zahlungsfähigkeit des Unternehmens in Gefahr gerät und die Insolvenz droht, gilt die Devise: „Cash is King."

Bevor auf die Möglichkeiten zur Steuerung der Liquidität eingegangen wird, ist es sinnvoll, die Zusammenhänge zwischen den finanziellen Zielen darzustellen. In den letzten Jahren stand die wertorientierte Unternehmensführung bzw. der Shareholder Value im Vordergrund. Unter Berücksichtigung des unternehmerischen Risikos wird dabei ermittelt, welche Mindestverzinsung ein Unternehmen für seine Eigentümer zu erwirtschaften hat und ab wann der Wert des Unternehmens gesteigert wird. Diese Vorstellung hat sich als Leitbegriff moderner Unternehmensführung heute weitgehend durchgesetzt. Aus dem Betrachtungswinkel von Eigentümern eines Unternehmens ist dieses dann erfolgreich, wenn der Unternehmenserfolg die Kosten des eingesetzten Kapitals übertrifft. Eine Wertsteigerung entsteht also, wenn eine risikogerechte Verzinsung des zur Verfügung gestellten Kapitals erwirtschaftet wird. Bei dem Konzept handelt es sich im Kern um die Definition einer risikoadäquaten Mindestprofitabilität, ab der der Unternehmenswert gesteigert werden kann.

Wertorientierung bei Wachstum dominant

Ausreichende finanzielle Ergebnisse sind erforderlich, um das langfristige Überleben des Unternehmens zu gewährleisten. Ausreichende Gewinne sind somit eine notwendige Voraussetzung, um neben den Eigentümerinteressen auch andere Interessen wie die der Mitarbeiter, Kunden, Anleger oder der Gesellschaft zu erfüllen. Wertorientierung ist demnach erforderlich, um langfristig die Existenz des Unternehmens zu sichern. In Zeiten des konjunkturellen Wachstums ist dies der dominierende Maßstab. Kann jedoch in konjunkturellen Schwierigkeiten keine Verzinsung auf die Kapitalkosten erwirtschaftet werden oder werden sogar Verluste eingefahren, dann gewinnt die Basisaufgabe kurzfristigen Überlebens – die Liquiditätssicherung – an Bedeutung.

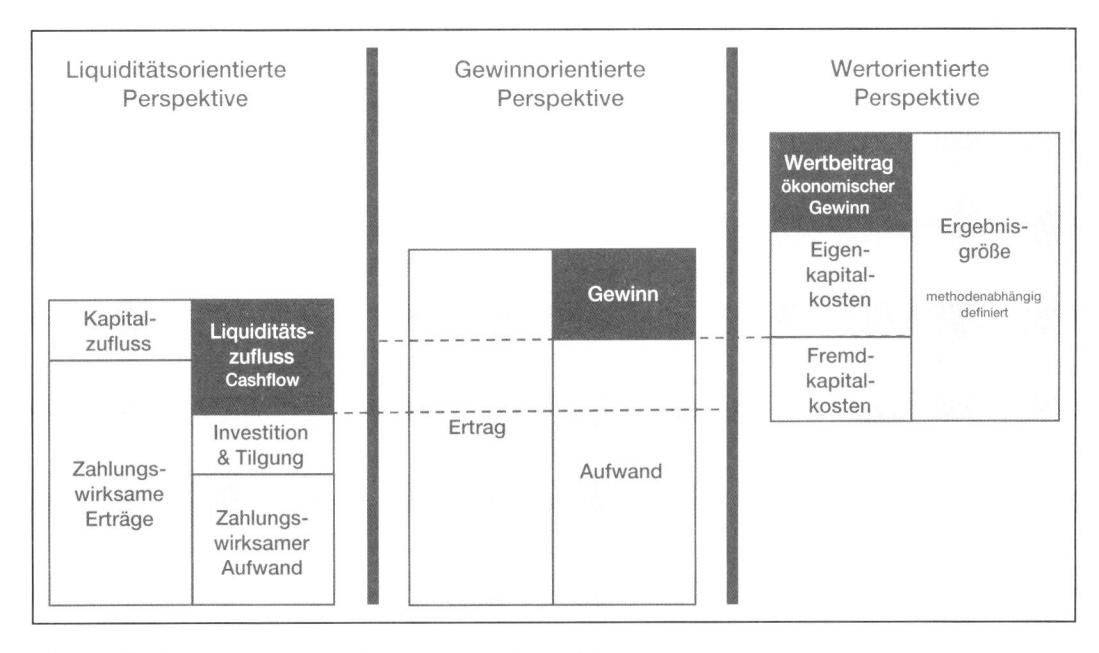

Abb. 1: Liquiditäts-, gewinn- und wertorientierte Perspektive

Der zentrale Unterschied zwischen der wert-, gewinn- und liquiditätsorientierten Sichtweise liegt in der Berücksichtung der gesamten Kapitalkosten sowie der zahlungswirksamen und nicht zahlungswirksamen Kosten bzw. Aufwendungen. Diese Unterschiede veranschaulicht Abb. 1. Die wesentlichen Unterschiede sind in Abb. 2 vergleichend gegenübergestellt.

Grundlagen & Konzepte

	Liquiditätsorientierte Perspektive	Gewinnorientierte Perspektive	Wertorientierte Perspektive
Rechnungsgrößen	Einzahlungen/ Auszahlungen	Erträge/Aufwendungen bzw. Leistungen/Kosten	Einzahlungen/ Auszahlungen oder Erträge/Aufwendungen
Bewertung	Zahlungsrelevante Preise	Historische Anschaffungs- und Herstellungskosten oder Korrekturwerte	Zeitwerte, d. h. auch über historischen Kosten
Vermögensumfang	Zahlungsrelevante Vermögensgegenstände und Schulden	Aktivierungsfähige Vermögensgegenstände und Schulden	Alle Vermögensgegenstände und Schulden
Erfolgsdefinition	Liquiditätszufluss = Änderung der liquiden Mittel	Gewinn = Änderung des ausgewiesenen Nettovermögens	Wertbeitrag = Ergebnis über den Kapitalkosten
Zeitbezug	Transaktionsbezug	Gegenwart bzw. Vergangenheit	Zukunft

Abb. 2: Vergleich der liquiditäts-, gewinn- und wertorientierten Perspektiven

2 Möglichkeiten und Formen der Liquiditätssteuerung

Zeitorientierte Steuerung Liquidität ist die Maßgröße für die jederzeitige Zahlungsfähigkeit eines Unternehmens. Liquiditätssteuerung umfasst demnach alle Aktivitäten, um die ständige Zahlungsfähigkeit zu gewährleisten. Die Liquiditätssteuerung kann nach ihrem **Zeithorizont** in eine kurzfristige sowie eine mittel- und langfristige Steuerung unterteilt werden.

■ Kurzfristige Liquiditätssteuerung

Die Gewährleistung der jederzeitigen Zahlungsfähigkeit setzt eine kurzfristige Planung der zukünftigen Ein- und Auszahlungen voraus. Dies kann tages-, wochen- oder maximal monatsgenau erfolgen. Als Instrument hierzu dienen meist ein Liquiditätsstatus sowie eine Liquiditätsvorschau.

Liquiditätsstatus Der Liquiditätsstatus gibt einen Überblick über die gegenwärtige Zahlungskraft und die fälligen Zahlungsverpflichtungen. Er dokumentiert die aktuelle Zahlungsfähigkeit unter Berücksichtigung von Zahlungsmitteln, nicht ausgenutzten Kreditlinien sowie erwarteten Einzahlungen im Verhältnis zu fälligen Zahlungsverpflichtungen und weiteren geplanten Auszahlungen. In diesem kurzfristigen Bereich können Zahlungen verschoben oder bereits vereinbarte Kredite in Anspruch genommen werden.

In der Realität ergibt sich dabei eine erhöhte Komplexität, wenn es unterschiedliche Währungen oder Standorte eines Unternehmens zu berücksichtigen gibt. Dann kann mit unternehmensinternen Ausgleichsmaßnahmen wie Cash Pooling, Hedging etc. gearbeitet werden. Eine solche Planung ist regelmäßig nur für einen kurzen Zeitraum, oftmals nur für wenige Tage, ausreichend genau und mit vertretbarem Aufwand möglich. Die kurzfristige Steuerung ist deshalb in eine mittel- und langfristige Betrachtung einzubetten. *(Cash Pooling)*

Mittel- und langfristige Liquiditätssteuerung

In die mittel- und langfristige Liquiditätssteuerung fließen die grundlegenden Relationen von Finanzmittelbeschaffung und Finanzmittelherkunft (Kapitalbedarfsplanung) ein. Als Planungshorizonte werden häufig Monate, Quartale oder Jahre verwendet. In einem integrierten Ansatz wird, ausgehend von der Gewinn- und Verlustrechnung sowie der Bilanz, der Kapitalfluss abgeleitet. Somit ergeben sich viele Ansatzpunkte zur Liquiditätssteuerung. Die Planungen sind als gleitende, rollende oder revolvierende Planung angelegt. So wird z. B. bei der revolvierenden Planung jeweils nach Ablauf einer Planungsperiode eine weitere zukünftige Periode hinzugefügt und bereits geplante Perioden werden aktualisiert. *(Kapitalbedarfsplanung)*

Steuerung nach Mittelflüssen/-beständen

Zur Steuerung der Liquidität gibt es neben der zeitlichen Differenzierung noch die Unterscheidung nach der Betrachtung der Mittelflüsse oder der -bestände. Die Zahlungsfähigkeit kann durch die Dimensionierung der Zahlungsmittelbestände sowie der Erhöhung oder Senkung dieser von außen gestaltet werden. Dabei stehen kurzfristig Finanzierungsmöglichkeiten im Rahmen bestehender Kreditlinien oder kurzfristiger Geldanlagen als Anpassungsmaßnahmen zur Verfügung.

Mittel- und langfristig kann hier durch die Gestaltung der Kapitalstruktur eingewirkt werden. Das Zuführen von Eigen- oder Fremdkapital kann z. B. durch die Ausgabe neuer Aktien oder die Gewinnung neuer (Mit-)Eigentümer, durch Unternehmensanleihen oder durch Bankkredite erfolgen. In Zeiten der Finanzkrise sind diese Möglichkeiten eingeschränkt. So ist an der Börse derzeit kaum effizient Eigenkapital zu beschaffen und auch die Kreditkonditionen sowie -vergabe sind stark abhängig von einer Bonitätsprüfung. Die Formen der Liquiditätsgestaltung fasst Abb. 3 zusammen. *(Gestaltung der Kapitalstruktur)*

Grundlagen & Konzepte

	Liquiditäts-flüsse	**Liquiditäts-bestände**
kurzfristig	Transaktionsbezogene Planung von Ein- und Auszahlungen	Kurzfristige Finanzierung
mittel- und langfristig	Liquiditätsplanung aus Kapitalflussrechnung, Gewinn- und Verlustrechnung sowie Bilanz	Gestaltung der Kapitalstruktur

Abb. 3:   Formen der Liquiditätsgestaltung

Während die kurzfristigen Formen der Liquiditätsgestaltung eher reaktiv sind und in Zeiten der Finanzkrise die Gestaltung der Kapitalstruktur ebenfalls äußerst schwierig ist, wird nachfolgend die Liquiditätssteuerung aus der mittel- und langfristigen Liquiditätsplanung näher betrachtet. Sie bietet eine Reihe von Gestaltungsmöglichkeiten, die unternehmensintern zu optimieren sind, bevor auf kurzfristige Maßnahmen oder die Umgestaltung der Kapitalstruktur zurückgegriffen werden muss.

3   Integrierte Liquiditätssteuerung und Gestaltungsmöglichkeiten

Wie in jeder Unternehmensplanung ist der Ausgangspunkt die Gewinn- und Verlustrechnung bzw. die Ergebnisrechnung mit Kosten und Erlösen. Alle klassischen Ansatzpunkte zur Gewinnsteigerung führen auch zu höheren Liquiditätszuflüssen. Ausgenommen sind lediglich bilanzpolitische oder kalkulatorische Maßnahmen wie z. B. Abschreibungen oder Umbewertungen. Die Liquidität wird verbessert, indem – sofern möglich – die Einnahmen erhöht oder die Kosten gesenkt werden. Ansatzpunkte sind daher alle Maßnahmen zur Umsatzsteigerung, was in Zeiten konjunkturellen Abschwungs weniger relevant ist, sowie Kostensenkungen.

Kostensenkung im Vordergrund

Konjunkturell schlechte Zeiten gehen also zunächst mit Kostensenkungsprogrammen einher. So ist insbesondere eine schnelle Anpassung des Materialeinsatzes und der bezogenen Fremdleistungen wichtig, um Zeitverzögerungen zwischen Absatzrückgang und Vorleistungszufluss so gering wie möglich zu halten und damit Liquidität zu schonen. Da Fixkosten per Definition nicht kurzfristig anzupassen sind, verbleibt noch eine Anpassung der Personalkosten im möglichen Rahmen, z. B. durch Reduzierung von Fremdarbeitern, Nutzung von Arbeitszeitflexibilisierung, Kurzarbeit, bis hin zur Ultima Ratio: Entlassungen.

Ansatzpunkt Gewinn- und Verlustrechnung

Zur Liquiditätsplanung ist der erste große Ansatzpunkt in der Gewinn- und Verlustrechnung zu finden. Diese ist traditionell im Fokus des Controllings und kann neben der in Abb. 4 exemplarisch dargestellten Form in vielen anderen Arten wie z. B. der stufenweisen Deckungsbeitragsrechnung aufgestellt sein. Dann können insbesondere aus der Teilkostenrechnung noch wesentlich differenziertere Ansatzpunkte nach Produkten, Kunden, Vertriebswegen etc. abgleitet werden.

Erfolgssteuerung

Gewinn- und Verlustrechnung (in Mio. EUR)			Beispiel GmbH
Nettoumsatz	+	240	100 %
Materialeinsatz und Fremdleistungen	-	100	42 %
Andere Herstellungskosten	-	50	21 %
Bruttoergebnis	=	90	38 %
Gemeinkosten	-	24	10 %
Abschreibungen	-	20	8 %
Operatives Ergebnis (Earnings before Interest and Tax, EBIT)	=	46	19 %
(Fremdkapital-)Zinsen (Interest)	-	6	3 %
Gewinn/Verlust vor Steuern (Earnings before Tax, EBT)	=	40	17 %
Steuer (Tax) 35 %	-	14	6 %
Gewinn/Verlust nach Steuern (Earnings after Tax, EAT)	=	26	11 %

Abb. 4: Gewinn- und Verlustrechnung der Beispiel GmbH

Im Beispiel wird ein Gewinn erwirtschaftet, sodass die nicht zahlungsrelevanten Aufwendungen ebenfalls mit abgedeckt sind und daher ein Liquiditätszufluss aus dem operativen Geschäft entsteht.

Ansatzpunkt Bilanz

Neben der Erfolgssteuerung liegt der zweite Ansatzpunkt in der Beschäftigung mit den Bilanzkonten. Während die Aktivseite durchaus im Betätigungsfeld der Controller liegt, ist die Passivseite meist Angelegenheit der Buchhalter bzw. Treasurer. Zur Liquiditätssteuerung ist diese Unterteilung jedoch nicht wesentlich, da ein integrativer Ansatz erforderlich ist. Liquidität zirkuliert innerhalb der Bilanzpositionen und zeigt an, wo Zahlungsmittel gebunden sind. Grundsätzlich senkt die Reduzierung des eingesetzten Kapitals bzw. der Bilanzsumme die gebundene Liquidität und ist daher für die Liquiditätssteuerung wesentlich. Abbildung 5 zeigt die Bilanz der Beispiel GmbH zum Bilanzstichtag.

Bilanzrelationen

Grundlagen & Konzepte

Bilanz (in Mio. EUR), Bilanzstichtag				Beispiel GmbH
AKTIVA	**420**	**420**		**PASSIVA**
Goodwill	40			
Grundstücke + Gebäude	20	124	Grundkapital + Gewinnrücklage	
Maschinen	40	26	Gewinn/Verlust lfd. Jahr	
Betriebs- und Geschäftsausstattung	20		Stille Reserven/Lasten	
Anlagevermögen	**120**	*150*	**Eigenkapital**	
Vorräte	190	50	Langfristige Finanzverbindlichkeiten	
- *davon Rohmaterial*	*40*	25	Langfristige Rückstellungen	
- *davon unfertige Erzeugnisse*	*60*	**75**	**Langfristiges Fremdkapital**	
- *davon fertige Erzeugnisse*	*90*			
		180	Kurzfristige Verbindlichkeiten	
Forderungen	80	*120*	*davon aus Lieferungen u. Leistungen*	
Zahlungsmittel	30	*10*	*davon Anzahlungen*	
Umlaufvermögen	***300***	*50*	*davon Finanzverbindlichkeiten*	
		15	Kurzfristige Rückstellungen	
		5	*davon Steuerrückstellungen*	
		10	*davon andere Rückstellungen*	
		195	**Kurzfristiges Fremdkapital**	
			Fremdkapital	

Abb. 5: Bilanz der Beispiel GmbH

Liquiditäts-
kennzahlen

Die Bilanz der Beispiel GmbH zeigt einen Zahlungsmittelbestand von 10 % der Bilanzsumme auf. Neben diesem relativ hohen Liquiditätsbestand liegen Gestaltungsmöglichkeiten zur Liquiditätssicherung in den Bilanzrelationen bzw. Relationen aus Bilanz sowie Gewinn- und Verlustrechnung. Dazu werden Liquiditätskennzahlen gebildet, die in Abb. 6 mit ihren Berechungsformeln und den Werten der Beispiel GmbH dargestellt sind.

Liquiditätsgrade sind Kennzahlen der bestandsorientierten Liquiditätsanalyse. Dabei werden Zahlungsverpflichtungen und Vermögenspositionen der Bilanz zueinander ins Verhältnis gesetzt. Von der Liquidität 1. Grades bis zur Liquidität 3. Grades nimmt dabei die Geldwerdungsdauer der einbezogenen Vermögensgegenstände ab. Zur Vermeidung von Liquiditätsproblemen sollten liquide Mittel oder kurzfristig liquidierbare Vermögenswerte in Höhe der kurzfristigen Verbindlichkeiten vorhanden sein.

Liquiditätskennzahlen Beispiel GmbH

Liquidität 1. Grades	cash ratio	16,7	%	= Zahlungsmittel / Kurzfristige Verbindlichkeiten
Liquidität 2. Grades	quick ratio/acid test ratio	61,1	%	= (Umlaufvermögen - Vorräte) / Kurzfristige Verbindlichkeiten
Liquidität 3. Grades	current ratio	166,7	%	= Kurzfristiges Umlaufvermögen / Kurzfristige Verbindlichkeiten
Netto-Umlaufvermögen	net working capital	155	Mio. EUR	= (Umlaufvermögen - Anzahlungen - Verbindlichkeiten aus Lieferungen)
Durchschnittliche Debitorenlaufzeit	average collection period	120	Tage	= Forderungen aus Lieferungen und Leistungen x 360 / Nettoumsatz
Durchschnittliche Kreditorenlaufzeit	average payment period	432	Tage	= Verbindlichkeiten aus Lieferungen u. Leistungen x 360 / (Materialeinsatz + Fremdleistungen)
Durchschnittlicher Vorratsumschlag	inventory turnover	285	Tage	= Vorräte x 360 / Nettoumsatz
Liquiditätskreislauf	cash to cash cycle	-27	Tage	= Vorratsumschlag + Debitorenlaufzeit - Kreditorenlaufzeit
Dynamischer Verschuldungsgrad	debt to cash ratio	3,8		= Netto-Finanzschulden / Cashflow
Zinsdeckungsquote	interest coverage ratio	7,7		= EBIT / Zinsaufwand

Abb. 6: Liquiditätskennzahlen der Beispiel GmbH

Die Beispiel GmbH weist dabei Liquiditätsgrade auf, die unter den Erwartungen bleiben. Als Zielwerte gelten allgemein für die Liquidität 1. Grades ein Wert von 20 %, für die Liquiditätsgrade 2. und 3. Grades Werte von 100 % resp. 200 %. Allerdings ist die Aussagefähigkeit der Liquiditätsgrade begrenzt, da sie auf Vergangenheitsdaten beruhen, stichtagsbezogen sind und Liquiditätspotenziale, wie z. B. ungenutzte Kreditlinien, nicht berücksichtigen.

Neben dem Liquiditätsbestand ist das Netto-Umlaufvermögen ein wesentlicher Ansatzpunkt zur Verringerung des eingesetzten Kapitals und damit der erforderlichen Liquidität. Dabei wird vom Umlaufvermögen das zinslos zur Verfügung stehende Abzugskapital abgerechnet. Nicht zinswirksame Verbindlichkeiten sind insbesondere Verbindlichkeiten aus Lieferungen und Leistungen, Anzahlungen und einige Rückstellungspositionen wie z. B. Steuerrückstellungen. Mit der Gestaltung des Netto-Umlaufvermögens wird versucht, ein Gleichgewicht zwischen Forderungen und Verbindlichkeiten herzustellen. Teilweise wird sogar Liquidität geschöpft, indem negatives Netto-Umlaufvermögen realisiert wird.

Netto-Umlaufvermögen

In der Beispiel GmbH beträgt das Netto-Umlaufvermögen 155 Mio. EUR, womit effektiv weniger Liquidität als das Umlaufvermögen gebunden ist. Dies erklärt sich aus dem Ungleichgewicht von Debitoren- und Kreditorenlaufzeiten. Das Unternehmen bekommt nach durchschnittlich 120 Tagen seine Rechnungen vom Kunden bezahlt. Gleichzeitig werden Lieferanten im Beispiel erst nach 432 Tagen vergütet. Somit finanzieren die Lieferanten einen erheblichen Anteil des Umlaufvermögens. Wird noch der Vorratsumschlag von 285 Tagen mit berücksichtigt, so ergibt sich ein negativer Liquiditätskreislauf von 27 Tagen. Zwar sind die Debitoren- und Kreditorentage in der Praxis meist wesentlich geringer als in der Beispiel GmbH, Unternehmen mit negativem Net Working Capital gibt es jedoch sehr wohl, z. B. im Einzelhandel. So bezahlen z. B. die Kunden im Einzelhandel meist sofort, während die Lieferanten lange Zahlungsziele ohne Skonto akzeptieren müssen. Bei hoher Umschlagshäufigkeit des Umlaufvermögens kann so ein bedeutender Liquiditätseffekt entstehen.

Zur Gestaltung des Netto-Umlaufvermögens ergeben sich folgende Ansatzpunkte:

- **Vorratsmanagement**: Hohe Bestände binden Liquidität, weshalb die Bestandsführung, -planung und der Lagerumschlag wichtige Gestaltungsparameter darstellen. So sind Bestände nicht nur unter logistischen Gesichtspunkten, sondern auch hinsichtlich der Bestandswerte zu reduzieren. Ebenso ist eine Planung der Bestände mit dem Ziel eines hohen Lagerumschlags, insbesondere der besonders werthaltigen Materialien, zu erzielen.
- **Forderungsmanagement**: Schnelles Einsammeln der Forderungen schont die Liquidität und kann durch schnelle Rechnungsstellung, Kredit- und Mahnwesen sowie Beschwerdemanagement gefördert werden. Ausgangspunkt sind klare Lieferkonditionen, um schnell Einigkeit über die Korrektheit von Rechnungen zu erzielen. Darüber hinaus sind konsequentes Mahnen, Bonitätsprüfungen der Kunden sowie zügige Bearbeitung von Beschwerden mit zahlungsaufschiebender Wirkung Möglichkeiten des Forderungsmanagements.
- Verbindlichkeiten werden maßgeblich in den **Einkaufsbedingungen** festgelegt.

Ansatzpunkt Cashflow

Bilanzpolitik hat wenig Einfluss

Während die Werte in der Bilanz auch von den zugrunde liegenden Rechnungslegungsvorschriften sowie von bilanzpolitischen Maßnahmen abhängig sind, ist der Kapitalfluss bzw. Cashflow davon weitgehend frei. Er zeigt die geschaffene oder verbrauchte Liquidität einer Periode an. Dies kann durch direkte Gegenüberstellung aller betrieblichen Ein- und

Auszahlungen ermittelt werden. Die Liquiditätsgenerierung kann alternativ auch indirekt errechnet werden. Dazu wird der Jahresüberschuss um nicht zahlungswirksame Aufwendungen und Erträge korrigiert. Die indirekte Methode, auch Praktikerdefinition genannt, geht von den nicht liquiditätswirksamen Positionen aus. Abbildung 7 zeigt dies für die Beispiel GmbH.

Kapitalflussrechnung (in Mio. EUR)		Beispiel GmbH
Gewinn/Verlust nach Steuern (Earnings after Tax, EAT)	=	26
Fremdkapitalzinsen (Interest)	+	6
Abschreibungen (Depreciation)	+	20
Zunahme der Rückstellungen (Provisions)	+	2
Abnahme der Rückstellungen (Provisions)	-	0
Umbewertungen (Amortization)	+/-	0
Operativer Cashflow (Brutto-Cashflow)	=	54
Netto-Zunahme der Vorräte	-	2
Netto-Zunahme der Forderungen	-	2
Netto-Zunahme der Verbindlichkeiten aus L&L	+	0
Netto-Abnahme der Vorräte	+	0
Netto-Abnahme der Forderungen	+	0
Netto-Abnahme der Verbindlichkeiten aus L&L	-	2
Veränderung des Netto-Umlaufvermögens (Working Capital)	=	-6
Investitionen in Sachanlagen	-	9
Investitionen in Firmenwerte & immaterielle Vermögenswerte	-	0
Erlöse aus Deinvestitionen	+	1
Veränderung des Anlagevermögens (Capital Expenditures, CAPEX)	=	-8
Investiver Cashflow	=	-14
Freier Cashflow (Netto-Cashflow)	=	40
Zufluss an Finanzmitteln aus Finanzierungsaktivitäten	+	0
Abfluss von Finanzmitteln aus Finanzierungsaktivitäten	-	0
Cashflow aus Finanzierungstätigkeiten	=	0
Veränderung der Zahlungsmittel	=	40

Abb. 7:   Cashflow der Beispiel GmbH

In der Beispiel GmbH konnte aus der operativen Geschäftätigkeit ein Liquiditätszufluss von 54 Mio. EUR erwirtschaftet werden. Das Netto-Umlaufvermögen ist im Vergleich zur Vorperiode um 6 Mio. EUR angestiegen, wodurch Liquidität gebunden wurde. Zudem wurden Investitionen in Höhe von 8 Mio. EUR realisiert. Daraus ergibt sich ein freier Cashflow in Höhe von 40 Mio. EUR. Der freie Cashflow ist der Zahlungsstrom, der für Eigen- und Fremdkapitalgeber zur Verfügung steht, ohne das Unternehmen in seiner Geschäftätigkeit zu beeinträchtigen.

Als weitere Ansatzpunkte zur Gestaltung der Liquidität kommt dabei die Investitionstätigkeit mit ins Spiel. Insbesondere in Krisensituationen können Investitionen zurückgefahren werden, um Liquidität nicht abfließen zu lassen. Als finale Möglichkeit zur Gestaltung der Liquidität ergibt sich die Finanzierungstätigkeit. Die Beispiel GmbH nutzt dies nicht und kann somit in der betrachteten Periode den Zahlungsmittelbestand um 40 Mio. EUR mehren.

4 Liquiditätsmanagement in Zeiten der Wirtschaftskrise

Rückgang der Liquidität

Nach den grundsätzlichen Möglichkeiten des Liquiditätsmanagements und der fiktiven Beispiel GmbH folgt noch ein Blick in die Unternehmenspraxis. Eine Analyse der DAX-30-Unternehmen zum Ende des dritten Quartals 2008 zeigt, dass diese Unternehmen durchschnittlich 4,6 % der Bilanzsumme an Zahlungsmitteln verfügbar haben (vgl. Abb. 8). Die Zahlungsmittelbestände sind im Vergleich zum 1.1.2008 jedoch um durchschnittlich 53 % zurückgegangen. Die Liquidität 3. Grades liegt bei durchschnittlich 127 %. Sie weist erhebliche Spannbreiten auf. Spitzenreiter dabei ist die Salzgitter AG (264 %), den niedrigsten Wert weist die Metro AG (69 %) auf. Der operative Cashflow liegt durchschnittlich mit über 4 Mrd. EUR rund 1,4-mal höher als der Zahlungsmittelbestand. Aber auch der Kapitalfluss ist in den drei Quartalen 2008 um 50 % gesunken.

Risikovorsorge füllt „Kriegskasse"

Insgesamt zeigen die Quartalsberichte eine deutliche Verschlechterung der Liquiditätssituation. Einige Unternehmen haben jedoch in den letzten Jahren kontinuierlich Zahlungsmittel und auch liquiditätsnahe Finanzpositionen in der Bilanz angehäuft. Diese gehen mit einer gestärkten Position in die Wirtschaftskrise, die sich auch als Chance für liquiditätsstarke Unternehmen darstellt. Bei einigen DAX-Unternehmen sind erhebliche Zahlungsmittel vorhanden, die durchaus auch darauf schließen lassen, dass Risikovorsorge für einen konjunkturellen Abschwung getroffen wurde. Umgekehrt sind alle Unternehmen mit schwächerer Liquiditätsposition gut beraten, die Ansatzpunkte zur Liquiditätsgestaltung konsequent zu nutzen, um Engpässe zu vermeiden, da gleichzeitig die „Kriegskassen" anderer Unternehmen gefüllt sind. Insbesondere in Zeiten der Krise bewahrheitet sich die Devise: „Cash is King."

Liquiditätssituation DAX-30-Unternehmen 3. Quartal 2008 Unternehmen	Zahlungsmittel			Liquidität 3. Grades	Operativer Cashflow	
	(Mio. EUR)	% v. Bilanzsumme	Delta zu 1.1.08		(Mio. EUR)	Delta zu 1.1.08
Adidas AG	257	2,70%	-15%	199%	-100	-880%
Allianz SE	7.729	0,80%	-305%		26.566	52%
BASF SE	944	1,90%	19%	142%	3.577	-62%
Bayer AG	2.281	4,30%	-11%	119%	2.651	-62%
Beiersdorf AG	1.191	27,60%	6%	219%	327	-23%
BMW AG St	3.651	3,80%	34%	97%	8.630	-37%
Commerzbank AG	4.212	0,70%	-22%		-11.769	-77%
Daimler AG	8.288	6,10%	-89%	113%	4.594	-185%
Deutsche Bank AG	10.861	0,50%	21%		14.634	-15%
Deutsche Börse AG	638	0,50%	14%	101%	906	7%
Deutsche Lufthansa AG	1.565	6,90%	-33%	91%	2.142	-34%
Deutsche Post AG	1.245	0,50%	-276%	101%	1.259	-309%
Deutsche Postbank AG	3.486	1,60%	4%		12.950	38%
Deutsche Telekom AG	3.111	2,50%	29%	72%	11.298	-21%
E.ON AG	4.915	3,10%	-44%	85%	6.250	-40%
Fresenius Medical Care	333	1,60%	-8%	119%	740	-75%
Henkel KGaA Vz	653	8,90%	-121%	77%	612	-116%
Infineon Technologies AG	408	5,30%	-346%	160%	-152	894%
K+S	70	2,10%	30%	176%	726	115%
Linde AG	1.043	4,30%	18%	70%	1.301	-34%
MAN AG St	419	2,60%	-202%	121%	503	-319%
Merck KGaA	712	4,60%	40%	192%	677	-80%
METRO AG St	1.220	3,90%	-181%	69%	-2.654	-220%
Münchener Rück AG	3.718	1,70%	33%		5.999	-10%
RWE AG St	2.549	2,80%	25%	119%	4.637	-31%
Salzgitter AG	705	7,70%	-203%	264%	389	-101%
SAP AG	1.486	10,90%	-8%	132%	1.970	1%
Siemens AG	6.893	7,30%	11%	102%	9.281	95%
ThyssenKrupp AG	2.725	6,50%	11%	127%	3.679	105%
Volkswagen AG St	8.239	4,80%	-23%	116%	9.439	-66%
Durchschnitt	2.852	4,60%	-53%	127%	4.035	-50%

Abb. 8: Liquiditätssituation der DAX-30-Unternehmen zum 3. Quartal 2008

5 Literaturhinweise

Dillerup/Stoi, Unternehmensführung, 2. Aufl. München 2008.

Hölscher/Bonn, Liquiditätsplanung, Haufe Controlling Office Online – HaufeIndex 1120324.

Zehetner, K., Liquiditätssicherung und Wertschaffung durch Net-Working-Capital-Management, Haufe Controlling Office Online – HaufeIndex 933446.

Kapitel 3: Umsetzung & Praxis

Kostensenkungsmaßnahmen in Krisenzeiten im Personalbereich

- Die Personalkosten stellen in den meisten Unternehmen den größten Kostenblock dar. Dabei ist es nachvollziehbar, dass bei Kostensenkungsmaßnahmen dieser Bereich besonders im Fokus steht.

- Die Personalkosten können durchaus durch geeignete Maßnahmen reduziert werden. Diese Maßnahmen müssen nicht in Kündigungen bestehen. Abbau von Überstunden und Gleitzeitguthaben, Kurzarbeit oder Kürzung von freiwilligen Sozialleistungen sind weitere Möglichkeiten.

- Grundsätzlich ist bei allen Kostensenkungsmaßnahmen zu prüfen, in welchem Zeitraum sie die Ertragssituation und die Liquiditätssituation verbessern. Dies muss nicht parallel erfolgen. Häufig wird kurzfristig die Ertragssituation verbessert, während die Liquidität weiter belastet wird.

- Welche Handlungsmöglichkeiten bestehen und was rechtlich zu beachten ist, wird nachfolgend zusammengefasst. Insbesondere zu berücksichtigen ist, dass einige Maßnahmen die Mitwirkung des Betriebsrats oder gar das Einverständnis der betroffenen Arbeitnehmer voraussetzen.

Inhalt		Seite
1	Einseitig durch den Arbeitgeber umsetzbare Einsparmöglichkeiten	89
1.1	Abbau von Leiharbeitern, Auslaufen befristeter Arbeitsverträge	89
1.2	Streichung von Zahlungen, die freiwillig oder mit der Möglichkeit des Widerrufs gewährt werden	89
1.3	Verzicht auf freiwillige Sozialleistungen	90
2	Gemeinsam mit dem Betriebsrat umsetzbare Einsparmöglichkeiten	91
2.1	Abbau von Überstunden und Mehrarbeit	91
2.2	Kurzarbeit	92
2.2.1	Grundlagen	92
2.2.2	Berechnungsmodus für das Kurzarbeitergeld	93
2.2.3	Praxisbeispiel: Berechnung der Ersparnis	94
2.3	Einsatz von Leiharbeitnehmern anstelle von Neueinstellungen	96

2.4	Anordnung von Betriebsferien	96
2.5	Bestimmte weitere Reduzierung von Einmalzahlungen und Gehaltsbestandteilen	97
3	Im Einvernehmen mit den Arbeitnehmern umsetzbare Einsparmöglichkeiten	98
4	Das letzte Mittel: Betriebsbedingte Kündigungen	99
4.1	Was ist grundsätzlich beim Personalabbau zu beachten?	99
4.2	Kosten des Personalabbaus	100
4.2.1	Kosten aus Abfindungen	100
4.2.2	Sonstige Kosten des Personalabbaus	101
4.3	Wie kann man die Amortisation des Personalabbaus feststellen?	102
4.3.1	Berechnung der individuellen Amortisation	102
4.3.2	Amortisation in der Gesamtbetrachtung	103
5	Literaturhinweis	104

■ Der Autor

Dipl.-Kfm. Reinhard Bleiber ist seit vielen Jahren in der kaufmännischen Verantwortung mittelständischer Unternehmen tätig. Der Arbeitsschwerpunkt liegt im Bereich Finanzen, Rechnungswesen und IT.

1 Einseitig durch den Arbeitgeber umsetzbare Einsparmöglichkeiten

Die kurzfristig und einseitig durch den Arbeitgeber umsetzbaren Maßnahmen verbessern sowohl die Ertrags- als auch die Liquiditätssituation in gleichem Maße. Sie sollten deswegen als erste Kostensenkungsmaßnahmen geprüft und umgesetzt werden.

1.1 Abbau von Leiharbeitern, Auslaufen befristeter Arbeitsverträge

Eine sofortige oder jedenfalls sehr schnelle Einsparwirkung kann der Arbeitgeber durch den Abbau von Leiharbeitsverhältnissen im Betrieb erzielen. Die Fristen und Konditionen hierfür ergeben sich aus dem Arbeitnehmerüberlassungsvertrag, der mit dem Verleihunternehmen abgeschlossen wurde. Es sind keine arbeitsrechtlichen Kündigungsvorschriften einzuhalten und der Betriebsrat muss – anders als bei der Einstellung – nicht beteiligt werden.

Die Schlagzeilen über Kostensenkungsmaßnahmen in den letzten Monaten zeigen, dass diese Maßnahme bereits von vielen Unternehmen umgesetzt wurde.

Eher mittelfristig können Einsparungen im Personalbereich dadurch erfolgen, dass **befristete Arbeitsverträge nicht verlängert** werden. Ist eine wirksame arbeitsvertragliche Befristung vereinbart, trifft allein der Arbeitgeber die Entscheidung, ob es bei der vereinbarten Beendigung des Arbeitsverhältnisses bleibt oder nicht. Es sind weder die allgemeinen noch besonderen Kündigungsvorschriften zu beachten und es bestehen auch keine Mitbestimmungsrechte des Betriebsrats.

1.2 Streichung von Zahlungen, die freiwillig oder mit der Möglichkeit des Widerrufs gewährt werden

Eine ebenfalls relativ schnelle Einsparwirkung kann durch die Streichung von Gratifikationen oder anderen Einmalzahlungen erzielt werden. Dies setzt jedoch voraus, dass arbeitsvertraglich ein sog. Freiwilligkeits- oder Widerrufsvorbehalt vereinbart wurde.

Im Fall des wirksamen Freiwilligkeitsvorbehalts der Einmalzahlung kann die Zahlung ohne Weiteres in Zukunft eingestellt werden. Der Freiwilligkeitsvorbehalt verhindert, dass ein Rechtsanspruch der Arbeitnehmer, z. B. aus betrieblicher Übung, entstanden ist. Dazu muss der Arbeitgeber bei jeder Zahlung darauf hinweisen, dass diese freiwillig erfolgt und auch aus wiederholter Zahlung kein Rechtsanspruch entsteht.

Freiwilligkeitsvorbehalt

Widerrufs-vorbehalt

Im Fall des Widerrufsvorbehalts muss der Arbeitgeber rechtzeitig vor der erwarteten Auszahlung und ausdrücklich den Widerruf erklären. Der Widerruf muss unter den im Widerrufsvorbehalt genannten Voraussetzungen (z. B. Umsatzrückgang in bestimmter Höhe) erfolgen und billigem Ermessen entsprechen.

Sind in den Arbeitsverträgen noch keine geeigneten Klauseln enthalten, sollte dies bei künftigen Neueinstellungen geändert werden. Während die vollständige Streichung von Sonderzahlungen ohne Mitbestimmung des Betriebsrats erfolgen kann, ist eine **Reduzierung mitbestimmungspflichtig**, wenn sich dadurch der Verteilungsmaßstab ändert (s. Kap. 2.5)!

> **Beispiel: Freiwilligkeitsvorbehalt/Widerrufsvorbehalt im Arbeitsvertrag**
> - Freiwilligkeitsvorbehalt, Ausschluss betrieblicher Übung
>
> Die Zahlung von etwaigen Sondervergütungen (Gratifikationen, Urlaubsgeld, Prämien etc.) erfolgt in jedem Einzelfall freiwillig und auch bei wiederholter Gewährung ohne Begründung eines Rechtsanspruchs für die Zukunft.
>
> - Widerrufsvorbehalt
>
> Zulagen, die zusätzlich zum monatlichen laufenden Entgelt gewährt werden, können bei Vorliegen eines sachlichen Grundes (z. B. wirtschaftliche Gründe, Gründe im Verhalten oder in der Person des Mitarbeiters oder im Rahmen einer Umstrukturierung) widerrufen werden.

Der Arbeitgeber kann auch **Teile der monatlichen Vergütung** einseitig **reduzieren**, wenn diese als flexible Gehaltsbestandteile vereinbart sind. Voraussetzung hierfür ist, dass höchstens 25 % der Vergütung im Arbeitsvertrag unter einen wirksamen **Widerrufsvorbehalt** gestellt sind und durch den Widerruf die tarifliche Referenzvergütung nicht unterschritten wird. Der Widerruf muss unter den im Widerrufsvorbehalt genannten Voraussetzungen (z. B. Umsatzrückgang in bestimmter Höhe) erfolgen und billigem Ermessen entsprechen.

1.3 Verzicht auf freiwillige Sozialleistungen

Ebenfalls einseitig und ohne rechtliche Einschränkungen können im Regelfall Einsparungen erzielt werden, wenn **auf Betriebsfeiern, Jubiläumszuwendungen** oder andere **freiwillige Sozialleistungen verzichtet** wird, oder diese „abgespeckt" werden. Es ist allerdings wegen des nachgewiesenen hohen Motivationseffekts zu empfehlen, derartige „Zugaben" nicht ganz zu streichen, sondern den Mitarbeitern künftig auf kostengünstigerem Wege Anerkennung zukommen zu lassen.

Durch **betriebsbedingte Änderungskündigungen** oder **betriebsbedingte Beendigungskündigungen** können zwar ebenfalls Einspareffekte erziel werden. Da in beiden Fällen die gesetzlichen oder vertraglich vereinbarten **Kündigungsfristen** einzuhalten sind, tritt eine Einsparwirkung aber erst danach ein. Zu beachten ist hierbei vor allem der allgemeine **Kündigungsschutz**, der, außerhalb von Kleinbetrieben, alle Arbeitsverhältnisse schützt, die länger als sechs Monate bestehen. Eine Änderungskündigung zur Entgeltreduzierung wegen wirtschaftlicher Notlage des Arbeitgebers ist nach der Rechtsprechung der Arbeitsgerichte praktisch so gut wie unmöglich. Sie ist nur dann gerechtfertigt, wenn aufgrund eines umfassenden Sanierungsplans eine drohende Insolvenz abgewendet werden muss. Auch betriebsbedingte Beendigungskündigungen sind eher schwierig durchsetzbar und bedürfen einer sorgfältigen Vorarbeit. Da sie negative Auswirkungen auf die Motivation der gesamten Belegschaft haben, sollten sie nur als **letztes Mittel** zum Einsatz kommen.

Kündigungen schwierig umzusetzen

2 Gemeinsam mit dem Betriebsrat umsetzbare Einsparmöglichkeiten

2.1 Abbau von Überstunden und Mehrarbeit

Eine sehr schnelle Einsparwirkung kann dadurch erzielt werden, dass der **Abbau von Überstunden und Mehrarbeit** angeordnet wird. Hier ist der **Betriebsrat** im Rahmen seiner **Mitbestimmungsrechte** zu beteiligen. Die Anordnung von Überstundenabbau durch den Arbeitgeber muss im Einzelfall billigem Ermessen entsprechen, also die beiderseitigen Interessen angemessen berücksichtigen. Häufig sind in **Betriebsvereinbarungen** zu Überstunden und Arbeitszeitkonten Regelungen enthalten, unter welchen Voraussetzungen und in welchem Umfang der Abbau von Überstunden angeordnet werden darf.

Der Überstundenabbau ist in jedem Fall nicht vergleichbar mit der Gewährung von Jahresurlaub und sollte deshalb auch nicht damit vermischt werden. Die Urlaubsnahme setzt grundsätzlich einen Antrag des Arbeitnehmers voraus und richtet sich nach dessen Wünschen, wenn keine betrieblichen Gründe entgegenstehen. Der Abbau von Überstunden kann dagegen vom Arbeitgeber i. d. R. viel einfacher nach den o. g. Maßgaben angeordnet werden.

Anordnung einfach

Der Abbau von Überstunden und Mehrarbeit entlastet nur die Ertragssituation: Hier können Rückstellungen für Überstunden und Mehrarbeit aufgelöst werden. In dieser Höhe reduzieren sich die Personalaufwendungen in der Gewinn- und Verlustrechnung. Da die Entgeltauszahlungen jedoch unverändert bleiben, wird die Liquidität wie sonst auch in Anspruch genommen.

Liquidität bleibt belastet

2.2 Kurzarbeit

2.2.1 Grundlagen

Bei fehlendem Beschäftigungsbedarf können auch durch Kurzarbeit Einsparungen erzielt werden. Kurzarbeit nennt man die vorübergehende Minderung der Arbeitszeit bei entsprechender Minderung des Entgelts der betroffenen Arbeitnehmer. Kurzarbeit hat den Vorteil, dass – bei Vorliegen der gesetzlichen Voraussetzungen – Kurzarbeitergeld (zwischen 60 und 67 % der Nettoentgeltdifferenz) von der Agentur für Arbeit bezogen werden kann. Der Arbeitgeber spart hierdurch Lohnaufwendungen und die Arbeitnehmer sind vor starken Lohnverlusten geschützt.

Kurzarbeitergeld durch die Agentur für Arbeit wird nur gewährt, wenn bestimmte gesetzliche Voraussetzungen vorliegen. So muss es sich um einen nur vorübergehenden Arbeitsausfall handeln, der nicht durch weniger einschneidende Maßnahmen (z. B. Abbau von Leiharbeit oder Überstunden) kompensiert werden kann. Die Beantragung und Einführung von Kurzarbeit setzen das Einverständnis des Betriebsrats voraus, der sowohl über das „Ob" als auch über das „Wie" der Kurzarbeit mitzubestimmen hat.

Grundsätzlich besteht ein Anspruch der Mitarbeiter auf Kurzarbeitergeld, wenn

- ein erheblicher Arbeits- und Entgeltausfall vorliegt,
- der Arbeitsausfall der Agentur für Arbeit schriftlich angezeigt worden ist und
- betriebliche und persönliche Voraussetzungen erfüllt sind.

Arbeitnehmer in Betrieben des Baugewerbes haben in der Schlechtwetterzeit vom 1.12. bis zum 31.3. ausschließlich Anspruch auf das neue Saison-Kurzarbeitergeld, das als Sonderform des Kurzarbeitergeldes dem allgemeinen Kurzarbeitergeld vorgeht (§ 169 SGB III).

Ein Arbeits- und Entgeltausfall im Rechtssinne liegt vor, wenn er

- auf wirtschaftlichen Gründen (z. B. Auftrags-, Absatz- oder Rohstoffmangel, betriebliche Strukturveränderungen) oder auf einem unabwendbaren Ereignis (z. B. ungewöhnliche Witterungsbedingungen oder behördliche Maßnahmen, die vom Arbeitgeber nicht zu vertreten sind) beruht,
- nur vorübergehend ist, d. h. in absehbarer Zeit wieder mit einem Übergang zur Vollzeitarbeit zu rechnen ist,
- unvermeidbar ist, d. h. unter Ausschöpfung aller zumutbaren Vorkehrungen nicht verhindert oder abgewendet werden kann, und

- im jeweiligen Kalendermonat (Anspruchszeitraum) für mindestens ein Drittel der in dem Betrieb beschäftigten Arbeitnehmer mindestens 10 % des ansonsten erzielten Arbeitsentgelts ausfallen (§ 170 SGB III).

Als vermeidbar gilt dabei insbesondere ein Arbeitsausfall, der überwiegend branchenüblich, betriebsüblich oder saisonbedingt ist oder ausschließlich auf betriebsorganisatorischen Gründen beruht.

2.2.2 Berechnungsmodus für das Kurzarbeitergeld

Das Kurzarbeitergeld für die Arbeitnehmer wird wie folgt berechnet:

Pauschaliertes Nettoentgelt aus Sollentgelt	
./.	pauschaliertes Nettoentgelt aus Istentgelt
=	Nettoentgeltdifferenz
×	Leistungssatz (60 % ohne Kind oder 67 % mit Kind im Sinne des Steuerrechts)
=	Kurzarbeitergeld

Sollentgelt ist grundsätzlich das regelmäßige laufende Arbeitsentgelt einschließlich etwaiger Zulagen, jedoch ohne Entgelte für Mehrarbeit und ohne Einmalzahlungen.

Istentgelt ist das im Anspruchszeitraum tatsächlich erzielte Bruttoentgelt (wiederum ohne Einmalzahlungen). Das Istentgelt erhöht sich jedoch um Entgelte, die

- aufgrund von Mehrarbeit im jeweiligen Kalendermonat erzielt wurden,
- aus anderen als aus wirtschaftlichen Gründen ausgefallen sind (z. B. unbezahlter Urlaub) oder
- der Kurzarbeiter aus einer anderen, während des Bezugs von Kurzarbeitergeld neu aufgenommenen Erwerbstätigkeit erzielt hat (§ 179 Abs. 2, 3 SGB III).

Sollentgelt und Istentgelt sind auf den nächsten durch 20 EUR teilbaren Betrag zu runden. Das dem Sollentgelt und dem Istentgelt jeweils zuzuordnende pauschalierte Nettoentgelt ergibt sich, indem das jeweilige Bruttoentgelt um folgende gesetzlich bestimmten Entgeltabzüge vermindert wird:

- eine Sozialversicherungspauschale in Höhe von 21 % des jeweiligen Bruttoentgelts,
- die Lohnsteuer nach Maßgabe der jeweiligen Lohnsteuerklasse und der jeweils gültigen Lohnsteuertabelle und
- der Solidaritätszuschlag ohne Berücksichtigung von Kinderfreibeträgen.

2.2.3 Praxisbeispiel: Berechnung der Ersparnis

Sachverhalt: Ein Arbeitnehmer mit einem Kind, Steuerklasse III, hat einen Stundenlohn von 20 EUR bei einer wöchentlichen Arbeitszeit von 40 Stunden. Aufgrund von Kurzarbeit im April 2009 von 40 Stunden reduziert sich sein Gehalt um 800 EUR. Ansonsten arbeitet der Mitarbeiter jeden Arbeitstag acht Stunden. Wie wird das Kurzarbeitergeld berechnet? Welche Ersparnis hat das Unternehmen?

Lösung: Der April 2009 hat 20 Arbeitstage und somit 160 Arbeitsstunden. Aufgrund der Kurzarbeit fallen somit nur 120 bezahlte Stunden an. Daraus ergibt sich ein verringertes Bruttoentgelt (sog. Kurzlohn) von 2.400 EUR. Ohne Kurzarbeit würde das Bruttoentgelt 3.200 EUR betragen.

Da auf der Lohnsteuerkarte des Arbeitnehmers ein Kinderfreibetrag eingetragen ist, kommt für ihn der Leistungssatz 1 von 67 % zum Tragen.

Das Kurzarbeitergeld berechnet sich aus der Differenz des pauschalierten Soll- und des pauschalierten Istentgeltes der Tabelle zur Berechnung des Kurzarbeitergelds der Agentur für Arbeit.

Die Berechnung sieht folgendermaßen aus:

Sollentgelt	3.200 EUR	
Pauschaliertes Nettoentgelt lt. Tabelle		1.466,86 EUR
Istentgelt	2.400 EUR	
Pauschaliertes Nettoentgelt lt. Tabelle		1.193,72 EUR
Tatsächliches Nettogehalt bei Kurzarbeit	1.785,54 EUR	
Kurzarbeitergeld		373,14 EUR
Auszahlung im April 2009	2.098,68 EUR	

Hinzu kommen für das Unternehmen die Sozialversicherungsbeiträge für die Kurzarbeit:

Fiktives Arbeitsentgelt	aus 40 Ausfallstunden = brutto	800,00 EUR
	Davon 80 % = Bemessungsentgelt	640,00 EUR
Davon SV-Beiträge	Krankenversicherung 15,5 %	99,20 EUR

	Pflegeversicherung 1,95 %	12,48 EUR
	Rentenversicherung 19,9 %	127,36 EUR
	Arbeitslosenversicherung	<u>keine</u>
	= Summe	239,04 EUR
Der Arbeitgeber zahlt in diesem Monat:		
Arbeitgeberanteil aus Kurzlohn und		471,00 EUR
Arbeitgeberanteil aus Bemessungsentgelt für die Ausfallzeit (nur 50 % des üblichen Betrags in den Jahren 2009 und 2010)		<u>119,52 EUR</u>
= Sozialversicherungsbeiträge insgesamt		590,52 EUR

Ersparnis des Arbeitgebers:

Normale Belastung mit AG-Leistungen zur Sozialversicherung:		3.831,20 EUR
Belastung bei Kurzarbeit 25 %:		
Bruttogehalt	2.400,00 EUR	
+ AG-Anteil aus Kurzlohn	471,00 EUR	
+ AG-Anteil für Kurzarbeitergeld	119,52 EUR	
Summe	2990,52 EUR	
Ersparnis		840,68 EUR
in % der ursprünglichen Belastung von 3.831,20 EUR		21,9 %

Tipp: Staatliche Hilfe bei Qualifizierungsmaßnahmen
Wenn der Arbeitgeber die Zeit der Kurzarbeit für die Qualifizierung der Mitarbeiter nutzt, kann es sogar eine volle Erstattung der Sozialversicherungsbeiträge durch die Agentur für Arbeit geben.

Auch für diese Qualifizierungsmaßnahmen gibt es Unterstützung vom Staat: Für die Jahre 2009 und 2010 stehen zusätzlich knapp 2 Mrd. EUR für

Fortbildung und Qualifizierung bereit, für Kurzarbeiter, aber auch für junge Beschäftigte ohne Berufsabschluss sowie für junge Menschen, die schon sehr lange einen Ausbildungsplatz suchen.

Achtung: Unbedingt ausführlich informieren
Die ordnungsmäßige Beantragung, Durchführung und Abrechnung von Kurzarbeit unterliegt zahlreichen arbeits- und sozialversicherungsrechtlichen Vorgaben. Informieren Sie sich deshalb ausführlich, damit Sie die geplanten Einsparungen auch realisieren.[1]

2.3 Einsatz von Leiharbeitnehmern anstelle von Neueinstellungen

Mittelfristig kann in wirtschaftlich unsicheren Zeiten der **Einsatz von Leiharbeitnehmern anstelle von Neueinstellungen** eigener Arbeitnehmer für Einsparungen und Kostensicherheit sorgen. Ist z. B. unklar, ob und wie lange ein durch Befristungsablauf frei gewordener Arbeitsplatz künftig erhalten bleiben kann, bietet es sich an, zunächst einen Leiharbeitnehmer einzustellen. Die Einstellung von Leiharbeitnehmern ist – wie auch die Einstellung eigener Arbeitnehmer – **mitbestimmungspflichtig**. Soll ein eigener Arbeitsplatz künftig durch einen Leiharbeitnehmer ersetzt werden, stößt dies häufig auf Widerstand beim Betriebsrat. Der Betriebsrat kann jedoch nur in den gesetzlich genannten Fällen des § 99 BetrVG seine Zustimmung zur Einstellung von Leiharbeitnehmern verweigern.

2.4 Anordnung von Betriebsferien

Urlaubsentgelt vorziehen

Mittelfristig kann wegfallendem Beschäftigungsbedarf auch durch die Anordnung von **Betriebsferien** Rechnung getragen werden. Während des Jahresurlaubs muss zwar das Urlaubsentgelt fortbezahlt werden, bei Arbeitsmangel im Betrieb ist die Urlaubsgewährung jedoch günstiger als die Unterbeschäftigung oder gar Freistellung der Arbeitnehmer und der daraus resultierende Annahmeverzug. Auch hier wird die Liquidität wie üblich belastet. Die ohnehin anfallenden Aufwendungen für Urlaubsentgelte können so „vorgezogen" werden. Steigt die Beschäftigungslage wieder, so stehen die Mitarbeiter dafür zur Verfügung und es müssen keine teuren Überstunden zum Ausgleich von urlaubsbedingten Ausfällen gefahren werden.

---

[1] Informationen zur Kurzarbeit erhalten Sie u. a. bei der Agentur für Arbeit und unter www.haufe.de/personal.

Der Jahresurlaub der Arbeitnehmer muss grundsätzlich nach deren Urlaubswünschen gewährt werden. Einseitig Urlaub anordnen kann der Arbeitgeber nur, wenn der Urlaub der Arbeitnehmer sonst verfallen würde oder Betriebsferien angeordnet sind. Die Festlegung von Betriebsferien ist nicht unbeschränkt möglich. Der Arbeitgeber benötigt vielmehr **dringende betriebliche Belange** und muss eine Interessenabwägung zwischen den betrieblichen Gründen und den Urlaubswünschen der Arbeitnehmer durchführen. Besteht im Betrieb ein **Betriebsrat**, ist dies hier von Vorteil: Die Betriebsferien müssen zwar mit dem Betriebsrat gemeinsam beschlossen werden, da ein Mitbestimmungsrecht besteht. Haben Arbeitgeber und Betriebsrat sich jedoch auf Betriebsferien geeinigt, müssen die individuellen Urlaubswünsche einzelner Arbeitnehmer grundsätzlich zurücktreten. Die Betriebsferien müssen dann nicht im Einzelfall durch dringende betriebliche Belange gerechtfertigt sein.

Arbeitsrechtliche Vereinfachung

2.5 Bestimmte weitere Reduzierung von Einmalzahlungen und Gehaltsbestandteilen

Die **Reduzierung von Einmalzahlungen oder flexiblen Gehaltsbestandteilen** ist bei einer **Änderung des innerbetrieblichen Verteilungsmaßstabs mitbestimmungspflichtig**. Ob der Arbeitgeber Vergütungsbestandteile kürzen oder streichen darf, richtet sich zuerst nach der Rechtsgrundlage, auf deren Basis der Vergütungsbestandteil gezahlt wird (s. o.). Ist der Arbeitgeber danach im individuellen Arbeitsverhältnis berechtigt, eine Anpassung von Vergütungsbestandteilen vorzunehmen, besteht dennoch ein Mitbestimmungsrecht des Betriebsrats, wenn sich innerbetrieblich der Verteilungsmaßstab ändert.

Ob das der Fall ist, bestimmt sich anschaulich nach der sog. „**Topftheorie**": Der Arbeitgeber entscheidet alleine über das Volumen einer zur Verfügung gestellten Vergütungszahlung (z. B. 1 Mio. EUR zur betriebsweiten Verteilung als Sondergratifikation). Über die Verteilung aus diesem „Topf" hat dann der Betriebsrat mitzubestimmen. Entscheidet sich der Arbeitgeber, künftig überhaupt keine Sonderzahlung mehr zu leisten, den „Topf" also vollständig zu streichen, gibt es kein Mitbestimmungsrecht mehr. Ebenfalls mitbestimmungsfrei ist die Reduzierung des Gesamtvolumens ohne Änderung der Verteilungsgrundsätze (z. B. künftig nur noch 0,5 Mio. EUR Verteilungsvolumen, die Sondergratifikation halbiert sich für jeden Mitarbeiter).

> **Achtung: Abweichungen von tariflichen Ansprüchen sind grundsätzlich nicht möglich**
> Sind Sonderzahlungen oder flexible Gehaltsbestandteile in einem Tarifvertrag geregelt, darf auch mit dem Betriebsrat keine Kürzung oder ein Verzicht vereinbart werden! Die häufig zu diesem Zweck mit dem Betriebsrat abgeschlossenen betrieblichen „Bündnisse für Arbeit" sind rechtlich unwirksam. Den Arbeitnehmern bleiben ihre tariflichen Vergütungsansprüche erhalten. Abweichungen von tariflichen Ansprüchen sind nur möglich, wenn der Tarifvertrag eine Öffnungsklausel für Betriebsvereinbarungen enthält oder mit der zuständigen Gewerkschaft ein spezieller Sanierungstarifvertrag abgeschlossen wird.

3 Im Einvernehmen mit den Arbeitnehmern umsetzbare Einsparmöglichkeiten

Sind die betroffenen Arbeitnehmer mit Änderungen im Arbeitsverhältnis einverstanden, können Einsparungen mit sehr schneller Wirkung erzielt werden. So kann z. B. die vertraglich vereinbarte **monatliche Vergütung** oder eine vertraglich **vereinbarte Sonderzahlung einvernehmlich reduziert** werden. Auch die vertraglich vereinbarte **Arbeitszeit** kann einvernehmlich verändert werden, Änderungsvereinbarungen zum Arbeitsvertrag können sofort umgesetzt werden, Kündigungs- oder Übergangsfristen sind dabei nicht einzuhalten. Wegen des besseren Nachweises sollten jegliche Änderungen aber immer schriftlich vereinbart werden.

> **Achtung: Nur auf individualrechtliche Ansprüche kann verzichtet werden**
> Arbeitnehmer dürfen nur auf arbeitsvertragliche Ansprüche verzichten, nicht auf Ansprüche, die sich aus einer Betriebsvereinbarung oder einem unmittelbar geltenden Tarifvertrag ergeben.

Sind Arbeitnehmer bereit, in Altersteilzeit zu gehen, können gelegentlich auch hierdurch Einsparungen erfolgen. Voraussetzung für eine Förderung der Altersteilzeit durch die Bundesagentur für Arbeit ist allerdings, dass anlässlich des Übergangs in die Altersteilzeit ein arbeitslos gemeldeter Arbeitnehmer oder ein Ausgebildeter versicherungspflichtig beschäftigt wird. Die Förderung von Altersteilzeit läuft Ende 2009 aus. Gefördert werden nur noch Altersteilzeitverhältnisse, die bis 31.12.2009 angetreten sind.

Schließlich können auch Wünsche der Arbeitnehmer nach **unbezahlter teilweise oder vollständiger Freistellung** (Elternzeit, Pflegezeit, Teilzeit) genutzt werden, um Personalkosten einzusparen. Aber auch unabhängig von diesen gesetzlichen Freistellungsansprüchen können einvernehmlich beliebige Zeiten vereinbart werden, während derer das Arbeitsverhältnis ruhen soll, z. B. ein sog. Sabbatical.

4 Das letzte Mittel: Betriebsbedingte Kündigungen

Inwieweit ein Personalabbau der richtige Weg ist, um die laufenden Kosten eines Unternehmens zu senken, kann nur ermittelt werden, wenn auch der Aufwand für die Reduktion der Mitarbeiterzahl berücksichtigt wird. Nur so können andere Alternativen zur Sanierung eines Unternehmens korrekt einbezogen werden. Aufgabe der Kostenrechner und Controller ist es, diese Kosten für die Entscheidungsfindung zu ermitteln und in der Realisierungsphase korrekt zu steuern und zu verbuchen.

4.1 Was ist grundsätzlich beim Personalabbau zu beachten?

Die Kosten, die dem Unternehmen bei einem Personalabbau entstehen, können unerwartete Größenordnungen annehmen. Dabei gibt es eine Vielzahl von Kostenarten, die bei der Planung mit den individuellen Daten der betroffenen Mitarbeiter kombiniert werden müssen. Die Altersstruktur der Mitarbeiter, die freigesetzt werden sollen, bestimmt erheblich den Umfang der Kosten. So spielt z. B. die Anzahl derjenigen entlassenen Arbeitnehmer, die über 56 Jahre alt sind, eine Rolle bei der Erstattungspflicht des Arbeitslosengeldes und der Sozialkosten durch den Arbeitgeber an das Arbeitsamt. Rechtzeitig berücksichtigt, kann durch geringfügige Veränderungen der Entlassungspläne eine erhebliche Kosteneinsparung erreicht werden.

Kündigungen sind teuer

Neben der notwendigen detaillierten Berechnung der Kosten müssen weitere Aufwendungen einbezogen werden, die direkt oder indirekt mit dem Personalabbau einhergehen. Ein Teil der Kosten wird direkt in Abhängigkeit einer Person gezahlt, ein anderer Teil entsteht durch die notwendige Mehrarbeit für die Durchführung der Sozialauswahl, die Beteiligung des Betriebsrates oder durch das Führen von Arbeitsgerichtsprozessen. Hinzu kommen indirekte Kosten, die durch Unruhe innerhalb und außerhalb des Unternehmens entstehen, durch Verlust der Motivation bei den verbleibenden Mitarbeitern oder durch den Verlust der Kenntnisse und Erfahrungen von langjährigen Arbeitnehmern.

Auch indirekte Kosten einbeziehen

> **Tipp: Abfindungen in Wirtschaftlichkeitsrechnung berücksichtigen**
> Wenn Sie die Wirtschaftlichkeit einer Rationalisierungsmaßnahme berechnen, vergessen Sie bitte nicht, die Kosten für die Freisetzung der dann nicht mehr benötigten Mitarbeiter zu berücksichtigen. Diese erhöhen die Investitionssumme der Maßnahme und führen zu einer Verlängerung der Amortisationszeit dieses Rationalisierungsvorhabens.

4.2 Kosten des Personalabbaus

Der größte Kostenblock beim Personalabbau entsteht durch Zahlungen, die an die entlassenen Personen gehen. Die Gesetze und die Rechtsprechung in der Bundesrepublik Deutschland machen es den Arbeitgebern mit Ausnahme von Kleinstunternehmen schwer, Kündigungen betriebsbedingt auszusprechen. Gefordert wird eine sozial geprägte Vorgehensweise bei der Auswahl und eine Milderung der Auswirkungen durch die Zahlung von Abfindungen. Dies kann in Form eines Sozialplanes geschehen. Langfristig kann auch das Instrument der Altersteilzeit genutzt werden, um die Mitarbeiterzahl zu reduzieren. Kommt es zu einer Arbeitslosigkeit der ehemaligen Mitarbeiter, was zurzeit fast immer der Fall ist, kann es unter bestimmten Bedingungen zu einer Erstattungspflicht des Unternehmens für die Aufwendungen des Arbeitsamtes kommen. Nicht zuletzt verursacht die Freistellung von der Arbeit, bei einflussreichen Positionen unabdingbar, Kosten.

4.2.1 Kosten aus Abfindungen

Die Zahl der personen- oder betriebsbedingten Kündigungen, die vor einem Arbeitsgericht enden, steigt. Mit geringer Chance auf eine schnelle Neubeschäftigung versucht jeder Entlassene einen möglichst hohen Betrag von seinem alten Arbeitgeber zu erhalten. Dabei spielt die meist durch eine Rechtsschutzversicherung gegebene Deckung der Kosten und damit eine Minimierung des Risikos für den Arbeitnehmer eine wichtige Rolle. Der Trend der Arbeitsgerichte geht dahin, in der ersten Güteverhandlung eine finanzielle Einigung zwischen den Parteien zu erreichen. Da meist der Ausgang des Verfahrens ungewiss und der Aufwand für das Unternehmen recht hoch ist, gehen viele Arbeitgeber darauf ein und zahlen eine Abfindung. Um den Aufwand für die Gerichtsprozesse zu sparen, bieten viele Arbeitgeber den zur Entlassung anstehenden Mitarbeitern von vornherein eine Abfindung an. Die Berechnung der Höhe dieses Angebotes richtet sich nach der zu erwartenden Abfindung, die ein Arbeitsgericht festlegen würde.

Einflussgrößen der Abfindung

Dabei wiederum spielen neben der Auffassung des Arbeitsrichters vor allem persönliche Umstände des ehemaligen Mitarbeiters eine Rolle. Das Alter wird ebenso berücksichtigt wie die Anzahl der abhängigen Personen (z. B. Kinder) und die Dauer der Betriebszugehörigkeit. Es existieren durchaus regionale Unterschiede in der Beurteilung durch die Richter. Als eine erste Faustformel kann ein Durchschnittswert berechnet werden. In der Praxis hat sich gezeigt, dass jeweils ein halbes Monatsentgelt pro Beschäftigungsjahr gezahlt wird. Ältere Mitarbeiter erhalten oft mehr, ebenso Mitarbeiter, die eine Familie zu ernähren haben. Junge, ungebundene Arbeitnehmer müssen mit weniger rechnen.

> **Tipp: Rechtzeitig informieren**
>
> Versuchen Sie durch Anfragen bei befreundeten Unternehmen, Verbänden oder Rechtsanwälten zu erfahren, wie das lokale Arbeitsgericht i. d. R. Abfindungen festsetzt. Lassen Sie sich nicht von den Forderungen der Rechtsanwälte der gekündigten Mitarbeiter einschüchtern. Diese werden dafür bezahlt, Maximalforderungen aufzustellen.
>
> Eine vom Arbeitgeber freiwillig angebotene Abfindung muss oberhalb der zu erwartenden gerichtlichen Entscheidung liegen. Sonst hat der Arbeitnehmer keinen Anreiz, darauf einzugehen. Für den Unternehmer haben die Mehrkosten jedoch einen wichtigen Vorteil: Sie ersparen viele der weiteren Nebenkosten, die bei einem Personalabbau anfallen.

Abfindungen sind keine laufenden Kosten und auch nicht durch den normalen Betriebsablauf bedingt. Sie werden daher nicht als Personalkosten verbucht. Es handelt sich vielmehr um einen außergewöhnlichen Aufwand. Auch in der Kostenrechnung werden die anfallenden Beträge nicht berücksichtigt. Es mag zwar interessant sein, die Abfindungen den einzelnen Kostenstellen zuzuordnen. Doch eine Verantwortung für den Kostenstellenleiter besteht i. d. R. nicht. Daher haben Abfindungen in der Kostenstellenrechnung nichts zu suchen. Das gilt auch für die Kostenträgerrechnung, da die Kostenträger nicht die Verursacher der entsprechenden Kosten sind.

Außergewöhnlicher Aufwand

4.2.2 Sonstige Kosten des Personalabbaus

Kosten aus entstehender Arbeitslosigkeit: Abfindungen werden von der Agentur für Arbeit auf das Arbeitslosengeld angerechnet. Diesen Verlust versuchen Arbeitnehmer dadurch auszugleichen, dass sie von vornherein eine höhere Abfindung fordern.

Kosten der Sozialauswahl und der Beteiligung des Betriebsrats: Hier fallen folgende Kosten an:

- Personalkosten in der Personalabteilung
- Personalkosten in den betroffenen Abteilungen
- Personalkosten für Gespräche mit dem Betriebsrat und für dessen Mitglieder
- Beraterkosten für Rechtsanwälte
- Gerichtskosten für Arbeitsgerichtsprozesse.

Weitere Kosten durch die Demotivation der vorhandenen Mitarbeiter und die Verunsicherung von Kunden, Lieferanten sowie der Öffentlichkeit sind dabei noch nicht berücksichtigt. Der Imageschaden durch Kündigungen kann sich später, wenn wieder Arbeitnehmer gesucht sind, sehr nachteilig auswirken.

4.3 Wie kann man die Amortisation des Personalabbaus feststellen?

Ob sich ein Personalabbau lohnt und wann die Wirkung auf die Kosten beginnt, muss auf verschiedenen Ebenen geprüft und festgestellt werden. Die Kosten werden von vielen individuellen Gegebenheiten bestimmt. Daher ist für jeden Mitarbeiter selbst eine individuelle Betrachtung anzustellen. Der Personalabbau als Gesamtprojekt muss ebenfalls auf seine Wirtschaftlichkeit untersucht werden.

4.3.1 Berechnung der individuellen Amortisation

Jeder einzelne Fall innerhalb der Mitarbeiter, die freigesetzt werden sollen, wird betrachtet. Auf der einen Seite stehen die Kosten, die durch die Maßnahme eingespart werden. Das sind i. d. R. die Lohn- bzw. Gehaltszahlungen zuzüglich der gesetzlichen und tariflichen Sozialabgaben. Einzubeziehen sind auch Nebenkosten wie Fahrtkostenerstattung, Jubiläumszahlungen, Zuschüsse zum Mittagessen usw.

Abzuziehen auf dieser Seite der Rechnung sind die Kosten, die für den Ersatz entstehen. Es ist sehr genau zu prüfen, ob wirklich alle von der Person erledigten Aufgaben ersatzlos entfallen können. Gibt es Teilaufgaben, die auch weiterhin erledigt werden müssen, fallen auch weiterhin Kosten dafür an. Diese reduzieren die Einsparungen.

Auf der anderen Seite der Rechnung stehen die Kosten, die durch die Kündigung dieses Mitarbeiters verursacht werden. Gleichgültig, ob es sich dabei um eine Abfindung, Kosten für die Altersteilzeit oder Arbeitsgerichtsprozesse handelt. Der Vergleich dieser Kosten mit den monatlichen Einsparungen ergibt den Zeitraum, in dem sich die Aufwendungen für diese Entlassung amortisieren (s. Tab. 1).

Amortisation Entlassung individuell	
Name	Werner Müller
Gehalt brutto monatlich	2.800 EUR
Monatlicher Anteil Urlaubsgeld, Sonderzahlung	350 EUR
Zusatzkosten	50 EUR
Sozialabgaben	591 EUR
Summe monatliche Kosten	**3.791 EUR**
Abzüglich neuer Aufwand/Monat	0 EUR
Summe monatliche Einsparungen	**3.791 EUR**
Abfindung	14.000 EUR
Amortisation in Monaten	**3,7**

Tab. 1: Berechnung der individuellen Amortisationszeit

4.3.2 Amortisation in der Gesamtbetrachtung

Die Prüfung der gesamten Kosten des Personalabbaus auf eine sinnvolle Amortisationsdauer hin beinhaltet eine zeitliche Komponente. Da i. d. R. unterschiedliche Mitarbeiter mit individuellen Kündigungszeiten betroffen sind, kann der Amortisationszeitraum im Kalender nicht exakt bestimmt werden. Dennoch ist ein Zeitraum ermittelbar, der einfach einen gleichen Beginn von Einsparungen unterstellt (s. Tab. 2).

Amortisation Entlassung (gesamt)	
Einsparungen Bruttolohn und -gehalt pro Monat	75.500 EUR
Monatlicher Anteil Urlaubsgeld, Sonderzahlung	9.400 EUR
Zusatzkosten	2.400 EUR
Sozialabgaben	17.000 EUR
Summe monatliche Kosten	**104.300 EUR**
Abzüglich neuer Aufwand/Monat	1.500 EUR
Summe monatliche Einsparungen	**102.800 EUR**
Abfindungen	512.000 EUR
Altersteilzeit	15.000 EUR
Freistellungen	19.500 EUR
Erstattung von Kosten der Agentur für Arbeit	0 EUR
Prozesskosten	2.400 EUR
Nebenkosten	5.000 EUR
Summe der Gesamtkosten	**553.900 EUR**
Amortisation in Monaten	**5,4**

Tab. 2: Berechnung der Amortisationszeit in der Gesamtbetrachtung

Da sich die Einsparungen und die Kosten innerhalb des Zeitraums entwickeln, kann es für den Entscheider sinnvoll sein, die Werte im Zeitverlauf zu sehen. Dadurch wird auch die Belastung des Unternehmens mit abfließender Liquidität bekannt. Der Zeitraum für die Amortisation wird exakt ermittelt.

Umsetzung & Praxis

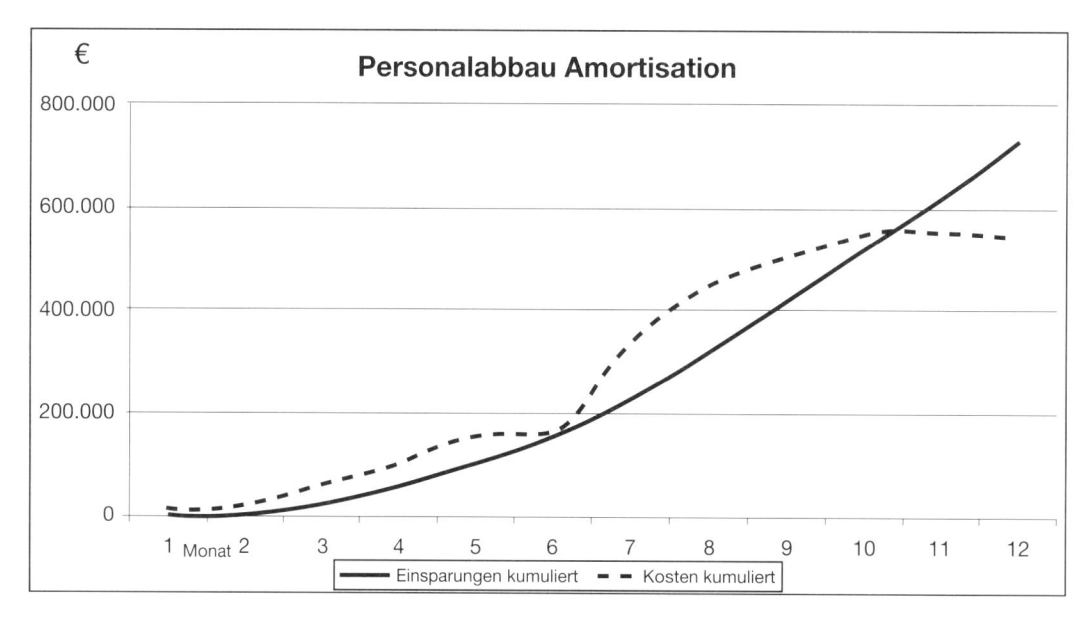

Abb. 1: Grafische Darstellung der echten Amortisationszeit

Das Beispiel in Abb. 1 zeigt, dass trotz der rechnerisch ermittelten Amortisationszeit von 5,4 Monaten die echte Amortisation erst im 10. Monat erreicht wird. Verursacht wird diese Diskrepanz durch die unterschiedliche Verteilung der Kosten und Einsparungen, da individuelle Kündigungsfristen zu berücksichtigen sind. Beide Informationen sind korrekt und wichtig für den Entscheider.

> Tipp: Wenn schon, dann schnell
> Wiederholen Sie nicht den Fehler vieler Unternehmen und beginnen Sie rechtzeitig mit dem Personalabbau. Sonst laufen Sie Gefahr, dass die Kosten Sie bis zum Ende der Maßnahme bereits erdrückt haben. Oder aber die Maßnahme zieht sich so lange hin, dass Sie bereits wieder Personal einstellen müssen. Unter Umständen holen Sie sich dann genau die Mitarbeiter wieder, die gerade mit hohen Kosten für Ihr Unternehmen freigesetzt wurden.

5 Literaturhinweis

Bleiber, Personalabbau und seine Kosten – Analyse und Behandlung in Buchhaltung und Kostenrechnung, Haufe Controlling Office Online, HaufeIndex 871040.

Gemeinkostenmanagement – Kosten in Verwaltungs- und Servicebereichen steuern

- Das Gemeinkostenmanagement vieler Unternehmen zeigt Mängel aufgrund struktureller Gegebenheiten und mentaler Blockaden. Der kontinuierliche Anstieg der Gemeinkosten macht das Thema zu einer wichtigen Aufgabe für Controller.
- Der Methodenkoffer des Gemeinkostenmanagements beinhaltet diverse, oftmals bekannte Instrumente, welche in anderen Bereichen des Unternehmens bereits erfolgreich angewendet werden. Die Herausforderung im Gemeinkostenmanagement liegt darin, Konsequenz und Durchgängigkeit in der Anwendung der Methoden im Gemeinkostenbereich zu schaffen.
- Der Beitrag stellt eine Auswahl von Methoden und Beispielen des Gemeinkostenmanagements anhand eines dreistufigen Vorgehens dar.

Inhalt		Seite
1	Gemeinkostenmanagement – nur in Krisenzeiten ein Thema?	107
1.1	Steigende Verwaltungskosten machen Umdenken erforderlich	107
1.2	Verstärkte Aufmerksamkeit des Controllers erforderlich	107
2	Grundlagen und Anforderungen an ein Gemeinkostenmanagement	108
3	Drei Schritte des Gemeinkostenmanagements	111
3.1	Erster Schritt: Transparenz schaffen	113
3.1.1	Interne Leistungsverrechnung mit Leistungskatalogen	113
3.1.2	Interne Leistungsverrechnung nach dem Kunden-Lieferanten-Konzept	115
3.1.3	Fazit: Darum geht es im ersten Schritt	117
3.2	Zweiter Schritt: Potenziale finden	117
3.2.1	7-W-Analyse	119
3.2.2	Gemeinkostenwertanalyse	120
3.2.3	Fazit: Darum geht es im zweiten Schritt	123
3.3	Dritter Schritt: Gemeinkosten dauerhaft steuern	123
3.3.1	In 4 + 1 Schritten zur Kultur effizienten Handelns	124
3.3.2	Verankerung der Gemeinkosteneffizienz in der Strategie	125

3.3.3	Steuerung und Kontrolle über Kennzahlen	126
3.4	Fazit zum Gemeinkostenmanagement	127
4	Literaturhinweise	128

■ Die Autorin

Marion Kellner-Lewandowsky, Dipl.-Wirtschaftsinformatikerin und Master der Organisationspsychologie, arbeitet als Managementtrainerin und -beraterin für Controlling, Kommunikation und Organisationsentwicklung. Sie ist stellvertretende Leiterin des AK Versorgungswirtschaft im ICV.

1 Gemeinkostenmanagement – nur in Krisenzeiten ein Thema?

1.1 Steigende Verwaltungskosten machen Umdenken erforderlich

Ist Gemeinkostenmanagement ein Thema für den Controller, wenn es rundherum schlechte Nachrichten über den Einbruch der Märkte, Auftragsrückgang und umfangreiche Sparprogramme hagelt? Bringt es etwas, sich mit den Kosten von Verwaltung und Service auseinanderzusetzen, wenn die Aussichten der Unternehmen alles andere als rosig scheinen und die Prognosen maximal Unsicherheit versprechen? Selbstverständlich!

Wenige Unternehmen betreiben Gemeinkostenmanagement

Doch sowohl in Krisenzeiten als auch in guten Zeiten wird Gemeinkostenmanagement noch allzu oft als nachrangige Aufgabe angesehen. Nur wenige Unternehmen verfügen über ein funktionierendes Gemeinkostenmanagement, obwohl in den letzten Jahrzehnten ein kontinuierlicher Anstieg der Gemeinkosten zu verzeichnen ist.

Kontinuierlicher Anstieg der Gemeinkosten

In Seminaren berichten Controller aller Branchen über Gemeinkostenquoten von 4 % bis zu 65 %[1] der Gesamtkosten. In den Jahren 1998 bis 2002 sind laut einer Beraterstudie die indizierten Verwaltungskosten im Verhältnis zum Umsatz um mehr als 10 % gestiegen, während die indizierten Produktionskosten zum Umsatz leicht gesunken sind.[2] Diese Entwicklung hat sich auch nach 2002 nicht geändert. Mittlerweile arbeiten in vielen Unternehmen mehr als 50 % der Beschäftigten in den Büros der Verwaltung und anderer Strukturbereiche. Tendenz steigend!

1.2 Verstärkte Aufmerksamkeit des Controllers erforderlich

Diese Entwicklung hat unterschiedliche Gründe: *Einerseits* basiert sie auf den deutlichen **Veränderungen in den Kostenstrukturen** aufgrund der stärkeren Serviceorientierung vieler Unternehmen. Die Kosten verschieben sich immer mehr von den produktbezogenen Einzelkosten zu strukturbezogenen Gemeinkosten, weil die Komplexität der Aufgaben vor allem im Service- und Managementbereich zunimmt. Produktions- und Büroprozesse werden mehr und mehr automatisiert. Die Anforderungen an Qualität, Lieferzeiten, Kundenservice und Flexibilität steigen ständig. Organisation, Strukturen und Prozesse vieler Unternehmen werden dadurch immer komplexer. Ein Anstieg der Aufwendungen für Management und Verwaltung scheint daher unausweichlich.

Serviceorientierung verändert Kostenstrukturen

---

[1] Ergebnisse einer empirischen Befragung von teilnehmenden Controllern an den Seminaren Gemeinkostenmanagement der Controller Akademie Gauting, 2008.
[2] Frank Bünemann: Auslagerung gehört auch in Deutschland bald zum Alltag, faz.net am 28. Januar 2005.

Umsetzung & Praxis

Gemeinkosten als „Eh da"-Kosten einer „Black Box"?

Andererseits ist der **intransparente und oft auch inkonsequente Umgang mit den oft als nebenrangig betrachteten Gemeinkosten** eine Ursache des Anstiegs. Noch immer sehen viele Unternehmen die Gemeinkosten als gegeben und nicht steuerbar an. Nur ein Viertel der befragten Controller[3] gibt an, ein Gemeinkosten-Controlling zu haben oder zumindest teilweise Instrumente zur Kontrolle der Gemeinkosten im Unternehmen einzusetzen.

Fehlende Leistungsspezifikationen führen dazu, dass diese Bereiche als „Black Box" angesehen werden. Gemeinkosten werden noch immer über geschlüsselte, intransparente Zuschlagssätze auf die Leistungsbereiche umgelegt. Die Verantwortung für Gemeinkosten wird in den Managementetagen eher lax gehandhabt. Der gängige Begriff der „Eh da"-Kosten spiegelt dies wider.

Vorhandensein der Instrumente zur Gemeinkostensteuerung

Die Instrumente des Controllers waren lange Zeit vorrangig auf Produktionsprozesse und die Steuerung kostenträgerbezogener Einzelkosten ausgelegt – das Instrumentarium der Gemeinkostensteuerung fehlte lange Zeit. Umlagen und Schlüsselungen wurden toleriert. Fehler in der Aussagekraft solcher geschlüsselten Verteilungen wurden durch mehrstufige Deckungsbeitragsrechnungen korrigiert. Alles war gut, solange die Deckungsbeiträge der Produkte und Dienstleistungen für die Deckung der als gegeben angesehenen Gemeinkosten ausreichte. Eine Steuerung der „gemeinen Kosten" war nicht erforderlich.

Inzwischen gibt es Instrumente, um auch den Gemeinkostenbereich zu steuern. Und jetzt reichen bei zurückgehender Auftragslage die Deckungsbeiträge eventuell nicht mehr aus, um die Gemeinkosten zu decken. Warum also nicht jetzt die Chancen nutzen, das Unternehmen auch im Gemeinkostenbereich schlank und effizient aufzustellen? Warum also nicht jetzt ein Gemeinkostenmanagement aufbauen, um gestärkt in die Zeit nach der Krise zu gehen?

2 Grundlagen und Anforderungen an ein Gemeinkostenmanagement

Gemeinkosten müssen definiert werden

Fragt man Controller, was Gemeinkosten sind, so wird häufig die Antwort gegeben: „Nicht unmittelbar dem Kostenträger zuordenbare Kosten." Diese Antwort, so betriebswirtschaftlich richtig sie ist, hilft dem Controller im Unternehmen meist nicht weiter, wenn er eine vergleichbare Gemeinkostenquote ermitteln möchte. Die Entscheidung darüber,

---

[3] Ergebnisse einer empirischen Befragung von teilnehmenden Controllern an den Seminaren Gemeinkostenmanagement der Controller Akademie Gauting, 2008.

- welche Kosten direkt den Kostenträgern zugeordnet werden (Einzelkosten) und
- welche über die Kostenstellenrechnung abgerechnet werden (Gemeinkosten),

wird nicht selten willkürlich getroffen. Im Gemeinkostenmanagement gilt es daher, zunächst eine unternehmensinterne Definition zu finden, welche Kosten Gemeinkosten sind.

Im sogenannten Kostenwürfel, der in Abb. 1 dargestellt ist, werden die Kosten unterschieden nach ihrer

- Notwendigkeit zur Produkterstellung (Produkt- und Strukturkosten),
- Beeinflussbarkeit (kurz- und mittelfristig) sowie nach der
- buchhalterischen Erfassbarkeit (Einzel- und Gemeinkosten).

Der Kostenwürfel ist ein „Erklärungsmodell für Kostensachverhalte, das sich in der Praxis bewährt hat".[4]

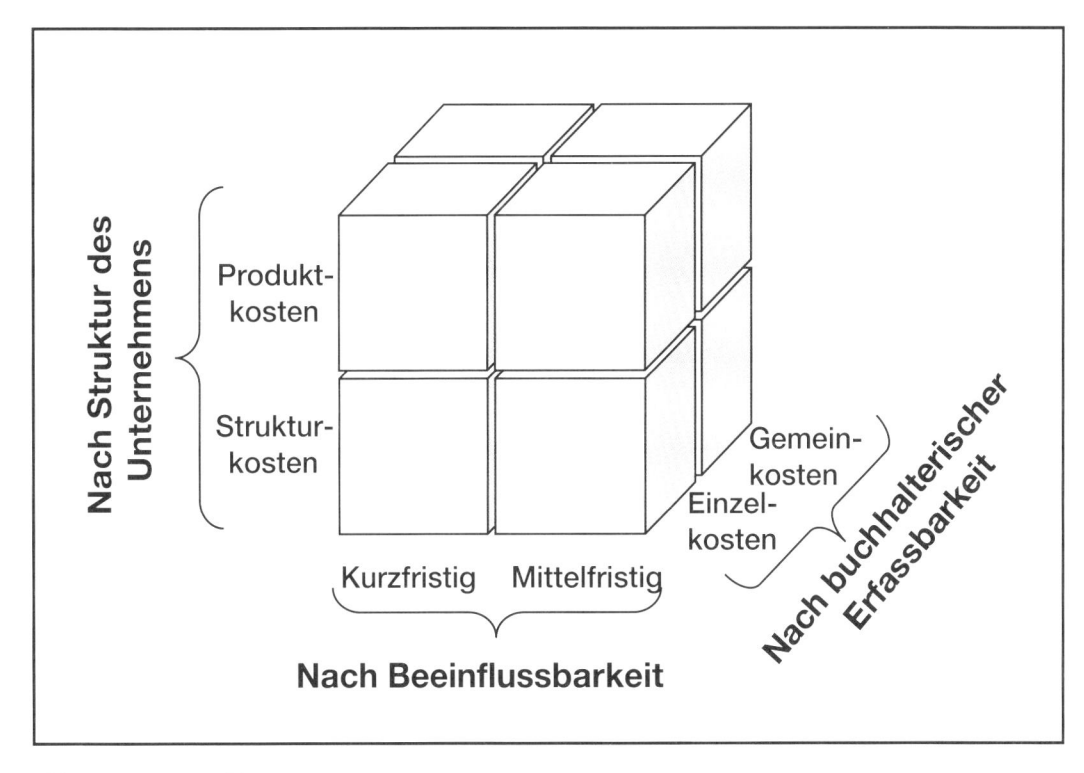

Abb. 1: Kostenwürfel

---

[4] IGC: Controller-Wörterbuch, 3. Aufl., 2005, S. 156 ff.

Umsetzung & Praxis

Gemeinkostenmanagement im Sinne des Kostenwürfels betrifft daher diejenigen Produkt- und Strukturkosten, welche nicht einzeln erfassbar sind. Es sind aber vor allem die nicht einzeln erfassbaren Strukturkosten der Verwaltungsbereiche, die ein leistungsfähigeres Gemeinkostenmanagement benötigen.

▪ Wie wird die Gemeinkostenquote ermittelt?

Leitkennzahl Gemeinkostenquote

Ein wichtiger Anhaltspunkt für den Handlungsbedarf ist die Kennzahl Gemeinkostenquote. Die meisten Unternehmen ermitteln die Gemeinkostenquote aus dem Verhältnis der Gemeinkosten zu den Gesamtkosten. Die Gemeinkosten werden als die Summe der Kosten der indirekten Bereiche bzw. Strukturkosten angegeben.

$$\text{Gemeinkostenquote (\%)} = 100 \times \frac{\text{Summe der Kosten der indirekten Bereiche bzw. Strukturkosten}}{\text{Gesamtkosten}}$$

Zu den indirekten Verwaltungs- und Servicebereichen zählen dabei alle der direkten Leistungserbringung

- übergeordneten Bereiche,
- vorgelagerten Bereiche,
- nachgelagerten Bereiche und
- begleitenden Bereiche.

Beispiele indirekter Verwaltungs- und Servicebereiche sind Finanzbuchhaltung, Controlling, Einkauf, Forschung und Entwicklung, Informationstechnologie, Logistik, Personalwesen, Arbeitsvorbereitung, Qualitätssicherung, Instandhaltung, Vertrieb, Marketing, Service & Support, Recht, Interne Revision, Geschäftsführung usw.

▪ Was sagt die Gemeinkostenquote aus?

Die Kennzahl Gemeinkostenquote liefert noch keine Vergleichsmöglichkeit mit anderen Unternehmen. Aber sie ist ein erster Ansatzpunkt, um im Unternehmen zu prüfen, wie sich Gemeinkosten entwickeln. Die durchschnittliche Gemeinkostenquote wird von befragten Controllern aller Branchen mit 25 % angegeben. Dies ist kein unerheblicher Anteil, denkt man daran, dass jeder gesparte Euro im Gemeinkostenbereich aus kurzfristiger Sicht direkt zum Erreichen der Gewinnziele beiträgt. Gemeinkostenmanagement kann also einen wichtigen Beitrag zum Unternehmenserfolg leisten.

Die Einsparpotenziale im Gemeinkostenbereich werden mit 10 bis 25 % beziffert. Aus langfristiger Sicht muss jedoch geprüft werden, ob an den richtigen Stellen optimiert wird.

■ Welche Anforderungen werden an das Gemeinkostenmanagement gestellt?

Ein erfolgreiches Gemeinkostenmanagement sollte folgenden Anforderungen genügen:

- Kosten im Gemeinkostenbereich transparent machen;
- Kostenpotenziale unter kurzfristiger und langfristiger Sichtweise aufzeigen;
- Gemeinkosten zielgerichtet optimieren;
- Controlling-Instrumente einführen, welche die Gemeinkosten langfristig verursachungsgerecht und verantwortungsvoll steuern;
- Motivation zum effizienten Umgang mit Gemeinkosten freisetzen.

3 Drei Schritte des Gemeinkostenmanagements

Der Werkzeugkasten eines effektiven Gemeinkostenmanagements kann eine Vielzahl verschiedener Methoden und Instrumente enthalten. Teilweise stammen sie aus klassischen Ansätzen der Kostenrechnung und des Controllings, teilweise sind sie speziell auf das Gemeinkostenmanagement ausgerichtet.

Gemeinkostenmanagement in drei Schritten

Eine dreistufige Struktur schafft Ordnung und orientiert sich einerseits an den wichtigsten Anforderungen und Aufgaben eines Gemeinkostenmanagements. Andererseits bildet sie auch genau die drei Schritte ab, welche beim Aufbau und bei der Umsetzung eines Gemeinkostenmanagements im Unternehmen anzugehen sind.

1. Schritt: Transparenz schaffen!
2. Schritt: Potenziale heben!
3. Schritt: Effizienz beibehalten!

Im ersten Schritt geht es darum, in die „Black Box" der Gemeinkosten zu schauen. Die den Kosten zugeordneten Leistungen und deren Kostentreiber sollen identifiziert und klare Verantwortlichkeiten und Bedingungen für Erstellung und Empfang der internen und externen Leistungen vereinbart werden.

1. Transparenz schaffen

Im zweiten Schritt werden Methoden eingesetzt, um kurz-, mittel- und langfristig erschließbare Potenziale zur Kostensenkung zu identifizieren. Hier kommen vor allem typische „Berater"-Methoden zum Einsatz, kreative Ideen werden entwickelt, Projekte angeschoben und Managementansätze, wie Lean Management und KAIZEN, auf ihre Anwendbarkeit im Gemeinkostenbereich geprüft.

2. Potenziale heben

Umsetzung & Praxis

3. Effizienz dauerhaft steuern
Im dritten Schritt müssen die Prozesse und Strukturen nachhaltig gestaltet werden. Dauerhafte Programme zur Gemeinkostenoptimierung sind ebenso zu implementieren, wie die Unternehmenskultur und -strategien auf dauerhafte Effizienz der Gemeinkosten anzupassen sind.

	1. Schritt Transparenz schaffen	2. Schritt Potenziale heben	3. Schritt Effizienz dauerhaft steuern
Controlling-Instrumente und -Methoden	• Kostenrechnung	• (Pauschale Budgetkürzung)	• Klare Verantwortlichkeiten
	• Prozesskostenrechnung	• Target Costing	• Kontroll- und Steuerungsmechanismen
	• Interne Leistungsverrechnung	• Gemeinkostenwertanalyse	• Kennzahlen (Früh- und Spätindikatoren)
	• Leistungskataloge	• Zero Base Budgeting	• Maßnahmenmonitoring
	• Leistungsvereinbarungen (SLA – Service Level Agreements)	• Prozessoptimierung	• Make-or-Buy-Entscheidungen
	• Dienstleistungsverträge		• Management von Dienstleistern
	• Interne Kunden-Lieferanten-Beziehungen		
Flankierende Methoden der Organisationsentwicklung	• Schlankes Geschäftsmodell		
	• Widerspiegelung in Zielen und Strategien		
	• Orientierung an Lean-Management- und KAIZEN-Prinzipien		
	• Etablieren einer effizienzorientierten Unternehmenskultur		
	• Wille zur kontinuierlichen Verbesserung		

Abb. 2: Methodenkoffer Gemeinkostenmanagement

Alle drei Schritte sind vom Controlling mit Instrumenten und Methoden zu unterstützen und müssen vom Management getragen und von entsprechenden Kommunikationsprozessen sowie Anpassungsmaßnahmen in Strategie, Führung und Kultur des Unternehmens begleitet werden.

3.1 Erster Schritt: Transparenz schaffen

Ein Gemeinkostenmanagement, welches die Transparenz der Gemeinkosten sicherstellt, muss zunächst die Fragen beantworten können:

- Sind die Gemeinkosten angemessen?
- Welche Faktoren beeinflussen die Kosten im Gemeinkostenbereich?
- Welche Leistungen sollen in welchem Umfang zu welchen Kosten erbracht werden und wer entscheidet darüber?

3.1.1 Interne Leistungsverrechnung mit Leistungskatalogen

Benötigt werden dafür Leistungskataloge für Gemeinkostenbereiche, welche die einzelnen Leistungen und deren Kosten der Inanspruchnahme transparent machen.

Stundenerfassung für Mitarbeiter in der Verwaltung

Beispiel: Leistungskatalog Personalabteilung

Leistung	Bezugsgröße		Verrechnungspreis
	Kennzahl	Menge p. a.	
Personaleinstellung (Standardverfahren)	Anzahl Neueinstellungen	50	2.000 EUR pro Neueinstellung
Personaleinstellung (Sonderverfahren)	Anzahl Fälle	5	Pro Stunde 90 EUR zzgl. externer Aufwand
Lohn- und Gehaltsabrechnung	Anzahl Abrechnungen	18.750	8 EUR pro Abrechnung
Ausbildung	Anzahl Azubis	40	200 EUR pro Azubi pro Monat
Organisation externer Weiterbildung	Anzahl externe Weiterbildungsmaßnahmen	200	300 EUR pro Weiterbildungsmaßnahme
Durchführung interner Weiterbildung	Anzahl interne Weiterbildungstage	300	700 EUR pro Weiterbildungstag
Personalberatung	Anzahl Beratungsstunden	200	90 EUR pro Stunde
Personal-Controlling	Anzahl Bearbeitungsstunden	2.200	75 EUR pro Stunde

Um einen solchen Leistungskatalog zu erstellen, gehen Sie wie folgt vor:

1. **Leistungen erheben, abgrenzen und definieren:** Dazu können vorhandene Tätigkeitsnachweise, Stellenbeschreibungen oder Stundenzettel herangezogen werden. Liegen Prozessdokumentationen vor, sollte auf diese zurückgegriffen werden.

2. **Aufwand der Einzelleistungen ermitteln:** Selten zeigen Kostenberichte der Gemeinkostenbereiche die Kosten einzelner Leistungen auf. Um eine eindeutige Zuordnung der Gesamtkosten zu den einzelnen Leistungen einer Kostenstelle oder eines Prozesses zu ermöglichen, werden Zeit- und Mengenerfassungen benötigt.
   Vielleicht liegen aufgrund von Prozessanalysen schon Daten über den zeitlichen Aufwand einzelner Leistungen vor. Ansonsten lässt sich zumindest mittelfristig eine Stundenerfassung im Gemeinkostenbereich nicht umgehen, um auf Dauer subjektive Schätzungen zu vermeiden.

3. **Bezugsgrößen als Kostentreiber einer Leistung identifizieren:** Bezugsgrößen sollen einerseits ein verursachungsgerechter Maßstab für die Kosten der Kostenstelle sein und andererseits in möglichst enger Leistungsbeziehung zu den Kostenträgern stehen. In den meisten Unternehmen gibt es keinen Mangel an Daten, die einer Leistung zugeordnet werden können.
   Bei der Ermittlung der Bezugsgröße ist wichtig, genau die Kenngröße zu finden, welche am besten mit der Höhe der Kosten einer Leistung korreliert. Ebenfalls ist darauf zu achten, dass nur maschinell ermittelbare Bezugsgrößen zum Einsatz kommen, um unnötigen manuellen Erfassungsaufwand im Nachgang zu vermeiden.

4. **Verrechnungssätze für die Leistungen bilden:** Die Verrechnungssätze können mit der Division der Kosten einer Leistung durch die Menge der dazugehörigen Bezugsgröße ermittelt werden. Die Verrechnung der Werte kann erfolgen als
   – Planverrechnung,
   – Istverrechnung oder
   – Sollverrechnung,

   je nachdem, ob der Leistungserbringer (die Gemeinkostenstelle) oder der Leistungsempfänger das Risiko von Plan-Ist-Abweichungen tragen soll. Es empfiehlt sich, dass die Gemeinkostenstelle das Kostenrisiko und der Leistungsempfänger das Mengenrisiko trägt, wie dies in der Sollkostenverrechnung abgebildet wird.

Transparenz durch Leistungskataloge

Auf Basis eines solchen Leistungskatalogs können die Leistungen der Gemeinkostenbereiche nun transparent nach dem Prinzip der Inanspruchnahme verrechnet werden. Die regelmäßige Kontrolle und Steuerung der Gemeinkosten erfolgen über

- den Vergleich der geplanten mit der tatsächlichen Verrechnung in den Gemeinkostenbereichen sowie
- die entstehende Unter- bzw. Überdeckung in den Gemeinkostenbereichen.

Allein die Transparenz durch das Bepreisen einzelner Leistungen in einem solchen Leistungskatalog und die darauf aufbauende Leistungsverrechnung führen in den meisten Unternehmen zu Überlegungen, ob Aufwand und Nutzen von Leistungen im angemessenen Verhältnis stehen.

Aufwand und Nutzen werden hinterfragt

Wenn eine Führungskraft in ihrem Kostenbericht ersehen kann, welche Kosten beispielsweise für die Leistung *Berichtswesen* aus dem Controlling verrechnet werden, beginnen häufig bereits Diskussionen über die Angemessenheit solcher Leistungen. Diese Diskussionen sind im Gemeinkostenmanagement ausdrücklich gewünscht.

3.1.2 Interne Leistungsverrechnung nach dem Kunden-Lieferanten-Konzept

Das Konzept kann durch interne Kunden-Lieferanten-Beziehungen erweitert werden. Dieses Steuerungsinstrument hilft, die Diskussion über die Angemessenheit von Gemeinkosten noch zielgerichteter und lösungsorientierter zu führen. Diese Idee stammt aus dem Lean Management und beinhaltet den Grundsatz, dass jede interne Abteilung Kunde der Abteilungen ist, deren Leistungen sie bezieht. Umgekehrt ist jede Abteilung, welche interne Kunden hat, gleichzeitig deren Dienstleister oder Lieferant.

Interne Kunden-Lieferanten-Beziehungen sorgen für Diskussionen

Beim internen Kunden-Lieferanten-Konzept geht es darum,

- Verantwortlichkeiten klar zu definieren,
- die Möglichkeit für den Kunden zu schaffen, über die Leistungsabnahme aus dem Gemeinkostenbereich (zumindest mit-) zu entscheiden, und
- den Preis der Leistung mit dem Dienstleister (jährlich neu) zu verhandeln.

Die Verantwortung für die Festlegung des Leistungsumfangs wird von der Verantwortung der effizienten Leistungserbringung getrennt. Während bislang der Leiter eines Gemeinkostenbereichs weitgehend selbst bestimmt hat, welche Aufgaben in welcher Spezifikation erbracht werden, hängt dies zukünftig von den Anforderungen der internen Kunden ab.

Verantwortungsteilung

Verantwortung des internen Kunden	Verantwortung des internen Lieferanten/Dienstleisters
• Klare Festlegung des benötigten Leistungsumfangs • „Einkauf" kostengünstiger Leistungen • Kontrolle der Leistungserbringung (Qualität, Umfang, Kosten)	• Kundenorientierung und Flexibilität im Leistungsangebot • Kosteneffizienz in der Leistungserbringung • Genaue Abrechnung der Leistungen

Gerade in den Gemeinkostenbereichen bewirkt dieses Prinzip eine völlige Umkehrung der bisherigen Denk- und Arbeitsweise. Entgegen bisherigem „Das machen wir schon immer so!" entscheiden jetzt die internen Kunden,

- welche Leistungen
- in welchem Servicegrad
- zu welchen Preisen

Automatischer Prüf- und Steuerungsmechanismus

von den Dienstleistern erbracht werden. Leistungen sollen nur dann erbracht werden, wenn ein interner Kunde die Leistung beauftragt und bereit ist, dafür den entsprechenden Preis zu zahlen. Dem Prinzip wohnt damit von Grund auf schon ein Prüf- und Steuerungsmechanismus inne. Das Konzept führt im Unternehmen zu einer konsequenten Selbststeuerung zwischen den Bereichen und damit auch zur erfolgreichen Steuerung der Gemeinkosten insgesamt.

> **Beispiel: Verhandlung der Hauptleistungen der Gemeinkostenbereiche**
> In einem mittelständischen Unternehmen in Nordrhein-Westfalen werden bereits seit 1998 die Kosten der Gemeinkostenbereiche über interne Leistungsverrechnung an die Profitcenter verrechnet. Seit 2001 werden die Hauptleistungen auf der Ebene der Profitcenterleiter einmal jährlich in einem vom Controller moderierten Planungsgespräch verhandelt. Hierbei wird der Leistungsumfang neu definiert und die Preise der Leistungen auf Basis von vergleichbaren Marktleistungen festgelegt. In einem Wertkontrakt werden die Vereinbarungen dieses Planungsgesprächs fixiert und von den Verhandlungspartnern unterzeichnet. Gravierende Änderungen beim abgenommenen Leistungsumfang müssen mindestens ein Jahr im Voraus angemeldet werden, um den internen Dienstleistern die Möglichkeit zur Umstrukturierung zu geben.
>
> Im Jahr 2002 musste der Controller selbst den Leistungsumfang des Controllings anpassen, weil große Teile der umfangreichen Leistung „Berichterstattung" von der Geschäftsführung des Unternehmens nicht mehr gewünscht wurden. Die Ressourcen eines halben Mannjahres wurden freigesetzt und konnten einem Projekt im Profitcenter Vertrieb angeboten werden.

Das interne Kunden-Lieferanten-Konzept lässt sich je nach Unternehmensanforderung in unterschiedlichem Grad ausbauen.

Folgende Ausbaustufen sind möglich:

↑ Verstärkung des Konzepts		
	Interne Leistungsverrechnung	Erheben der internen Leistungen für Service und Verwaltung und Verrechnung nach Leistungspreisen (entspricht Idee Prozesskostenrechnung)
	Leistungskataloge	Abstimmen und Verhandeln von Leistungskatalogen mit den Leistungsempfängern
	Service Level Agreements	Vereinbaren unterschiedlicher Servicegrade für die Dienstleistungen
	Marktpreisorientierung	Orientierung der Verrechnungspreise am externen Markt
	Preisverhandlung	Verhandlung der Verrechnungspreise zwischen internem Kunden und internem Dienstleister wie auf externem Markt
	Make or Buy	Möglichkeit des Kunden, die Leistungen sowohl intern als auch extern einzukaufen

3.1.3 Fazit: Darum geht es im ersten Schritt

Beim Schaffen von Transparenz in den Gemeinkosten geht es darum,

- die Leistungen hinter den Kosten offenzulegen (mittels Leistungsverrechnung und Leistungskatalog),
- die Diskussion über Leistungsumfang und Angemessenheit der Kosten herbeizuführen (mittels interner Kunden-Lieferanten-Beziehungen) und
- Instrumente einzuführen, um diese Diskussion regelmäßig zu wiederholen (Service Level Agreements, Marktpreisorientierung, Preisverhandlungen, Make-or-Buy-Entscheidungen).

Der Controller muss das Instrumentarium bereitstellen und im Prozess eine moderierende Rolle zwischen den Verhandlungspartnern einnehmen.

3.2 Zweiter Schritt: Potenziale finden

Die gewollte Diskussion über die Angemessenheit von Leistungen im Gemeinkostenbereich soll im zweiten Schritt des Gemeinkostenmanagements verstärkt werden. Ziel ist es, mit einem strukturiert-methodischen Vorgehen das Kostenniveau nach unten zu korrigieren. So können Entscheidungen zur Kostensenkung objektiv und neutral vorbereitet werden.

Strukturiert-methodisches Vorgehen fördert neutrale Entscheidungen

Umsetzung & Praxis

Die Methoden des Gemeinkostenmanagements für den zweiten Schritt lassen sich unterscheiden in statische, dynamische, retrospektive und analytische Verfahren,[5] wie Abb. 3 zeigt.

- Statische Verfahren werden zu einem fixen Zeitpunkt eingesetzt und spiegeln das Bild eines statischen Zustands wider.
- Dynamische Verfahren können dauerhaft angewendet werden und helfen, die Gemeinkosten langfristig zu steuern.
- Bei retrospektiven Verfahren werden Vergangenheitswerte betrachtet, um Maßnahmen zur Gemeinkostensenkung zu finden.
- Analytische Verfahren betrachten teilweise Daten aus Vergangenheit und Gegenwart, unterstützen aber ebenso strategisch-planerische Ansätze für die zukünftige Gestaltung der Gemeinkostenbereiche.

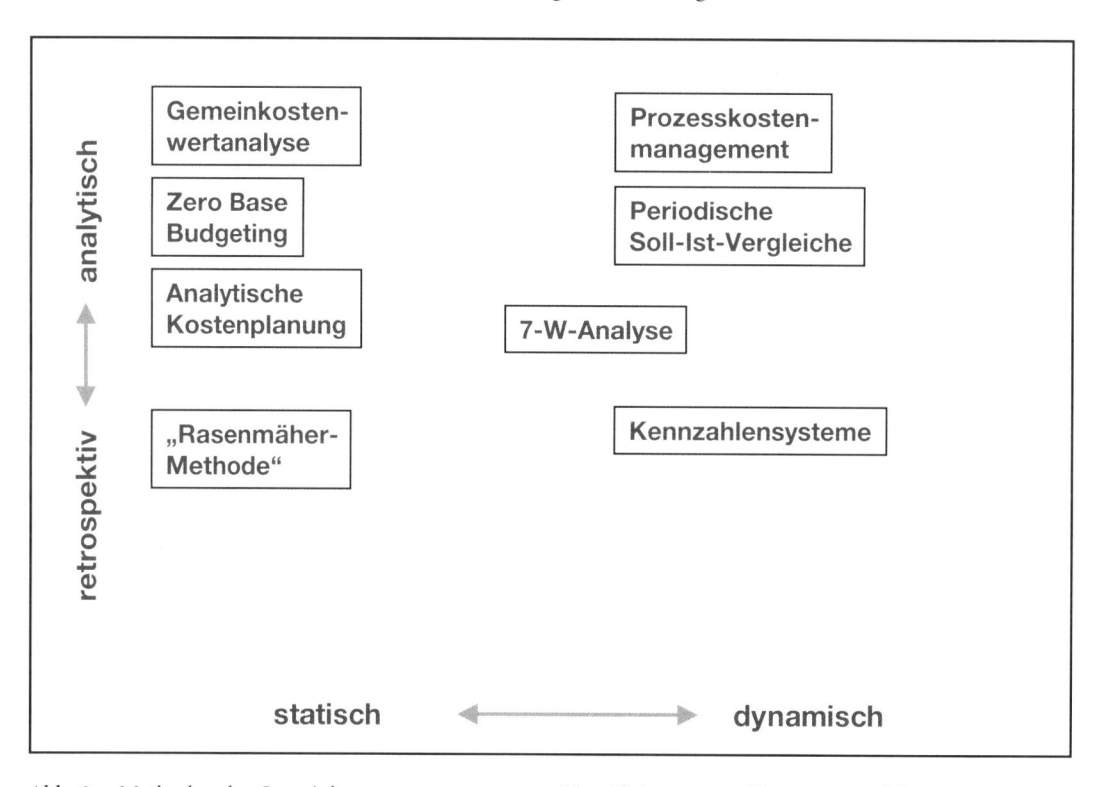

Abb. 3: Methoden des Gemeinkostenmanagements zur Identifizierung von Einsparpotenzialen

Beispielhaft sollen zwei der Methoden in ihrer Anwendung im Unternehmen beschrieben werden.

---

[5] Vgl. Vikas: Von der Gemeinkostenwertanalyse zum Prozessmanagement, in: Striening (Hrsg.): Chefsache Gemeinkostenmanagement, mi, 1995, S. 61 ff.

3.2.1 7-W-Analyse

Eine einfache, aber wirksame Methode, welche im Gemeinkostenbereich zur Analyse der Kosten angewendet werden kann, ist die 7-W-Analyse. Anhand der sieben Fragewörter Warum, Was, Wer, Wie, Womit, Wann und Wo werden die Leistungen der Gemeinkostenbereiche von einem Projektteam auf Notwenigkeit und Einsparpotenziale analysiert.

7-W-Analyse als wirksame Methode

Warum?	Warum wird diese Leistung benötigt (Sinn und Zweck, Alternativen)?
Was?	Was genau wird bei dieser Leistung gemacht (Ergebnisorientierung)?
Wer?	Wer ist an der Leistungserstellung beteiligt (Verantwortung und Beteiligungen)?
Wie?	Wie wird die Leistung erstellt (Prozessorientierung)?
Womit?	Womit wird die Leistungserstellung unterstützt (Werkzeuge, IT, Ressourceneinsatz)?
Wann?	Wann wird die Leistung erbracht (Zeit- und Terminorientierung)?
Wo?	Wo wird die Leistung erbracht (Ort, zentral/dezentral, Eigen-/Fremdleistung)?

> **Beispiel: 7-W-Analyse bei einem Abrechnungsdienstleister**
> Ein mittelständisches Dienstleistungsunternehmen der Massenkundenabrechnung wendete die einfache Methode in einem Kostenoptimierungsprojekt an. Ein Projektteam durchleuchtete alle Leistungen der Verwaltung mittels der sieben Fragen. Dabei wurde unter anderem festgestellt, dass die Vertriebsprozesse durch die Einbindung zu vieler Beteiligter aufgebläht waren und durch eine Zentralisierung der Aufgaben in einem Bereich optimiert werden konnten.
>
> Die Frage „Womit?" führte im Controlling zur Einführung einer Software, um die Planungs- und Berichtsprozesse langfristig effizienter und schneller zu gestalten. Im Qualitätsmanagement wurden einige Leistungen gestrichen, welche nicht auf die Verbesserung der Leistungsqualität für den Kunden ausgerichtet waren. Durch diese und weitere Maßnahmen konnten Mitarbeiterressourcen im Gemeinkostenbereich freigesetzt werden. Hiermit wurden vorher regelmäßig anfallende Überstunden abgebaut.

Die 7-W-Analyse kann einfach und kostengünstig durchgeführt werden. Alle, denen die meist beraterunterstützten Methoden des Gemeinkostenmanagements zu aufwendig sind, können mit dieser Methode ein Arbeitsteam auf die erfolgreiche Suche nach versteckten Einsparpotenzialen in den Gemeinkostenbereichen schicken.

Umsetzung & Praxis

3.2.2 Gemeinkostenwertanalyse

Anwendung der Grundideen der Gemeinkostenwertanalyse

Ein stärker strukturiertes Herangehen bietet die Methode der Gemeinkostenwertanalyse (GWA). In ihrer Grundidee kann sie auch ohne teures externes Beraterteam angewendet werden. Alle Leistungen werden strukturiert durch Abwägen des Kosten-Nutzen-Verhältnisses analysiert, wie Abb. 4 zeigt. Das Ziel solcher Untersuchungen liegt meist im Abbau unnötiger Leistungen und übertriebener Perfektion.

Ausgehend von einem Leistungskatalog im Gemeinkostenbereich werden die Leistungen in eine Matrix nach ihrem Aufwand und dem geschätzten Nutzen eingeordnet. Die Diskussion über Aufwand und Nutzen wird mit dem Kunden der Leistung geführt.

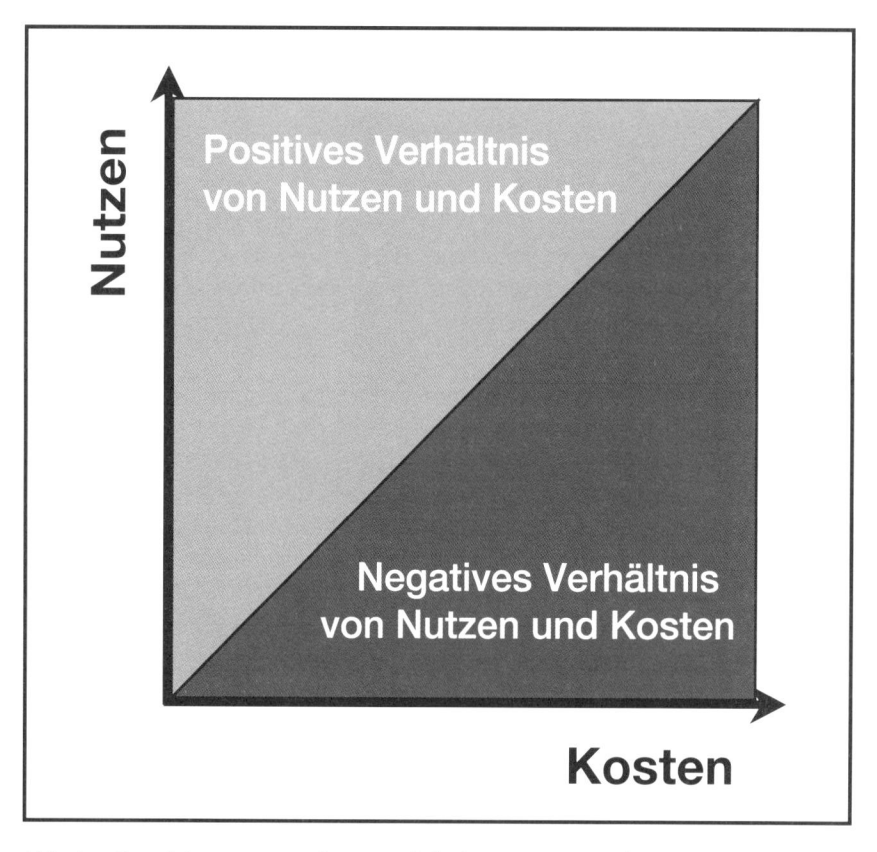

Abb. 4: Gemeinkostenwertanalyse – Verhältnis von Kosten und Nutzen einer Leistung

Nutzenbeurteilung in der Praxis vereinfachen

Die Nutzenbeurteilung durch den Leistungsempfänger wird in der Praxis häufig als schwierig angesehen. Hier empfiehlt sich eine vereinfachende qualitative Beschreibung des Nutzens: eine einfache Einordnung in die Kategorien *hoch*, *mittel* und *niedrig*. Auch die Frage „Was passiert, wenn die Leistung nicht mehr erbracht wird?" kann hilfreich sein. Letztlich ist auch der Preis, den ein Empfänger für eine Leistung zu zahlen bereit ist, ein gutes Indiz für den wahrgenommenen Nutzen.

Anhand des Analyseergebnisses werden zwischen Leistungsempfänger und Leistungsersteller Möglichkeiten der Kostenminimierung gesucht. Dabei sind Alternativen zur bisherigen Verfahrensweise und Varianten der Leistungserbringung zu diskutieren. Die Diskussion wird durch strukturierte Checklisten mit beispielsweise den folgenden Fragestellungen unterstützt:

Checkliste Gemeinkostenwertanalyse
• Kann auf die Leistung verzichtet werden?
• Kann schrittweise auf die Leistung verzichtet werden?
• Kann der Nutzen der Leistung erhöht werden?
• Können Umfang und/oder Häufigkeit der Leistung verändert werden?
• Kann die Qualität der Leistung verändert werden?
• Gibt es Möglichkeiten, die Leistung durch alternative Verfahrensweisen zu ersetzen?

Abschließend wird im Rahmen der Gemeinkostenwertanalyse ein Aktionsprogramm erarbeitet, um die Maßnahmen der Kostenminimierung zeitnah umzusetzen und den Erfolg zu überprüfen.

Beispiel: Gemeinkostenwertanalyse im Personalbereich
Die Methode wurde im Personalbereich eines Handelsunternehmens angewendet und brachte zahlreiche Erkenntnisse und Ideen. Das Kosten-Nutzen-Verhältnis der Leistungen „Durchführen eines Assessment-Centers", „Überprüfen der Reisekostenabrechnung" und „Interne Weiterbildungsmaßnahmen" wurde als unausgewogen eingeschätzt.

Mithilfe der Checklisten wurden Maßnahmen ausgearbeitet:

- Assessment-Center wurden nicht mehr durchgeführt, sondern durch strukturierte Bewerbungsgespräche oder auf Führungsebene durch eine externe Personalauswahl ersetzt.
- Das Formular zur Reisekostenabrechnung wurde überarbeitet und elektronisch im System bereitgestellt. Nach Ausfüllen des Formulars durch den Mitarbeiter können die Daten nun automatisch auf Plausibilität geprüft und weiterverarbeitet werden. Nur noch einige wenige Einzelfälle müssen manuell bearbeitet werden.
- Die aufwendigen internen Weiterbildungsmaßnahmen wurden nach dem Projekt durch einen externen Bildungsanbieter koordiniert und organisiert. Darüber hinaus konnten mit diesem Bildungsanbieter günstige Konditionen

für Weiterbildungsmaßnahmen ausgehandelt werden, welche bislang teurer einzeln eingekauft wurden.

Bei den Maßnahmen ist Kreativität gefragt

In der Praxis tritt beim Einsatz der oben beschriebenen Methoden manchmal das Problem auf, geeignete Maßnahmen zur Kostensenkung zu finden. Die Methoden des Gemeinkostenmanagements zeigen zwar strukturierte Vorgehensweisen zur Identifizierung der Einsparpotenziale auf. Geeignete Maßnahmen lassen sich aber oft nur in einem separaten Schritt finden. Neben dem Anzapfen des meist reichhaltigen Expertenwissens der Mitarbeiter in den betroffenen Bereichen eignen sich folgende Methoden, um Maßnahmen zu generieren:

- Brainstorming
- Checklisten-Methode, z. B. OSBORN-Checkliste
- Ursache-Wirkungs-Diagramm
- Mentale Provokation oder NIE-Technik
- Analogietechniken

Ideentank

Alle aufkommenden Ideen sollten in einem „Ideentank" gespeichert werden. Denn auch wenn ihre Umsetzung heute nicht realistisch erscheint, kann sich dies unter zukünftigen Rahmenbedingungen ändern.

Wichtig ist es, die Mitarbeiter für solche Projekte zu motivieren, indem

- sie in die Projektarbeit einbezogen werden,
- Klarheit über die Ziele solcher Projekte besteht und
- Anreize geschaffen werden, sich für den Projekterfolg zu engagieren.

> **Beispiel: Motivation freisetzen im Rahmen der Kostenoptimierung**
> In einem Energieversorgungsunternehmen wurde ein Projekt zur Kostenoptimierung in einem Profitcenter aufgelegt. Die Mitarbeiter wurden bereits vor dem Projektstart über die Ziele der Maßnahmen informiert. Der Leiter des Profitcenters selbst wurde als Projektleiter eingesetzt. Er war bis zum Schluss auch für die Umsetzung aller Maßnahmen in seinem Bereich verantwortlich. Von Anfang an wurden Personalentlassungen ausgeschlossen, frei werdende Ressourcen sollten in wachstumssteigernde Projekte investiert werden. Alle Mitarbeiter der betroffenen Abteilungen wurden regelmäßig über Zwischenstände im Projekt informiert und konnten eigene Vorschläge einbringen.

3.2.3 Fazit: Darum geht es im zweiten Schritt

Beim Heben der Einsparpotenziale im Gemeinkostenbereich mittels strukturierter Analysemethoden geht es darum,

- klare Kostensenkungsziele zu verfolgen,
- das Kosten-Nutzen-Verhältnis (bzw. das Verhältnis zwischen Ergebnis und Aufwand) in den Gemeinkostenbereichen zu optimieren und
- Maßnahmen zur Kostensenkung anzustoßen.

In diesem zweiten Schritt sind ein strukturiertes Vorgehen mit bewährten Methoden aus der Praxis und die Motivation der Mitarbeiter, aktiv das eigene Tun und Handeln zu hinterfragen, entscheidende Erfolgsfaktoren.

3.3 Dritter Schritt: Gemeinkosten dauerhaft steuern

Einmalige, spontane, möglichst schnell greifende Projekte zur Kostensenkung bringen meist nur einmalige und kurzfristige Effekte. Wichtig ist es, Programme zur dauerhaften Kostenoptimierung zu installieren und im Sinne eines ständigen Optimierungsprozesses eine „**Kultur effizienten Handelns**" zu schaffen.

Kultur effizienten Handelns schaffen

Um eine solche Kultur effizienten Handelns zu realisieren, müssen folgende Grundannahmen abgestimmt werden:

- Kostenoptimierung fängt oben an und kennt keine Tabus!
- Jeder beteiligt sich daran!
- Jede Kostenposition wird potenziell als optimierbar betrachtet!
- Kostenoptimales Handeln lohnt sich!

Nur was von oben vorgelebt wird, wird unten auch akzeptiert und umgesetzt. Betraut eine Führungskraft beispielsweise den Controller mit dem dringenden Auftrag, umfangreiches Zahlenmaterial aufwendig aufzubereiten, um schließlich diesen Ad-hoc-Bericht doch nicht zu verwenden, so führt solche Verschwendung zu Frustration und Demotivation.

Verschwendung von Ressourcen vermeiden

Gerade Mitarbeiter in den Verwaltungs- und Servicebereichen erleben aus der Nähe, wie verschwenderisch teilweise auf der Führungsseite mit Geld und Zeit umgegangen wird. Da ist die Versuchung groß, es ihnen gleichzutun. Erfolgreiches und dauerhaftes Gemeinkostenmanagement muss deshalb in den obersten Führungsebenen anfangen. Ein unbedingtes Commitment der Führung ist zwingende Voraussetzung, wenn aus einem einmaligen Projekt ein kultureller Wandel entstehen soll.

3.3.1 In 4 + 1 Schritten zur Kultur effizienten Handelns

4 + 1 Schritte braucht es, um solch eine Kultur effizienten Handelns (nicht nur) im Gemeinkostenmanagement zu verankern:

1. Akzeptanz und Commitment
2. Grundsätze und Werte
3. Methoden und Systeme
4. Kontrolle und Verbesserung

+ Kommunikation, Kommunikation, Kommunikation

Akzeptanz und Commitment

Zunächst ist es wichtig, für Akzeptanz und Commitment zu werben. Den Mitarbeitern muss klargemacht werden, warum eine Effizienzkultur im Unternehmen wichtig ist und welche Ziele damit verfolgt werden. Worum geht es?

- Existenzsicherung des Unternehmens?
- Sicherung des Unternehmensstandortes?
- Abwehr von Übernahmen?
- Renditeverbesserung?

Das Warum solcher Maßnahmen interessiert die Mitarbeiter. Und nur, wenn es gelingt, die Ziele verständlich und motivierend darzulegen, wird die Bereitschaft zur Mitarbeit dauerhaft gegeben sein.

Grundsätze und Werte diskutieren

Im zweiten Schritt müssen die Grundsätze und Werte des effizienten Handelns für das Unternehmen diskutiert werden. Ein Grundsatz kann beispielsweise sein: „Alle Leistungen im Unternehmen werden als produktive Leistungen angesehen und müssen sich an Effizienzzielen messen lassen." Darin spiegelt sich Anerkennung und Wertschätzung der Gemeinkostenleistungen als wichtige Unternehmensdienstleistungen wider.

Weitere Beispiele für Werte, die das effiziente Handeln fördern:

- langfristige Perspektive des Unternehmens,
- Lust auf Leistung,
- konsequente Weiterentwicklung und Veränderung,
- Berücksichtigung der Interessen aller am Unternehmen Beteiligten (Stakeholder),
- Transparenz, Offenheit und Konsequenz,
- Commitment und Einbindung.

Festlegung der Methoden und Systeme

Im nächsten – meist bereits parallel eingeleiteten – Schritt werden die Methoden und Systeme zur Effizienzsteuerung festgelegt und eingeführt. Welche Instrumente sollen im Unternehmen zur Effizienzbewertung eingesetzt werden? Wie, wann und wie oft werden Effizienzpotenziale erhoben? Welche Anreizsysteme zur Effizienzsicherung (visuelle Führung,

Zielvereinbarungen, Prämiensysteme, Wettbewerbslisten usw.) haben sich bewährt?

Abschließend muss das Gemeinkostenmanagement im kulturellen Umfeld effizienten Handelns regelmäßig auf Erfolg überprüft werden. Die Prozesse der Planung, Berichterstattung, Analyse und Steuerung sind um ein fokussiertes Gemeinkosten-Controlling zu erweitern. Die Verantwortung für die Aufgaben muss auf Personen übertragen werden. Einmal installierte Prozesse und Instrumente sind regelmäßig auf ihre Funktionsfähigkeit und auf ihre Wirksamkeit zu überprüfen und gegebenenfalls anzupassen.
Kontrolle und Verbesserung des Gemeinkostenmanagements

Letztlich ist auch die Frage zu stellen: Ist die Steuerung der Effizienz selbst noch effizient?

> **Beispiel: Controlling von Druckdienstleistungen**
> Die Analyse der Controlling-Prozesse brachte zutage, dass das Controlling der eingekauften Druckdienstleistungen teurer war als die jetzt noch erzielten Effekte. Durch eine Verlagerung der Datenaufbereitung zum Druckdienstleister und die Automatisierung der Datenprüfung konnte der Steuerungsprozess wieder deutlich effizienter gestaltet werden.

Die vier Schritte zur Umsetzung einer Kultur effizienten Handelns werden durch eine ständige Kommunikation unterstützt. Über die Aktivitäten, über Grundsätze und Werte, aber auch über die Instrumente muss geredet und geschrieben werden. Es ist wichtig, konsequent um die Akzeptanz und die Beteiligung zu werben in
Kommunikation ist unverzichtbar

- Mitarbeitergesprächen,
- Gruppengesprächen,
- Betriebsversammlungen,
- der Unternehmenszeitung,
- Unternehmensleitlinien usw.

Über positive Ergebnisse muss berichtet werden und Missstände sind als Ansatzpunkt erneuter Verbesserungen anzusehen.

3.3.2 Verankerung der Gemeinkosteneffizienz in der Strategie

Da Gemeinkostenmanagement wie alles Handeln im Unternehmen strategiegeleitet erfolgen soll, fängt Effizienz bereits bei der Festlegung der strategischen Ziele des Unternehmens und der Strategien zu deren Realisierung an. Effizienzstreben muss bereits in den Unternehmensleitlinien verankert sein. Leitsätze, wie der oben genannte „Alle Leistungen im Unternehmen werden als produktive Leistungen angesehen und müssen sich an Effizienzzielen messen lassen", weisen bereits in den Unternehmensleitlinien darauf hin, dass es keine Ausnahmebereiche geben kann.
Effizienzziele in Unternehmensleitlinien und -strategie verankern

Umsetzung & Praxis

Durchforstet man die Unternehmensleitlinien vieler Unternehmen, so findet man häufig solche allgemeinen Leitsätze, welche in ihrem Effizienzstreben nicht zwischen Produktion und Verwaltung unterscheiden.

> **Beispiel: Beispiele für Leitlinien:**[6]
> - „Wir streben nach ständiger Verbesserung." (Siemens)
> - „Effizienz in allen Bereichen des Unternehmens steigern." (Solar Group)
> - „Qualität, Innovation und Effizienz sind (...) das verbindende Element im gesamten Konzern." (Deutsche Telekom)

Ein verbindliches Bekenntnis in den Unternehmensleitlinien ist der Ausgangspunkt der Effizienzausrichtung auch im Gemeinkostenbereich. Hier muss die weitere strategische und operative Umsetzung ansetzen und in konkrete Maßnahmen zur Umsetzung der Ziele münden.

3.3.3 Steuerung und Kontrolle über Kennzahlen

Kennzahlen sind das optimale Instrument zur Überwachung der Gemeinkostensteuerung im Unternehmen. Häufig verwendete Leitkennzahlen für das Gemeinkostenmanagement sind:

- Gemeinkostenquote sowie
- die Verhältniskennzahl Gemeinkosten zu Umsatz.

Kennzahlen zur Steuerung der Gemeinkosten

Dabei muss die Definition der Gemeinkosten (vgl. Kapitel 2) vorangesetzt werden. Gerade bei organisatorischen Veränderungen im Unternehmen, beispielsweise die Ausgliederung eines kompletten Unternehmensbereichs, gilt es, die Veränderungen und Anpassungen in den ausgewiesenen Leitkennzahlen kenntlich zu machen.

Unerlässlich sind weitere Kennzahlen zur Untergliederung der Leitkennzahlen. Nur selten kommen dabei absolute Kennzahlen zum Einsatz. In der Regel werden Kostenrelationen erhoben und überwacht:

- das Verhältnis der IT-Kosten zu den Gesamtkosten,
- das Verhältnis der Kosten der Personalverwaltung zu den Gesamtkosten,
- das Verhältnis der Materialkosten zum Umsatz,
- das Verhältnis der Personalkosten zur Leistung,
- die IT-Kosten pro Kunde,
- die Abrechnungskosten pro Kunde,
- das Verhältnis der Anzahl der Reklamationen zur Gesamtanzahl der Rechnungen,
- das Verhältnis der Forderungen zum Umsatz.

---
[6] Veröffentlichung der Unternehmensleitlinien auf den Webseiten der jeweiligen Unternehmen und Konzerne, Stand: November 2008.

> Beispiel: Leitbild und Leitkennzahl Controlling
> Die Controller eines Automobilzulieferers erarbeiten im Rahmen eines Workshops zur Einführung des Gemeinkostenmanagements folgendes Leitbild für ihren Bereich: „Wir Controller entwickeln die Controlling-Instrumente aktiv weiter und erfüllen effizient die Serviceerwartungen unserer Kunden."
>
> Leitkennzahlen sind die Kundenzufriedenheit und die Gesamtkosten Controlling im Verhältnis zu den Gesamtkosten des Unternehmens. Die Kundenzufriedenheit wird jetzt regelmäßig bei Hausbesuchen des Controllers beim Kunden anhand eines kurzen Kriterienkatalogs erfragt, um schnelle Reaktionen zu ermöglichen.

Kennzahlen müssen so frühzeitig erhoben werden, dass noch Einflussmöglichkeiten zur Steuerung bestehen. Wöchentlich, monatlich oder maximal quartalsweise erhobene Kennzahlen sind daher geeigneter für die Steuerung der Gemeinkosten als jährlich ermittelte Daten.

3.4 Fazit zum Gemeinkostenmanagement

Das Gesamtpaket Gemeinkostenmanagement beinhaltet deutlich mehr als die hier dargestellten Methoden und Instrumente. Weitere Werkzeuge, die ebenfalls im Methodenkoffer des Gemeinkostenmanagements stecken sollten, sind beispielsweise:

Methodenkoffer Gemeinkostenmanagement

- das Einsetzen eines Gemeinkostenmanagers,
- die Prozesskostenrechnung und -optimierung,
- Zero Base Budgeting,
- Benchmarking,
- Maßnahmenmonitoring,
- Outsourcing-Entscheidungen,
- Dienstleistungsmanagement,
- die Anwendung von Prinzipien des Lean Management und KAIZEN,
- der Umgang mit den Menschen in diesen oftmals sensiblen Führungsbereichen.

Ein Unternehmen muss hier seinen individuellen Weg finden, um unter Abwägen von Kosten und Nutzen seine Ziele im Gemeinkostenmanagement bestmöglich umzusetzen.

Alle Ansätze zum Aufbau eines Gemeinkostenmanagements enthalten jedoch die gleiche Grundstruktur:

- Transparenz schaffen,
- Potenziale heben,
- Effizienz beibehalten.

Ziel: Nachhaltige Konzepte für eine nachhaltige Steuerung

Transparenz ist wichtig, um aus Kosten Leistungen zu machen, die spezifiziert und klaren Verantwortlichkeiten zugeordnet sind. Sie bilden den Ausgangspunkt, um im zweiten Potenzial zu identifizieren und strukturiert-methodisch nachhaltige und motivierende Maßnahmen zu finden. Im schwierigsten letzten Schritt gilt es, dauerhafte Effizienz im Gemeinkostenbereich zu schaffen. Dies gelingt durch

1. die Verankerung der Ziele in Leitlinien und Strategien,
2. die Steuerung über Kennzahlen,
3. strukturierte Controlling-Prozesse, welche auf die Gemeinkosten fokussiert sind, sowie
4. eine Kultur effizienten Handelns, welche die Motivation zur Umsetzung freisetzt.

Gemeinkostenmanagement umzusetzen ist nicht schwierig – genügend Methoden werden in der Praxis bereits erfolgreich eingesetzt. Die Herausforderung ist jedoch die Konsequenz und Durchgängigkeit, die es braucht, um aus einmaligen Projekten ein dauerhaftes Steuerungskonzept auf der Basis von Transparenz zu schaffen.

4 Literaturhinweise

Haunerdinger/Probst, Kosten senken – Checklisten, Rechner, 2005.

Helfrich, Arbeitshandbuch Gemeinkostenabbau, 1980.

Kurz, Für immer aufgeräumt – Zwanzig Prozent mehr Effizienz im Büro, 2007.

Striening (Hrsg.), Chefsache Gemeinkostenmanagement, 1995.

Forschung und Entwicklung in Krisenzeiten – Manövriermasse oder unantastbarer strategischer Erfolgsfaktor?

- In der aktuellen Wirtschaftskrise brechen die Umsätze vieler Unternehmen ein, gleichzeitig wird die Kreditvergabe restriktiver gehandhabt. Dadurch ergibt sich ein enormer Kostendruck auf viele Unternehmen, dem sich auch der Bereich Forschung und Entwicklung (F+E) nicht entziehen kann.
- F+E-lastige junge Technologieunternehmen sind von der Wirtschaftskrise besonders betroffen, da sie zur Finanzierung ihrer F+E-Projekte auf die Kapitalmärkte angewiesen sind.
- Effektive und effiziente F+E ist ein entscheidender Erfolgsfaktor für die langfristige Erhaltung und Steigerung der Innovations- und Wettbewerbsfähigkeit des Unternehmens. Forschung und Entwicklung ist zudem ein äußerst wissensintensiver Bereich.
- Strategische Schlüsselprojekte sollten daher während der Wirtschaftskrise nicht angetastet werden. Gerade im personalintensiven F+E-Bereich sollte auch bei notwendigen Kostensenkungsmaßnahmen kein Personal abgebaut werden, da dadurch ein massiver Verlust von hoch spezialisierten Wissensträgern drohen würde.
- Die Wirtschaftskrise sollte Anlass sein, das F+E-Projektportfolio neu auszurichten. Erfolgreiche Unternehmen machten dies in der letzten Rezession 2002/2003 vor.

Inhalt		Seite
1	Einführung: Von der Finanz- zur Wirtschaftskrise	131
2	Forschung und Entwicklung: Kostenintensiver, strategischer Erfolgsfaktor	132
3	Strukturiertes Krisenmanagement in Forschung und Entwicklung	134
3.1	Steigerung der Effizienz in Forschung und Entwicklung ...	136
3.2	Steigerung der Effektivität in Forschung und Entwicklung	138
4	Forschung und Entwicklung in jungen Technologieunternehmen auf dem Prüfstand	141
5	Lessons Learned: Lehren aus der Rezession 2002/2003 .	144

6	Ausblick und Fazit: Forschung und Entwicklung ist eben nicht nur Manövriermasse	146
7	Literaturhinweise	147

■ **Der Autor**

Dr. Matthias Schmitt beschäftigt sich als freier Unternehmensberater und Interimsmanager mit der Einführung von Controlling-Systemen in mittelständischen und Start-up-Unternehmen. E-Mail: MxSchmitt@aol.com.

1 Einführung: Von der Finanz- zur Wirtschaftskrise

Was im Sommer 2007 als Immobilienkrise in den USA begann und bald darauf zur Finanzkrise („credit crunch") wurde, ist spätestens seit dem Zusammenbruch der US-amerikanischen Investmentbank Lehman Brothers im September 2008 eine globale Wirtschaftskrise mit weitreichenden Folgen für die Realwirtschaft.

Tiefste Rezession der Nachkriegszeit

Die Volkswirtschaften der USA, Großbritanniens, des Euroraums, Japans sowie vieler anderer Industrieländer befinden sich offiziell in der Rezession. Wirtschaftsforschungsinstitute (z. B. IFO, RWI) und internationale Organisationen (z. B. OECD, IWF) sagen die tiefste Rezession der Nachkriegszeit voraus. Hinzu kommt, dass der Abschwung aus der Boomphase der Jahre 2006 und 2007 sehr abrupt erfolgte, sodass viele Unternehmen im Herbst 2008 vom Ausmaß der Wirtschaftskrise überrascht wurden. Dabei sind die unterschiedlichsten Industriezweige betroffen: Gewinnwarnungen unter anderem von SAP und BASF machten deutlich, dass neben der besonders schwer getroffenen Automobilindustrie auch andere Branchen von der Wirtschaftskrise in Mitleidenschaft gezogen werden. Ein Ende der Wirtschaftskrise ist nicht abzusehen.[1]

Wie äußert sich die Wirtschaftskrise in Industrieunternehmen nun konkret? Hier bilden zwei oft in Kombination auftretende Elemente eine gefährliche Mischung:

- **Umsatzeinbruch:** Heftige Umsatzeinbrüche binnen kürzester Zeit haben weitreichende finanzielle Folgen: Die Fixkosten können nicht mehr gedeckt werden, die Lager füllen sich, da die Produktion nicht schnell genug gedrosselt werden kann. Operative Cashflows versiegen schnell. Klamme Kunden haben Schwierigkeiten, ihre Rechnungen pünktlich zu bezahlen.
- **Kreditklemme:** Besonders schmerzhaft werden die Folgen des Umsatzeinbruchs dadurch, dass die Banken trotz aller staatlichen Unterstützung bei der Kreditvergabe restriktiver vorgehen. Die Kapitalmärkte sind im Zuge der Finanzkrise praktisch ausgetrocknet. Das heißt, dass die Unternehmen in diesen sowieso schon kritischen Zeiten massive Schwierigkeiten haben, sich zu (re-)finanzieren.

Die Kombination aus wegbrechendem operativen Cashflow bei gleichzeitigem Versiegen externer Finanzierungsquellen führt zur Gefahr von Liquiditätsengpässen und somit zu einem enormen Kostendruck. Mittelfristig ist zudem, zumindest in einigen Branchen, mit zunehmenden Preiskämpfen zu rechnen, was einen zusätzlichen Druck auf die sowieso schon schrumpfenden Gewinnmargen und operativen Cashflows ausübt.

Immenser Kostendruck

---

[1] Stand: Januar 2009.

Zwar sind Massenentlassungen Anfang 2009 zumindest in Deutschland noch kein Thema, doch greifen Unternehmen schon zu verschiedenen anderen Kostensenkungsmaßnahmen, hauptsächlich im Personalbereich:

- Verzicht auf Leiharbeiter
- Verlängerte Weihnachtsferien
- Kurzarbeit
- Abbau von Überstunden/Arbeitszeitkonten
- Aussetzung von Lohn-/Gehaltssteigerungen
- Herunterfahren aller kurzfristig beeinflussbaren Kosten (Reisekosten, Unternehmensberater usw.).

Auch Unternehmen, die noch gar nicht direkt betroffen sind, treten vorsorglich massiv auf die Kostenbremse, um gerüstet zu sein, falls der Sog der Wirtschaftskrise sie auch noch erfassen sollte.

Der plötzliche Kostendruck betrifft somit praktisch das gesamte produzierende Gewerbe und in den betroffenen Unternehmen alle Abteilungen. Wie wirkt sich dieser Kostendruck nun auf den Bereich F+E aus, der so wichtig für die Innovationsfähigkeit und somit für die Erreichung strategischer Ziele ist? Wird der langfristige Unternehmenserfolg Opfer des kurzfristigen Krisenmanagements?

2 Forschung und Entwicklung: Kostenintensiver, strategischer Erfolgsfaktor

Signifikanter Kostenblock

Dass der F+E-Bereich in den Blickpunkt des Kostenmanagements gerät, ist nicht verwunderlich, wenn man sich vor Augen hält, wie viel Geld Unternehmen dafür ausgeben (s. Abb. 1). Bei produzierenden Unternehmen sind F+E-Kosten in Höhe von 3 bis 5 % des Umsatzes („F+E-Quote") das Minimum – wenn man dies mit den Umsatzrenditen der Unternehmen vergleicht, sind dies zum Teil immense Beträge. In forschungsintensiven Branchen ist der Anteil der F+E-Ausgaben am Umsatz nicht selten zweistellig. Dies zeigen Beispiele, wie Google und Boehringer Ingelheim, einem typischen Vertreter der forschungsintensiven Pharmaindustrie (s. Abb. 1)

Noch drastischer ist die Situation in besonders F+E-lastigen jungen Technologieunternehmen: Diese Unternehmen aus Branchen wie Biotechnologie, Nanotechnologie, erneuerbare Energien oder der Software-Entwicklung haben meist noch keine nennenswerten Umsätze, geben aber große Summen für F+E aus. Finanziert werden diese Ausgaben i. d. R. durch Eigenkapital, das in Form von Risikokapital oder im Rahmen von Börsengängen hereingeholt wurde. Ein solches Zehren vom Eigenkapital kann dauerhaft nur gut gehen, wenn Produktumsätze in

Reichweite sind oder die Kapitalmärkte bereit sind, weiteres Kapital zur Verfügung zu stellen. Die GPC Biotech AG, die in 2007 F+E-Ausgaben von 281 % des Umsatzes berichtete, veranschaulicht diese Situation exemplarisch (s. Abb. 1).

Unternehmen	F+E-Ausgaben	% vom Umsatz	Umsatzrendite
Daimler	4,15 Mrd. EUR	4,2 %	4,0 %
Deutz	55,8 Mio. EUR	3,7 %	12,0 %
RWE	74 Mio. EUR	0,2 %	6,3 %
Google	2,12 Mrd. $	12,8 %	25,3 %
Apple	782 Mio. $	3,3 %	14,6 %
Boehringer Ingelheim	1,73 Mrd. EUR	15,8 %	16,5 %
GPC Biotech	51,4 Mio. EUR	281 %	< 0 %

Achtung! Bei nach IFRS bilanzierenden Unternehmen können signifikante Teile der F+E-Aufwendungen aktiviert worden sein!

Abb. 1: F+E-Ausgaben 2007 im Verhältnis zum Umsatz

Warum lassen sich die Unternehmen F+E so viel kosten? Wie kein anderer Unternehmensbereich ist F+E die Grundlage für eine langfristige Strategieumsetzung und somit für den langfristigen Unternehmenserfolg: Hier wird durch neue, innovative Produkte, Technologien und Herstellungsverfahren für die Wettbewerbsvorteile der Zukunft gesorgt. Dabei sind nicht nur die Wirkung von F+E, sondern auch die einzelnen Aktivitäten (i. d. R. Projekte) sehr langfristig ausgerichtet. Entwicklungsprojekte dauern meist mehrere Jahre; in einigen Branchen (z. B. Pharma/Biotech) sind sogar Entwicklungszeiten von über zehn Jahren keine Seltenheit. Dies macht deutlich, wie viel Schaden im F+E-Bereich durch kurzsichtige Kostensenkungsmaßnahmen angerichtet werden kann.

Strategische Bedeutung der F+E

Die große Bedeutung der F+E zeigt sich auch in gängigen DCF[2]-basierten Modellen der Unternehmensbewertung, wie sie z. B. von Investoren und Analysten eingesetzt werden. Bei diesen zukunftsorientierten, langfristig ausgerichteten Modellen kann der Misserfolg oder auch nur die

Einfluss auf Unternehmenswert

---

[2] Discounted Cashflow.

Verzögerung eines einzigen Entwicklungsprojekts die Bewertung eines Großunternehmens signifikant reduzieren. So sank der Aktienkurs der Airbus-Mutter EADS bei Bekanntwerden der Verzögerungen bei der Entwicklung des Airbus A380 im Juni 2006 an einem Tag um 26 %, was einen Wertverlust des Unternehmens von über 5 Mrd. EUR entsprach.

Wissen als Erfolgsfaktor

F+E ist ein besonders wissensintensiver Unternehmensbereich: Schließlich handelt es sich bei Forschern und Entwicklern um hoch qualifizierte Ingenieure, Techniker, Wissenschaftler oder Programmierer. Neben der Ausbildung ist aber vor allem auch das unternehmensspezifische Projekt-, Prozess- und Methodenwissen erfahrener Mitarbeiter in den für das Unternehmen strategisch relevanten Fachbereichen ein bedeutender Erfolgsfaktor. Daher ist es wichtig, auch in Krisenzeiten zumindest das Gros der erfahrenen F+E-Mitarbeiter zu halten und auf Massenentlassungen zu verzichten, um die Innovationsfähigkeit des Unternehmens nicht zu gefährden. Denn qualifizierte Spezialisten sind nach dem Ende der Wirtschaftskrise am Arbeitsmarkt schwer zu finden und nehmen bei einem möglichen Ausscheiden zudem ein immenses Wissen mit, das dem Unternehmen meist unwiederbringlich verloren ist.

Kostentreiber Personal

Der Bereich F+E ist sehr personalintensiv. In einigen Branchen, wie der Software-Entwicklung, stellen Personalkosten und direkt vom Personal abhängige Kosten, wie Reisekosten, über 90 % der F+E-Kosten. Damit ist offensichtlich, dass massive Einsparungen im F+E-Bereich in den meisten Unternehmen nur über eine signifikante Senkung der Personalkosten möglich sind. Dies stellt die Unternehmen vor dem Hintergrund der beschriebenen Wissensintensität vor große Herausforderungen.

3 Strukturiertes Krisenmanagement in Forschung und Entwicklung

Flexible Budgets im F+E-Bereich

Wie soll nun unter dem durch die Wirtschaftskrise verursachten Kostendruck mit F+E-Kosten umgegangen werden? Die im Rahmen der Diskussion moderner Budgetierungsmethoden oft angemahnte Flexibilität im Umgang mit Budgets ist sicher auch im F+E-Bereich angebracht,[3] doch will man sich wirklich durch Kostensenkungen im F+E-Bereich den Ast absägen, auf dem man sitzt?

Steigerung der F+E-Produktivität

Bei Berücksichtigung der Eigenheiten von F+E erscheint es offensichtlich, dass reine Kostensenkungsmaßnahmen hier zu kurz greifen. Die Steigerung der F+E-Produktivität dagegen ist ein lohnendes Ziel, welches Kostensenkungen mit dem dauerhaften Erhalt der Innovations- und

---

[3] Siehe z. B. Schmitt (2005).

F+E in Krisenzeiten

Wettbewerbsfähigkeit kombiniert. Die Definition der Produktivität gibt dabei Hilfestellung:

$$\text{Produktivität} = \frac{\text{Output}}{\text{Input}} = \frac{\text{Nutzen}}{\text{Kosten}}$$

Der Nutzen der F+E drückt sich in Form zukünftiger Cashflows aus den Resultaten der F+E-Projekte aus (z. B. neue Produkte); die Kosten sind die laufenden F+E-Kosten im Rahmen dieser Projekte. Hieraus können zwei Ansätze abgeleitet werden, wie Abb. 2 verdeutlicht:

- kurzfristige Maßnahmen zur Steigerung der F+E-Effizienz (Kostensenkung),
- mittel- bis langfristige Maßnahmen zur Steigerung der F+E-Effektivität (Nutzensteigerung).

$$\text{F+E-Produktivität} = \frac{\text{F+E-Nutzen}}{\text{F+E-Kosten}}$$

Sofortmaßnahme 1:
Effizienzsteigerung durch Kostensenkung
Wirkung: Kurzfristig

- Ressourcenauslastung steigern
- Personalkosten/Kopf eindämmen
- Sachkosten senken
- Budgeteinzelposten hinterfragen
- Einkaufskonditionen optimieren

„Die Dinge richtig tun"

Sofortmaßnahme 2:
Effektivitätssteigerung durch Nutzenmaximierung
Wirkung: Mittel- bis langfristig

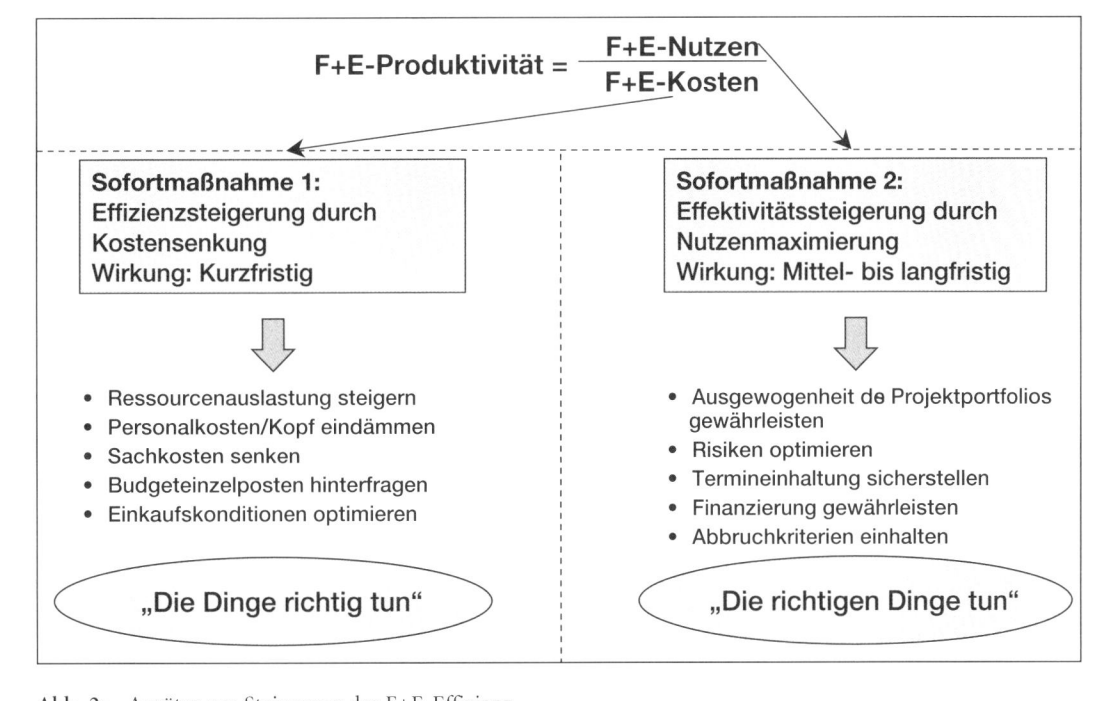

- Ausgewogenheit de Projektportfolios gewährleisten
- Risiken optimieren
- Termineinhaltung sicherstellen
- Finanzierung gewährleisten
- Abbruchkriterien einhalten

„Die richtigen Dinge tun"

Abb. 2: Ansätze zur Steigerung der F+E-Effizienz

Beide Ansätze zielen darauf ab, durch Steigerung der F+E-Produktivität die langfristige Wettbewerbsfähigkeit des Unternehmens zu erhalten oder zu steigern, ohne die (kostenintensive) F+E-Abteilung in Zeiten der Wirtschaftskrise bei Kostensenkungsmaßnahmen außen vor zu lassen. Dies ist in Krisenzeiten aus psychologischen Gründen wichtig: Es sollte nicht der Anschein entstehen, dass einige Abteilungen, wie z. B. die Produktion, die Folgen der Wirtschaftskrise alleine zu spüren bekommen.

Umsetzung & Praxis

3.1 Steigerung der Effizienz in Forschung und Entwicklung

Einsparungen bei Personalkosten

Wie Abb. 3 verdeutlicht, bestehen eine Reihe von Möglichkeiten, in der Wirtschaftskrise die operativen F+E-Kosten zu senken, ohne die strategische Wettbewerbsfähigkeit des Unternehmens zu gefährden. Auf diese Weise kann die F+E-Effizienz gesteigert werden. Den größten Hebel stellen hier die Personalkosten dar, da diese in vielen Branchen den bei weitem größten Anteil an den F+E-Kosten haben.

Hebel 1 — Personalkosten:	Hebel 2 — Sachkosten & Investitionen:
• Personalstand • Personalkosten/Kopf • Freelancer • Mitarbeiterbezogene Sachkosten	• Externe Berater & Dienstleister • Lizenzen • Laborgeräte • Verbrauchsmaterialien
Hebel 3 — Zahlungsmodalitäten:	**Hebel 4 — Umsatzpotenziale:**
• Ratenzahlungen • Verlängerter Probebetrieb	• Verkauf ungenutzter Patente • Auslizenzierung von F+E-Projekten

Zentrum: Kurzfristige Steigerung der F+E-Effizienz

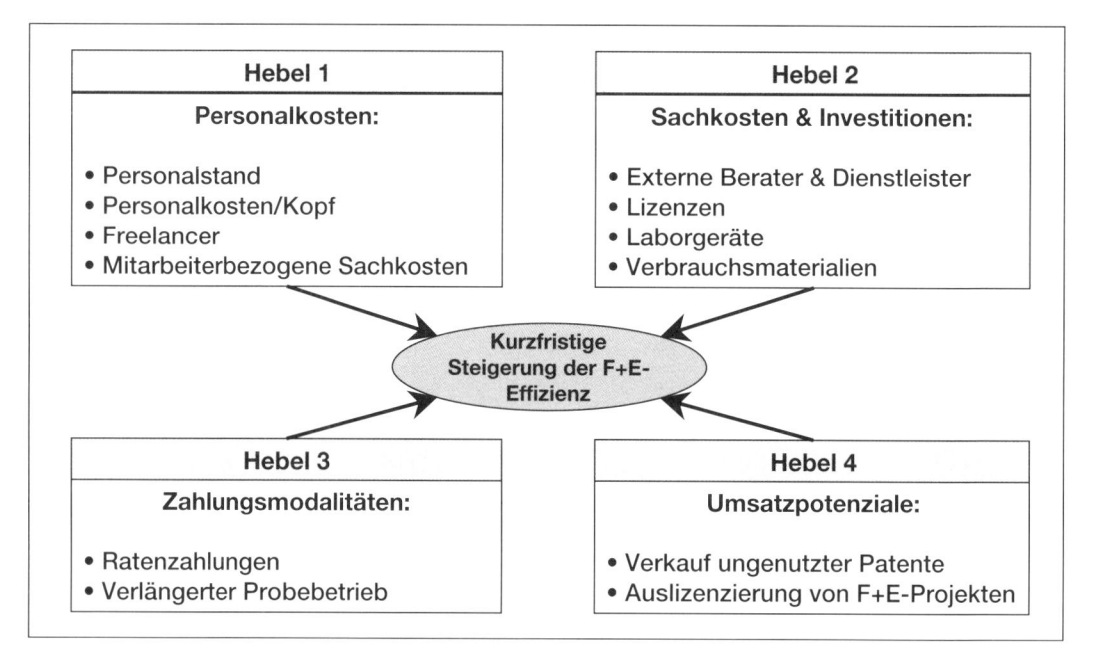

Abb. 3: Hebel zur Steigerung der F+E-Effizienz

- **Personalstand:** Auch wenn man auf Kündigungen im Bereich F+E verzichten will, um wichtige Wissensträger im Unternehmen zu halten, bieten sich hier trotzdem einige Möglichkeiten. Zuerst sollte natürlich auf Neueinstellungen weitestgehend verzichtet werden – nur absolute Schlüsselpositionen sollten bei Ausscheiden der entsprechenden Mitarbeiter wiederbesetzt werden, wobei interne Kandidaten den Vorrang haben sollten. Auf diese Weise führt die natürliche Fluktuation (Kündigungen durch Mitarbeiter, Ruhestand, Elternzeit) zu einem (allerdings erst mittelfristig wirksamen) Absinken der Mitarbeiterzahl.
- **Freelancer:** Neben diesem Mitteleffekt gibt es auch noch einen kurzfristigeren Hebel: Die Anzahl der in einigen Branchen (z. B. Software-Entwicklung) häufig eingestellten Freelancer oder externen

Experten lässt sich meist recht schnell reduzieren. Auf eine Verträglichkeit mit den Terminplänen strategisch wichtiger Projekte muss jedoch unbedingt geachtet werden.

- **Personalkosten:** Je nach Unternehmenssituation können hier auch ohne Entlassungen die unterschiedlichsten Methoden eingesetzt werden: Vom Verzicht auf Gehaltserhöhungen und Bonuszahlungen über den Verzicht auf bezahlte Überstunden bis hin zu Gehaltskürzungen ist hier vieles denkbar. Es muss allerdings darauf geachtet werden, hier nicht zu sehr unter die Referenzgehälter der Wettbewerber zu gehen, um die Abwerbung auch in Krisenzeiten begehrter Spezialisten zu vermeiden.
- **Mitarbeiterbezogene Sachkosten:** Bei Reisekosten, Mobiltelefonen und Ähnlichem können Unternehmen i. d. R. durch geänderte Richtlinien, neue Provider oder andere Maßnahmen sparen, ohne den Erfolg der F+E-Projekte zu gefährden.

Bei all diesen Maßnahmen muss allerdings eines beachtet werden: I. d. R. sind alle F+E-Mitarbeiter auf Monate hinaus in laufende, meist strategisch bedeutende F+E-Projekte eingebunden. Maßnahmen, die den Personalstand beeinflussen (ob Festangestellte oder Freelancer), sollten daher immer vor dem Hintergrund des aktuellen Projektportfolios gesehen werden: Die termingerechte Fertigstellung laufender Projekte muss stets gewährleistet sein! Besteht allerdings bereits eine Unterauslastung der F+E-Mitarbeiter mit wertschöpfenden, strategiekonformen Tätigkeiten, dann sollte auch eine entsprechende Anpassung der F+E-Kapazitäten möglich sein.
Kapazitäten für laufende Projekte berücksichtigen

Doch auch andere Kostenarten und die F+E-Investitionen sollten unter die Lupe genommen werden: Benötigt man wirklich all die externen Berater, Software-Lizenzen, neuen Messgeräte und Laboreinrichtungen? Oder gibt es dabei Dinge, die sich ohne signifikanten Effizienzverlust hinauszögern oder gar ganz streichen lassen? Oft haben die F+E-Abteilungen in den guten Jahren etwas „Speck" angesetzt, z. B. wenn nicht alle Budgetpositionen regelmäßig kritisch hinterfragt wurden. Auch wenn die Forscher und Entwickler das ungern zugeben, finden sich in größeren F+E-Abteilungen immer einige Budgetposten, die der Kategorie „nice to have" zuzuordnen sind und i. d. R. kurzfristig gestrichen werden können.
Einsparpotenziale bei Sachkosten und Investitionen

Zudem lässt sich die Wirtschaftskrise durchaus auch für Zugeständnisse von Lieferanten nutzen: Bevor die Bestellung eines teuren Messgeräts komplett storniert wird, lässt sich z. B. über eine verlängerte Probenutzung verhandeln. Auf diese Weise konnte in einem Praxisfall die Zahlung eines mittleren sechsstelligen Betrages um ein halbes Jahr verzögert werden, ohne die Arbeitsfähigkeit der betroffenen Forschungsabteilung zu beeinträchtigen.
Absprachen zum Zahlungsziel

Umsetzung & Praxis

Ungenutzte Potenziale

Neben Kostensenkungen ergeben sich in der Wirtschaftskrise weitere Möglichkeiten, die F+E-Effizienz zu steigern: die Erschließung zusätzlicher Umsatzpotenziale. Denn in den F+E-Portfolios forschender Unternehmen schlummern oft wahre Schätze, wie ungenutzte Patente oder aus wirtschaftlichen oder strategischen Gründen abgebrochene Projekte. Diese in guten Zeiten meist unbeachteten Kollateralschäden strategischer Richtungsänderungen lassen sich durchaus auch in Krisenzeiten durch Verkauf oder Lizenzierung zu Geld machen, auch wenn keine Riesenbeträge zu erwarten sind. In Zeiten knapper Liquidität ist schließlich jede Geldquelle hochwillkommen!

3.2 Steigerung der Effektivität in Forschung und Entwicklung

Budgetstrukturen als Leitlinie

Ein vielversprechender Ansatz zur Steigerung der F+E-Effektivität und Sicherung strategischer F+E-Projekte in Krisenzeiten ist die Definition sogenannter strategischer Budgets. Diese wurden ursprünglich im Rahmen der Diskussion moderner Budgetierungsmethoden vorgeschlagen, um den Budgetierungsprozess effizienter zu gestalten und die Strategieumsetzung zu gewährleisten.[4] Ausgaben, die der Umsetzung strategischer Maßnahmen dienen, werden dabei in Form eigens gekennzeichneter Budgets geplant.

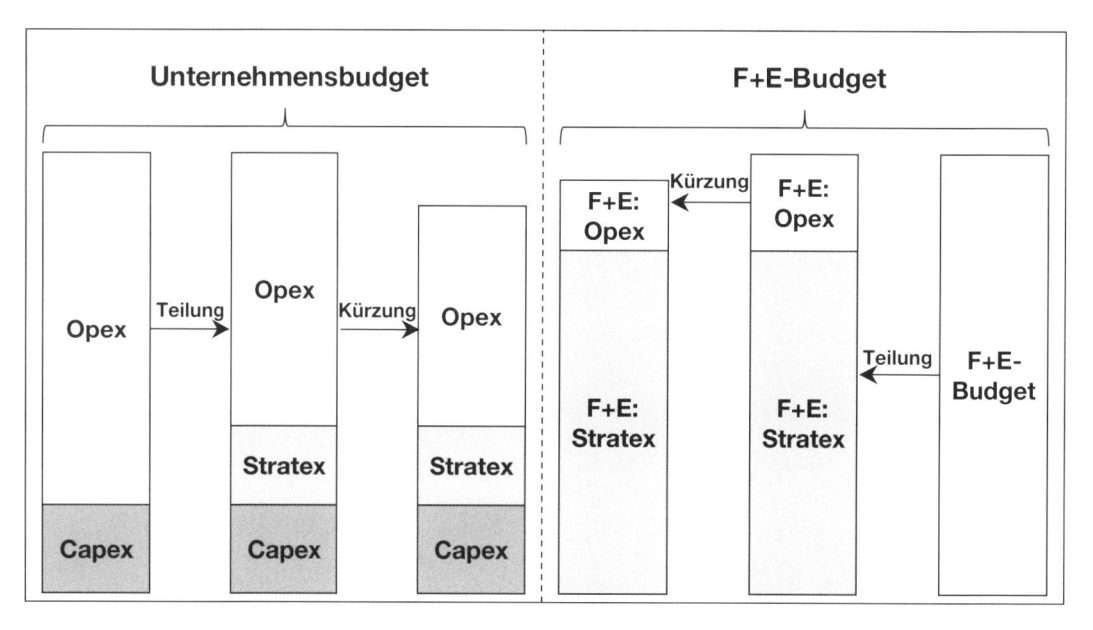

Abb. 4: Stratex-Konzept

[4] Siehe z. B. Sima (2007).

Kaplan und *Norton*, die Erfinder der Balanced Scorecard, schlagen in einem aktuellen Artikel[5] vor, genau solche strategischen Budgets in der Wirtschaftskrise von sämtlichen Sparmaßnahmen auszuklammern, um die langfristige Wettbewerbsfähigkeit des Unternehmens nicht durch kurzfristige Kostensenkungen nach dem „Rasenmäherprinzip" zu gefährden. Sie schlagen dabei neben den üblichen Budgetdimensionen „Capex" (Capital Expenditures – Investitionen) und „Opex" (Operating Expenses – operative Kosten) eine dritte Dimension „Stratex" (Strategic Expenses – strategische Kosten) vor, wie Abb. 4, linke Hälfte, zeigt. Obwohl *Kaplan* und *Norton* nicht explizit von F+E-Kosten sprechen, eignet sich der Ansatz hervorragend, strategische F+E-Projekte von Budgetkürzungen auszunehmen (s. Abb. 4, rechte Hälfte).

Dritte Budgetkategorie: Stratex

Der von *Kaplan* und *Norton* vorgeschlagene Ansatz kann in der Wirtschaftskrise kurzfristig umgesetzt werden, obwohl seine Wirkungen eher mittel- bis langfristiger Natur sind. Der Ansatz zeigt auch eine Möglichkeit auf, wie Sparpotenziale im F+E-Bereich aufgedeckt werden können: indem F+E-Projekte anhand ihrer strategischen Bedeutung klassifiziert werden. Naturgemäß werden nicht alle F+E-Aktivitäten von gleich hoher strategischer Priorität sein, es finden sich immer einige „Nice to have"-Aktivitäten, die in Krisenzeiten dem Rotstift geopfert werden können. Es empfiehlt sich sogar, gerade in der Wirtschaftskrise das F+E-Projektportfolio einem kritischen strategischen Review zu unterziehen. Neben der Überprüfung der strategischen Relevanz sollten dabei folgende Fragen gestellt werden, wie Abb. 5 verdeutlicht:

Review des Projektportfolios

- **Projektinhalte:** Sind alle Geschäftsbereiche des Unternehmens angemessen vertreten? Oder fokussiert man sich zu stark auf Krisenbranchen wie die Finanz- oder die Automobilbranche?
- **Projektrisiko:** Ist die Risikostruktur der Projekte vor dem Hintergrund neuester Erkenntnisse noch zeitgemäß? Dies kann mehrere Aspekte beinhalten, z. B. die Projektfinanzierung oder die Erfolgswahrscheinlichkeiten der Projekte. Auch die Abhängigkeit von (ebenfalls krisengeplagten) Lieferanten oder Kunden kann signifikant zum Projektrisiko beitragen.
- **Projekt-Controlling:** Werden die Projekte so geführt, wie verlangt? In Krisenzeiten von besonderer Bedeutung: Werden Projektabbruchkriterien eingehalten? Wie sieht es mit operativen Projektkennzahlen aus, z. B. aus der Earned Value Analysis (Leistungswertanalyse – die Fortschrittsbewertung eines Projekts):
  - dem Cost Performance Index (Kosteneffizienz – Wert der geleisteten Arbeit im Vergleich zur ursprünglich geplanten Leistung) oder

---

[5] Kaplan/Norton (2008).

Umsetzung & Praxis

– dem Schedule Performance Index (Planleistungsindex – das Verhältnis erbrachter Leistungen zu geplanten Leistungen)?

Auch hier kann ein Review des Projektportfolios durchaus Handlungsbedarf aufzeigen.

- **Projekttiming:** Gibt es neue Erkenntnisse bezüglich des optimalen Zeitpunkts für das Produkt? Nicht jedes neue Produkt will man während der Wirtschaftskrise auf den Markt bringen, sodass bei einigen Projekten eine ressourcenschonende Verlangsamung möglich sein kann. Es kann je nach Unternehmenssituation aber auch ratsam sein, Projekte zu beschleunigen, um schnell zusätzliche Umsatzpotenziale zu realisieren.

```
┌─────────────────────────────────────┬─────────────────────────────────────┐
│ Portfoliokriterium 1                │ Portfoliokriterium 2                │
│ Projektinhalte:                     │ Projektrisiko:                      │
│                                     │                                     │
│ • Berücksichtigung aktueller Trends │ • Finanzierungsaspekte              │
│ • Gewichtung der Geschäftsbereiche  │ • Erfolgswahrscheinlichkeit         │
│ • Abhängigkeit von                  │ • Abhängigkeit von Kunden oder      │
│   Kundensegmenten                   │   Lieferanten                       │
│                                     │                                     │
│          ↘           Mittelfristige           ↙                           │
│                  Steigerung der F+E-                                      │
│                      Effektivität                                         │
│          ↗                                    ↖                           │
│                                     │                                     │
│ Portfoliokriterium 3                │ Portfoliokriterium 4                │
│ Projekt-Controlling:                │ Projekttiming:                      │
│                                     │                                     │
│ • Einhaltung von Methoden           │ • Markteinführung                   │
│ • Befolgung von Abbruchkriterien    │ • Verzögern von Projekten           │
│ • Bewertung durch Projektkennzahlen │ • Beschleunigung von Projekten      │
└─────────────────────────────────────┴─────────────────────────────────────┘
```

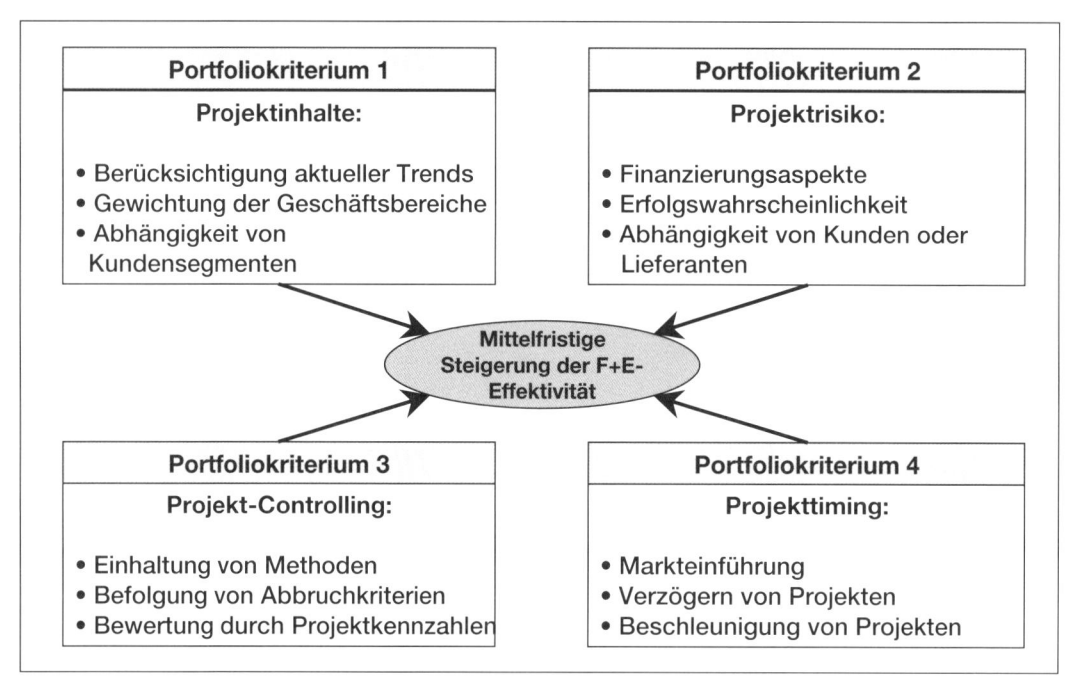

Abb. 5:   Kriterien zur Überprüfung des Projektportfolios

Unter dem Strich sollte dabei keinesfalls eine radikale Kürzung des Projektportfolios stehen, sondern vielmehr eine gezielte strategische Überarbeitung. Diese sichert die zukünftige Innovations- und Wettbewerbsfähigkeit des Unternehmens vor dem Hintergrund aktueller Entwicklungen und bringt an der einen oder anderen Stelle auch noch mögliche Kostensenkungen mit sich.

Als Beispiel für eine Revision des Projektportfolios sei der Technologiekonzern Bosch genannt: Dieser verkündete mitten in der Wirtschaftskrise,[6] 530 Mio. EUR in Entwicklung und Fertigung von Solarzellen bei der Tochterfirma Ersol Solar Energy zu investieren. Diese strategische Investition dient der Diversifizierung, um die besonders in der Wirtschaftskrise zu Tage getretene starke Abhängigkeit von der Automobilindustrie zu reduzieren.

Beispiele von Bosch und Daimler

Ein weiteres Beispiel liefert der Daimler-Konzern, der eine strategische Allianz mit dem Evonik-Konzern zur Entwicklung und Fertigung von Lithium-Ionen-Batterien für Elektroautos einging.[7] Diese sollen nicht nur in eigenen Fahrzeugen eingesetzt, sondern auch an andere Automobilhersteller verkauft werden.

So gab die Wirtschaftskrise wertvolle Hinweise über die Neuausrichtung des F+E-Projektportfolios und sogar ganzer Geschäftsmodelle.

4 Forschung und Entwicklung in jungen Technologieunternehmen auf dem Prüfstand

Wenn der Bereich F+E schon in soliden produzierenden Unternehmen mit (normalerweise) positiven operativen Cashflows auf dem Prüfstand steht, wie sieht es dann erst in jungen Technologieunternehmen aus, bei denen F+E oft der Unternehmensmittelpunkt ist? Bei diesen Unternehmen aus Branchen wie

- erneuerbare Energien,
- Software oder
- Biotechnologie

wirkt die Wirtschaftskrise anders: Umsatzeinbrüche aufgrund sinkender Nachfrage sind hier weniger das Problem, da oft noch gar keine nennenswerten Umsätze bestehen.

Dafür macht sich der zweite Aspekt der Wirtschaftskrise umso stärker bemerkbar: das „Austrocknen" externer Finanzierungsquellen. Banken sind ohnehin zurückhaltend, wenn es darum geht, in riskante Technologieunternehmen zu investieren. Vor dem Hintergrund der Bankenkrise dürfte sich die Haltung weiter verstärken. Hinzu kommen ein nahezu vollständiger Zusammenbruch des Marktes für Börsengänge sowie ein starker Einbruch der Märkte für Risikokapital oder Private Equity.

Restriktive Kreditvergabe

---

[6] Siehe Pressemitteilung vom 15.12.2008.
[7] Siehe Pressemitteilung vom 15.12.2008.

Umsetzung & Praxis

Vor diesem Hintergrund geht es für viele junge Technologieunternehmen nur um eines: das nackte Überleben. Doch was heißt das für den Bereich F+E? Ein Blick auf Start-up-spezifische Finanzkennzahlen verdeutlicht die Misere:

- Cash-Burn: Bezeichnung für den Free Cashflow einer Periode, wenn er negativ ist
- Bestand liquider Mittel
- Reichweite der liquiden Mittel

$$\text{Reichweite der liquiden Mittel (Quartale)} = \frac{\text{Bestand liquider Mittel}}{\text{Cash-Burn pro Quartal}}$$

In vielen Unternehmen ist die Reichweite der liquiden Mittel deutlich kürzer als die Zeit bis zum Break-even. Unter normalen wirtschaftlichen Bedingungen ist dies kein Problem, denn Investoren sind gerne bereit, in aussichtsreiche Unternehmen zu investieren. Auf diese Weise können Anschlussfinanzierungen, je nach Branche auch in mehreren Runden, gesichert werden (s. Abb. 6).

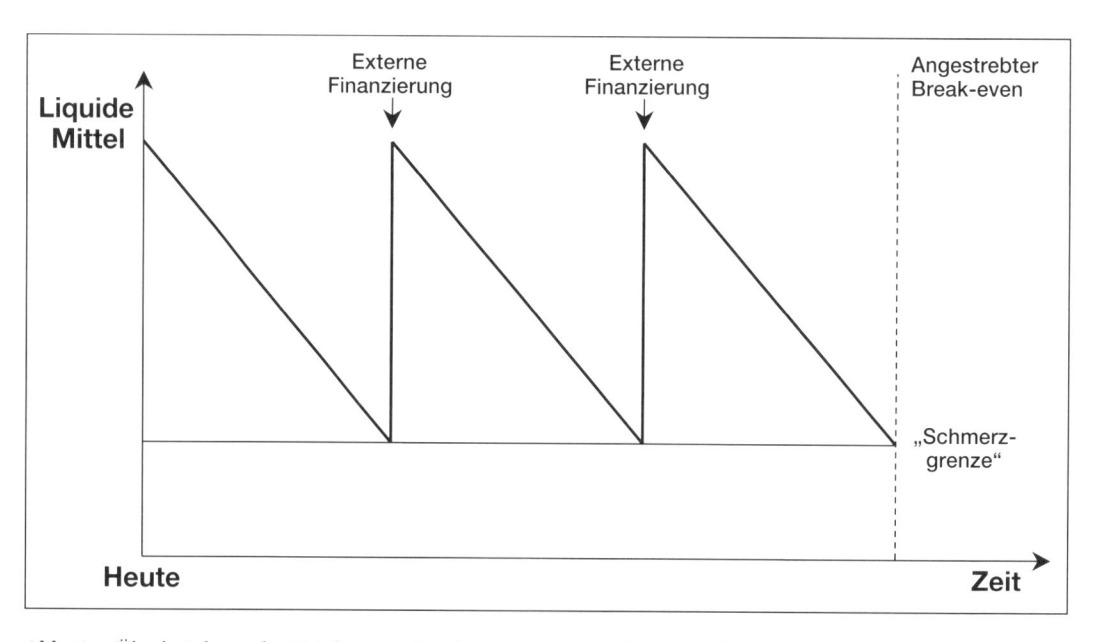

Abb. 6: Überbrückung der Zeit bis zum Break-even in „normalen Zeiten"

Da die Dauer der Finanzierungskrise von den Unternehmen nicht beeinflusst und der Bestand liquider Mittel momentan nicht aufgefüllt werden kann, gibt es nur zwei Hebel, um die Wirtschaftskrise zu überstehen (s. Abb. 7):

1. Reduktion des Cash-Burn pro Quartal
2. Verkürzung der Zeit bis zum Break-even

Doch wie können diese Hebel möglichst zielführend bedient werden? Es zeigt sich, dass beide Punkte zusammenhängen. Bei einer solch existenziellen Wirtschaftskrise sollte durchaus das gesamte Geschäftsmodell hinterfragt werden. Durch das „Backen kleinerer Brötchen" und eine Abkehr von hoch profitablen, aber auch weit in der Zukunft liegenden Umsatzpotenzialen hin zu weniger ambitionierten, dafür aber kurzfristig erreichbaren Zielen kann eine Wirtschaftskrise gemeistert werden.

> Beispiel: Neues Geschäftsmodell bei Morphosys
> Das im TecDax enthaltene Münchener Biotechnologieunternehmen Morphosys stellte während der letzten Börsenkrise im November 2002 sein Geschäftsmodell von der zeitraubenden und teuren und daher riskanten Entwicklung eigener Medikamente auf ein weniger riskantes Geschäftsmodell als Dienstleister für die Pharmaindustrie um.[8] Ohne diesen Strategiewechsel, der vom vorübergehenden Abbau eines Viertels der Belegschaft begleitet wurde, hätte das Unternehmen die damalige Wirtschaftskrise nicht überstanden. Der Strategiewechsel sicherte aber nicht nur das Überleben, sondern machte Morphosys auch zum ersten und seit 2004 auch dauerhaft profitablen deutschen Biotechnologieunternehmen.

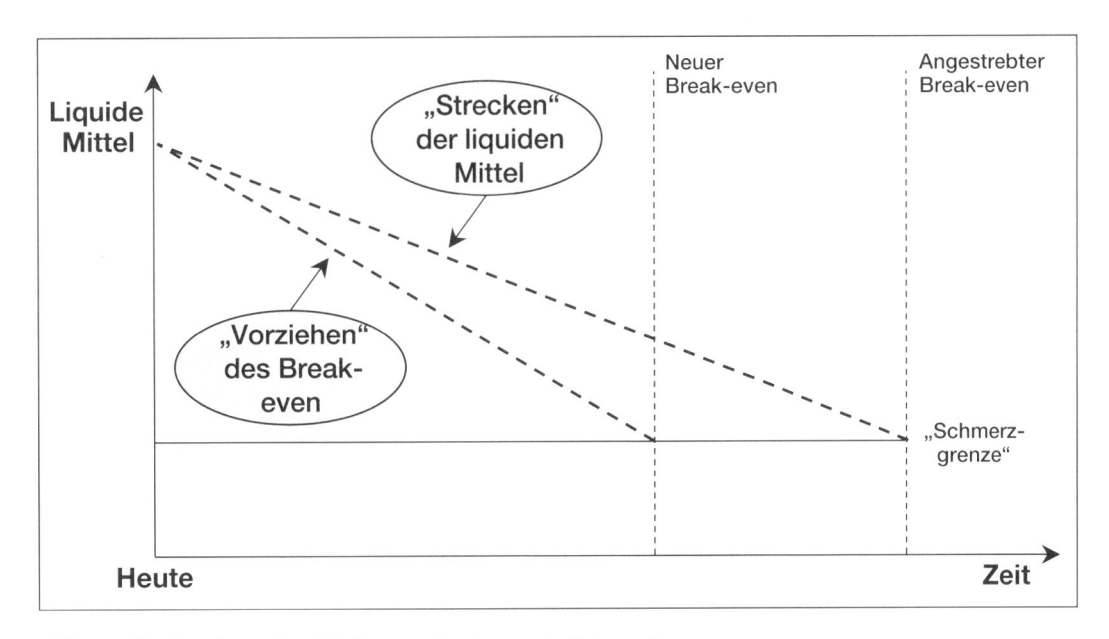

Abb. 7: Überbrückung der Zeit bis zum Break-even in Krisenzeiten

---

[8] Siehe Pressemitteilung der Morphosys AG vom 6.11.2002.

Umsetzung & Praxis

„Strecken" der liquiden Mittel

Doch nicht jedem Unternehmen bieten sich sinnvolle Möglichkeiten, das eigene Geschäftsmodell radikal zu verändern. In diesem Fall müssen die bestehenden liquiden Mittel entsprechend gestreckt werden, um die Durststrecke bis zum Ende der Wirtschaftskrise oder bis zur Profitabilität zu überwinden. Hier bieten sich vor allem die in Kapitel 3 beschriebenen Maßnahmen zur Steigerung der Effektivität und Effizienz im Bereich F+E an.

> Beispiel: Überarbeitetes Projektportfolio bei GPC Biotech AG
> Die strategischen Überarbeitungen des Projektportfolios der GPC Biotech AG in den Jahren 2001 und 2002 brachten eine Fokussierung auf die Indikation „Onkologie" mit sich. Projekte in den Bereichen „Immunologie" und „Bakteriologie" wurden eingestellt. Zudem verschob sich der Fokus des Unternehmens von der Technologieentwicklung hin zur Entwicklung von Medikamenten. Diese Fokussierung wurde dann im Jahr 2003 durch zwei Restrukturierungsrunden abgeschlossen, bei denen sich das Unternehmen von circa einem Viertel der Belegschaft trennen musste. Trotz hoher (einmaliger) Restrukturierungskosten und signifikanter Ausgaben für die Medikamentenentwicklung konnten so die F+E-Ausgaben in 2003 gegenüber 2002 leicht reduziert werden. Auf diese Weise wurden in einer für das Überleben des Unternehmens kritischen Phase wertvolle Ressourcen geschont, sodass das Unternehmen nach der Wiederbelebung der Kapitalmärkte im Jahr 2004 so solide dastand, dass durch ein Listing an der NASDAQ die notwendige Anschlussfinanzierung gesichert werden konnte.[9]

5 Lessons Learned: Lehren aus der Rezession 2002/2003

Renditeanforderungen setzen F+E-Bereiche unter Druck

Wie verhalten sich Großunternehmen in der Wirtschaftskrise? Dort stellt sich wegen der Substanz der Unternehmen meist nicht die Überlebensfrage. Doch der Druck von Eigentümern und Kapitalmärkten, stetig Rendite zu liefern, setzt natürlich auch die F+E-Bereiche dieser Unternehmen unter Druck. Vor diesem Hintergrund wäre es nicht verwunderlich, wenn die Unternehmen die F+E-Quote (F+E-Aufwand in Relation zum Umsatz) in Krisenzeiten zurückführen würden.

---

[9] Siehe Pressemitteilungen und Geschäftsberichte der GPC Biotech AG aus dieser Zeit.

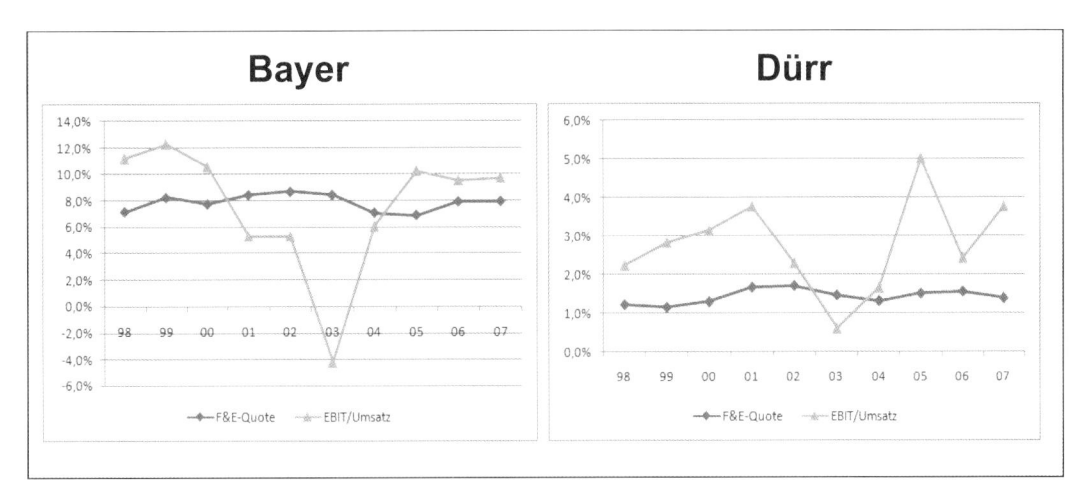

Abb. 8: Entwicklung der F+E-Ausgaben von Bayer und Dürr, 1998–2007[10]

Beispiel: Bayer und Dürr in der Rezession 2002/2003

Stellvertretend für viele produzierende Unternehmen sollen die repräsentativen Beispiele des DAX-Unternehmens Bayer sowie des SDAX-Unternehmens Dürr zeigen, wie Unternehmen während der letzten (zugegebenermaßen schwächeren) Rezession 2002/2003 mit ihren F+E-Kosten umgegangen sind. Sowohl bei Bayer, einem internationalen Großkonzern der Pharma- und Chemieindustrie, als auch bei Dürr, einem noch eher mittelständisch geprägten Automobilzulieferer, blieb die F+E-Quote über die letzten zehn Jahre durch alle Boom- und Krisenphasen hinweg relativ konstant (s. Abb. 8). Und dies, obwohl die Wirtschaftskrise an beiden Unternehmen nicht spurlos vorbeiging: Sowohl Bayer als auch Dürr mussten vor allem in 2003 signifikante Einbußen beim EBIT hinnehmen. Doch die Beharrlichkeit hat sich ausgezahlt, denn beide Unternehmen gingen gestärkt aus der letzten Rezession hervor und konnten in den letzten Jahren ihre Umsätze steigern und ihre operativen Umsatzrenditen wieder in die vor der letzten Rezession erreichten Zonen führen. Dies zeigt, dass sich auch am Kapitalmarkt operierende Unternehmen langfristig ausrichten können und sich nicht jedem (vermeintlichen) Druck nach kurzfristigen Resultaten beugen müssen.

Mit nachhaltigen Geschäftsmodellen der Krise trotzen

Doch waren die Unternehmen in der Wirtschaftskrise untätig, was die strategische Neuausrichtung ihrer F+E-Abteilungen betraf? Bei weitem nicht! Bei Bayer z.B. fielen die Abspaltung der Spezialchemiesparte Lanxess sowie die Schließung von Forschungszentren in den USA und Japan in diesen Zeitraum. Gleichzeitig wurden die Aktivitäten in den verbleibenden Geschäftsbereichen und Forschungszentren intensiviert und fokussiert, sodass Bayer heute mit einer vielversprechenden Produktpipeline glänzen kann.[11]

Konzentration auf Kernkompetenzen

---

[10] Quelle: Geschäftsberichte der Unternehmen Bayer und Dürr.
[11] Salz (2008).

Umsetzung & Praxis

Konstante Ausgaben für F+E seit 2000

Die Beobachtungen bei einzelnen Unternehmen werden auch durch den Anteil der F+E-Ausgaben der gesamten deutschen Volkswirtschaft am Bruttoinlandsprodukt bestätigt. Diese sogenannten Bruttoinlandsausgaben für F+E (BAFE), in die sowohl öffentliche (z. B. durch Universitäten, öffentliche Forschungseinrichtungen) als auch privatwirtschaftliche Ausgaben eingerechnet werden, hielten sich in den Jahren seit 2000 sehr konstant zwischen 2,45 % und 2,50 % des Bruttoinlandsprodukts.[12] Wenn man davon ausgeht, dass sich die F+E-Ausgaben öffentlicher Einrichtungen sehr gleichmäßig entwickeln, lässt sich auch aus diesen Daten schließen, dass die Konjunkturlage keinen nennenswerten Einfluss auf die gesamten F+E-Ausgaben der privaten Unternehmen hat.

6 Ausblick und Fazit: Forschung und Entwicklung ist eben nicht nur Manövriermasse

Mehr F+E-Produktivität ohne Personalabbau

Unabhängig davon, wie schwer die Unternehmen augenblicklich von der Wirtschaftskrise tatsächlich betroffen sind: Eine kritische Überprüfung der F+E-Produktivität ist vor dem Hintergrund trüber allgemeiner Wirtschaftsaussichten und ungewisser Zukunftsaussichten angebracht. Dabei zeigt es sich, dass es auch ohne (massiven) Personalabbau gelingen kann, die F+E-Produktivität kurz- und mittelfristig zu steigern und somit die zukünftige Innovations- und Wettbewerbsfähigkeit des Unternehmens sicherzustellen.

Budgetkürzungen in strategischen Bereichen vermeiden

Kurzfristig lässt sich die F+E-Produktivität hauptsächlich durch (moderate) Kostensenkungen beeinflussen. Solche Effizienzsteigerungen haben je nach Unternehmenssituation ihren Schwerpunkt bei den Personalkosten oder, wenn möglich, auch bei anderen Budgetpositionen. Mittelfristig bietet sich zudem eine ganze Reihe von Möglichkeiten, die Effektivität von F+E durch eine Neuausrichtung des Projektportfolios hin zu einem strategieorientierten Ressourceneinsatz zu steigern. Vor dem Hintergrund dieser Maßnahmen bietet sich die Definition sogenannter „Strategic Expenditures" (Stratex) an, um strategisch bedeutsame Budgetpositionen (z. B. große Teile des F+E Budgets) vor Kürzungen in Krisenzeiten zu verschonen.

Ausmaß der Wirtschaftskrise bestimmt das weitere Handeln

Das weitere Vorgehen der Unternehmen in der gegenwärtigen Wirtschaftskrise wird sehr stark davon abhängen, wie gravierend diese ausfallen wird. Sollten sich die aktuellen Prognosen einiger Wirtschaftsforschungsinstitute bewahrheiten, dann wäre die Talsohle im Laufe des Jahres 2009 erreicht. In diesem Fall ist davon auszugehen, dass viele Unternehmen auf die bewährten Mittel aus der letzten, schwächeren

---

[12] Quelle: Statistisches Bundesamt.

Rezession in 2002/2003 zurückgreifen.[13] Ein weitgehendes Konstanthalten der F+E-Kosten sorgte für die nachhaltige Innovations- und Wettbewerbsfähigkeit auch nach der Wirtschaftskrise. Nur wenn sich die Wirtschaftskrise wirklich zu einer über Jahre anhaltenden Depression entwickeln sollte, sind gravierende Einschnitte, wie wir sie bisher hauptsächlich bei jungen Technologieunternehmen beobachtet haben, auch bei der breiten Masse der etablierten Unternehmen zu erwarten. F+E-Kosten sind eben keine Manövriermasse, sondern ein strategischer Wettbewerbsvorteil, der in der Praxis nicht ohne Not angetastet wird!

7 Literaturhinweise

Bosch, Investition von rund 530 Millionen Euro bei der ersol Solar Energy AG, Pressemitteilung vom 15.12.2008.

Daimler, Evonik und Daimler gründen strategische Allianz zur Entwicklung und Fertigung von Lithium-Ionen-Batterien, Pressemitteilung vom 15.12.2008.

Fiedler, Controlling von Projekten, 4. Aufl. 2008.

Gorhan/Willmann, Forschung und Entwicklung: Abbildung und Steuerung am Beispiel der SICK AG, Controlling-Berater 6/2007, S. 729–738.

Kaplan/Norton, Protect Strategic Expenditures, Harvard Business Review 12/2008, S. 28.

Lamparter, Und jetzt elektrisch: Die deutsche Autoindustrie spart – aber nicht bei wichtigen Erfindungen, Die Zeit 2/2009, S. 21.

Macheleidt/Riedrich, FuE-Reporting für das Innovationsmanagement, Controlling 7/2008, S. 382–388.

Riedrich, Die Bedeutung der Earned-Value-Methode für die Steuerung von Produktentwicklungsprojekten, 2007.

Salz, Neues Medikament soll Bayer Milliarden bringen, Wirtschaftswoche 29.10.2008.

Schmitt, Planung: Erfolgreiche Unternehmenssteuerung mit flexiblen Budgets, Controlling-Berater 2/2005, S. 157–172.

Schmitt, F+E-Controlling in Technologieunternehmen: Im Spannungsfeld zwischen Kostentransparenz und Innovationsfähigkeit, Controlling-Berater 2/2008, S. 237–260.

---

[13] Siehe auch Lamparter (2009).

Sima, Planung und Budgetierung – wirkungsvolle Steuerung statt aufwändiger Pflichtübung. Controlling-Berater 4/2007, S. 491–514.

Steinbauer, Controlling in Forschung und Entwicklung: Die Anforderungen an ein F&E-Controlling und an den F&E-Controller in technologieorientierten Unternehmen, 1. Aufl. 2006.

Zayer, Verspätete Projektabbrüche in F&E: Eine verhaltensorientierte Analyse, 1. Aufl. 2007.

F+E-Controlling bei Giesecke & Devrient

- Dieser Praxisbeitrag beschreibt die für das F+E-Controlling bei der Giesecke & Devrient GmbH maßgeblichen Methoden und Strukturen.

- Grundlage für alle Arten des Berichtswesens bildet die detaillierte und vollständige projektbezogene Stundenerfassung. Eine möglichst hohe Qualität der Eingangsdaten ist entscheidend für Qualität und Aussagekraft der Controlling-Mechanismen auf allen Verdichtungsebenen.

- Hierauf lässt sich ein transparentes und in sich konsistentes Reporting über mehrere Konsolidierungsstufen aufbauen. Ausgehend vom Einzelprojekt als in sich abgeschlossene Einheit erfolgen über das Multi-Projekt-Controlling weitergehende Betrachtungen in den Bereichen Ressourcenplanung und -steuerung, Programm-Controlling sowie Portfoliomanagement. Die monatliche Zusammenfassung der wichtigsten Kennzahlen in einem standardisierten Management-Report ermöglicht ein übergreifendes F+E-Kosten-Controlling.

Inhalt		Seite
1	Giesecke & Devrient: Ein internationaler Technologiekonzern	150
2	Rahmenbedingungen für das F+E-Controlling	151
3	Die Bedeutung der Stundenerfassung	153
4	Projektstrukturen und Reporting	156
4.1	Stundenbuchungen (Ebene 1)	156
4.2	Einzel- und Multiprojekte (Ebenen 2 und 3)	158
4.3	Programme und Portfolios (Ebenen 4 bis 6)	162
4.4	Gesamtdarstellung (Ebene 7)	165

- Der Autor

Hubert Gebauer arbeitet bei Giesecke & Devrient und ist im Bereich „Cards & Services" für das F+E-Controlling international verantwortlich. Seine Tätigkeit umfasst schwerpunktmäßig die Projektplanung und -steuerung, (Multi-)Projekt-Controlling, F+E-Order-Management sowie die Weiterentwicklung der dazugehörigen EDV-Tools. Hubert Gebauer ist erreichbar unter der Mail-Adresse Hubert.Gebauer@gi-de.com

1 Giesecke & Devrient: Ein internationaler Technologiekonzern

Giesecke & Devrient wurde 1852 in Leipzig gegründet, begann zunächst mit dem Druck von Wertpapieren und spezialisierte sich rasch auf den Banknotendruck. Später kamen maschinenlesbare Merkmale und Systeme zur Banknotenbearbeitung hinzu. Durch den kontinuierlichen Transfer von Sicherheitstechnologien aus der Papierherstellung und dem Banknotendruck hat sich G&D im Laufe seiner Geschichte zahlreiche neue Geschäftsfelder erschlossen.

So bildet heute neben der Banknotenherstellung und -bearbeitung der Chipkartenbereich mit Systemlösungen zur Absicherung elektronischer Transaktionen und Daten das zweite Standbein des Konzerns. G&D ist führender Anbieter von Karten und komplexen Systemlösungen in den Bereichen

- Telekommunikation,
- elektronischer Zahlungsverkehr und Transport.

Der in 2006 von G&D geschaffene Unternehmensbereich Government Solutions bietet als drittes Standbein alle sicherheitsrelevanten Lösungen für Regierungen und Behörden an. Ebenfalls 2006 wurde die neue Division New Business gegründet. Sie hat die Aufgabe, systematisch neue Geschäftsfelder zu erschließen sowie Produkte und Services weiterzuentwickeln.

Der Konzern mit Sitz in München hat weltweit über 50 Tochtergesellschaften und Joint Ventures in mehr als 30 Ländern. G&D zählt rund 9.000 Beschäftigte, davon etwa 5.400 im Ausland. Im Geschäftsjahr 2007 erwirtschaftete das Unternehmen einen Gesamtumsatz von über 1,5 Mrd. EUR.

Forschung und Entwicklung genießen bei G&D einen hohen Stellenwert. Im Konzern arbeiten mehr als 800 Forscher und Entwickler an neuen Produkten und Verfahren. Die Aufwendungen für Grundlagenforschung und Produktentwicklung beliefen sich 2007 auf rund 100 Mio. EUR. Die Produkte bauen aufeinander auf, ergänzen sich gegenseitig und machen das Unternehmen weitgehend unabhängig von Konjunktureinflüssen.

Alle Erläuterungen in diesem Artikel beziehen sich auf das F+E-Controlling für die Unternehmensbereiche Cards & Services, Government Solutions und New Business. Die Forschung und Entwicklung umfasst hier weltweit rund 550 Mitarbeiter bei einem Projektvolumen von 60 Mio. EUR.

2 Rahmenbedingungen für das F+E-Controlling

Das F+E-Controlling bei G&D beschäftigt sich schwerpunktmäßig mit Fragestellungen aus dem Bereich des Projekt-Controllings. Aktivitäten, die die F+E-Organisation als solche betreffen und eher dem klassischen Controlling zuzuordnen sind, wie z. B.

Schwerpunkt Projekt-Controlling

- Kostenstellen-Controlling,
- Investitions-Controlling,
- Personal-Controlling,

werden zwar ebenfalls im notwendigen Umfang durchgeführt, sind aber nicht Gegenstand dieses Beitrags.

Besonders in Krisenzeiten wird der Nutzen eines erfolgreich durchgeführten Projekt-Controllings deutlich spürbar: Durch eine konsistente, realistische Planung und Mechanismen, die Abweichungen im Projekt frühzeitig aufzeigen, lassen sich unnötige Mehrkosten vermeiden. Wie allgemein bekannt, können die Entwicklungsaufwände in Software-Projekten im ungünstigsten Fall ein Vielfaches der ursprünglich budgetierten Kosten betragen. Hier besteht also ein erhebliches Einsparpotenzial.

Die hohen Anforderungen an das Projekt-Controlling machen es erforderlich, dass auf ein kompetentes Team sowie moderne Controlling-Methoden und IT-Systeme zurückgegriffen werden kann. Nur so lässt sich die Herausforderung bewältigen, ein Projekt-Controlling von hoher Qualität und Akzeptanz über mehrere Standorte hinweg mit teilweise konkurrierenden Ressourcen und einer hohen Anzahl von Projekten durchzuführen.

In der F+E werden Projekte in sehr unterschiedlichen Größenordnungen (ein Personentag bis ca. 100 Personenjahre) durchgeführt. Kleinere Themen (sog. Vorhaben) werden i. d. R. innerhalb eines Entwicklungscenters, Großprojekte in einem eigenständigen Project Office bearbeitet.

Projektlandschaft

Die Beauftragung der F+E kann grundsätzlich aus den Funktionsbereichen

- Vertrieb (= Division),
- Produktion,
- Corporate Technology Office oder
- F+E selbst

heraus erfolgen.

Je nach Inhalt wird hierbei zwischen folgenden Projektkategorien unterschieden:

- Grundlagen- und Vorentwicklung
- Produktentwicklung

- Applikationsentwicklung
- Produktpflege
- Kundenspezifische Entwicklung
- Support für andere Bereiche
- Prozessoptimierung.

F+E-Order-Management
Die Anlage und die Verfolgung der einzelnen Aufträge, die an die Entwicklung vergeben werden (ca. 800 pro Jahr), erfolgen durch ein Team „Projekt-Controlling/F+E-Order-Management". Bei diesen Mitarbeitern/-innen laufen alle projektrelevanten Daten zusammen. Dort werden auch der Großteil des monatlichen Reportings durchgeführt sowie Unterstützungsleistungen für alle F+E-Mitarbeiter in Fragen des Projekt-Controllings und der Stundenerfassung erbracht.

Projektmanagement-Software
Zur Abwicklung der hohen Anzahl von Projekten ist eine professionelle und auf die eigenen Prozesse zugeschnittene Software notwendig. G&D setzt hierbei die Projektmanagement-Lösung „Clarity" der Firma CA (Computer Associates) ein. Das Tool ist Browser-basiert und stellt standardmäßig die meisten der für Projektplanung und -Controlling benötigten Funktionalitäten zur Verfügung. Es besitzt zudem eine voll integrierte, bi-direktionale Schnittstelle zu MS Project.

Über einen automatisierten Datenabgleich mit dem ERP-System (SAP PS) wird sichergestellt, dass in beiden Systemen dieselben Informationen zur Verfügung stehen. Über Nacht werden (neue) Projektstrukturen und Stundenbuchungen von Clarity nach SAP übertragen; die hieraus berechneten Projektkosten werden anschließend zusammen mit in SAP gebuchten Rechnungsbeträgen wieder in Clarity eingespielt.

Komplexität
G&D besitzt mehrere Entwicklungsstandorte in Amerika, Europa und Asien. Die größeren Entwicklungszentren (in denen nicht nur lokale Applikationsentwicklung betrieben wird) sind über die zentrale Projektmanagement-Software miteinander verbunden. Einheitlich definierte Projektstrukturen und ein standardisierter Entwicklungsprozess stellen sicher, dass gemeinschaftlich an internationalen F+E-Projekten gearbeitet werden kann.

Die in F+E erbrachten Leistungen lassen sich in einer Matrixstruktur abbilden. Dies bedeutet, dass jeder Entwicklungsbereich für alle (potenziellen) Auftraggeber tätig werden kann. Sämtliche Kosten werden hierbei verursachungsgerecht den jeweiligen Projekten zugeordnet.

Zusätzlich zu den direkt an die auftraggebenden Divisionen verrechneten Projekten existieren noch sog. Querschnittsthemen (z. B. Grundlagenprojekte). Die anfallenden Kosten werden nach einem jährlich neu festgelegten Verteilungsschlüssel an die Divisionen weitergegeben.

Wenngleich der größte Teil der Aufwände zu den F+E-Kosten gerechnet wird, so gibt es darüber hinaus noch

- interne Support-Leistungen, welche den „Selling Expenses" bzw. „Production Cost" zuzurechnen sind, und
- Entwicklungen, die als Kundenprojekte abgewickelt werden und damit „Cost of Sales" darstellen.

3 Die Bedeutung der Stundenerfassung

Da die in der F+E geleisteten Stunden den größten Anteil der Projektkosten ausmachen, muss hierauf ein besonderes Augenmerk gelegt werden. Die Qualität des Projekt-Controllings insgesamt hängt entscheidend von der Eingangsgröße „Projektstunden" ab.

Bereits 1996 begann man bei G&D mit der Stundenerfassung im Entwicklungsbereich. Die vollständige Buchung sowohl projektbezogener als auch indirekter Zeiten (mit ca. 20 verschiedenen Kategorien) ermöglichte – neben der verursachungsgerechten Projektkostenermittlung – auch Aussagen zur Leistungsfähigkeit einzelner F+E-Abteilungen wie z. B.

Historie

- Aufwände für abteilungsinterne Besprechungen,
- Aufwände für Einarbeitung (bei neuen Mitarbeitern),
- Aufwände für Weiterbildung,
- Krankheitsquote oder
- Urlaubsquote.

Diese Systematik wurde auch mit der Einführung des SAP-Projektsystems (PS) in 2001 weitgehend beibehalten. Einige Buchungskategorien ließen sich ohne großen Informationsverlust zusammenfassen und damit eine Erleichterung der Stundenerfassung für die F+E-Mitarbeiter erzielen. Auch mit dem Wechsel auf Clarity in 2006 blieb man dem Prinzip einer 100-%-Erfassung treu.

Durch eine projektbezogene und vollständige Stundenerfassung ergeben sich zahlreiche Vorteile, sowohl für das Einzel-Projekt-Controlling als auch das F+E-Controlling insgesamt. Die verursachungsgerechte Ermittlung von Projektkosten erzeugt eine sehr hohe Transparenz, da man im Prinzip jede einzelne Entwicklerstunde (die, je nach Abteilung bzw. Kostenstelle, i. d. R. auch unterschiedliche Stundensätze beinhaltet) nachweisen kann.

Vorteile

Zudem ist es möglich, zu jeder Einzelbuchung Notizen hinzuzufügen, sodass gleichzeitig auch eine inhaltliche Kommentierung der Tätigkeiten erfolgen kann. Dies ist insbesondere für Themen relevant, bei denen eine exakte Protokollierung der Aufwände erforderlich ist (z. B. Förderprojekte). Durch den Aufruf des entsprechenden Buchungsberichtes inkl. Kommentaren lässt sich direkt aus dem System ein Dokument erstellen, das nicht mehr verändert werden kann und so auch einem etwaigen „Cost Audit" standhält.

Auch die indirekten, nicht projektbezogenen („unproduktiven") Zeiten beinhalten wichtige Informationen. Durch Auftragen der Monatswerte pro Buchungskategorie über die Zeit lassen sich sehr einfach wiederkehrende Ereignisse erkennen, z. B. ein hoher Urlaubsanteil in den Ferienmonaten (und die damit verbundene geringere Projektleistung, welche zu niedrigeren Projektkosten führt). Darüber hinaus ist eine Identifikation bestimmter Trends (z. B. ein kontinuierlicher Anstieg der Fehlzeiten ohne ersichtlichen Grund) möglich. Auch lassen sich die durchschnittliche Einarbeitungsdauer neuer Mitarbeiter und der hiermit verbundene Aufwand bei deren Kollegen feststellen.

Kommunikation

Damit die Stunderfassung in der Realität auch umsetzbar ist, müssen einige Faktoren beachtet werden. Neben der konkreten technischen Lösung ist eine offene und umfangreiche Kommunikation für die Akzeptanz sehr wichtig. So genügt es nicht, die Mitarbeiter auf ihre Pflicht zur Stundenbuchung (wöchentlich und am Monatsende) hinzuweisen, sondern es sollten allen Mitarbeitern die Zusammenhänge bewusst sein. Jede gebuchte Stunde erzeugt, multipliziert mit dem aktuell gültigen Stundensatz, einen Kostenfluss im System, der bei den dadurch entstehenden Projektkosten nicht aufhört, sondern über mehrere Stufen hinweg verdichtet wird und schließlich in die Darstellung der gesamten F+E-Kosten mündet.

Als großer Vorteil erwies sich auch die Tatsache, dass die Stundenerfassung zu einem Zeitpunkt eingeführt wurde, als es deutlich weniger Mitarbeiter in der F+E gab als heute. Der größte Teil der Mitarbeiter war also von Anfang an mit dieser Aufgabe und deren Notwendigkeit vertraut. Im Laufe der Zeit änderte sich zwar mehrmals das zur Verfügung gestellte Tool, nicht jedoch die dahinterliegende Methodik.

Wichtig ist zudem die Erkenntnis bei den Mitarbeitern, dass sie durch Eingabe einer zu geringen Stundenzahl keinerlei Einspareffekte erzielen können. Es werden zwar zunächst geringere Projektkosten ausgewiesen, jedoch wird auffallen, dass einige Stunden

- gar nicht (fehlende Stunden im Abteilungsbericht),
- auf indirekte Zeiten (zu geringer Produktivanteil) oder
- auf andere Projekte (zu viele Stunden im Projektbericht, u. U. sogar von nicht eingeplanten Mitarbeitern)

gebucht worden sind. Somit entsteht ein Mechanismus, der (wenn man kontinuierlich und zeitnah auf die entstandenen Abweichungen reagiert und entsprechende Gegenmaßnahmen veranlasst) sich mittelfristig selbst regelt.

Die Verpflichtung zur vollständigen Stundenerfassung wird nicht immer positiv gesehen. Beispielsweise gab es seitens des Betriebsrats des Öfteren Bedenken, dass die erfassten Stunden oder auch andere Funktionalitäten, die die Projektmanagement-Software bietet, zur Leistungskontrolle einzelner Mitarbeiter herangezogen werden könnten. *Probleme*

Abhilfe geschaffen wurde hier durch eine eigene Betriebsvereinbarung, in der die Rahmenbedingungen zur Nutzung von Clarity (insbesondere was die Verarbeitung personenbezogener Daten und die damit verbundenen Zugriffsrechte anbelangt) festgehalten sind. Als Vorteil erwies sich hierbei, dass auch einige Mitarbeiter aus der F+E dem Betriebsrat angehörten und die tatsächlichen Gegebenheiten kannten.

So erfolgt z. B. die Buchung von Krankheitszeiten nicht durch die Mitarbeiter selbst, sondern anonymisiert über eine Gesamtsumme pro Abteilung. Dadurch sind aus den Buchungsdaten keinerlei Rückschlüsse auf die Krankheitstage einzelner Mitarbeiter mehr möglich. Bei genauer Betrachtung führt dies zu keinerlei Informationsverlust, da auf Abteilungsebene weiterhin die vollständigen Buchungsdaten vorliegen. Die Informationen über den Krankenstand pro Mitarbeiter stammen aus anderen EDV-Systemen und werden ausschließlich zwischen Personalabteilung und Abteilungsleitern ausgetauscht.

So kurios es klingen mag: Manchmal stellt die durch die Stundenerfassung erreichte Transparenz ein (psychologisches) Problem dar: Die Nachvollziehbarkeit der Kostenflüsse und der hohe Detaillierungsgrad führen oft dazu, dass man „angreifbar" wird, weil die relativ vielen Abteilungen zugänglichen Projektdaten von jedermann in Frage gestellt werden können.

Gerade hinsichtlich Effektivität und Effizienz der Projektarbeit beanspruchen oftmals bestimmte Personen ein Mitspracherecht bei anstehenden Entscheidungen, welches ihnen von ihren Befugnissen her eigentlich nicht zusteht. Ohne die hohe Transparenz der Daten bestünde für diese Forderung meistens gar keine Diskussionsgrundlage. Daher sollte man auf solche Fälle vorbereitet sein und die Zuständigkeiten im Vorfeld abgeklärt haben.

Umsetzung & Praxis

4 Projektstrukturen und Reporting

Wichtigste Voraussetzung für die Konsistenz des gesamten Berichtswesens ist eine eindeutige und aufeinander aufbauende Struktur, sowohl innerhalb des einzelnen Projekts als auch in den übergeordneten Ebenen, auf denen später die Daten zusammengefasst werden.

Verdichtungsebenen

G&D verwendet insgesamt sieben Verdichtungsstufen (s. Abb. 1):

1. einzelne Stundenbuchung
2. Arbeitspaket
3. Projekt
4. Programm (Planungsthema)
5. Themenbereich (z. B. Produktlinie)
6. Division
7. F+E Gesamt

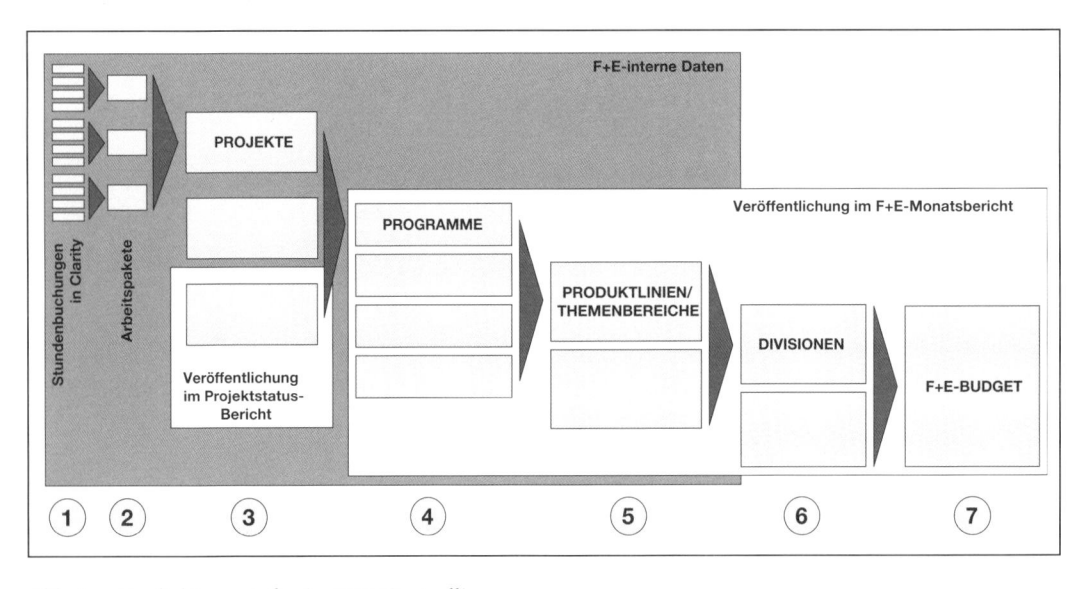

Abb. 1: Verdichtungsstufen im F+E-Controlling

4.1 Stundenbuchungen (Ebene 1)

Aus den Daten der Stundenerfassung lassen sich detaillierte Informationen zur Höhe und Verteilung der geleisteten Stunden gewinnen.

Buchungsstatistik

Die Verteilung der gebuchten Stunden pro Organisationseinheit (auch hier ist eine Konsolidierung möglich) lässt sich in Clarity über automatisch erzeugte Diagramme darstellen. In der Standard-Ansicht erfolgt eine Unterscheidung zwischen

- projektbezogenen Tätigkeiten,
- indirekten Zeiten,
- Krankheit und
- Urlaub.

Für die indirekten Zeiten lässt sich auch eine detailliertere Ansicht nach Kategorien (Einarbeitung, Weiterbildung etc.) generieren.

Ein weiteres Diagramm ermöglicht die Auswertung nach dem Buchungszeitpunkt. Die Mitarbeiter sind zwar verpflichtet, sowohl wochenweise als auch zum Monatsende hin pünktlich die Zeiten zu erfassen. Gleichzeitig beinhaltet der generell mögliche Buchungszeitraum aber auch noch die vergangenen beiden Wochen. Dies ist notwendig, um in einem gewissen Umfang auch Nachbuchungen (z. B. verursacht durch einen Krankheitstag am Ende der Arbeitswoche) zuzulassen.

Allerdings entstehen hierdurch Kostenverschiebungen, falls die Nachbuchungen über den Monatswechsel hinweg erfolgen, da als Buchungsdatum bei der Überleitung der Stunden nach SAP immer das aktuelle Tagesdatum verwendet wird. Eine Kontierung in eine abgeschlossene Periode hinein ist nicht möglich.

Um dieses Auseinanderdriften von geleisteten Stunden und deren Kosten zu minimieren, ist die Verfolgung der verspätet gebuchten Stunden sinnvoll. Die absolute Zahl erlaubt eine Abschätzung der aufgetretenen Kostenverschiebung, der relative Anteil zeigt (aufgetragen über Zeit) den Erfolg der eingeleiteten Gegenmaßnahmen (wiederholte Information der Mitarbeiter über Notwendigkeit der Stundenerfassung, strikteres Vorgehen bei nachlässigem Buchungsverhalten etc.) auf.

Für die Abteilungsleiter ist neben der relativen Verteilung auch die absolute Anzahl der geleisteten Stunden von Bedeutung. Diese ist aus dem monatlichen Abteilungsbericht ersichtlich, der eine Zusammenfassung der gebuchten Stunden pro Mitarbeiter und Projekt sowie die indirekten Zeiten pro Mitarbeiter darstellt. Die einzige Ausnahme bildet die Kategorie „Krankheit". Hier wird lediglich eine Summe auf Abteilungsebene aufgeführt. *Abteilungsbericht*

Mithilfe des Abteilungsberichtes lassen sich Inkonsistenzen sowohl in den Projekten als auch bei einzelnen Mitarbeitern erkennen, z. B.

- eine zu hohe/niedrige Gesamtstundenzahl,
- Tätigkeiten für Projekte, in denen der Mitarbeiter nicht eingeplant war,
- ein hoher Anteil an indirekten Zeiten ohne Projektbezug.

Es erfolgt jedoch kein Vergleich mit der direkten Ressourcenplanung.

4.2 Einzel- und Multiprojekte (Ebenen 2 und 3)

Die Gesamtverantwortung für die einzelnen Projekte (und damit auch für das Projekt-Controlling) obliegt jeweils dem zuständigen Projektleiter. Für die Projektplanung, -steuerung und das Berichtswesen erhält er jedoch Unterstützung von Mitarbeitern des Projekt-Controlling-Teams. Die Steuerung mehrerer parallel laufender Projekte (Multi-Projekt-Controlling) ist schwerpunktmäßig bei den Abteilungsleitern angesiedelt. Es umfasst im Wesentlichen die Ressourcenplanung sowie den Monatsbericht über sämtliche in einer Organisationseinheit laufenden Projekte (Auftragsstatusbericht).

Internes Auftragswesen

Voraussetzung für einen reibungslosen Ablauf der Beauftragung, Genehmigung, ggf. Verlängerung und des Abschlusses von Projekten ist, angesichts der hohen Anzahl von Projekten und Vorhaben, auch hier eine adäquate Tool-Unterstützung. Mitte 2005 löste ein elektronischer Workflow das bis dahin verwendete Formular (auf dem die entsprechenden Unterschriften zu leisten waren) ab. Im Laufe der Zeit wurde der sog. „Internal Order Workflow" ständig erweitert und optimiert, sodass heute z. B. auch die Einkaufsabteilung mit eingebunden ist. Bei der Beauftragung von Tochtergesellschaften per Workflow muss parallel dazu eine offizielle Bestellung versandt werden. Der Einkauf wird über den Workflow automatisch benachrichtigt und bekommt die relevanten Informationen (Zeitraum, Auftragsvolumen etc.) mitgeteilt. In Abb. 2 sind die einzelnen Schritte des Workflows dargestellt.

Bis zur endgültigen Freigabe des Projekts müssen also zahlreiche Stellen durchlaufen werden. Jede Person, die in den Workflow involviert ist, wird aber automatisch per Mail informiert, dass sie aktiv werden muss. Sämtliche Abschätzungen zum Umfang und zur Laufzeit des Projekts und alle notwendigen Genehmigungsschritte sind in den Workflow integriert. Durch die Protokollierung von Datum, Uhrzeit sowie des jeweiligen Bearbeiters sind der zeitliche Verlauf der Beauftragung sowie die per Knopfdruck geleisteten „Unterschriften" jederzeit nachvollziehbar. Sollten die für den nächsten Schritt verantwortlichen Personen nicht zeitnah reagieren, werden entsprechende Erinnerungsmails verschickt. Weiterhin ist es möglich, einen Vertreter zu benennen, auf den die Workflows (z. B. während des Urlaubs) automatisch umgeleitet werden.

F+E-Controlling

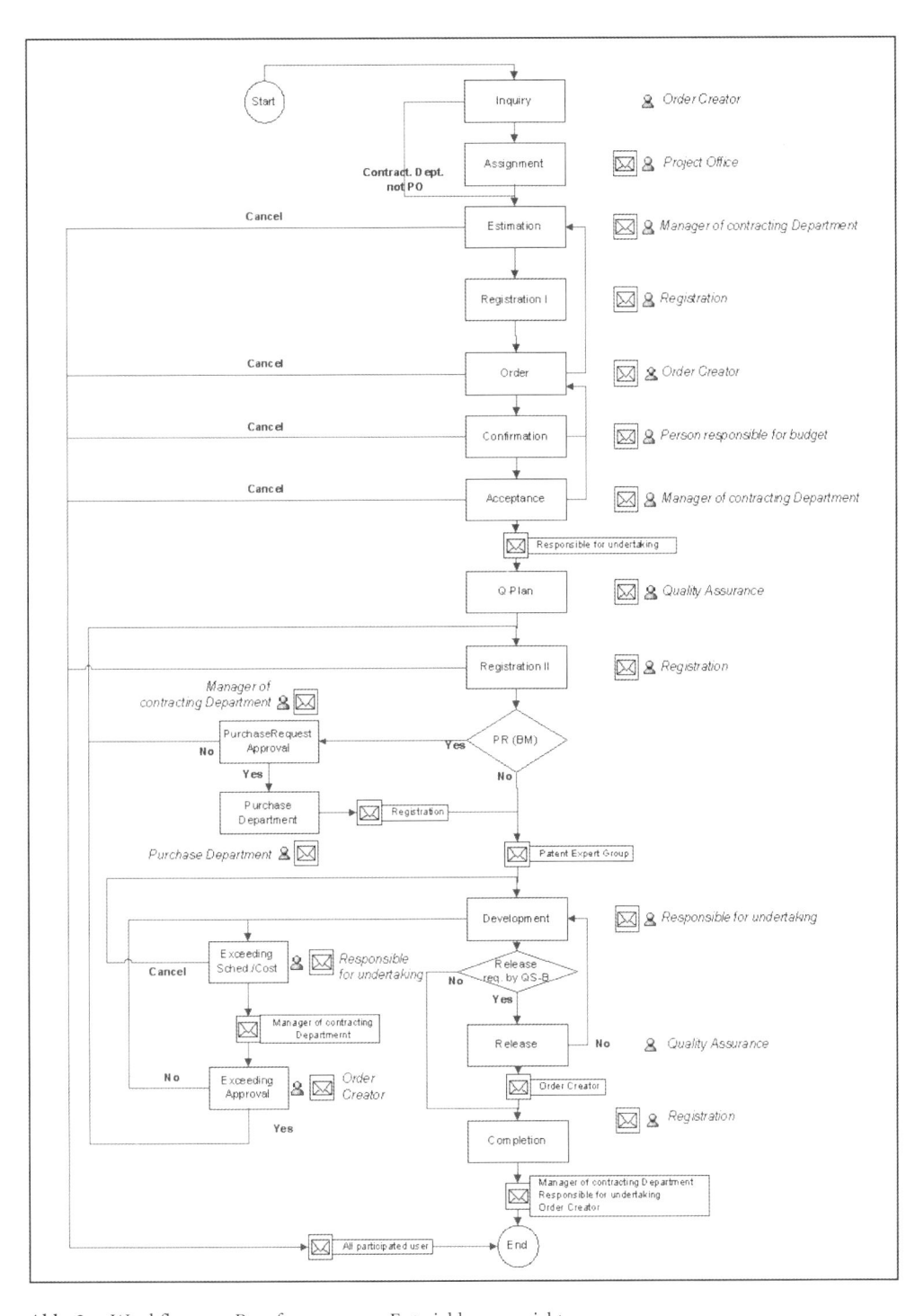

Abb. 2: Workflow zur Beauftragung von Entwicklungsprojekten

Projekt-Dashboard
Zur Durchführung des Projekt-Controllings stehen dem Projektleiter zahlreiche Hilfsmittel zur Verfügung. Die wichtigsten Informationen werden zentral im sog. „Projekt-Dashboard" angezeigt. Dies sind vor allem

- allgemeine Daten (Start- und Endtermin, Projektbudget, Projektleiter, Projektstatus etc.),
- die wöchentliche Teamauslastung,
- Kosten- und Aufwandsübersichten pro Arbeitspaket (Ist, Rest, Gesamt),
- Stundenbuchungen von nicht eingeplanten Mitarbeitern,
- Grafiken zum zeitlichen Verlauf von Kosten und Aufwänden (jeweils Plan, Ist und Forecast) und die
- Meilensteintrendanalyse.

Die Darstellung erfolgt in Echtzeit, d. h., jede neue Stundenbuchung wird sofort berücksichtigt – zunächst als vorläufiger Aufwand, nach der Verbuchung der Zeitformulare am Ende der Woche dann als Istaufwand.

Projektstundenbericht
Analog der Stundenübersicht für die Abteilungsleiter haben die Projektleiter ebenfalls die Möglichkeit, die angefallenen Stunden pro Mitarbeiter auf Vorgangsebene (Arbeitspakete) auszuwerten. Neben der monatlichen ist auch eine wöchentliche Darstellung möglich. Außerdem lassen sich bei Bedarf die von den Mitarbeitern eingetragenen Notizen anzeigen. Falls dem Projekt eines oder mehrere Teilprojekte zugeordnet sind, können diese wahlweise ein- oder ausgeblendet werden.

Projektstatusbericht
Der „offizielle" Projektstatusbericht ist nur für größere Projekte relevant und wird auf Monatsbasis erstellt. Er umfasst zwei Seiten, die automatisch aus Clarity heraus generiert werden. Neben den wichtigsten Daten aus dem Dashboard sowie der klassischen „Projektampel" enthält dieser Bericht auch Informationen zum Inhalt und Fortschritt des Projekts. Die Projektleiter müssen hierbei den aktuellen Status hinsichtlich

- der Zielerreichung,
- der momentanen Situation (ggf. mit Gründen für Planabweichungen),
- der bestehenden Risiken und
- evtl. eingeleiteter Gegenmaßnahmen

kommentieren. Der Bericht dient auch als Diskussionsgrundlage für den sog. PLENK („Projektlenkungskreis"), einer regelmäßigen Projektbesprechung, an der unter anderem der Auftraggeber und die Qualitätssicherung teilnehmen.

Auftragsstatusbericht
Im Rahmen des Multi-Projekt-Controllings wird ein monatlicher Auftragsstatusbericht auf Abteilungsebene generiert. Er beinhaltet eine

Zusammenfassung aller laufenden bzw. im vergangenen Monat abgeschlossenen Projekte. Die wichtigsten Projektinformationen wie

- Plan und Forecast für Termine,
- Plan, Ist und Forecast für Aufwände (in Personenmonaten),
- Plan und Ist für Kosten,
- Gesamt-Projektstatus (rot/gelb/grün) und
- ggf. Kommentare zu Kosten- und Terminveränderungen

werden in zwei Zeilen je Projekt dargestellt. Zusätzlich dient eine farbige Markierung (mit dazugehöriger Filtermöglichkeit) zur Unterscheidung zwischen

- neuen,
- abgeschlossenen,
- geänderten und
- überzogenen

Projekten.

Die Abteilungsleiter bekommen durch diesen Bericht regelmäßig den „Auftragsbestand" ihrer Abteilung und den jeweiligen Projektstatus mitgeteilt. Hieraus können dann (in Kombination mit dem Projektstatusbericht – sofern vorhanden) Entscheidungen für das weitere Vorgehen in den einzelnen Projekten abgeleitet werden.

Aus dem aktuellen Auftragsbestand lässt sich zwar abschätzen, an welchen Themen die Mitarbeiter in den nächsten Wochen und Monaten arbeiten werden. Um das genaue Auslastungsprofil zu erhalten und konkrete Aussagen zur Machbarkeit neuer Projekte treffen zu können, ist aber eine detaillierte Planung der verfügbaren Ressourcen auf Wochenebene notwendig. Hierfür müssen die Abteilungsleiter eine Zuordnung ihrer Mitarbeiter auf die neu gestarteten Projekte vornehmen bzw. diese bei den laufenden Projekten regelmäßig aktualisieren.

Ressourcenplanung

Auf der Seite der Projekte können die zugeordneten Mitarbeiter vom Projektleiter auf Arbeitspakete zugewiesen werden. Kurzfristig ist sogar eine Überplanung möglich, z. B. wenn ein wichtiger Meilenstein ansteht und die Mitarbeiter in der nächsten Woche mehr Stunden für das Projekt leisten müssen, als die (durchschnittliche) Zuordnung vorgibt.

In einer grafischen Auswertung erfolgt dann auf Wochen-, Monats- oder Quartalsbasis eine Gegenüberstellung von

- verfügbarer Kapazität,
- Zuordnungen der Abteilungsleiter sowie
- Zuweisungen der Projektleiter

für die betrachtete Abteilung bzw. verdichtet auf übergeordnete Einheiten.

In die mittel- bis langfristige Kapazitätsplanung können darüber hinaus auch Projekte mit einbezogen werden, die noch nicht begonnen wurden, deren Beauftragung aber in den nächsten Monaten zu erwarten ist. Diese sogenannten ungenehmigten Projekte werden mit Ressourcen, ggf. auch bereits mit Arbeitspaketen, beplant. Sie sind aber noch nicht zur Bearbeitung (und damit Stundenerfassung) freigegeben.

4.3 Programme und Portfolios (Ebenen 4 bis 6)

In den Programmen wird die Vielzahl der Projekte inhaltlich in Planungsthemen zusammengefasst. Diese entstehen größtenteils aus der Kombination von Produktlinie (Ebene 5) und Projektkategorie (siehe Abschnitt „Projektlandschaft"). Aus der Summe der Programme und den dazugehörigen Verdichtungsstufen (Ebenen 5 bis 7) ergibt sich die F+E-Jahresplanung.

Plan-Ist-Vergleich Bei dem Plan-Ist-Vergleich (s. Abb. 3) handelt es sich um eine umfangreiche Tabelle, die für Auftraggeber und Auftragnehmer eine hohe Bedeutung hat. Der Bericht ist zweizeilig aufgebaut (1. Zeile: Planwerte/ 2. Zeile: Istwerte) und enthält Kosten und Aufwände

- pro Planungsthema,
- pro Abteilung und
- pro Quartal.

Hieraus entsteht eine Wertematrix, die sowohl ein Programm-Controlling (horizontale Sicht) als auch die Ressourcensteuerung (vertikale Sicht) ermöglicht. Ausgehend von der genehmigten Jahresplanung mit dem veranschlagten Kapazitätsbedarf lässt sich monatlich bzw. quartalsweise der tatsächliche Ressourceneinsatz nachverfolgen. Größere Abweichungen werden sofort sichtbar und man kann zeitnah darauf reagieren.

F+E-Controlling

Giesecke & Devrient — Cards & Services R&D Plan 2008 Actual data 12/08	Plan vs. Actuals			DEPARTMENTS						
	Plan 2008 Act. 12/08 [kEUR]	Plan 2008 Act. 12/08 [PM]	Add. ext. cost Plan 08 [kEUR]	Dept. 1	Dept.1 Q1	Dept.1 Q2	Dept.1 Q3	Dept.1 Q4	Dept. 2	Dept. 3
Program 1	402	5,0	150	3,0	0,75	0,75	0,75	0,75		2,0
	275	5,3	122	2,6	0,82	0,72	0,74	0,28	0,1	2,6
Program 2	101		70							
	53		79							
Program 3	130	7,5	20	1,0	0,25	0,25	0,25	0,25		6,5
	62	4,2	5	0,3	0,05	0,08	0,07	0,11		3,9
Program 4	89	3,0	20	2,0	0,50	0,50	0,50	0,50		1,0
	9	0,3	2							0,3
Program 5	139	10,0		10,0	2,50	2,50	2,50	2,50		
	146	10,6		10,1	1,58	4,59	3,27	0,68		0,5
Program 6	264	4,0	80	2,0	0,50	0,50	0,50	0,50		2,0
	151	2,8	41	1,2	0,15	0,64	0,15	0,28		1,6
Program 7	49	1,0	10							1,0
	28	0,3	12							0,3
Product Line 1	1.175	30,5	350	18,0	4,50	4,50	4,50	4,50		12,5
	724	23,5	261	14,2	2,60	6,03	4,23	1,35	0,1	9,2
Program 1	1.074	13,0	280	11,5	2,88	2,88	2,88	2,88		1,5
	1.954	31,4	336	26,0	8,20	9,22	4,92	3,63	0,2	5,2
Program 2	161	8,5		1,0	0,25	0,25	0,25	0,25		7,5
	160	8,1		0,7	0,29	0,24	0,14	0,07		7,4
Program 3	210	9,0	10	8,5	2,13	2,13	2,13	2,13		0,5
	428	15,0	11	14,6	5,19	2,56	3,14	3,66	0,3	0,2
Program 4	257	7,0		2,0	0,50	0,50	0,50	0,50		5,0
	128	4,1		1,0	0,95	0,02	0,01	0,05		3,1
Program 5	44									
	47									
Program 6										
	82									
Product Line 2	1.746	37,5	290	23,0	5,75	5,75	5,75	5,75		14,5
	2.800	58,7	347	42,3	14,63	12,04	8,21	7,41	0,5	15,9
Program 1	804		200							
	584	3,0	158	0,0				0,03		3,0
Program 2	418	18,0		9,0	2,25	2,25	2,25	2,25		9,0
	148	8,1		1,3		0,01	1,29			6,8
Program 3	163	1,0								1,0
	84	2,1							1,2	0,9
Program 4										
	15	1,0		0,0		0,02				1,0
Program 5	28	1,0								1,0
	24	0,3								0,3
Product Line 3	1.413	20,0	200	9,0	2,25	2,25	2,25	2,25		11,0
	855	14,5	158	1,4		0,03	1,29	0,03	1,2	12,0
DIVISION 1 (GmbH)	4.333	88,0	840	50,0	12,50	12,50	12,50	12,50		38,0
	4.378	96,7	766	57,9	17,23	18,10	13,73	8,79	1,7	37,1
Additional cost Subsidiaries	2.081									
	2.099									
DIVISION 1 (GROUP)	6.414	88,0	840	50,0	12,50	12,50	12,50	12,50		38,0
	6.477	96,7	766	57,9	17,23	18,10	13,73	8,79	1,7	37,1

Abb. 3: Programm-Controlling mittels „Plan-Ist-Vergleich"

Umsetzung & Praxis

Rollierende Quartalsplanung

In einem sich sehr schnell ändernden Marktumfeld muss auch die Entwicklung in der Lage sein, auf neue Gegebenheiten flexibel zu reagieren. Die F+E-Planung lässt sich daher meist nicht über den Zeitraum von einem Jahr stabil halten.

Zu diesem Zweck wurde die rollierende Quartalsplanung eingeführt, welche eine Detailplanung für das nächste Quartal und den Forecast für die darauffolgenden fünf Quartale enthält (s. Abb. 4).

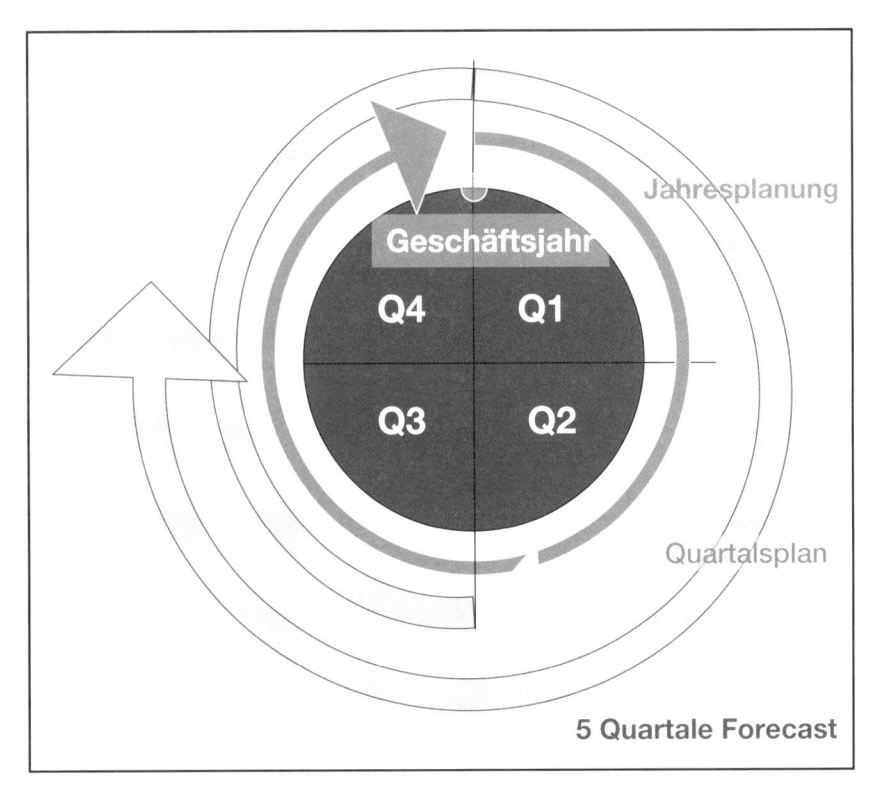

Abb. 4: Rollierende Quartalsplanung

Es ist nun unterjährig möglich, die ursprüngliche Planung regelmäßig anzupassen und hieraus den Forecast für das laufende Geschäftsjahr abzuleiten. Für die Jahresplanung selbst ist kein einmaliger, umfangreicher Planungsprozess mehr erforderlich, sondern sie entsteht im Wesentlichen durch die Nutzung bereits vorhandener Daten.

Zu Beginn des 3. Quartals im laufenden Jahr wären also folgende Schritte notwendig:

- Detailplanung für Q3 (auf Basis der bereits vorhandenen Grobplanung),

- Grobplanung auf Programmebene für Q4 (nur Aktualisierung, da bereits Daten vorhanden),
- Grobplanung auf Programmebene für Q1 bis Q3 des Folgejahres (nur Aktualisierung, da bereits Daten vorhanden),
- Grobplanung auf Programmebene für Q4 des Folgejahres (Neuplanung, da noch keine Daten vorhanden).

Damit lägen dann sämtliche Daten für die Jahresplanung des Folgejahres vor.

Für die Darstellung der rollierenden Planung existiert ein Bericht, der von der Grundstruktur her in etwa dem Plan-Ist-Vergleich entspricht, allerdings keine Abteilungssicht mehr enthält. Dafür können aber die einzelnen (laufenden bzw. auch ungenehmigten) Projekte eingeblendet werden. Deren Forecast (Aufwände und Kosten) lässt sich aufsummieren (= Bottom-up-Betrachtung) und mit den Werten auf Programmebene (= Top-down-Betrachtung) abgleichen.

Ein toolgestütztes Portfoliomanagement befindet sich bei G&D gerade im Aufbau. Es ist geplant, mit der Software Clarity nach bestimmten Kriterien standardisierte Portfoliodarstellungen zu erzeugen. Hierzu muss man die gewünschten Projekte oder Programme zunächst in ein Portfolio aufnehmen. Anschließend können für diese (nach beliebigen Kriterien zusammenstellbaren) Objekte verschiedenste tabellarische und grafische Auswertungen vorgenommen werden, z. B. *Portfolios*

- eine zeitliche Darstellung als Balkenplan (Gantt-Diagramm),
- der Plan- und Istkostenverlauf,
- zweidimensionale Portfolios, auch in erweiterter Form als
- „Bubble"-Diagramme (z. B. mit dem Projektbudget als Flächenmaßstab für unterschiedlich große Datenpunkte), auch mit
- farblicher Unterscheidung (z. B. abgeleitet aus dem Projektstatus).

Damit ein sinnvolles Portfoliomanagement betrieben werden kann, müssen alle an den Ergebnissen interessierten Bereiche bereits in der Definitionsphase mit eingebunden sein. Erst wenn geklärt ist, welche Informationen grundsätzlich in die Portfolios aufgenommen werden sollen und wie diese Daten im System entstehen, können spezifische Anforderungen einzelner Fachbereiche und die daraus folgenden unterschiedlichen Ausprägungen berücksichtigt werden.

4.4 Gesamtdarstellung (Ebene 7)

Auf der letzten und höchsten Ebene findet die Konsolidierung der Daten auf den gesamten F+E-Bereich statt, sodass eine übergeordnete Sichtweise möglich ist.

Umsetzung & Praxis

F+E-Kosten-bericht
Der monatliche F+E-Kostenbericht fasst die zentralen Aussagen zusammen und enthält nur noch den zur Steuerung der gesamten F+E notwendigen Detaillierungsgrad.

Im Wesentlichen sind dort folgende Informationen enthalten:

- Übersicht der Plan- und Istkosten pro Division (Tabelle),
- aktueller Mitarbeiterstand pro Organisationseinheit (Tabelle),
- Gesamtkostenverlauf im Geschäftsjahr (Grafik),
- F+E-Kosten pro Division und Monat (Grafik),
- externe, nicht durch Stundenbuchung verursachte Kosten (Grafik),
- F+E-Kosten pro Tochtergesellschaft (Grafik),
- Herleitung der in der Deckungsbeitragsrechnung enthaltenen F+E-Kosten (Tabelle),
- Beschäftigungsabweichung pro Monat und Kostenstelle (Grafik),
- diverse andere Auswertungen (z. B. Reisekosten).

Obwohl insgesamt nur noch wenige zentrale Daten berichtet werden, so entstehen sie hauptsächlich durch das Aufsummieren von Stundenbuchungen und sonstigen Projektkosten (z. B. Materialkosten, Reisekosten, externe Beauftragungen) durch alle Verdichtungsstufen hindurch. An dieser Stelle spiegelt sich (obwohl dies auf den ersten Blick nicht so aussehen mag) also auch die Qualität des F+E-Controllings insgesamt wider. Nur vollständige und in sich konsistente Daten können letztlich zu der gewünschten Transparenz und Aussagekraft des gesamten Berichtswesens führen.

Variantenmanagement: Nur wer die Kosten kennt, kann die Komplexität beherrschen!

- In der Krise sehen viele Unternehmen in der Ausweitung der Produktpalette eine Möglichkeit, Marktanteile und Umsätze zu halten.

- Doch Produktvielfalt zählt zu den wichtigsten Ursachen betrieblicher Komplexität und damit als Ursache für Ineffizienz und Ineffektivität im Unternehmen. Denn der durch die Vielfalt ausgelöste Nutzen wird oftmals durch die entstehenden Aufwendungen überkompensiert. Insofern ist das Augenmerk der Unternehmensleitung darauf zu richten, dass die optimale Anzahl von Produktvarianten angeboten wird und Variantennutzen und Variantenkosten in einem ausgewogenen Verhältnis zueinander stehen.

- Erst die Kenntnis der Variantenkosten gibt den Anreiz, über ein effektives Variantenmanagement nachzudenken. Diese Information wiederum liefert nur eine spezifische Variantenkalkulation, die eine typ- und mengenorientierte bzw. variantenabhängige Verrechnung von Gemeinkosten ermöglicht.

Inhalt		Seite
1	Komplexitätstreiber „Produktvielfalt"	169
2	Notwendigkeit einer Variantenkalkulation	172
2.1	Verursachungsgerechte Verrechnung variantenabhängiger Gemeinkosten	172
2.2	Variantenkalkulation als Anreiz für ein aktives Variantenmanagement	174
3	Konzeption einer Variantenkalkulation	174
4	Wirkungsweise einer „Typ-Mengen-orientierten Gemeinkostenkalkulation" (TMOGK)	179
5	Fazit: Kostentransparenz führt zu effektivem Variantenmanagement	181
6	Literaturhinweise	182

■ Die Autoren

Prof. Harald Schnell lehrt an der Hochschule Pforzheim Controlling und Modernes Kostenmanagement. E-Mail: Prof.Schnell@gmx.net.

Dipl.-Kfm., MBA, André Lüttich ist Leiter des Entwicklungskosten-Controllings des Geschäftsbereiches Diesel Systems der Robert Bosch GmbH.

1 Komplexitätstreiber „Produktvielfalt"

In Krisenzeiten mit stagnierenden oder sogar schrumpfenden Märkten ist es besonders wichtig, sich auf die Stärken des eigenen Unternehmens zu besinnen und sich der wichtigsten Erfolgsfaktoren bewusst zu werden. Die Kundenorientierung ist dabei in den letzten Jahren ein zentraler Aspekt. Entsprechend hat die Erfüllung der individuellen Kundenwünsche eine hohe Bedeutung erlangt, was sich vor allem in der Breite und Tiefe des Produktprogramms vieler Unternehmen niederschlägt.

Kein Umsatzrückgang durch Varianten

Mit ihrem Angebot vom Kleinstwagen bis zur Luxuslimousine in unterschiedlichsten Varianten und Ausstattungspaketen decken mittlerweile die meisten Fahrzeughersteller jedes denkbare Marktsegment ab. Aus Sicht des Marketings ein idealer Zustand, da so jedem Käufer sein individuelles Produkt maßgeschneidert werden kann. Gleichzeitig wird mit dem Ausbau der Produktpalette die Hoffnung verknüpft, Marktpräsenz und Konkurrenzfähigkeit zu erhalten, um so der Krise zu trotzen. Der Anstieg der Produktvarianten erscheint damit in vielen Märkten heute bereits als Normalfall.[1]

Beispiel Automobilindustrie

Die Folge dessen ist eine zunehmende Komplexität im Unternehmen:

- Neue Produktvarianten erfordern zusätzliche Entwicklungsaktivitäten.
- Produktionsabläufe werden komplizierter oder erfordern laufende Umstellungen und Anpassungen.
- Die Beschaffungs- und Vertriebsprozesse weiten sich mit zunehmender Anzahl der Teile- und Erzeugnisvielfalt aus.

Damit steigt bei häufig gleichzeitig sinkender Kostentransparenz auch der in den betrieblichen Funktionsbereichen anfallende Aufwand für

- Planungs-,
- Koordinations-,
- Budgetierungs-,
- Dispositions-,
- Steuerungs- und
- Kontrollprozesse.[2]

Abbildung 1 verdeutlicht dies.

Dieser Problematik steigender Komplexitätskosten wird dabei von vielen Unternehmen oftmals zu wenig Beachtung geschenkt oder sie wird zumindest unterschätzt. Gerne blickt man einseitig auf die potenziellen Umsatzzuwächse, ohne dabei zu beachten, dass die Kosten mit zuneh-

---

[1] Vgl. hierzu die empirische Untersuchung von Lösch (2001), S. 267 ff.
[2] Reiners/Sasse (1999), S. 222.

mender Variantenzahl steigen und dabei häufig sogar einen überproportionalen Verlauf verzeichnen.

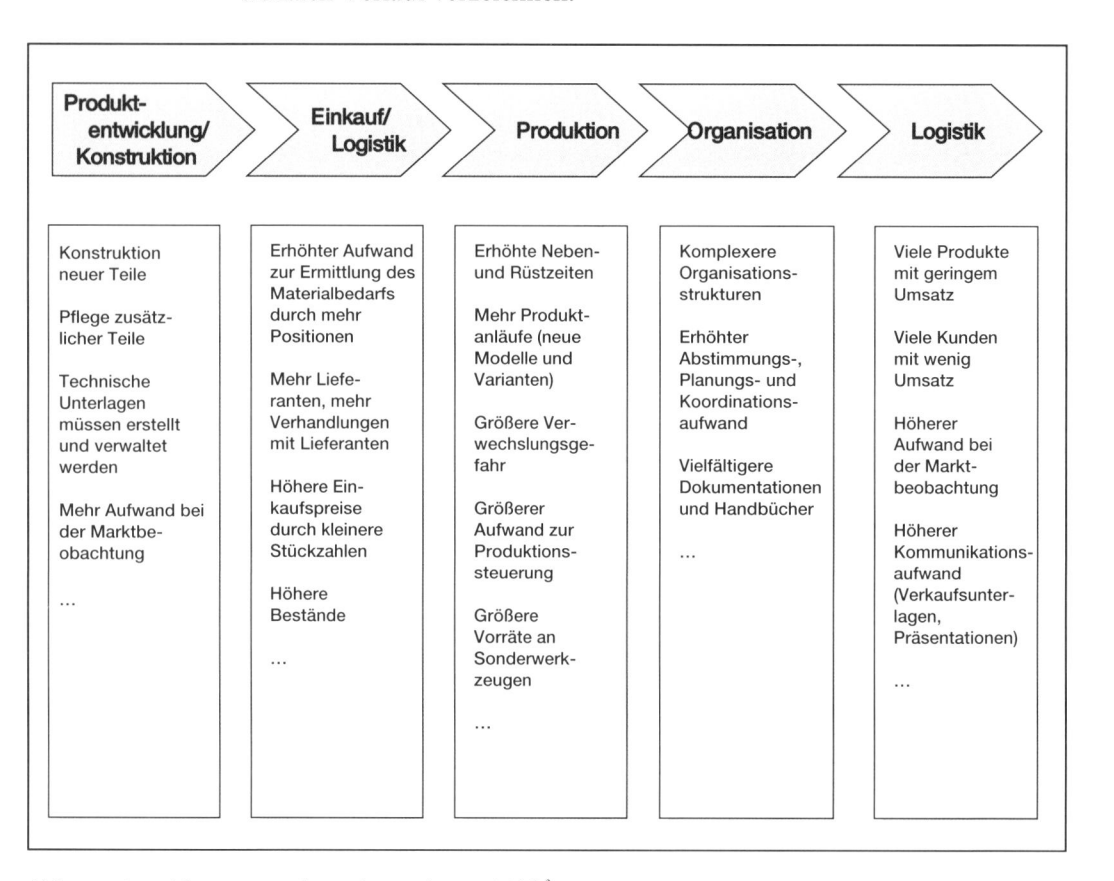

Produktentwicklung/ Konstruktion	Einkauf/ Logistik	Produktion	Organisation	Logistik
Konstruktion neuer Teile Pflege zusätzlicher Teile Technische Unterlagen müssen erstellt und verwaltet werden Mehr Aufwand bei der Marktbeobachtung ...	Erhöhter Aufwand zur Ermittlung des Materialbedarfs durch mehr Positionen Mehr Lieferanten, mehr Verhandlungen mit Lieferanten Höhere Einkaufspreise durch kleinere Stückzahlen Höhere Bestände ...	Erhöhte Neben- und Rüstzeiten Mehr Produktanläufe (neue Modelle und Varianten) Größere Verwechslungsgefahr Größerer Aufwand zur Produktionssteuerung Größere Vorräte an Sonderwerkzeugen ...	Komplexere Organisationsstrukturen Erhöhter Abstimmungs-, Planungs- und Koordinationsaufwand Vielfältigere Dokumentationen und Handbücher ...	Viele Produkte mit geringem Umsatz Viele Kunden mit wenig Umsatz Höherer Aufwand bei der Marktbeobachtung Höherer Kommunikationsaufwand (Verkaufsunterlagen, Präsentationen) ...

Abb. 1: Auswirkungen zunehmender Variantenvielfalt[3]

In diesem Zusammenhang spricht man oftmals auch von einer Kostenfalle, in die ein Unternehmen gerät, wenn es einseitig einer umsatzorientierten Sichtweise den Vorzug gibt. Um diese Entwicklung rechtzeitig erkennen zu können, ist die Kenntnis der Kosten einer Produktvariante unerlässlich. Denn allein die Kostentransparenz schafft das Kostenbewusstsein, das für die Optimierung bzw. für die Begrenzung der Produktvielfalt erforderlich ist.

Kostenunterdeckung vor allem bei „Exoten"

Wie Abb. 2 zeigt, führt die Ausweitung der zunächst nur auf wenigen Typen („Standard") basierenden Produktpalette und die Einführung neuer Produktvarianten („Exoten") in Krisenzeiten bzw. Zeiten stagnierender Märkte zunächst nur zu einer Umverteilung der Umsätze:

---

[3] In Anlehnung an Lösch (2001), S. 49; Schulte (1992), S. 87.

Variantenmanagement

Die „Gauß'sche Verteilungskurve", die die Absatzstückzahlen wiedergibt, flacht sich ab; der Absatz bleibt in der Summe konstant. Gleichzeitig steigen mit Ausweitung der Produktpalette die Kosten der Produktvielfalt überproportional an und werden – insbesondere bei den Exoten – von den Marktpreisen nicht mehr gedeckt. Die vom Unternehmen angebotenen, kleinstückzahligen Produktvarianten verursachen Verluste und verschlechtern die Ertragssituation. Die Krise wird damit sogar weiter verschärft.

Erschwerend kommt in den Unternehmen hinzu, dass diese Situation als solche überhaupt nicht erkannt wird, da die traditionelle, auf Zuschlagswerten basierende Produktkalkulation die Kosten nicht verursachungsgerecht abbildet und bei Exoten Gewinne anstelle von Verlusten suggeriert.

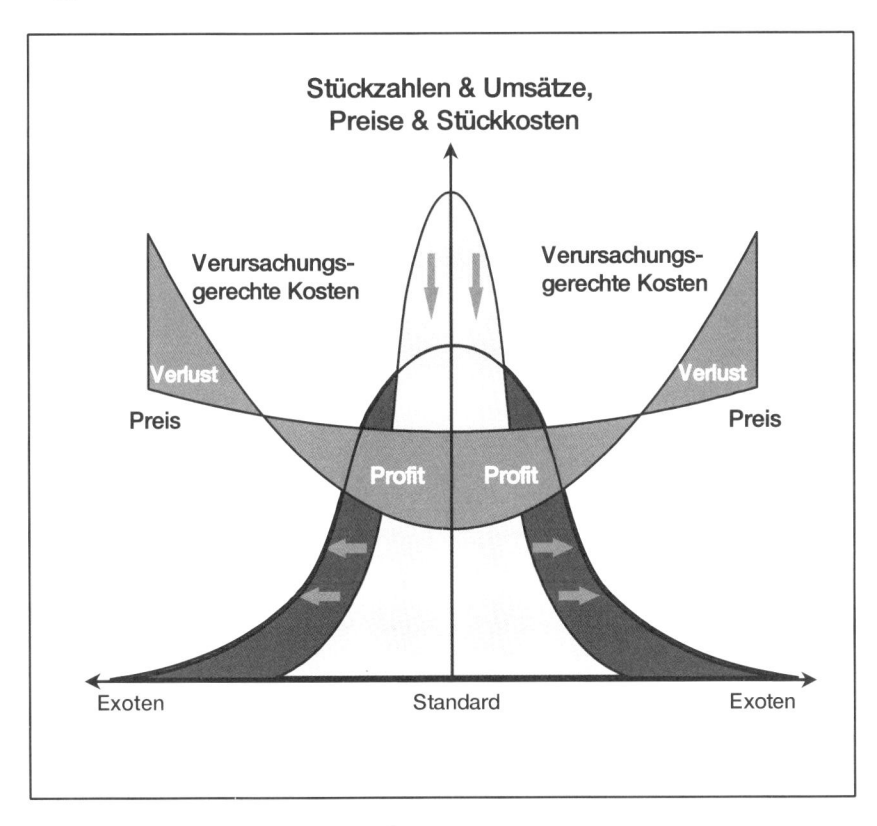

Abb. 2: Kostenfalle „Produktvielfalt"[4]

---

[4] Vgl. Schuh (2005), S. 20.

2 Notwendigkeit einer Variantenkalkulation

Einfache Berechnung der Einzelkosten

Die exakten Kosten eines Produkts bzw. einer Produktvariante zu ermitteln ist Aufgabe der Kalkulation. Hierzu werden zunächst die Kosten (Einzelkosten) ermittelt, die auf Basis von Stücklisten und Arbeitsplänen einzelnen Produkten eindeutig zugeordnet werden können. Durch Multiplikation der Materialeinsatzmenge mit dem Materialeinstandspreis bzw. von Fertigungszeit und Fertigungsstundensätzen ergeben sich exakt die durch das Produkt oder deren Varianten verursachten Material- oder Fertigungseinzelkosten.

Probleme bei Gemeinkosten

Weitaus schwieriger gestaltet sich die Ermittlung der Kosten einer Produktvariante, wenn es um die Verrechnung der allgemeinen Kosten eines Unternehmens, nämlich der Gemeinkosten, geht.

2.1 Verursachungsgerechte Verrechnung variantenabhängiger Gemeinkosten

Traditionelle Zuschlagskalkulation ungenau

Traditionell und noch immer weit verbreitet findet die Verteilung der Gemeinkosten über prozentuale Zuschlagssätze auf Basis der Einzelkosten statt. Diese Zuschlagssatzrechnung ist aber gerade mit Blick auf die Bewertung einzelner Produktvarianten sehr ungenau, da sie den Zusammenhang zwischen Gemeinkosten und Produktvielfalt nicht hinreichend abbildet. So wird beispielsweise

- Logistikaufwand in Prozent von Materialeinzelkosten,
- technischer Verwaltungsaufwand in Prozent der Fertigungseinzelkosten und
- sonstiger Dienstleistungs- und Verwaltungsaufwand (z. B. Aufwand des Rechnungswesens, der Personalabteilung u. a.) prozentual auf Basis der Herstellkosten eines Produkts

verrechnet. Eine solche prozentuale Abhängigkeit der Dienstleistungs- und Verwaltungsaufwendungen zur Höhe von Materialeinzel-, Lohneinzel- oder Werkstattgemeinkosten ist jedoch häufig nicht gegeben. Vielmehr entsteht derartiger Verwaltungs-, Dienstleistungs- und Logistikaufwand in vielen Fällen erzeugnis-, typ- bzw. variantenabhängig.[5]

Die prozentuale Verrechnung der allgemeinen Kosten führt oftmals sogar zu einer nicht mehr vertretbaren Unschärfe, die gravierende Verzerrungen in der Kostenzuordnung bewirkt. Eine Folge davon ist, dass die Großserienerzeugnisse („Renner") zu teuer und die Kleinserienerzeugnisse („Exoten") zu billig kalkuliert werden. Es findet damit eine

---

[5] Vgl. Reiners/Sasse (1999), S. 229.

Variantenmanagement

Quersubvention innerhalb der Produktpalette statt, wie das nachfolgende Beispiel zeigt:

„Exote": 100 Stück „Erzeugnis 5512"		
Herstellkosten	à 527,– EUR/Stück	52.700,– EUR
zuzüglich 6 % Verwaltungskosten (technische und kaufmännische Verwaltung)	à 31,62 EUR/Stück	3.162,– EUR
„Renner": 10.000 Stück „Erzeugnis 5513"		
Herstellkosten	à 250,– EUR/Stück	2.500.000,– EUR
zuzüglich 6 % Verwaltungskosten (technische und kaufmännische Verwaltung)	à 15,– EUR/Stück	150.000,– EUR

Tab. 1: Beispiel für Quersubventionierung innerhalb der Produktpalette

Das Beispiel zeigt, dass nach der traditionellen Zuschlagssatzrechnung ein Produkt, das in einer Kleinserie gefertigt wird (Exote), einen Betrag in Höhe von nur 3.162 EUR für technische und kaufmännische Verwaltung tragen muss. Großserienerzeugnisse (Renner) werden hingegen sogar trotz geringerer Herstellkosten mit 150.000 EUR belastet.

Gemeinkostenanalysen haben jedoch gezeigt, dass die Verwaltung einer Variante mit Stücklistenanlage, Zeichensatzverwaltung, Arbeitsplanpflege, Preispflege usw. grundsätzlich Aufwendungen pro Jahr in Höhe von 15.000 EUR und mehr verursachen kann. Die Proportionalität von Verwaltungsaufwand und Herstellkosten – wie es die Zuschlagskalkulation darstellt – ist nur bedingt gegeben.

Eine den tatsächlichen Aufwendungen entsprechende Kostenverteilung auf „Exoten" und „Renner" ist mit dem bisherigen Kalkulationsverfahren nicht gewährleistet. In Anbetracht der scheinbar günstigen Kosten von Exoten besteht damit auch keine Notwendigkeit, das Angebot derselben infrage zu stellen. Ein aktives Variantenmanagement mit dem Ziel der Begrenzung der Variantenanzahl unterbleibt. Umgekehrt besteht durchaus die Gefahr, dass Renner zu teuer und damit wettbewerbsnachteilig am Markt angeboten werden müssen.

Kostenverteilung verfälscht Produktrendite

2.2 Variantenkalkulation als Anreiz für ein aktives Variantenmanagement

Effizienz durch Variantenkalkulation

Die hohe Variantenrelevanz vieler Unternehmensprozesse bei gleichzeitig ungenügender Abbildung der entsprechenden Variantenkosten in der traditionellen Kostenrechnung verstärkt den Wunsch nach einer expliziten Variantenkalkulation. Gelingt es, die durch eine Variante verursachten Kosten dieser *verursachungsgerecht* zuzuordnen, so werden

- Kosteneinsparpotenziale bzw. Mehrkosten aufgezeigt, die sich durch den Wegfall oder das Angebot von Varianten ergeben können, und damit
- Potenziale zur Effizienzsteigerung offengelegt (Kostengestaltungsfunktion),
- Anreize für ein Management und insbesondere für eine Begrenzung der Varianten- bzw. Typen-Vielfalt geschaffen (Ordnungsfunktion),
- Subventionen von kleinstückzahligen Erzeugnisse durch Großserienerzeugnisse unterbunden (Preisbildungsfunktion).

Diese Transparenz der Variantenkosten fördert die Bereitschaft, die Produktprogramm-Komplexität infrage zu stellen. Gleichzeitig darf die Erweiterung des bestehenden Kostenrechnungsinstrumentariums aber nicht ihrerseits zu einer Erhöhung der Komplexität im Unternehmen führen; insofern muss die Variantenkalkulation einfach und praktikabel ausgestaltet werden.

3 Konzeption einer Variantenkalkulation

Über Stücklisten und Arbeitspläne lassen sich die Einzelkosten, die durch ein Produkt bzw. eine Produktvariante entstehen, klar nachvollziehen und eindeutig zuordnen. Bei den allgemeinen Kosten eines Unternehmens ist hingegen die Kausalität zwischen Kostenanfall und Produktvielfalt nicht unmittelbar erkennbar. Zur Lösung dieser Probleme wurden in Literatur und Praxis verschiedene Ansätze untersucht. Das Spektrum reicht von sehr differenzierten, jedoch komplexen und damit aufwendigen Verfahren bis hin zu weniger differenzierten, aber geeignete Verfahren.[6] Nahezu alle Vorschläge zielen im Kern auf den Einsatz der Prozesskostenrechnung[7] ab, die sich in mehreren Schritten vollzieht.

---

[6] Vgl. hierzu beispielsweise Schuh (2005), S. 201 ff. Dort wird eine „Ressourcenorientierte Prozesskostenrechnung (RPK)" vorgeschlagen.

[7] Ausführlich zur Prozesskostenrechnung siehe beispielsweise bei Joos-Sachse (2006), S. 320–339.

Variantenmanagement

Zunächst ist eine umfassende Analyse der Unternehmensprozesse durchzuführen, die Hinweise gibt, inwieweit Varianten Komplexitätskosten verursachen. Die Auswertung von Stellenbeschreibungen, Arbeitsaufzeichnungen und Zeiterfassungen einzelner Tätigkeiten dienen dabei als Grundlage zur Beantwortung der Frage, welche Aktivitäten durch Varianten ausgelöst werden.

Ablauf der Variantenkalkulation im Überblick

Als alleiniger Kostentreiber wird damit die Variante in den Fokus der Betrachtungen gestellt. Hierzu werden zunächst sämtliche Prozesse, deren Aufwand maßgeblich durch die Anzahl der Produktvarianten beeinflusst wird, von solchen separiert, die variantenneutral agieren. Anschließend erfolgt eine Quantifizierung der konkreten variantenabhängigen Kosten je Prozess. Der Variantenaufwand wird hierzu zunächst je Prozess bzw. Abteilung in Personaljahren beziffert und erst anschließend in Euro umgerechnet. Durch Division dieser vielfaltinduzierten Prozesskosten durch die Anzahl der Varianten erhält man anschließend das Gemeinkostenvolumen pro Variante. Abschließend wird dieses durch die variantenspezifische Produktionsmenge dividiert und man erhält schließlich die Variantenkosten pro Stück.

$$\text{Variantenkosten pro Stück} = \frac{\text{Prozesskosten} \times \text{variantenabhängiger Anteil}}{\text{Anzahl der Varianten} \times \text{Produktionsmenge}}$$

Beispiel: Gemeinkosten-Verteilung

Gemeinkosten der analysierten Unternehmensbereiche	= 4,5 Mio. EUR
davon laut Prozessanalyse variantenabhängig	= 65 %
Anzahl der gefertigten Produktvarianten	= 45
Produktionsmenge der 45 Varianten	= 10.000 Stück

Damit betragen die variantenabhängigen Gemeinkosten 6,50 EUR pro Stück!

Diese scheinbar einfache Berechnung erfordert jedoch detaillierte Analysen und umfassende Diskussionen im Unternehmen, wie nun im Nachfolgenden erläutert wird.

Schritt 1: Bestimmung vielfaltinduzierter Aufwendungen

In einem ersten Schritt sind sämtliche Unternehmensbereiche und -prozesse zu analysieren. Tätigkeiten, Abläufe und Verfahren sind per Interview, durch Auswertung von Stellen- und Arbeitsplatzbeschreibungen sowie durch Aufzeichnungen der Mitarbeiter zu erfassen und auf ihre Variantenrelevanz hin zu überprüfen.

Detaillierte Prozessanalyse durchführen

Umsetzung & Praxis

Varianten-induzierte Tätigkeiten identifizieren

Gerade in den Funktionsbereichen Entwicklung und Konstruktion sowie technische und kaufmännische Verwaltung können dabei zahlreiche Tätigkeiten als variantenabhängig identifiziert werden.[8] Der Verlauf der Variantenkosten kann dabei meist als proportional betrachtet werden (z. B. Erstellung von Arbeitsplänen, Anlage von Stücklisten), in einigen wenigen Fällen sind aber auch überproportionale Anstiege zu verzeichnen (z. B. Reihenfolgeplanung in der Fertigung).[9]

Dieser aufwendigste Schritt hin zu einer Variantenkalkulation ist meist nur einmalig durchzuführen. In mehrjährigen Abständen empfiehlt sich dann allenfalls eine Aktualisierung der Prozessdokumentationen, die im Zuge von geforderten Zertifizierungen des Unternehmens und dazugehörigen Qualitätshandbüchern meist sowieso erstellt werden müssen.

Schritt 2: Unternehmensindividuelle Definition einer Variante

Varianten abgrenzen und definieren

Ein wichtiger und unternehmensindividuell zu klärender Aspekt ist die Frage, was genau unter einer Variante zu verstehen ist. Nach *Heina* liegt bereits dann eine Variante vor, wenn „sich ein Produkt in mindestens einer Merkmalsausprägung von der Grundversion" unterscheidet.[10] Damit müsste man jeden Artikel, auch wenn er sich beispielsweise „nur" durch die Farbe unterscheidet, als eigene Variante betrachten.

DIN 199 beschreibt Varianten als „Gegenstände ähnlicher Form oder Funktion mit einem in der Regel hohen Anteil identischer Gruppen oder Teile"[11]. Demnach könnten ähnliche Artikel zu einer Erzeugnisfamilie zusammengefasst und diese dann als Variante betrachtet werden. Dies hätte den Vorteil, dass die Zahl der Kalkulationsobjekte reduziert und damit die Komplexität einer Variantenkalkulation begrenzt wird. Entscheidend für die Definition ist jedoch letztlich, wie genau das Unternehmen kalkulieren möchte.

Schritt 3: Bestimmung der Kosten pro Variante mithilfe der Abteilungs-Varianten-Matrix

Im nächsten Schritt ist der konkrete variantenabhängige Prozessaufwand auf Basis der ermittelten Prozessdaten (vgl. Schritt 1) zu bestimmen. Dabei stellt sich die Frage, ob jede Variante denselben Aufwand verursacht oder ob die Varianten unterschiedliche Verwaltungs- und Betreuungsintensitäten aufweisen.

---

[8] Reiners/Sasse (1999), S. 229.
[9] Vgl. hierzu ausführlicher Reiners/Sasse (1999), S. 229. Die dort veröffentlichte Tabelle beschreibt detailliert und umfassend typische Teilprozesse eines Industriebetriebs und deren Variantenabhängigkeit.
[10] Vgl. Heina (1999), S. 5.
[11] DIN 199 (1977), S. 9.

Sind keine Unterschiede erkennbar, stellt sich die Rechnung relativ einfach dar: Die Variantenkosten aller relevanten Abteilungen werden dann durch die Gesamtanzahl der Varianten des Unternehmens dividiert. Man erhält einen konstanten Kostensatz für jede Variante des Unternehmens. Durch die sich anschließende Division durch die Produktionsmenge ergeben sich die Variantenkosten je Stück.

Weist das Unternehmen hingegen eine sehr heterogene Produktstruktur auf – was in der Praxis häufig der Fall sein wird – und verursachen die Produktvarianten unterschiedlichen Betreuungs- bzw. Bearbeitungsaufwand, so scheint eine differenzierte Betrachtung der Varianten geboten. Hier empfiehlt sich der Einsatz der Abteilungs-Varianten-Matrix (vgl. Abb. 3). Diese hat sich für diese Zwecke als sehr vorteilhaft erwiesen, da sie sehr einfach zu handhaben ist.

In ihr werden die variantenspezifischen Aufwendungen aller Abteilungen analytisch auf die Varianten des Unternehmens verteilt. Die Quantifizierung erfolgt dabei zunächst meist anhand der Personalkapazität in Stunden oder in Personaljahren (Pj). Erst anschließend werden die Aufwendungen über abteilungsspezifische Stundensätze in Geldbeträge umgerechnet.

So wird beispielsweise in Abb. 3 die Personalkapazität der Abteilung 506201 in Höhe von 6 Personaljahren (Pj) auf die Variante 4711 in Höhe von 1 Pj und auf die Variante 4712 in Höhe von 3,5 Pj verteilt. Die verbleibende Restkapazität von 1,5 Pj sowie deren entsprechende Kosten, sogenannte nicht variantenabhängige Aufwendungen, werden gesondert auf die Produkte verrechnet, beispielsweise durch traditionelle Zuschlagssätze oder durch einfache Divisionskalkulation.[12]

In der Summe ergibt sich damit beispielsweise für Variante „4711" ein Aufwand von 14,5 Personaljahren bzw. 1.069.500 EUR. Das gesamte Variantenkostenvolumen wird in dem Beispielunternehmen mit 53,75 Personaljahren und rund 4,3 Mio. EUR beziffert.

---

[12] Eine ähnliche Vorgehensweise beschreibt Joos-Sachse (2006), S. 332f., in Anlehnung an Horváth/Mayer (1989), S. 218 f. Dort wird vorgeschlagen, die Abteilungskosten grundsätzlich in einen produktionsvolumenabhängigen und einen variantenabhängigen Teil aufzuspalten. Das Variantenkostenvolumen wird anschließend pauschal durch die Anzahl der vom Unternehmen insgesamt angebotenen Varianten dividiert. Für jede Variante wird damit derselbe Kostensatz angesetzt.

Umsetzung & Praxis

Abteilungs-Varianten-Matrix
Verteilung des variantenabhängigen Personalaufwands auf Varianten

	Personalkap. Abt.kosten	Variante 4711	Variante 4712	Variante 4713	Variante 4714	Summe 4711 bis 14	Rest-Kapa., Restkosten
Abteilung 506201	6 800.000 €	1 133.333 €	3,5 466.667 €	0 €	0 €	4,5 600.000 €	1,5 200.000 €
Abteilung 506202	16 1.500.000 €	2 187.500 €	1,5 140.625 €	4 375.000 €	0,5 46.875 €	8 750.000 €	8 750.000 €
Abteilung 506203	25 2.200.000 €	4 352.000 €	0 €	9 792.000 €	1 88.000 €	14 1.232.000 €	11 968.000 €
Abteilung 506204	6 700.000 €	1,5 175.000 €	2 233.333 €	1 116.667 €	0,75 87.500 €	5,25 612.500 €	0,75 87.500 €
Abteilung 506205	4,5 450.000 €	0 €	0 €	1,5 150.000 €	1 100.000 €	2,5 250.000 €	2 200.000 €
Abteilung 506206	12 220.000 €	3 55.000 €	2,5 45.833 €	0 €	1 18.333 €	6,5 119.167 €	5,5 100.833 €
Abteilung 506207	25 2.500.000 €	3 300.000 €	5 500.000 €	2 200.000 €	3 300.000 €	13 1.300.000 €	12 1.200.000 €
Personaljahre / Kosten je Variante	94,5 7.570.000 €	14,5 1.069.500 €	14,5 919.792 €	17,5 1.633.667 €	7,25 640.708 €	53,75 4.263.667 €	40,75 3.306.333 €

Varianten- bzw. typspezifische Kosten: Verrechnung per Festbetrag pro Variante

Verrechnung über Zuschläge

(Variantenrelevante Abteilungen)

Abb. 3: Ermittlung des variantenspezifischen Aufwands

▪ Schritt 4: Ermittlung der Variantenkosten pro Stück

Im letzten Schritt erfolgt die Mengenorientierung der Kalkulation, die zu einer verursachungsgerechten Kostenverteilung zwischen „Rennern" und „Exoten" führt. Die bis dato ermittelten Kostenvolumina je Variante werden durch die individuelle Produktionsmenge der einzelnen Varianten dividiert. Man erhält somit einen stückbezogenen Festbetrag, der als eigenständiges Element in die Produktkalkulation eingestellt wird.

Beispiel: Variantenkosten in der Kalkulation
Stückkosten der Variante 4711 = 1.069.500 EUR : 120.000 Stück = 8,91 EUR/Stück

Würde es sich bei Variante 4711 hingegen nur um eine Kleinserie von 9.000 Stück handeln, so würden die Variantenkosten je Stück auf 118,83 EUR ansteigen. Dieser in der Literatur als Degressionseffekt bezeichnete Kostenunterschied würde bei einer einzelkostenbasierten Zuschlagskalkulation nicht auftreten; mit der hier beschriebenen Variantenkalkulation wird hingegen die gewünschte verursachungsgerechte Kostendifferenzierung zwischen „Rennern" und „Exoten" ermöglicht.

Abschließend werden die so ermittelten stückbezogenen Variantenkosten in der Produktkalkulation als eigenständiges Kalkulationselement berücksichtigt:

Materialeinzelkosten (MEK)		100,00
+ Materialgemeinkosten (MGK)	10 % von MEK	10,00
+ Fertigungseinzelkosten (FEK)		45,00
+ Fertigungsgemeinkosten (FGK)		112,50
= Herstellkosten (HK)		267,50
+ Vertriebs- und Verwaltungsgemeinkosten	20 % von HK	53,50
+ Variantenabhängige Gemeinkosten	Festbetrag	8,91
= Selbst- bzw. Gesamtkosten (SK)		329,91

Tab. 2: Ermittlung der stückbezogenen Variantenkosten

4 Wirkungsweise einer „Typ-Mengen-orientierten Gemeinkostenkalkulation" (TMOGK)

Aufgrund dieser typspezifischen Verteilung der variantenabhängigen Kosten einerseits und der mengenbasierten Verrechnung andererseits kann man auch von einer „Typ-Mengen-orientierten Gemeinkostenrechnung (TMOGK)" sprechen. Dadurch wird den eingangs gestellten Forderungen nach mehr Transparenz und Verursachungsgerechtigkeit in mehrfacher Hinsicht entsprochen.

Allein die Kenntnis, was eine Variante kostet, wird die Diskussion über die Rentabilität einzelner Varianten anstoßen, was insbesondere für Kleinserienprodukte gilt. Es werden damit Anreize gegeben, das Produktportfolio und dessen Vielfalt zu begrenzen. Gleichzeitig hilft die Variantenkostenrechnung, Kosteneinsparpotenziale zu quantifizieren, die sich mit Wegfall einer Variante ergeben. — Kosteneinsparpotenziale werden aufgezeigt

Des Weiteren ermöglicht die Variantenkalkulation eine verursachungsgerechte Verteilung von Gemeinkosten. Dies gilt insbesondere für Unternehmen mit einem heterogenen Produktspektrum. Denn mit der Variantenkalkulation werden variantenabhängige Gemeinkosten nicht mehr einzelkostenabhängig (traditionelle Zuschlagskalkulation) auf die Produkte verrechnet, sondern analytisch über das „TMOGK"-Verfahren (Stichwort: Abteilungs-Varianten-Verfahren) verteilt. Varianten mit hoher Betreuungsintensität werden entsprechend hohe Gemeinkosten zugeordnet; auf Produkte mit geringerer Betreuungsintensität werden entsprechend geringere Gemeinkosten verrechnet. Diese verursachungs- — Kosten werden variantenverursachungsgerecht zugeordnet gerechte Kostenverteilung ist in der Prozesskostenrechnung unter dem Begriff *Allokationseffekt* bekannt.

> **Beispiel: Allokationseffekt**
> Variante 4711: 14,50 Pj, 1.069.500 EUR Variantenkosten, 120.000 Stück
>
> Variante 4714: 7,25 Pj, 640.708 EUR Variantenkosten, 120.000 Stück
>
> Damit Variantenkosten pro Stück:
>
> Variante 4711 = 1.069.500 EUR : 120.000 Stück = 8,91 EUR/Stück
>
> Variante 4714 = 640.708 EUR : 120.000 Stück = 5,33 EUR/Stück
>
> Aufwandsbedingte Differenz (Allokationseffekt): 3,58 EUR pro Stück

Ebenso erreicht man bei Anwendung des TMOGK-Verfahrens den sogenannten *Degressionseffekt*. Dieser bewirkt eine kalkulatorisch exakte Abgrenzung zwischen groß- und kleinstückzahligen Erzeugnissen, indem man die gesamten Kosten einer Variante durch deren Stückzahl dividiert.

> **Beispiel: Degressionseffekt**
> Variante 4711: 14,5 Pj, 1.069.500 EUR Variantenkosten, 120.000 Stück
>
> Variante 4712: 14,5 Pj, 1.069.500 EUR Variantenkosten, 15.000 Stück
>
> Damit Variantenkosten pro Stück:
>
> Variante 4711 = 1.069.500 EUR : 120.000 Stück = 8,91 EUR/Stück
>
> Variante 4712 = 1.069.500 EUR : 15.000 Stück = 71,30 EUR/Stück
>
> Mengenbedingte Differenz (Degressionseffekt): 62,39 EUR/Stück

Die gewünschte verursachungsgerechte Kalkulation von Varianten und die angestrebte Kostendifferenzierung werden somit sichergestellt. So offengelegten Kostenunterschiede zwischen den einzelnen Varianten stoßen i. d. R. eine Diskussion über die Variantenrentabilität und damit über das Angebot einzelner Varianten an. Es werden weitere Anreize gegeben, über die Komplexität des Produktprogramms nachzudenken und Maßnahmen zu ergreifen, um diese zu begrenzen oder erst gar nicht am Markt anzubieten. Insofern ist gerade die Variantenkalkulation für das Variantenmanagement ein unentbehrliches Instrument; nur mit ihrer Hilfe kann das Management für die eingangs beschriebenen Probleme steigender Prozesskosten aufgrund steigender Variantenzahl ausreichend sensibilisiert werden.

5 Fazit: Kostentransparenz führt zu effektivem Variantenmanagement

Für Zwecke der kostenorientierten Preisbildung ist die Variantenkalkulation nur bedingt einsetzbar. Denn die Mengenorientierung bewirkt hohe Stückkosten in der Einführungs- sowie in der Auslaufphase einer Variante. Marktabhängig können diese aber meist nicht an den Kunden weitergereicht werden. Stattdessen werden – wie Abb. 4 verdeutlicht – von den Kunden auf Basis eines vom Markt akzeptierten Einstiegspreises kontinuierliche Senkungsraten erwartet, die der Kunde mit Lernkurveneffekten und Rationalisierungsmaßnahmen begründet. Preisanhebungen in der Auslaufphase sind damit eigentlich ausgeschlossen, sofern diese nicht als Mindermengenzuschläge deklariert werden können.

Vorsicht bei der kostenorientierten Preisbildung

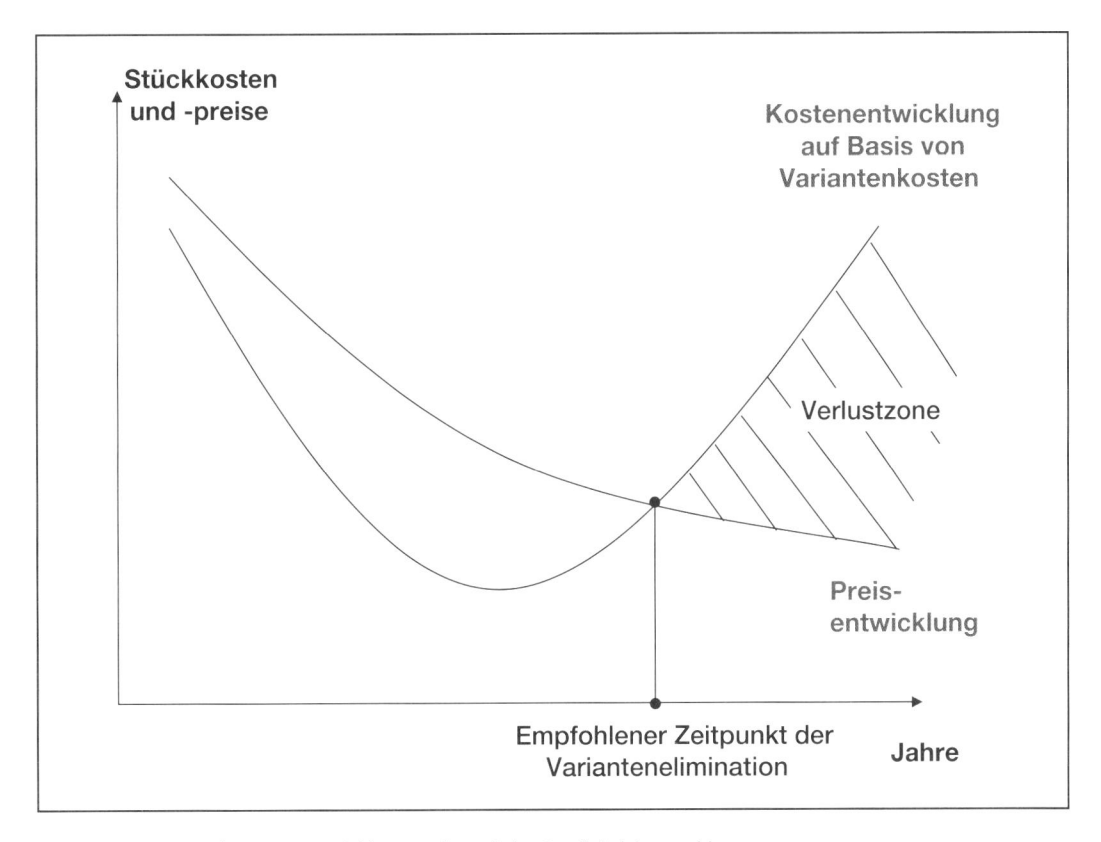

Abb. 4: Preis- und Kostenentwicklung während des Produktlebenszykluses

Dies ist aber insofern nicht gravierend, als in der Zeit gesättigter, wettbewerbsintensiver Märkte Preise in den seltensten Fällen in Form einer reinen Gewinnzuschlagsrechnung auf Basis von stückbezogenen

Selbstkosten erhoben werden. Andere Instrumente, wie beispielsweise der Ansatz des Target Costing und der Einsatz einer Lebenszyklusbetrachtung, bieten diesbezüglich bessere Entscheidungshilfen bei der Preisfindung.

In jedem Fall gibt aber nur eine Variantenkalkulation die steigenden Stückkosten in der Auslaufphase korrekt wieder, was bei konstanten bzw. sinkenden Marktpreisen exakt das Signal zur Einstellung einer Variante gibt. Insofern ist gerade die Variantenkalkulation für das Variantenmanagement, mit dem Ziel der Begrenzung von Produktvarianten, ein unentbehrliches Instrument. Nur mit ihrer Hilfe kann das Management für die Probleme steigender Prozesskosten aufgrund steigender Varianten ausreichend sensibilisiert werden und die Effizienz des Produktprogramms gesichert werden.

6 Literaturhinweise

Franke/Hesselbach/Huch/Firchau, Variantenmanagement in der Einzel- und Kleinserienfertigung, 2002.

Heina, Variantenmanagement. Kosten-Nutzen-Bewertung zur Optimierung der Variantenvielfalt, 1999.

Horváth/Mayer, Prozesskostenrechnung, in: Controlling 4/1989, S. 214–219.

Joos-Sachse, Controlling, Kostenrechnung und Kostenmanagment. 4. Aufl. 2006.

Lösch, Controlling der Variantenvielfalt. Eine koordinationsorientierte Konzeption zur Steuerung von Produktvarianten, 2001.

Rathnow, Integriertes Variantenmanagement, 1993.

Reiners/Sasse, Komplexitätskostenmanagement, in: krp 4/1999; S. 222–232.

Schuh, Produktkomplexität managen, 2. Aufl. 2005.

Schulte, Effektives Kostenmanagement: Methoden und Implementierung, 1992, S. 83–94.

Erfolgreiche Zusammenarbeit zwischen Manager und Controller

- Controlling ist Zusammenarbeit zwischen Personen. Die Qualität dieser Zusammenarbeit wird durch intrapersonelle, interpersonelle und apersonelle Faktoren bestimmt.
- Voraussetzung einer erfolgreichen Zusammenarbeit im Controlling ist ein gemeinsames Controlling-Verständnis. Die Vielzahl unterschiedlicher Varianten des Controllings in Theorie und Praxis erschwert dies und zeigt die Notwendigkeit von unternehmensinternen Abstimmungen.
- Kenntnisse über Persönlichkeits- und Kommunikationsmodelle unterstützen den Controller in der empfängerorientierten Zusammenarbeit und Kommunikation mit dem Management.

Inhalt		Seite
1	Was macht Controlling erfolgreich?	184
2	Psychologische Faktoren der Interaktion zwischen Manager und Controller	185
2.1	Interaktionsbeziehung Controlling	185
2.2	Intrapersonelle Faktoren des Controllings	187
2.2.1	Controllers Rollenerwartung	187
2.2.2	Gemeinsames Controlling-Verständnis	189
2.2.3	Controlling – eine Frage der Persönlichkeit(en)	190
2.3	Interpersonelle Faktoren des Controllings	194
2.3.1	Kommunikation im Controlling	194
2.3.2	Informationen persönlich verpackt	195
2.3.3	Das SIDA-Modell für eine bessere Kommunikation	197
2.4	Apersonelle Faktoren des Controllings	201
3	Fazit	202
4	Literaturhinweise	202

- Die Autorin

Marion Kellner-Lewandowsky, Dipl.-Wirtschaftsinformatikerin und Master der Organisationspsychologie, arbeitet als Managementtrainerin und -beraterin für Controlling, Kommunikation und Organisationsentwicklung. Sie ist stellvertretende Leiterin des AK Versorgungswirtschaft im ICV.

Umsetzung & Praxis

1 Was macht Controlling erfolgreich?

Konflikt zwischen Unabhängigkeit und Führungsbeteiligung

Die Entwicklungsgeschichte des Controllings wird als erfolgreich bezeichnet und dabei werden besonders die Nähe zur Unternehmensführung sowie der spürbare Einfluss der Controller auf das Management und dessen Entscheidungen hervorgehoben.[1] Doch gerade diese Nähe zur Unternehmensführung und die Einbeziehung der Controller in die Führungs- und Entscheidungsprozesse des Managements beinhalten das Potenzial für Konflikte zwischen der Unabhängigkeit der Controller einerseits und der Mitverantwortung durch die Beteiligung an der Führung andererseits.[2]

Controller unterstützen die Führung

Controlling ist Führungsunterstützung. Aber damit unterstützt der Controller denjenigen in der Führung, von dem er selbst auch geführt wird. Wie ein Controller es einmal ausdrückte: „Ich muss manchmal gerade dem Manager unangenehme Informationen vermitteln, der letztlich über mein Gehalt und meinen Urlaub entscheidet."

Controller als interne Berater nicht immer gefragt

Nicht selten offenbaren sich Frust und Unmut über die erlebte Zusammenarbeit mit Controllern. Controller werden teilweise als *Handlanger* der Führung oder des Konzern-Controllings erlebt, ihr „Einmischen" wird als *störend* und *bremsend* empfunden. Die Einstellung gegenüber Controllern ist nicht selten zwiespältig.

Auf der anderen Seite berichten auch Controller über

- mangelnde Anerkennung ihres Beitrags zum Unternehmenserfolg,
- unzureichende Einbindung in wichtige Unternehmensprojekte oder
- stete Ausweitung ihres Aufgabenfelds.

In der Ausbildung lernen Controller, „Berater des Management"[3] zu sein, „Führungsunterstützung und Rationalitätssicherung"[4] zu leisten. In der Praxis erleben sie jedoch, dass ihre Unterstützung nicht immer gefragt ist.

Was macht Zusammenarbeit erfolgreich?

Das bloße Vorhandensein von Controlling mit den entsprechenden Personen, Systemen und Prozessen reicht offensichtlich nicht aus, um eine erfolgreiches, für alle Beteiligten zufriedenstellendes Controlling zu etablieren. Es stellt sich die Frage, welche Faktoren die Zusammenarbeit zwischen Manager und Controller beeinflussen und wie diese Zusammenarbeit verbessert werden kann. Was also macht Controlling wirklich erfolgreich?

---

[1] Vgl. Weber et al., Controlling 2006 – Stand und Perspektiven, 2006, S. 4.
[2] Bauer, Controllership in Deutschland – Zur erfolgreichen Zusammenarbeit von Controllern und Managern, 2002, S. 7.
[3] Vgl. Leitbild Controlling der IGC.
[4] Vgl. Weber, Einführung in das Controlling, 1999.

2 Psychologische Faktoren der Interaktion zwischen Manager und Controller

2.1 Interaktionsbeziehung Controlling

„Controlling passiert, wenn Manager und Controller zusammenarbeiten."[5] So steht es im Controller-Wörterbuch der International Group of Controlling und so stellt es sich in der bekannten Grafik der beiden überschneidenden Kreise dar, welche den Verantwortungsbereich des Managers und den des Controllers aufzeigen, in deren Schnittmenge das Controlling dargestellt ist.

Vernachlässigt wird aber, dass es Menschen sind, welche die Funktionen des Managers und des Controllers einnehmen. Diese Menschen bringen in ihre Interaktionen ihre eigenen Erwartungen, Anforderungen, Ziele, Vorlieben, ihre ganze eigene Person ein.

Controlling wird von Menschen betrieben

Das Modell der überschneidenden Kreise müsste aus psychologischer Sicht, wie in Abb. 1, dargestellt werden.

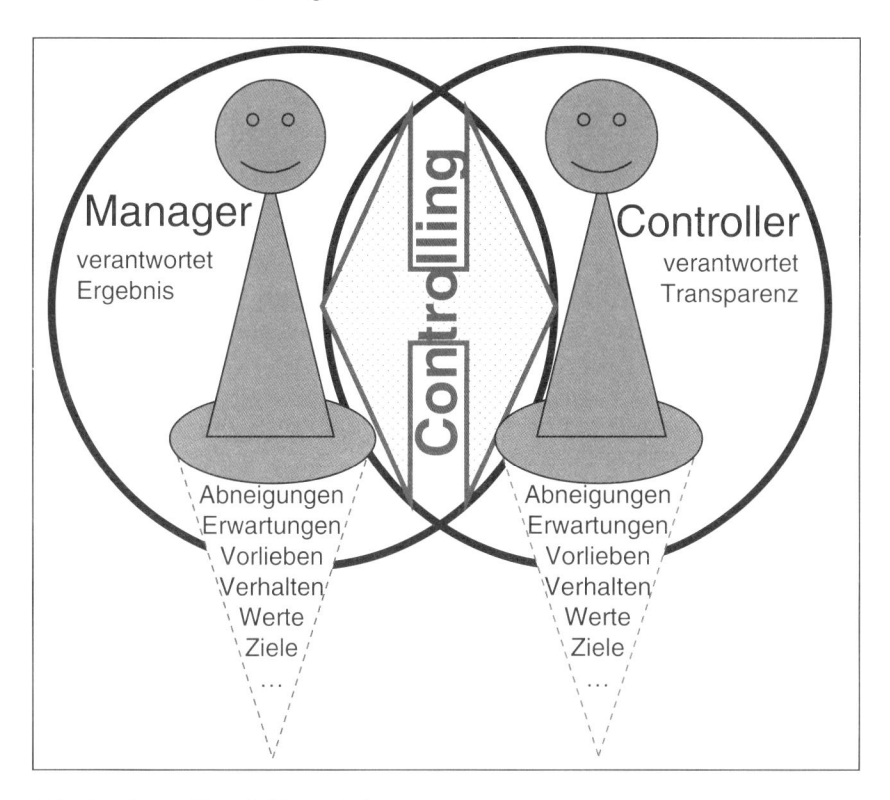

Abb. 1: Controlling als Teamarbeit

---
[5] IGC (Hrsg.), Controller-Wörterbuch, 3. Aufl. 2005, S. 56.

Interaktionen sind in der Sozialpsychologie als „gegenseitige Beeinflussung von Individuen innerhalb von und zwischen Gruppen und die dadurch entstehenden Änderungen des Verhaltens oder der Einstellungen, Meinungen etc."[6] definiert. Das Controlling stellt sich als ein Prozess der Interaktion zwischen den beteiligten Personen Manager und Controller dar.

Im einfachsten Fall ist dies eine 1:1-Beziehung. In der Realität stehen einem oder mehreren Controller(n) oftmals aber mehrere Manager gegenüber. Die Zusammenarbeit dieser Personen wird wesentlich von den Personen und ihrer Fähigkeit, miteinander zu interagieren, bestimmt.

Für eine optimale Gestaltung der Zusammenarbeit zwischen Manager und Controller ist es wichtig, die Faktoren zu kennen, welche die Interaktionsbeziehung im Controlling beeinflussen. Aus verhaltenswissenschaftlicher Sicht sind dies:

- **intrapersonelle Faktoren** – psychische Phänomene, welche in einer der beteiligten Personen selbst angelegt sind,
- **interpersonelle Faktoren** – alle Aspekte, die zwischen den beteiligten Personen auftreten, und
- **apersonelle Faktoren** – systembedingte Faktoren der Umwelt, der Situation, der Rahmenbedingungen, welche die Interaktion beeinflussen.

Für die Interaktion zwischen Controller und Manager spielen nachfolgende Faktoren eine wichtige Rolle.

Intrapersonelle Faktoren	Interpersonelle Faktoren	Apersonelle Faktoren
• Erwartungen • Ziele • Werte • Anforderungen • Persönlichkeit/Typ • Qualifikation, Wissen • Fähigkeiten und Fertigkeiten • Wahrnehmung • Einstellungen, Vorurteile • Motivation • Emotionen	• Art und Weise der Interaktion • Kommunikation • Verteilung von Verantwortung • Gegenseitiges Rollenverständnis • Führungsstil • Macht und Einfluss	• Führungs- und Steuerungskultur im Unternehmen • Aufgabenverteilung und -festlegung • Formale Regelungen • Organisationsstruktur • Unternehmenskultur • Unternehmenshistorie • Branche

---

[6] Dorsch/Häckel/Stapf, Psychologisches Wörterbuch, 11. Aufl. 1987, S. 315.

2.2 Intrapersonelle Faktoren des Controllings

Intrapersonelle Faktoren beziehen sich auf die jeweilige Person. Sie müssen für den Controller und den Manager separat berücksichtigt werden. So gibt es beispielsweise Erwartungen des Controllers an

- seine Aufgaben,
- seine Rolle,
- seine Einflussmöglichkeiten oder auch
- sein Gegenüber.

Intrapersonelle Faktoren der Person von Controller oder Manager

Er bringt seine Person mit bestimmten Neigungen und einem bestimmten Typus in das Controlling ein, mit einer bestimmten Wahrnehmungsfähigkeit und vorhandenen Einstellungen. Der Controller hat Ziele und Werte (persönliche, berufliche, von anderen übernommene oder eigene, öffentliche und nicht veröffentlichte), welche seine Arbeit im Controlling beeinflussen. Im besten Fall passen diese verschiedenen Ziele und Werte zu seiner Arbeit, anderenfalls kann es zu intrapersonellen Konflikten kommen. Ein typischer intrapersoneller Konflikt kann beispielsweise in einer Situation auftreten, in der vom Controller eine Wirtschaftlichkeitsberechnung für eine Verlagerung des Produktionsstandortes ins Ausland durchgeführt werden soll, deren Umsetzung zum Arbeitsplatzabbau für – vielleicht auch befreundete – Mitarbeiter führen wird. Ethisch-moralische Wertvorstellungen und die von Controllern oftmals angestrebte Neutralität und Objektivität können hier zu inneren Konflikten führen. Dies gilt ebenso für den Manager.

So treffen im Controlling (mindestens) zwei Personen mit eigenen Vorstellungen, Verhaltensstilen, Bedürfnissen usw. aufeinander. Wenn diese Personen in der Zusammenarbeit gut miteinander „können", spricht man oft davon, dass „die Chemie stimmt". Wenn nicht, kann es wie in allen anderen zwischenmenschlichen Interaktionen zu tiefgehenden Konflikten kommen, die es im Controlling als Führungsunterstützung jedoch besonders zu vermeiden gilt.

Stimmt die Chemie im Controlling?

2.2.1 Controllers Rollenerwartung

Betrachten wir einmal die Erwartungen des Controllers an seine Rolle. In der Studie „Controlling 2006 – Stand und Perspektiven des Controllings" wurden Controller gefragt, in welchem Rollenbild sie von ihrem Management wahrgenommen werden. Zwei Drittel der Controller sahen sich als interner Berater, die Hälfte als ökonomisches Gewissen und etwa ein Drittel als Kontrolleur. Für die Zukunft gaben sich die Controller die Zielsetzung, sich vor allem von negativ besetzten Rollenbildern weiter

Umsetzung & Praxis

lösen zu wollen und sich stärker noch als Gestalter und Treiber des Wandels zu positionieren.[7]

Selbstbild versus Fremdbild

Nun spiegelt sich in diesen Angaben vor allem die Selbstwahrnehmung der Controller wider. Und dieses muss nicht zwingend mit dem Bild, welches Manager mit dem Controller verbinden, übereinstimmen.

Nicht selten berichten Controller, dass sich in der Praxis die ihrem eigenen Rollenverständnis entsprechenden Erwartungen an die Aufgaben und die Einbindung des Controllings nicht umsetzen lassen. Sie sagen aus, dass sie *„idealerweise als Berater der Führungskraft"* auftreten wollen und dies ihre *„Wunschrolle"* ist, sie aber aus der *„Rechenknechtrolle ... nicht rauskommen"* und eher *„Dienstleister als Berater sind, weil das Management eben gern auch glaubt, es kann alles selber."*[8]

Eine Gegenüberstellung von Selbstbild und Fremdbild in Abb. 2 verdeutlicht das Konfliktpotenzial.

	Wie sieht der Manager den Controller?	
	Als ...	**Nicht als ...**
Wie sieht sich der Controller? **Als ...**	„Herr über die Zahlen" Dienstleister	*Internen Berater* *Change Agent* *Rationalitäts- sicherer*
Nicht als ...	*Erbsenzähler* *„verlängerten Arm der Führung"*	Chefbuchhalter Revisor Strategen

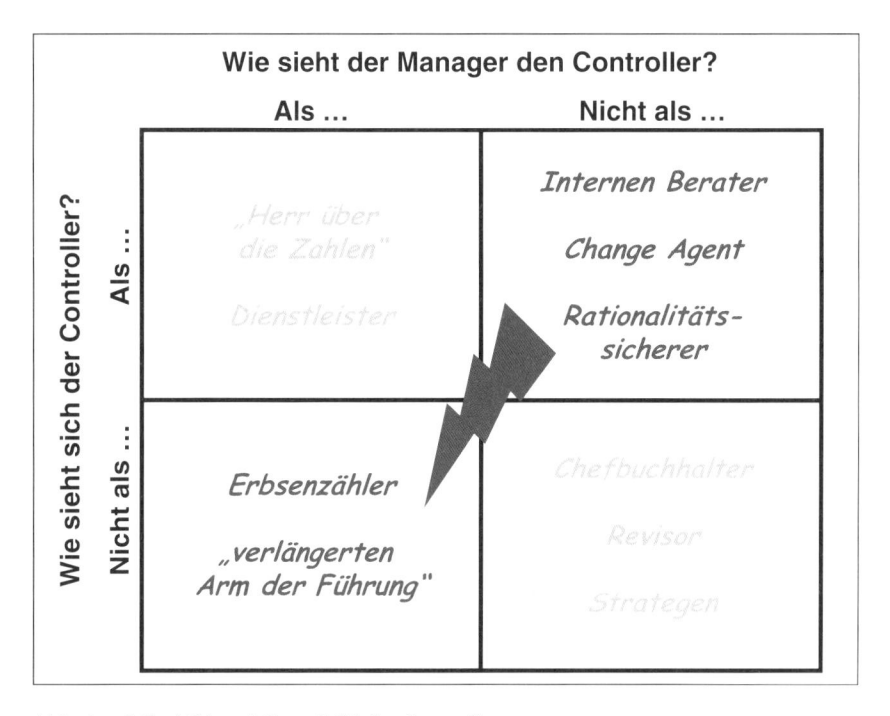

Abb. 2: Selbstbild und Fremdbild des Controllers

---

[7] Weber et al. (2006), S. 44.
[8] Kellner-Lewandowsky, Das Erleben und Verhalten der Controller in der Interaktionsbeziehung mit dem Management, 2007, S. A46 f.

Hinter diesen Rollenbildern verbergen sich Denkmuster und Einstellungen, welche im ungeklärten, unterschwelligen Zustand die Zusammenarbeit im Controlling stark belasten können. Es empfiehlt sich daher, im Abgleich des Selbstbilds (Wie sieht sich der Controller?) mit dem Fremdbild (Wie sieht der Manager den Controller?) solches Konfliktpotenzial sichtbar zu machen.

Die moderierte Auseinandersetzung zwischen Controller und Manager mit den nachfolgenden Fragen helfen, die unterschiedlichen Denkmuster aufzuzeigen und zu bearbeiten:

- Welche Rollenbilder werden welchem der vier Quadranten zugeordnet?
- Was bedeuten diese Rollen für die Teampartner?
- Welche Priorität haben diese Rollen in der Arbeit des Controllers?
- Auf welche Rollenbilder kann man sich einigen?

2.2.2 Gemeinsames Controlling-Verständnis

Bei der Diskussion solcher Fragen in einem Unternehmen offenbart sich nicht selten die fehlende Abstimmung darüber, welche Art von Controlling im Unternehmen installiert werden soll. Bei Managern – insbesondere den nicht kaufmännisch ausgebildeten – sind nicht selten nur ungefähre Vorstellungen darüber vorhanden, was Controlling eigentlich ist. Die Beteiligten agieren und reagieren ohne ein gemeinsames Controlling-Verständnis und ohne ein schlüssiges Gesamtkonzept zum Controlling.

Gemeinsames Controlling-Verständnis

Die Literatur zum Controlling macht es nicht gerade leichter. Finden sich dort doch mehrere Arten von Controlling-Verständnissen wieder. *Weber* stellt in seiner Studie dar, dass das von ihm vertretene Controlling-Verständnis der Rationalitätssicherung mit 37,4 % neben der Informationsversorgung, Planung und Kontrolle sowie Koordination das am weitesten verbreitete Verständnis ist.[9] Allerdings gilt dies eben nur aus Sicht der befragten Controller.

Der Schweizer *Lanter*, welcher in seiner Arbeit der *Beziehungsdynamik im Controlling* nachgeht, ordnet die von ihm herausgearbeiteten Controlling-Verständnisse der Fachliteratur in einem Kontinuum an. Beginnend bei einem traditionell geprägten betrieblichen Rechnungswesen als Beginn von Controlling-Aktivitäten bis zur Umsetzung des Controllings als umfassendes Denk-, Handlungs- und Steuerungsparadigma zeigt er die Bandbreite möglicher Controlling-Verständnisse auf.

Kontinuum des Controllings

---

[9] Weber et al., 2006, S. 4.

Umsetzung & Praxis

Je nachdem, wohin sich das Controlling-Verständnis in einem Unternehmen verschiebt, fällt demnach die Hauptverantwortung im Controlling mehr dem Controller oder dem Manager zu.

Reifegrad des Controllings

Rechnungswesen → Führung

Verantwortung eher beim Controller

Abstimmung erforderlich!

Verantwortung eher beim Manager

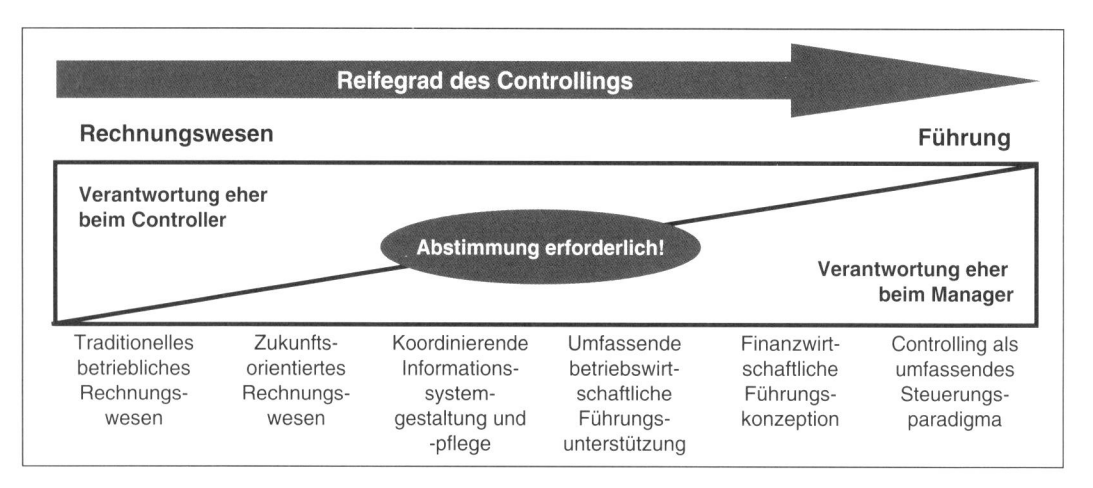

| Traditionelles betriebliches Rechnungswesen | Zukunftsorientiertes Rechnungswesen | Koordinierende Informationssystemgestaltung und -pflege | Umfassende betriebswirtschaftliche Führungsunterstützung | Finanzwirtschaftliche Führungskonzeption | Controlling als umfassendes Steuerungsparadigma |

Abb. 3: Kontinuum der Controlling-Verständnisse (weiterentwickelt nach *Lanter*[10])

Controlling-Verständnis muss mit dem Management erarbeitet werden

Ein Controlling-Verständnis kann also nicht allein vom Controller festgelegt, sondern muss in Abstimmungsprozessen zwischen den Beteiligten entwickelt und umgesetzt werden. Erst wenn ein gemeinsames Controlling-Verständnis zwischen Führungskräften und Controller entstanden ist, werden Anerkennung und Zufriedenheit mit der Controller-Arbeit möglich. Dies kann kein einmaliger Prozess sein, sondern muss sich entsprechend der Weiterentwicklung des Controllings regelmäßig wiederholen. Das Kontinuum spiegelt infolgedessen auch den Reifegrad des Controllings in einem Unternehmen wider.

Controller ist verantwortlich

Die Verantwortung für diese – einem Controlling-Konzept zugrunde liegende – Abstimmungsaufgaben liegt beim Controller. Die Erfahrungen der Praxis zeigen, dass diese Diskussionen noch zu selten geführt werden.

2.2.3 Controlling – eine Frage der Persönlichkeit(en)

Das DISG-Persönlichkeitsmodell

Neben den persönlichen Erwartungen spielt in der Controlling-Interaktion – wie in jeder anderen Beziehung auch – die Persönlichkeit der Beteiligten eine wichtige Rolle. Die Anwendung eines psychologischen Persönlichkeitsprofils zur Einschätzung des Gegenübers und auch der eigenen Person kann dabei helfen, die Zusammenarbeit im Controlling zu verbessern.

---

[10] Lanter, Beziehungsdynamik im Controlling (1996), S. 16.

Ein hilfreiches, einfaches Modell ist das **DISG-Modell nach** *William Moulton Marston*.[11] Es unterscheidet zwei Achsen der Persönlichkeitsausprägung:

1. Achse: offensiv/extrovertiert → defensiv/introvertiert
2. Achse: aufgabenorientiert → menschenorientiert

Während **offensive/extrovertierte** Menschen bestimmt auftreten und kontaktfreudig und offen auf fremde Menschen und Situationen zugehen, sind **defensive/introvertierte** Menschen eher zurückhaltend, verschlossen, nachdenklich und bewahrend.

Aufgabenorientierte Menschen sind an Leistung, Ergebnissen und Erfolgen interessiert, während **menschenorientierte** Personen stärker das Umfeld und die Bedürfnisse anderer Personen wahrnehmen und es für sich und andere angenehm gestalten wollen.

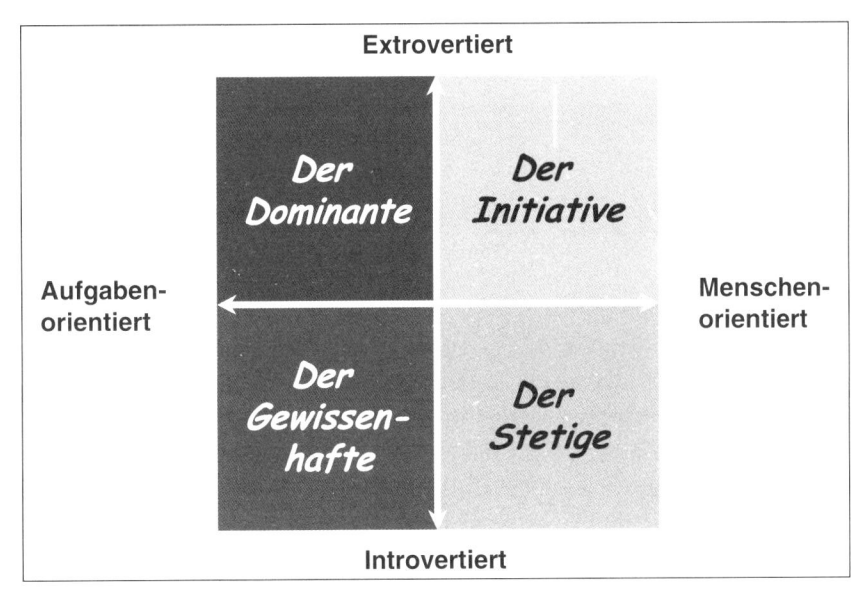

Abb. 4: DISG-Modell nach *W. M. Marston*[12]

In der Kombination dieser beiden Achsen unterscheidet das Modell vier grundlegende Verhaltensweisen von Menschen (s. Tab. 1).

---

[11] Seiwert/Gay, Das 1x1 der Persönlichkeit (1996).
[12] Nach Seiwert/Gay (1996).

Umsetzung & Praxis

Verhaltensstil	Merkmale
D – Dominant Aufgabenorientiertes und extrovertiertes Verhalten	**Bedürfnisse**: Kontrolle, Erfolg und Herausforderungen **Auftreten**: willensstark, entschlossen, wetteifernd, unabhängig und praktisch
I – Initiativ Menschenorientiertes und extrovertiertes Verhalten	**Bedürfnisse**: Einfluss, Entwicklung, Anerkennung, Gehörtwerden **Auftreten**: emotional, begeistert, beeinflussend, optimistisch, gesprächig
S – Stetig Menschenorientiertes und introvertiertes Verhalten	**Bedürfnisse**: Stabilität, Harmonie, gute Beziehungen **Auftreten**: liebenswert, unterstützend, zurückhaltend, loyal, beständig
G – Gewissenhaft Aufgabenorientiertes und introvertiertes Verhalten	**Bedürfnisse**: das Richtige richtig tun, Präzision, Genauigkeit, Wissen **Auftreten**: ernsthaft, vorsichtig perfektionistisch, empfindsam, ausdauernd

Tab. 1: Verhaltensstile nach dem DISG-Modell

Obwohl Menschen grundsätzlich Verhaltensweisen aus jedem der vier Verhaltensstile zeigen, neigen sie dazu, in bestimmten Situationen meist einen dieser Verhaltensstile tendenziell häufiger als die anderen zu zeigen.

Je nach Vermischung der Anteile aus den vier Verhaltensstilen unterscheidet *Marston* noch 15 verschiedene Ausprägungen. Zu diesen DISG-Persönlichkeitstypen zählen:

- der Entwickler,
- der Kalkulierer,
- der Überzeuger,
- der Spezialist,
- der objektive Denker etc.

Es ist hilfreich, auch die unterschiedlichen Ausprägungen zu kennen und einschätzen zu können. Hierfür wird auf das Buch von *Seiwert* und *Gay* verwiesen.

Für die Anwendung in der Praxis reicht es vorerst, die vier Grundverhaltensweisen zu verstehen. Diese sind grundsätzlich neutral, können aber aus Sicht anderer – insbesondere solcher, die andere Verhaltensweisen bevorzugen – negativ wirken (s. Tab. 2).

Erfolgreiches Controlling

DISG-Stil	Eigene Sicht (Positive Wirkung)	Andere Sicht (Negative Wirkung)
D – Dominat	• Entschieden • Schnell • Energisch • Anspruchsvoll • Selbstbewusst	• Beherrschend • Überfahrend • Autoritär • Überfordernd • Arrogant
I – Initiativ	• Ideenreich • Enthusiastisch • Emotional • Großzügig • Einflussreich	• Sprunghaft • Theatralisch • Unsachlich • Verschwenderisch • Manipulierend
S – Stetig	• Loyal • Voraussagbar • Teamfähig • Zuverlässig • Geduldig	• Unterwürfig • Unflexibel • Unterordnend • Unselbstständig • Ausnutzbar
G – Gewissenhaft	• Genau • Systematisch • Diplomatisch • Beherrscht • Analytisch	• Pedantisch • Unflexibel • Umständlich • Unbeteiligt • Bremsend

Tab. 2: Eigene Sicht und Fremdsicht auf die DISG-Verhaltensstile

Menschen fühlen sich grundsätzlich wohler mit Menschen, die ähnliche Persönlichkeits- und Verhaltensmerkmale aufweisen. Treffen Menschen zusammen, deren bevorzugte Verhaltensstile stark voneinander abweichen, so kann dies zu Unverständnis und Konflikten führen. So kann ein I(nitiativer)-Manager mit vielen, kreativen, wechselnden Ideen die Zusammenarbeit mit einem analytischen, genauen, vielleicht auch pedantischen G(ewissenhaften)-Controller anstrengend und bremsend finden.

Unterschiede im Verhaltensstil

Dennoch birgt gerade diese Unterschiedlichkeit – sofern sie transparent gemacht und verstanden wird – die Möglichkeit, sich in der Controlling-Aufgabe der Führungsunterstützung gegenseitig zu ergänzen. Ein D(ominanter)-Manager, der Leistungsziele und schnelle Erfolge fokussiert, kann so beispielsweise die Zusammenarbeit mit einem S(tetigen)-

Controller schätzen lernen, der allzu schnelles Vorgehen auch mal kritisch unter Hinweis auf die Zielstellungen hinterfragt.

Diversifikation im Team

Das Aufzeigen solcher Persönlichkeitsmodelle im Controlling hilft, sein Gegenüber zu verstehen, Toleranz zu entwickeln und sich gegenseitig zu schätzen. Es kann im Sinne der Ergänzungsfunktion des Controllers auch die notwendige Diversifikation im Team schaffen, um persönliche Verhaltenstendenzen der Führung auszugleichen.

2.3 Interpersonelle Faktoren des Controllings

Konkrete Gestaltung der Zusammenarbeit

Mit den sich hier anschließenden Fragen zur Kommunikation mit diesen unterschiedlichen Managertypen geht es in den Bereich der interpersonellen Faktoren des Controllings über. Fragen zu interpersonellen Faktoren der Zusammenarbeit zielen auf die Aspekte, wie die Beziehung zwischen den Beteiligten konkret gestaltet ist:

- Wie häufig und in welcher Form laufen die Interaktionen ab?
- Treffen sich die Beteiligten persönlich oder wird stärker auf unpersönlichen, beispielsweise elektronischen, Wegen kommuniziert?
- Wie stark sind Interaktionsprozesse geregelt und strukturiert?

Geregelte Interaktionen stärken Einbindung

Diese Faktoren können die Zusammenarbeit im Controlling immens beeinflussen. So können stark geregelte – ja fast ritualisierte, regelmäßige – Treffen dazu beitragen, die Einbindung des Controllings in den Führungsprozess zu stärken. Dagegen sind ungeregelte, seltene oder vorrangig unpersönliche Interaktions- und Kommunikationsformen weniger geeignet, das Controlling auf einen höheren Reifegrad gemäß dem oben aufgezeigten Kontinuum zu heben.

2.3.1 Kommunikation im Controlling

Kommunikation ist wichtige Controller-Aufgabe

„Controlling geht nur, wenn das Nadelöhr der Kommunikation bewältigt ist."[13] Die Kommunikation mit dem Management wird von den meisten Controllern als eine wichtige, wenn nicht sogar als die wichtigste, Aufgabe im Controlling angesehen. Controllers Hausbesuche und das Austauschen über Ziele, Zahlen und Zusammenhänge sind wichtige Einflussfaktoren für erfolgreiches Controlling. Die meisten Controller schätzen es, wenn diese Kommunikation mit den Managern persönlich und regelmäßig erfolgt. Sie fühlen sich dafür verantwortlich, die Kommunikation mit dem Gegenüber so zu gestalten, dass die Informationen ankommen und Reaktionen auslösen. Wie kann das konkret erfolgen?

---

[13] Deyhle, Controllers Kommunikationsregeln für die Alltagsarbeit, in: Probst/Schmitz-Dräger (Hrsg.), Controlling und Unternehmensführung, Bern 1985.

2.3.2 Informationen persönlich verpackt

Kenntnisse über die verschiedenen Persönlichkeiten (beispielsweise mit dem oben genannten DISG-Modell) helfen Controllern, auch die Kommunikation mit dem Management zu verbessern. Je nach Persönlichkeit und bevorzugtem Verhaltensstil haben Manager unterschiedliche Bedürfnisse an die ihnen präsentierten Informationen und den Kommunikationsstil. Die Kenntnis dieser Bedürfnisse hilft Controllern, empfängerorientierter und effizienter zu kommunizieren.

Unterschiede in Kommunikationsstil und Informationsbedarf

Während dominante und initiative Manager tendenziell einen schnellen Überblick und wenige, prägnante Informationen bevorzugen, wünschen stetige und gewissenhafte Manager oft zusätzliche Detail- und Hintergrundinformationen. Bei der Kommunikation mit initiativen und stetigen Managern ist es hilfreich, das Gespräch mit einem kleinen Smalltalk (z. B. zum Befinden, zum Urlaub, zu Hobbys etc.) zu starten, um die Beziehungsebene zu pflegen. Manager mit starker Aufgaben- und Ergebnisorientierung wünschen sich dagegen meist einen schnellen fachlichen und sachlichen Start ohne eine „persönliche Aufwärmphase".

Folgende Anforderungen an Informationen und an den Kommunikationsstil sind je nach bevorzugtem DISG-Verhaltensstil empfehlenswert:

DISG-Verhaltensstil	Informationsbedarf	Kommunikationsstil
D – Dominant	• wollen schnellen Überblick • wünschen wenige, prägnante Sachinformationen und vorbereitete Analysen • wollen auf Basis von Vorlagen schnelle Entscheidungen treffen	• wünschen vorrangig eine klare, sachliche Begegnung ohne zu viele persönliche Fragen • wollen das Gefühl haben, stets Herr der Lage und der Entscheidungen zu sein • wollen in ihrer Hierarchie berücksichtigt werden

Umsetzung & Praxis

DISG-Verhaltensstil	Informationsbedarf	Kommunikationsstil
I – Initiativ	• wollen wenige, überschaubare Informationen und keine langen Ausführungen • wollen die Möglichkeiten haben, sich <u>kreativ</u> (!) in den Analyse- und Entscheidungsprozess einzubringen	• persönliche Chemie muss stimmen! • mögen es, wenn Gespräche mit persönlichen Dingen beginnen (Urlaub, Hobbies, Familie etc.) • können gern auch spontan angesprochen werden • schätzen gegenseitigen Gedankenaustausch und gutes Zuhörenkönnen des Gegenübers
S – Stetig	• schätzen umfassende Detailinformationen über alle Bereiche • wünschen oft Hintergrundinformationen und Belege für Zahlen • benötigen Informationen, wie andere Personen die Daten und Entscheidungen einschätzen • brauchen ausreichend Zeit für Informationsanalyse (Daten vorab schicken)	• legen Wert auf gute persönliche Beziehung • Gespräche mit persönlichen Themen starten • brauchen vor Entscheidungen Zeit für Gespräche mit anderen • wollen Entscheidungen mit Kopf und Bauch treffen (manchmal nicht erklärbar!) • wollen, dass klar definierte Verantwortungsbereiche eingehalten werden

DISG-Verhaltensstil	Informationsbedarf	Kommunikationsstil
G – Gewissenhaft	• wünschen umfangreiche, sachliche Informationen, welche fehlerfrei und logisch aufbereitet sind • schätzen Genauigkeit, Qualität und Korrektheit • vertiefen sich gern in weiteres Datenmaterial • wollen Gelegenheit und Zeit zur eigenen Analyse und Bewertung der Daten • wünschen Vergleichsmaßstäbe und -daten (Benchmarks)	• wünschen sachliche und korrekte Begegnung • brauchen ausreichend Zeit für Analyse und Auseinandersetzung mit den Themen • schätzen Pünktlichkeit (!) • wollen methodisch klar und gut strukturiert diskutieren • fühlen sich durch persönliche Fragen in ihrer Privatsphäre gestört

Tab. 3: Informationsbedarf und Kommunikationsstil der DISG-Manager

2.3.3 Das SIDA-Modell für eine bessere Kommunikation

Ein hilfreiches Modell für die Analyse und Verbesserung der Kommunikationsfähigkeiten ist das **SIDA-Modell der Kommunikation nach** *Friedemann Schulz von Thun*.[14] Es untergliedert jede Botschaft oder Nachricht in vier wichtige Bestandteile:

- den **Sachaspekt**,
- die **Ich-Botschaft** oder Selbstaussage,
- die **Du-Botschaft** bzw. Beziehungsbotschaft,
- den **Appell**.

Der **Sachaspekt** vermittelt den Sachverhalt oder Inhalt und wird am besten durch einfache Darstellungen, schlüssige Gliederungen, überschaubare Ordnung und zusätzliche Stimulanzen (Beispiele, sprachliche Bilder, Analogien) getragen.

Die **Appellseite** einer Nachricht weist darauf hin, dass Kommunikation selten ziellos erfolgt. Meist strebt der Kommunikator eine Wirkung bzw. eine Reaktion auf seine Nachricht an, die in der Appellseite klar oder weniger klar enthalten ist.

---

[14] Schulz von Thun, Miteinander reden 1 – Störungen und Klärungen (1998).

Umsetzung & Praxis

Die **Beziehungsbotschaft** einer Nachricht vermittelt dem Gegenüber, wie der Sender den Empfänger und sein Verhältnis zum Empfänger sieht. So können in einer Nachricht beispielsweise Wertschätzung und Respekt vermittelt werden, ohne dass dies direkt ausgesprochen wird. Auch das Gegenteil – der unterschwellige Ausdruck fehlender Wertschätzung – ist denkbar.

Da es unmöglich ist, sich in einem Gespräch selbst gänzlich auszublenden, enthält jede Kommunikation auch eine **Selbstaussage**. Diese (oft verpackte) Ich-Botschaft kann dem Empfänger Informationen über den Sender der Nachricht vermitteln.

Die vier Seiten einer Nachricht werden in Abb. 5 als Beispiel aus dem Controller-Kontext aufgezeigt. Ein Controller präsentiert dem Vertriebsleiter des Unternehmens die aktuellen Quartalsumsatzzahlen mit dem Satz: „Sie haben da eine gravierende negative Abweichung zu den Quartalszielen!" Was er mit seiner Botschaft meinen könnte, geht aus Abb. 5 hervor.

Vom Controller gemeint:

Sachinhalt:
Es gibt eine negative Abweichung der Umsatzzahlen im Quartal.

Selbstaussage:
Ich bin der Controller und will Dich in der Führung Deines Bereiches unterstützen!

Botschaft:
Sie haben da eine gravierende negative Abweichung zu den Quartalszielen!

Appellseite:
Komm, lass uns das mal zusammen anschauen!

Beziehungsbotschaft:
Wir sind gemeinsam verantwortlich, Gegenmaßnahmen zu erarbeiten.

Abb. 5: Beispiel für die vier Seiten einer Nachricht nach dem SIDA-Modell

Es wird deutlich: Auch wenn der Controller die einzelnen Botschaften der vier Seiten nicht explizit so gesagt hat, schwingen sie in seiner Aussage mit. Problematisch wird es allerdings, wenn der Empfänger diese nicht so versteht, sondern – aufgrund eigener Erfahrungen und Deutungen – andere Inhalte, dargestellt in Abb. 6, „hört".

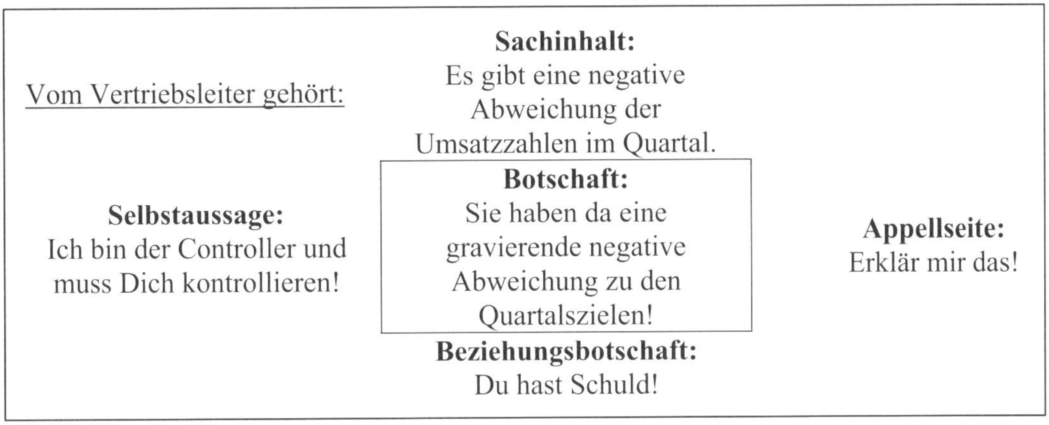

Vom Vertriebsleiter gehört: **Selbstaussage:** Ich bin der Controller und muss Dich kontrollieren!	**Sachinhalt:** Es gibt eine negative Abweichung der Umsatzzahlen im Quartal. **Botschaft:** Sie haben da eine gravierende negative Abweichung zu den Quartalszielen! **Beziehungsbotschaft:** Du hast Schuld!	**Appellseite:** Erklär mir das!

Abb. 6: Interpretationsspielraum bei gesagter, gemeinter und gehörter Nachricht

Es wird deutlich: Gesagt ist nicht gemeint, ist nicht gehört, ist nicht verstanden! Diese einfache Formel lässt sich auf Controllers gesamte Kommunikation anwenden.

Mithilfe des Vier-Seiten-Modells der Kommunikation (SIDA-Modell) können (insbesondere misslungene) Gesprächssituationen analysiert und verbessert werden. Mit zunehmender Übung in dem Modell gelingt es schon im Gesprächsverlauf, zu erkennen, welche Seiten vom Empfänger überbetont und falsch verstanden und welche Seiten vom Sender nicht klar genug kommuniziert werden.

Der Controller selbst kann aber im Sinne dieses Modells für mehr Transparenz und Wirksamkeit seiner Kommunikation sorgen, wenn er folgende Aspekte in seiner Gesprächsführung berücksichtigt:

Allgemeine Gesprächs-führung:	• Bereiten Sie Ihre Gespräche vor, indem Sie die vier Seiten der Kommunikation zunächst für sich klären. Was ist die Sachinformation? In welcher Rolle sehen Sie sich? Wie ist Ihre Beziehung zum Gegenüber? Was wollen Sie mit dem Gespräch erreichen? • Kommunizieren Sie klar und machen Sie die vier Seiten möglichst transparent.

Sachseite:	- Schildern Sie die Sachverhalte klar und prägnant. - Passen Sie sich sprachlich an den Empfänger an, verwenden Sie nur die Fachbegriffe, welche auch verstanden werden. - Vereinfachen Sie, soweit wie möglich. - Wenden Sie das Zoomprinzip (Aggregation nach oben) an: zunächst Überblick, dann Einstieg in relevante Details. - Erläutern Sie anhand konkreter Beispiele.
Selbstaussage:	- Die meisten Controller streben Werte wie Objektivität, Neutralität, Glaubwürdigkeit und Authentizität an. - Um dies zu gewährleisten bzw. zu vermitteln, bieten sich methodisches Vorgehen anhand festgelegter Kriterien und Routinen sowie der Einsatz von Tools und Systemen an. - Sprechen Sie möglichst offen an, wenn Ihnen wichtige Werte verletzt werden. - Kommunizieren Sie klar Ihre Rolle oder Ihren Auftrag.
Beziehungs- botschaft:	- Die Beziehungsebene zu pflegen – gerade wenn es mit einer Person schwerfällt – ist Ausdruck der Professionalität für Controller. - Die Beziehung des Controllers zum Management muss nicht harmonisch, aber von Wertschätzung und Respekt geprägt sein. - Vermitteln Sie Ihrem Gesprächspartner Wertschätzung und Respekt. Wenn Ihnen das schwerfällt, suchen sie sich einen Aspekt, den Sie an ihm schätzen können, und fokussieren sie sich auf der Beziehungsebene darauf. - Unternehmen Sie das Mögliche zur Förderung einer kollegialen Zusammenarbeit. - Trennen Sie Beziehung und Sachinhalte klar, insbesondere beim Vermitteln von unangenehmen Informationen.

Appell:	• Fokussieren Sie sich auf die Ziele! Kommunizieren Sie lösungsorientiert!
	• Klären Sie, welchen Appell Sie senden wollen, und sprechen Sie diesen klar aus.
	• Sorgen Sie für „Rückendeckung" durch das Top-Management!
	• Trainieren Sie Ihre Argumentationsfähigkeit!
	• Kommunizieren Sie manipulationsfrei!

Neben diesen Aspekten der Kommunikation können weitere Faktoren bei der Entwicklung und Adaption einer erfolgreichen Zusammenarbeit im Controlling hilfreich sein, wie beispielsweise

- der Führungsstil der Manager,
- die Art und Weise der Einbindung in Entscheidungsprozesse,
- der Grad der Informiertheit des Controllers oder
- die Analyse des eigenen Macht- und Einflusspotenzials.

2.4 Apersonelle Faktoren des Controllings

Apersonelle Faktoren werden im Praxisalltag der Controller der Interaktionsbeziehung Controlling bereits am häufigsten berücksichtigt. Dies erfolgt unter anderem

- in der Regelung und Fixierung von Verantwortungsbereichen und Aufgaben der Controller in Stellen- oder Tätigkeitsbeschreibungen;
- in formalen Regelungen zum Controlling, wie beispielsweise die Dokumentation von Controlling-Konzepten oder Unterschriftenregelungen;
- bei der Einordnung des Controllings in die Organisationsstruktur des Unternehmens (Stabstelle oder Linienfunktion, zentraler oder dezentraler Controller).

Wichtig für die Zusammenarbeit im Controlling ist die Prüfung, ob diese Regelungen zum abgestimmten Controlling-Verständnis im Unternehmen passen. So erschwert beispielsweise die Einordnung eines Controllers in der Linie (vielleicht unterhalb des kaufmännischen Abteilungsleiters) die Umsetzung seiner Rolle als interner Berater. Konflikte über Zuständigkeiten können beispielsweise durch fehlende Stellen- oder Tätigkeitsbeschreibungen oder ein fehlendes Controlling-Konzept entstehen.

Viele Controller berichten darüber, dass ihr Aufgabenfeld von Jahr zu Jahr anwächst. Dies zeigt einerseits den ansteigenden Unterstützungsbedarf im Controlling auf, birgt aber andererseits auch die Gefahr, dass

Aufgaben nehmen zu – Prioritäten verschieben sich

wichtige Controller-Aufgaben – beispielsweise Analysetätigkeiten oder Hausbesuche – immer wieder aus Zeitgründen zurückgestellt werden.

Der Controller muss auf solche Umfeldfaktoren Einfluss nehmen und die Zusammenarbeit verbessern.

3 Fazit

Die meisten Controller sind es bereits gewohnt, über ihr Aufgabenfeld hinaus Zusammenhänge im Unternehmen und in den Märkten zu erkennen. Gute Kenntnisse des Unternehmens, seiner Branche, Märkte und Kunden sind heutzutage unverzichtbar für die Arbeit von Controllern. Es lohnt sich, diese Aufgeschlossenheit auch auf übergreifende Fachgebiete auszuweiten. Kenntnisse der Organisationspsychologie, Arbeitswissenschaften, Persönlichkeitsforschung, Motivationspsychologie oder Verhaltenswissenschaften können dem Controller im zwischenmenschlichen Bereich des Controllings helfen, seine Arbeit noch effizienter zu gestalten.

4 Literaturhinweise

Attems/Heimel, Typologie des Managers, 2003.

Bauer, Controllership in Deutschland – Zur erfolgreichen Zusammenarbeit von Controllern und Managern, 2002.

Kellner-Lewandowsky, Das Erleben und Verhalten der Controller in der Interaktionsbeziehung mit dem Management, 2007.

Lanter, Beziehungsdynamik im Controlling – Schwierigkeiten in der Zusammenarbeit zwischen Managern und Controllern unter konstruktivistischer Sicht, 1996.

Nüchter, Controlling – Konflikte und Konfliktbewältigung, 1999.

Schulz von Thun, Miteinander reden 1 – Störungen und Klärungen, 1998.

Seiwert/Gay, Das 1x1 der Persönlichkeit, 1996.

Weber/Hirsch/Rambusch/Schlüter/Sill/Spatz, Controlling 2006 – Stand und Perspektiven, eine Veröffentlichung des ICV und der WHU, 2006.

Kapitel 4: Organisation & IT

Potenziale heben statt Personal abbauen: Kostensenkungsprogramme in der Praxis

- Viele Unternehmen versuchen, ihre Kostensituation in Krisenzeiten ausschließlich durch Personalabbau zu verbessern. Sie ignorieren dabei verborgene Effizienzsteigerungspotenziale innerhalb der Organisation.
- Kostensenkungsprogramme haben sich in der Vergangenheit als erfolgreiche Mittel zur Identifikation und Hebung dieser Potenziale bewährt.
- Aus der Praxiserfahrung lassen sich sechs Empfehlungen für die erfolgreiche Durchführung solcher Programme identifizieren.
- Wie sich diese Erfolgsfaktoren praktisch umsetzen lassen, demonstrieren die Autoren anhand eines Referenzbeispiels aus dem Vertriebsbereich.

Inhalt		Seite
1	Alternativen zur traditionellen Kostensenkung	207
2	Umsetzungshindernisse bei Programmen zur Kostensenkung	207
3	Vorgehen zur Durchführung eines Optimierungsprogramms und Erfolgsfaktoren	209
3.1	Erfolgsfaktor 1: Definition eines eindeutigen Programmziels	210
3.2	Erfolgsfaktor 2: Strukturiertes Vorgehen bei der Identifikation der Potenziale	210
3.3	Erfolgsfaktor 3: Quantifizierung und Budgetierung der Effekte	211
3.4	Erfolgsfaktor 4: Konsequentes Nachhalten der Umsetzung	212
3.5	Erfolgsfaktor 5: Laufende Berichterstattung nach Härtegraden	212
3.6	Erfolgsfaktor 6: Verankerung in einem Regelprozess	213
4	Kostensenkungsprogramme in der Praxis	213
4.1	Programmsetup	214
4.1.1	Entwicklung eines Zielgrößensystems	215
4.1.2	Identifikation und Priorisierung von Projektansätzen	215
4.1.3	Definition der Programmorganisation und -strukturen	217
4.2	Konzeptentwicklung	218

4.3	Maßnahmenentwicklung und -umsetzung	219
4.4	Effektkontrolle	222
4.4.1	Laufende Überprüfung des finanziellen Isteffekts der Maßnahmen	224
4.4.2	Entwicklung kurzfristiger Gegensteuerungsmaßnahmen	224
4.5	Ergebnisse	226
5	Fazit	226
6	Literaturhinweis	226

■ Die Autoren

Mag. Thomas Sima ist Geschäftsführer des Wiener Standortes von Horváth & Partners und Experte für Strategieumsetzung, Restrukturierungs- und Kostenmanagement.

Mag. Benjamin Kreisler ist Managing Consultant bei Horváth & Partners am Standort Wien mit dem Schwerpunkt Planung und Steuerung von Kostensenkungsprogrammen.

1 Alternativen zur traditionellen Kostensenkung

Vor dem Hintergrund der weltweiten Finanz- und Wirtschaftskrise verzeichnen derzeit viele Unternehmen dramatische Einbrüche in Umsatz und Auftragslage und beginnen, sich auf eine Phase der Konsolidierung und des allgemeinen Wirtschaftsabschwungs einzustellen. Im Zuge dessen sind rigorose Kostensenkungsmaßnahmen zumeist unausweichlich. Damit steigt in vielen Branchen in der Belegschaft auch die Sorge, dass der Rotstift in erster Linie bei den Mitarbeitern angesetzt und mehr oder weniger großflächiger Personalabbau durchgeführt wird.

Kostensenkung = Personalabbau?

Und tatsächlich ist es so, dass in vielen Unternehmen Kostensenkung mit Personalabbau gleichgesetzt wird. Die Personalkosten stellen zumeist einen der bedeutendsten Kostenblöcke dar. Sie lassen sich verhältnismäßig schnell und einfach beeinflussen und steuern – wenngleich das Unternehmen damit massiv in das Schicksal vieler Menschen eingreift und seiner sozialen Verantwortung nur schwerlich gerecht wird.

Welche Alternativen bestehen nun, um effektive Kostensenkungen ohne bzw. nur mit geringem Personalabbau herbeizuführen? Tatsächlich eine ganz Menge. In jeder Organisation schlummern unzählige Effizienzsteigerungspotenziale, die entweder kaum sichtbar sind oder nicht konsequent verfolgt und realisiert werden. Gelingt es, diese versteckten Reserven und Ineffizienzen zu identifizieren und zu heben, sind signifikante Kostensenkungen möglich, ohne dass schmerzhafte Einschnitte wie großflächiger Personalabbau erforderlich sind.

Versteckte Potenziale nutzen

2 Umsetzungshindernisse bei Programmen zur Kostensenkung

Wenngleich sich viele Unternehmen des Bestehens dieser versteckten Potenziale und Ineffizienzen durchaus bewusst sind, so gelingt es häufig nicht oder nur unzureichend, diese aufzuspüren und zu beseitigen – Grund dafür sind zumeist einer oder mehrere der typischen Mängel.

1. Es ist zumeist nicht klar ersichtlich, in welchen Bereichen/Kostenarten etc. nach diesen Potenzialen gesucht werden muss. Liegen dem Unternehmen nicht umfangreiche, aktuelle und aussagefähige Benchmarks vor, so ist es schwer einzugrenzen, in welchen Bereichen Einsparungen möglich und zu erwarten sind.
2. Die systematische Identifikation der Potenziale wird durch folgende Situation erschwert:

- Der eine Teil der Effizienzsteigerungspotenziale betrifft übergreifende Themen, die auf Ebene des Gesamtunternehmens analysiert und bearbeitet werden sollten.
- Der andere Teil jedoch liegt in den dezentralen Bereichen, wo ein zentrales Aufspüren und Beseitigen nicht möglich ist.

3. Häufig fehlt eine hinreichend konkrete und ambitionierte finanzielle Zielsetzung (z. B. maximal zulässige Gesamtkosten oder unit costs) bzw. wird diese kaum auf die einzelnen Bereiche heruntergebrochen. Ein klar definiertes, ehrgeiziges Ziel ist jedoch zwingend erforderlich, um in den Projekten/Bereichen ein Denken außerhalb der gewohnten Strukturen herauszufordern. Nur so lassen sich die entsprechenden Einsparungspotenziale identifizieren.

4. Sind Potenziale bereits bekannt, so scheitern viele Organisationen daran, daraus konkrete, umsetzbare Maßnahmen abzuleiten und die Umsetzung dieser Maßnahmen sicherzustellen. Insbesondere in größeren Unternehmen/Einheiten verlaufen zu viele Projekte im Sand und werden nicht erfolgreich abgeschlossen.

5. Vielfach werden die Effekte der durchgeführten Maßnahmen und Projekte im Vorfeld nicht konsequent quantifiziert und bewertet – eine Abschätzung der Zielerreichung bzw. eine Nachverfolgung und Bewertung der noch verbleibenden Kostenlücke ist zumeist kaum möglich.

6. Wird eine Quantifizierung der finanziellen Effekte vorab in einigen Unternehmen noch vorgenommen, so ist eine Nachrechnung nach Abschluss des Projekts/der Maßnahme wirklich die absolute Ausnahme. Es findet zumeist also keine Ergebniskontrolle statt – die Unternehmen befinden sich in Bezug auf das Kostensenkungsziel häufig im Blindflug.

Diese Schwachstellen zeigen, dass Unternehmen sowohl bei der Identifikation von versteckten Ineffizienzen als auch bei der Definition und Umsetzung der Optimierungsmaßnahmen zu kämpfen haben. Sollen Kosten effektiv und nachhaltig gesenkt werden, so muss ein Vorgehen gewählt werden, das in der Lage ist, Potenziale in der gesamten Organisation aufzuspüren, daraus Optimierungsmaßnahmen zu entwickeln und umzusetzen und deren finanziellen Effekt zu bewerten, um die noch verbleibende Optimierungslücke zu beurteilen.

3 Vorgehen zur Durchführung eines Optimierungsprogramms und Erfolgsfaktoren

Wie können diese Ineffizienzen nun systematisch aufgedeckt und tatsächlich beseitigt werden? In der Praxis hat sich hier ein Vorgehen bewährt, das gezielt nach diesen versteckten Potenzialen sucht und sie in ein Maßnahmenprogramm überleitet. Der Grundgedanke dabei ist, ein unternehmensweites Kostensenkungsprogramm aufzusetzen, das – ausgehend von einer klar definierten (finanziellen) Zielposition – die wesentlichen Kostenpositionen untersucht. Ausgehend von dieser Analyse werden

Erfolgsfaktoren von Kostensenkungsprogrammen

- einerseits gezielt einzelne Kostensenkungsprojekte gestartet, um unternehmensübergreifend Einsparungspotenziale zu heben,
- andererseits auch in intensiver Zusammenarbeit mit den dezentralen Einheiten die versteckten Potenziale auf dezentraler Ebene identifiziert und bearbeitet.

Um die Zielerreichung tatsächlich zu gewährleisten, wird für alle gestarteten Projekte/Maßnahmen der Effekt auf die Gewinn- und Verlustrechnung ermittelt und verfolgt.

Wie ein derartiges Programm aufgebaut ist, wird im Folgenden anhand der 6 zugrunde liegenden Erfolgsfaktoren erläutert (vgl. Abb. 1). Im zweiten Teil dieses Artikels wird anhand eines konkreten Fallbeispiels die praktische Anwendung erklärt.

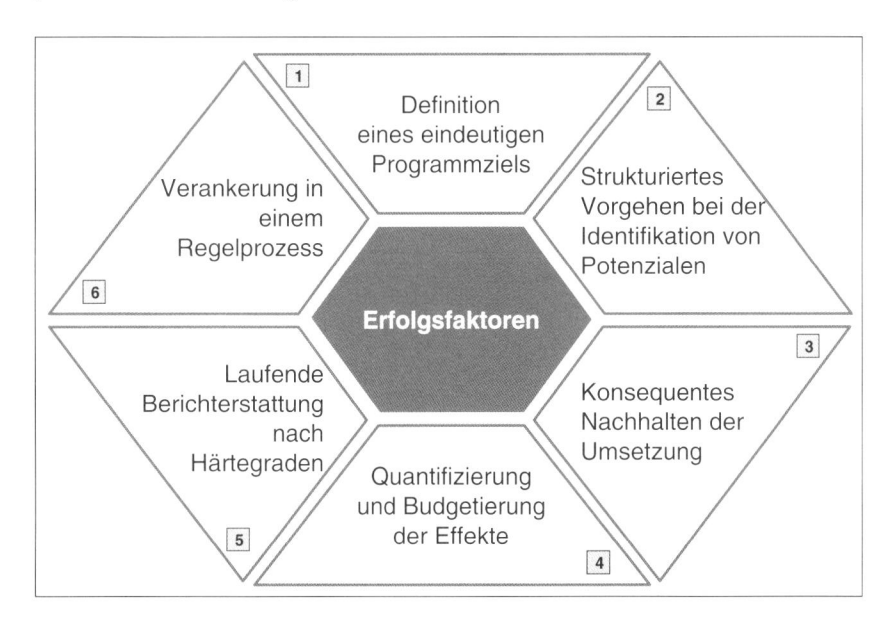

Abb. 1: Sechs Erfolgsfaktoren für Kostensenkungsprogramme

3.1 Erfolgsfaktor 1: Definition eines eindeutigen Programmziels

Konkrete Ziele vs. vage Appelle

Der erste Schritt zur systematischen unternehmensweiten Suche nach Optimierungspotenzialen ist die Initialisierung eines übergreifenden Programms mit einem eindeutigen finanziellen Programmziel. Grundsätzliche Anweisungen an die Mitarbeiter, die den allgemein bestehenden Kostendruck und die Kostensensibilität betonen, sind zwar gut und richtig, um das Kostenbewusstsein der Mitarbeiter zu fördern, können jedoch selten signifikante Kostensenkungen herbeiführen. Sie führen zu keinen nachhaltigen Änderungen der Kostenstruktur, sondern bringen zumeist nur kurzfristige Reduktionen (insb. bei Fremdleistungen) und schlagen häufig nur mit einem geringen Effekt zu Buche.

Ziele klar definieren und kommunizieren

Um eine Kostensenkung im gewünschten Ausmaß sicherzustellen, ist die Formulierung **einer** klaren und ambitionierten Zielgröße (z. B. Gesamtkosten oder Kosten pro produzierte Einheit) die Basis. Dieses Ziel gilt es im nächsten Schritt – je nach Steuerungslogik des Unternehmens – auf die einzelnen Bereiche, Einheiten oder Landesgesellschaften herunterzubrechen, um das Gesamtziel auf die einzelnen steuerbaren Einheiten zu verteilen und für alle Einheiten den erwarteten Wertbeitrag festzulegen. Zusätzlich können auch noch Nebenbedingungen zur Zielerreichung definiert werden (Kostenziele für bestimmte Bereiche oder Kostenarten, z. B. Instandhaltung), um die angestrebte Kostensenkung in eine nachhaltige Richtung (dauerhafte Optimierung der Instandhaltungskosten anstelle von kurzfristiger Reduktion der Marketingaufwendungen) zu lenken. Die Motivationsstärke, die ein klar definiertes und intensiv kommuniziertes finanzielles Ziel in der Organisation entfalten kann, wird häufig ignoriert oder zumindest unterschätzt.

3.2 Erfolgsfaktor 2: Strukturiertes Vorgehen bei der Identifikation der Potenziale

Kostenanalyse

Nach Festlegung der Zielgröße müssen im nächsten Schritt jene Bereiche identifiziert werden, in denen Kostensenkungspotenziale vermutet werden.

1. Zunächst werden die einzelnen Kostenblöcke analysiert. Aufgrund der Entwicklung im Zeitverlauf, des internen und externen Benchmarkings sowie natürlich der Fach- und Geschäftskenntnis der Fachbereiche und des Managements werden jene Kostenblöcke herausgearbeitet, bei denen signifikante Einsparungspotenziale vermutet werden.

2. Im zweiten Schritt wird die Beeinflussbarkeit der Kosten hinterfragt (Welche Einheit kann die betreffenden Kosten steuern?), um später die Initiativen an der richtigen Stelle im Unternehmen aufsetzen zu können. Dazu wird ermittelt,

- welche Kostenblöcke zentral beeinflussbar sind,
- welche dezentral beeinflussbar sind und
- welche Kostenblöcke nicht/kaum beeinflussbar sind (z. B. zumeist große Teile der Abschreibung etc.).

3. Im dritten Schritt wird ermittelt, inwieweit die Bearbeitung der Kostenblöcke auf unternehmensübergreifender Ebene Sinn macht (z. B. weil Synergien zu erwarten sind oder eine einheitliche, für alle Bereiche/Länder standardisierte Lösung erforderlich ist) bzw. welche Kosten in den jeweiligen Einheiten dezentral zu bearbeiten sind.
4. Ausgehend vom Ergebnis dieser Analyseschritte werden dann für jene Kostenblöcke, die übergreifend bearbeitet werden müssen oder zentral beeinflussbar sind, einzelne Optimierungsprojekte aufgesetzt; für die Optimierung der dezentral beeinflussbaren Kostenblöcke müssen die jeweiligen verantwortlichen Einheiten entsprechende Optimierungsmaßnahmen entwickeln.

3.3 Erfolgsfaktor 3: Quantifizierung und Budgetierung der Effekte

Sind die wesentlichen Kostensenkungsthemen definiert und die entsprechenden Projekte aufgesetzt (inkl. detaillierter Projektplanung etc.), werden finanzielle Zielsetzungen für die einzelnen Projekte und die dezentral, beeinflussbaren Kostenblöcke festgelegt. Diese stellen dann im weiteren Verlauf eine wichtige Messlatte für den Erfolg jedes einzelnen Projekts/der jeweiligen Einheit dar. Im Zuge der Projektarbeit werden konkrete Umsetzungsmaßnahmen erarbeitet, wobei gleichzeitig der finanzielle Effekt jeder Maßnahme auf die Gewinn- und Verlustrechnung bewertet wird. *Bewertung der Maßnahmen*

In der gleichen Art erarbeiten auch die dezentralen Bereiche Maßnahmen zur Optimierung jener Kostenblöcke, die nicht sinnvoll durch zentrale Initiativen optimiert werden können.

So entsteht eine Vielzahl von konkreten Einsparungsmaßnahmen und Projekten und der konkrete Weg zur Erreichung des Optimierungsziels wird sichtbar. Durch die kontinuierliche Gegenüberstellung der bewerteten Einsparungspotenziale zu dem Gesamtziel lassen sich jederzeit die noch verbleibende Optimierungslücke beziffern und entsprechende zusätzliche Maßnahmen initiieren.

Von zentraler Wichtigkeit ist es, in weiterer Folge den finanziellen Effekt der so ermittelten Optimierungsmaßnahmen in das Budget überzuleiten und die geplanten und versprochenen Kostenreduktionen auch in den Kostenbudgets entsprechend abzubilden. Die Integration der geplanten Kostenreduktionen in das Budget stellt – insbesondere bei diesem *Integration in die Budgets*

Organisation & IT

Vorgehen mit einem hohen dezentralen Leistungsanteil – eine Anreiz- und Steuerungswirkung dar, auf die nicht verzichtet werden kann, da eine zentrale Bewertung und Nachverfolgung der einzelnen Maßnahmen nicht immer sinnvoll möglich ist.

3.4 Erfolgsfaktor 4: Konsequentes Nachhalten der Umsetzung

Tracking auf Basis detaillierter Planung

Das Vorgehen basiert darauf, durch die Einbindung der gesamten Organisation und die gleichzeitige und abgestimmte Optimierung aller wichtigen Kostenblöcke signifikante Einsparungen auf Gesamtunternehmensebene zu generieren. Dies bedingt, dass im Rahmen des Programms eine Vielzahl von Maßnahmen und Initiativen entsteht. Diese Maßnahmen werden von unterschiedlichsten Bereichen gesteuert und verantwortet. Um die durchgängige Umsetzung dieser Maßnahmen zu gewährleisten, ist eine konsequente Nachverfolgung an zentraler Stelle erforderlich. Dies ist auch erforderlich, um frühzeitig zu erkennen, welche Maßnahmen nur verzögert oder überhaupt nicht abgeschlossen werden können, um frühzeitig gegenzusteuern und entsprechende Ersatz- oder Gegenmaßnahmen zu definieren. Im Zuge eines engen Trackings wird zweiwöchentlich bis monatlich über die entsprechenden Umsetzungsfortschritte berichtet und Vorschläge für Gegenmaßnahmen werden zur Entscheidung vorgelegt. Die Basis für ein qualitativ hochwertiges Umsetzungstracking stellt selbstverständlich eine entsprechend feine Planung der Optimierungsprojekte und Maßnahmen dar.

3.5 Erfolgsfaktor 5: Laufende Berichterstattung nach Härtegraden

Beurteilung der Zielerreichung

Neben der laufenden Beobachtung des inhaltlichen Fortschritts hat ein umfassendes Programmreporting auch laufend den Blick auf den finanziellen Zielerreichungsgrad zu richten. Eine laufende Bewertung der Maßnahmen nach Härtegraden macht deutlich, wie sicher das Eintreten des jeweils gemeldeten Optimierungspotenzials ist, und gibt somit eine Indikation für weiteren Handlungsbedarf (s. Abb. 2).

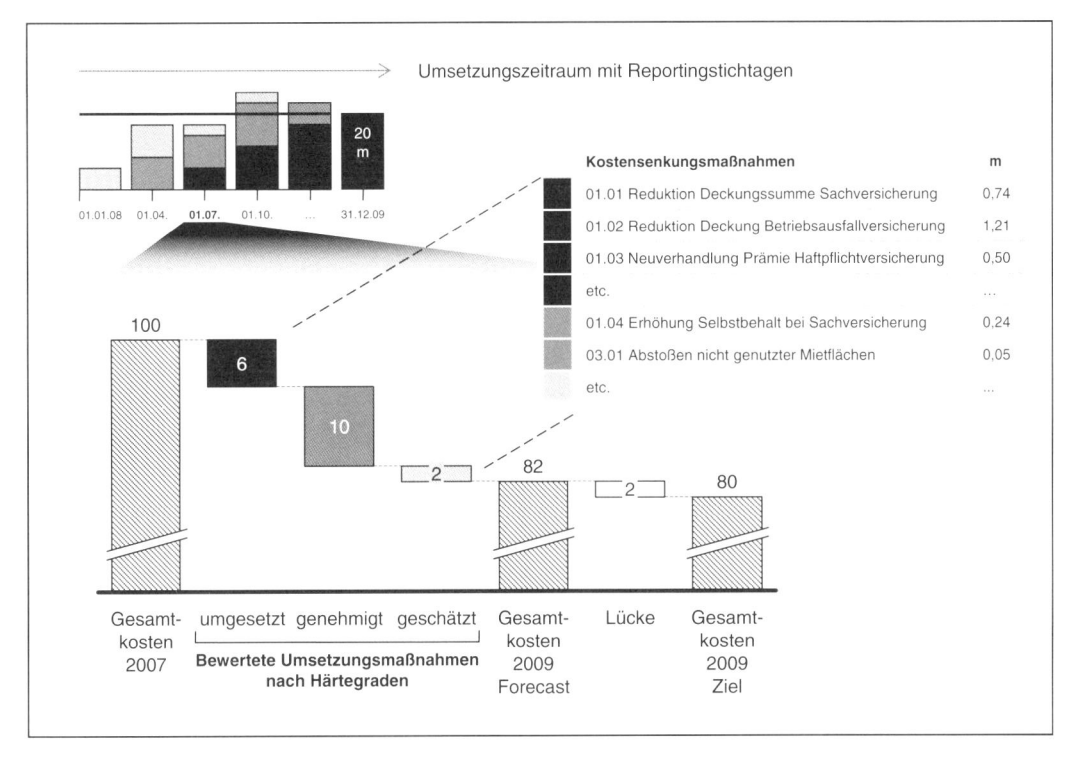

Abb. 2: Laufendes Programmreporting mit Härtegradlogik

3.6 Erfolgsfaktor 6: Verankerung in einem Regelprozess

Der letzte zentrale Erfolgsbaustein besteht darin, einen geschlossenen Steuerungszyklus zur Sicherstellung der Ergebniserreichung zu etablieren und daraus regelmäßig Handlungsbedarf abzuleiten. In regelmäßigen Abständen sind der Umsetzungsgrad der definierten Projekte und Maßnahmen zu erheben bzw. auch die entsprechenden Schätzungen der Optimierungspotenziale zu erneuern und in der Folge ist konsequent gegenzusteuern. Darüber hinaus wird auch regelmäßig die Entwicklung der Istzahlen in der GuV verfolgt und mit den definierten Maßnahmen abgeglichen, um den tatsächlichen, in der GuV sichtbaren Umsetzungserfolg zu hinterfragen und nötigenfalls steuernd einzugreifen.

Laufende Steuerung

4 Kostensenkungsprogramme in der Praxis

Wie eingangs schon erwähnt, sind in diesen Tagen Kostensenkungsprogramme ein fester Bestandteil der Unternehmenspraxis. Tatsächlich geben in einer Befragung von insgesamt 370 Führungskräften in Österreich,

Weite Verbreitung

Deutschland und der Schweiz mehr als 75 % an, dass in den letzten drei Jahren ein Kostensenkungsprogramm in ihrem Unternehmen durchgeführt wurde – bei mehr als 50 % sogar mehrfach. Dabei fällt die subjektive Einschätzung über den Programmerfolg durchaus zwiespältig aus:

- Gut ein Viertel der Unternehmen erzielte durch die Programme nach eigener Einschätzung keine Verbesserung der Wettbewerbssituation.
- Ein weiteres Drittel der Unternehmen sah nur kurzfristige Verbesserungen.[1]

Kostensenkungsprogramme derart durchzuführen, dass sie sich auch in einer nachhaltigen Steigerung des Unternehmenserfolgs niederschlagen, scheint somit durchaus eine größere Herausforderung für viele Organisationen zu sein. Wie Unternehmen mit Kostensenkungsprogrammen eine nachhaltige Steigerung des Unternehmenserfolgs erzielen, soll anhand des nachfolgenden Praxisbeispiels dargestellt werden.

Praxisbeispiel Vertriebsbereich

Das dabei beschriebene Profitabilitätssteigerungsprogramm wurde in der Vertriebssparte eines multinationalen Konzerns der petrochemischen Industrie durchgeführt. Die Division erwirtschaftet auf mehr als 2.000 Vertriebsstandorten in Zentral- und Osteuropa einen Jahresumsatz von etwa 520 Mio. EUR. Organisatorisch gliedert sich die Division in einen zentralen Bereich sowie in mehr als 10 dezentrale Vertriebsgesellschaften in den Ländern. Das Programm war auf einen Zeitraum von zwei Jahren angelegt und durchlief in seinem Lebenszyklus vier zentrale Phasen, auf die im Folgenden im Detail eingegangen wird.

4.1 Programmsetup

Konsolidierung nach raschem Wachstum

Hintergrund des Profitabilitätssteigerungsprogramms war eine anstehende Konsolidierungsphase im zuvor rasch und nur teilweise homogen gewachsenen Vertriebsbereich. Steigende Einkaufspreise und ein zäherer Wettbewerb drohten, den Druck auf die Margen in den kommenden Jahren stetig zu erhöhen. Gleichzeitig sah sich das Unternehmen stagnierender bis sinkender Kundennachfrage in tendenziell gesättigten Märkten gegenüber.

Vor dieser Ausgangssituation konzentrierten sich die Programmziele einerseits auf die Segmentierung und Bereinigung des gewachsenen Vertriebsnetzwerkes, andererseits auf die Nutzbarmachung von Synergien, die Optimierung von Prozessen und generell eine Rationalisierung innerhalb der Vertriebsorganisation.

---

[1] Matzler et al. (2005).

4.1.1 Entwicklung eines Zielgrößensystems

Die quantitative Zielvorgabe an das Programm bestand in der Erreichung einer Kapitalrentabilität im Vertriebsbereich von sechs Prozent innerhalb der nächsten zwei Jahre – wobei die Kapitalrentabilität im spezifischen Fall als Quotient aus EBIT und durchschnittlichem (im)materiellen Anlagevermögen errechnet wird. Der Fokus des Programms sollte dabei auf der EBIT-Seite liegen. Die Entwicklung des Anlagevermögens wurde entsprechend der Mittelfristplanung als vergleichsweise konstant angenommen.

6 % Kapitalrentabilität

Unter diesen Parametern musste das Programm innerhalb von zwei Jahren einen EBIT-Wert sicherstellen, der einer Verdreifachung der Ausgangsgröße entsprach. Die organisatorischen Grundlagen dafür mussten allerdings bereits nach Ablauf des ersten Jahres geschaffen sein, um möglichst im zweiten Jahr ihren vollen Effekt entfalten zu können. Somit würde sich das Gesamtprogramm in der ersten Phase auf die Entwicklung von Maßnahmen konzentrieren, die geeignet und ausreichend waren, um das Ziel-EBIT-Niveau zu erreichen. Die zweite Phase würde dann in einer Überwachung des tatsächlichen Effekts dieser Maßnahmen und der Initialisierung eventuell erforderlicher Gegensteuerungsmaßnahmen bestehen.

Verdreifachung des EBIT

Insgesamt eine herausfordernde Aufgabenstellung, die eine möglichst breite Einbindung der Organisation bei der Entwicklung von Initiativen erforderlich machte. Denn während sich bestimmte Potenziale nur durch ein länderübergreifendes Vorgehen heben lassen, verlangen wieder andere nach lokalen Kenntnissen und einer dezentralen Bearbeitung. Dieser Überlegung folgend, sollte im Praxisbeispiel gut die Hälfte der EBIT-Zielvorgaben durch zentral entwickelte Konzepte zur Fixostenreduktion und Deckungsbeitragssteigerung erreicht werden. Für die Erfüllung der verbleibenden 50 % waren die einzelnen Länderorganisationen verantwortlich. Basierend auf dem jeweiligen Abstand zu den Zielkosten, wurde für jedes Land ein Kostensenkungspotenzial errechnet und als Zielgröße für die Entwicklung von Maßnahmen vorgegeben.

Zentrale und dezentrale Potenziale

4.1.2 Identifikation und Priorisierung von Projektansätzen

Zur Identifikation von internationalen, zu bearbeitenden Potenzialen wurde unter anderem eine detaillierte Kostenartenanalyse für den gesamten Vertriebsbereich vorgenommen, in der alle Kostenarten anhand zweier Dimensionen angeordnet wurden:

Analyse der Kostenarten

- Bedeutung = Prozentualer Anteil der Kostenart an den Gesamtkosten
- Entwicklung = Prozentuale Veränderung der Kostenart, bezogen auf die vertriebene Menge innerhalb der letzten drei Jahre (Anm.: Durch

Organisation & IT

die Berücksichtigung der vertriebenen Menge werden Wachstumseffekte aus der Analyse eliminiert.)

Die sich daraus ergebende Verteilung der Kostenarten wurde in der Folge in ein Vierer-Portfolio unterteilt, aus dem sich eine direkte Implikation für die Priorisierung von Projektansätzen ergab:

- Priorität A: Der höchste potenzielle Beitrag zur Schließung der EBIT-Lücke im Programm konnte aus jenen Kostenarten erwartet werden, die
  - einerseits einen großen Anteil am Gesamtbudget einnahmen und
  - gleichzeitig in den letzten Jahren stärker angestiegen waren als der Durchsatz im Vertriebsbereich.

Im konkreten Fallbeispiel betraf dies unter anderem die Kostenarten Marketing & Werbung, Instandhaltung, Abschreibung, Miete & Pachten, IT-Kosten und Lagerschwund.

- Priorität B: Von sekundärem Interesse waren all jene Kostenarten, die zwar eine hohe Bedeutung für das Gesamtbudget hatten, in denen allerdings bereits in den letzten Jahren signifikante Kostensenkungen erreicht werden konnten. Eine weitere Senkung in diesem Bereich wäre nur mit unverhältnismäßig hohem Aufwand zu erreichen gewesen.
- Priorität C: Ein vergleichsweise geringes Potenzial boten alle Kostenarten, die zwar in der Vergangenheit deutlich angestiegen waren, allerdings nur einen geringen Wert im Vergleich zu den Gesamtkosten darstellten.

In der Folge wurde für alle Kostenarten der Priorität A zumindest ein internationales Projekt aufgesetzt. Alle „B"- und „C"-Prioritäten wurden zunächst nicht weiter verfolgt – über etwaige Aktivitäten in diesen Bereichen würde aber nachgedacht werden, sollten die „A"-Projekte nicht ausreichend sein, um die Ziellücke zu schließen.

20 internationale Projekte

Gemeinsam mit weiteren Projekten, die auf die Umsatzseite wirken sollten, wurden im Programmsetup insgesamt 20 Projekte initialisiert. Der auf Basis der Potenzialanalysen ermittelte EBIT-Beitrag dieser Initiativen schloss die Lücke zur Gesamtzielerreichung. Die Erwartung an diese zentral betriebenen Projekte bestand darin, dass diese das grob ermittelte Potenzial detaillierter analysierten, Konzepte zur Potenzialhebung entwickelten und diese in den einzelnen Länderorganisationen erfolgreich implementierten.

4.1.3 Definition der Programmorganisation und -strukturen

In der Praxis ist in vielen Programmen der Erfolg dadurch gefährdet, dass die einzelnen Initiativen ohne eine übergreifende Steuerung die erforderlichen Maßnahmen nicht zeitgerecht bzw. nicht in ausreichender Höhe entwickeln und umsetzen. So stellte auch im konkreten Fall der Programmauftrag für die Mehrzahl der Projektleiter und Länderverantwortlichen einen Zusatz zu ihren operativen Aufgaben dar. Um trotz der Komplexität und der erhöhten Arbeitsbelastung den Programmerfolg sicherzustellen, musste ein rigoroser Steuerungsansatz zur Anwendung kommen.

Komplexität als Risiko

Basis dieses Ansatzes war die Schaffung einer aus folgenden Komponenten bestehenden Programmorganisation:

- Der **Steuerungskreis** mit den Programmsponsoren bildete das Kontroll- und Aufsichtsgremium.
- Die **Programmleitung** trug die Verantwortung für die Sicherstellung des Programmerfolgs.
- Das **Programmbüro** war für die Schaffung aller erforderlichen Strukturen und Instrumente zur Programmsteuerung, aber auch für die operative Abwicklung verantwortlich.

Spezifikum der Programmorganisation war die Doppelbesetzung aller Positionen mit jeweils einem Vertreter aus dem Vertriebsbereich und dem Finanzbereich – ganz im Sinne des Verständnisses vom Controller als betriebswirtschaftlicher Sparringpartner des Linienmanagements.

Die zentrale Aufgabe der Programmleitung und des Programmbüros bestand in der Sicherstellung der inhaltlichen Entwicklung von organisatorischen Maßnahmen, die von ihrem finanziellen Effekt her ausreichend wären, um die Lücke zur Erreichung des EBIT-Ziels zu schließen. Gegenüber dem Steuerungskreis musste man laufend über den inhaltlichen Fortschritt der Projekte und die aktuelle Höhe der Ziellücke aussagefähig sein. Aus Steuerungsgesichtspunkten war es daher erforderlich, den Projektleitern einheitliche Strukturen vorzugeben, innerhalb derer diese ihre Konzepte zur Profitabilitätssteigerung dann erarbeiteten.

Sicherstellung des Programmerfolgs

Auf Basis dieser detaillierten und strukturell einheitlichen Einzelprojektplanung konnte in der Folge das Programm-„Tracking" aufgebaut werden, das auf vier Ebenen stattfand:

Tracking auf 4 Ebenen

- Auf Ebene des **Gesamtprogramms** wurde in regelmäßigen Abständen eine qualitative Aussage über Fortschritt und Risiken vom jeweiligen Projektleiter abgegeben. Zusätzlich gab dieser nach einer dreistufigen Ampellogik seine Einschätzung zum aktuellen Status ab.

Organisation & IT

- Die im Projektplan definierten **Aufgaben und Meilensteine** wurden durch die Projektleiter hinsichtlich ihres Status (nicht begonnen/begonnen/abgeschlossen) und des erwarteten End-Datums „a jour" gehalten. Mittels dieser Informationen konnten Verzögerungen und Verschiebungen im Projekt rasch identifiziert werden.
- Die zur Hebung der Potenziale entwickelten **Maßnahmen** wurden sowohl hinsichtlich ihrer Umsetzung wie auch ihrer finanziellen Bewertung laufend nachgehalten.
- Die vierte Tracking-Ebene konzentrierte sich auf die tatsächlichen **finanziellen Effekte** des Projekts und startete nach dem inhaltlichen Abschluss des Projekts.

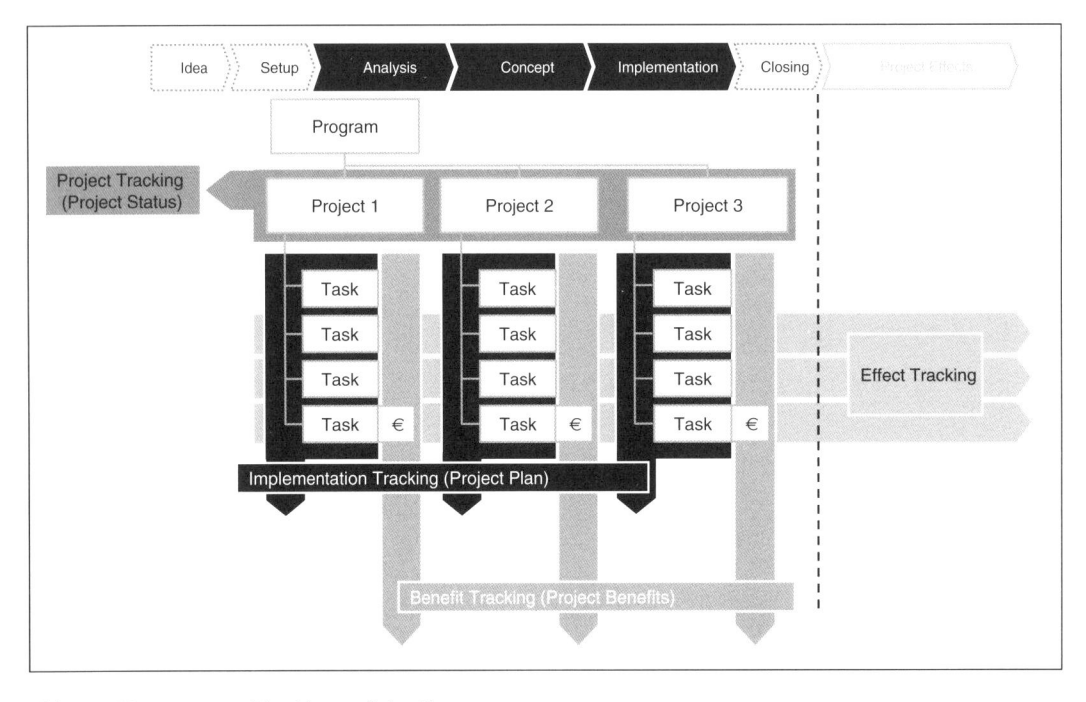

Abb. 3: Konsequentes Tracking auf vier Ebenen

4.2 Konzeptentwicklung

Beispiele Kostensenkungskonzepte

Aus der Vielzahl der im Rahmen des Gesamtprogramms entwickelten Konzepte sind im Folgenden einige Ansätze steckbriefartig beschrieben, um generelle Möglichkeiten zur Profitabilitätssteigerung im Vertriebsbereich zu illustrieren:

- **Netzwerksegmentierung:** Zentraler Ansatzpunkt für eine EBIT-Optimierung im Vertriebsbereich war die Schaffung einer einheitlichen

Netzwerksegmentierung der mehr als 2.200 Vertriebsstandorte. Durch diese Clusterung wurden einerseits Schließungskandidaten identifiziert, die gegenwärtig den Unternehmens-EBIT belasteten. Gleichzeitig wurden aber auch einheitliche Kriterien pro Segment hinsichtlich der Umsatz-, Investitions- und Kostenziele definiert – ebenso wie Vorgaben in Bezug auf Wartungsintervalle, Betriebsöffnungszeiten etc.

- **Instandhaltung:** Eine positive Kostenwirkung hatte die Netzwerksegmentierung etwa auf die Instandhaltung. Durch die Definition längerer Wartungsintervalle für Non-Premium-Standorte ließen sich signifikante Einsparungen erzielen. Die lokalen Verträge mit Instandhaltungsunternehmen wurden aufgelöst und international neu ausgeschrieben. Weitere Kostenvorteile konnten durch die konsequentere Ausnutzung von Garantiezeiten sowie eine Übertragung einfacher Instandhaltungsarbeiten in den Verantwortungsbereich der Standortmitarbeiter realisiert werden.
- **Abschreibungen:** Durch eine Adaptierung der baulichen Standards von Neubauobjekten sowie durch die internationale Ausschreibung bestimmter Gebäudebestandteile wurden die Investitionskosten und Abschreibungen für zukünftige Standorte reduziert.
- **Versicherungen:** Im Versicherungsbereich wurde die bisherige Sachversicherung aufgekündigt, da die Schadensfälle der vergangenen Jahre im Schnitt nur etwa 70 % der Prämienzahlungen ausmachten. Um dennoch für größere Schadensereignisse abgesichert zu sein, wurde ein Versicherungsschutz bei hohem Selbstbehalt und gleichzeitig geringer Prämie abgeschlossen.
- **Deckungsbeiträge:** Zur Erhöhung der Deckungsbeiträge wurde beispielsweise die Preissensitivität der Kunden für bestimmte Schlüsselprodukte in einem Pilotprojekt erhoben. Die Erkenntnisse daraus wurden dann auf die Preisgestaltung des Gesamtunternehmens angewandt. Darüber hinaus wurde mit internationalen Lieferanten und Logistikpartnern über Bonifikationen und absatzabhängige Prämien verhandelt.

4.3 Maßnahmenentwicklung und -umsetzung

Die in den internationalen Projekten entwickelten Konzepte wurden durch die Definition länderspezifischer Maßnahmen weiter operationalisiert und so für eine dezentrale Umsetzung aufbereitet. Parallel dazu entwickelten die Länderorganisationen ihrerseits Maßnahmen zur Hebung der dezentralen Potenziale. Über den gesamten Programmverlauf wurden so an die 500 Einzelmaßnahmen entwickelt, freigegeben und umgesetzt. Für die Maßnahmen wurden Steckbriefe erstellt, die auch für die Erfolgskontrolle hinzugezogen wurden (s. Abbildungen 4 und 5).

500 Umsetzungsmaßnahmen

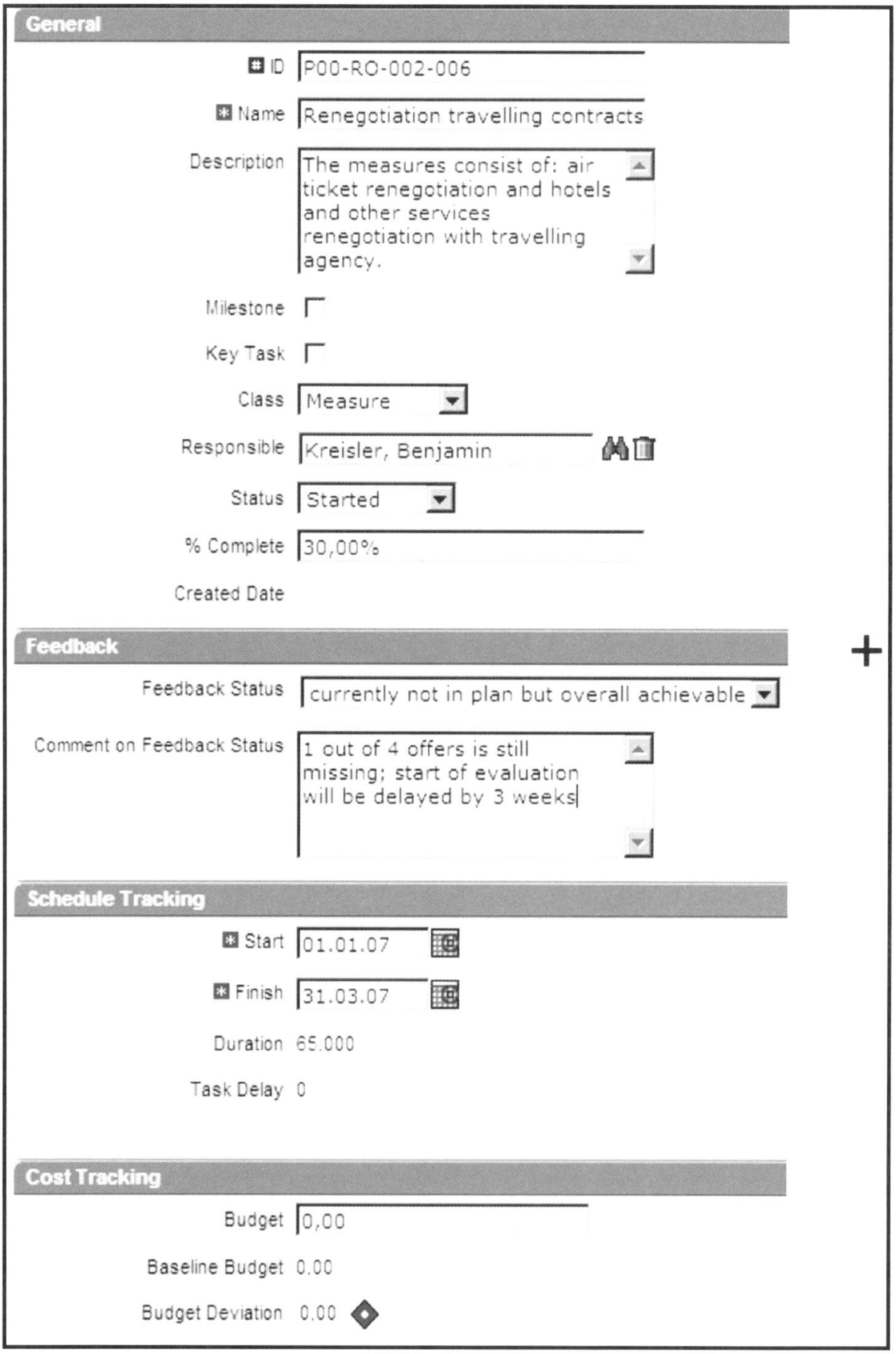

General

- **ID**: P00-RO-002-006
- **Name**: Renegotiation travelling contracts
- **Description**: The measures consist of: air ticket renegotiation and hotels and other services renegotiation with travelling agency.
- **Milestone**: ☐
- **Key Task**: ☐
- **Class**: Measure
- **Responsible**: Kreisler, Benjamin
- **Status**: Started
- **% Complete**: 30,00%
- **Created Date**:

Feedback

- **Feedback Status**: currently not in plan but overall achievable
- **Comment on Feedback Status**: 1 out of 4 offers is still missing; start of evaluation will be delayed by 3 weeks

Schedule Tracking

- **Start**: 01.01.07
- **Finish**: 31.03.07
- **Duration**: 65.000
- **Task Delay**: 0

Cost Tracking

- **Budget**: 0,00
- **Baseline Budget**: 0,00
- **Budget Deviation**: 0,00

Abb. 4: Maßnahmensteckbrief (Teil 1)

Potenziale heben

Financial Scorecard Project ABC (Romania), Measure: Renegotiation travelling contracts, Stage Gate: Approved					
[EUR]	Total	Jan	Feb	Mar	Apr
Net Margin					
Personnel Expenses					
Depreciation					
Lease, Rent					
Advertising&Marketing					
Maintenance					
Expenses other services					
IT Expenses					
Other material for consumption					
Energy					
Insurance					
Financ.contribution, bonification					
Results from f.a. sale					
Deficit, Damages					
Trainings					
Card costs					
Advising Exp.					
Taxes					
Valuation Reserve					
Provisions					
Bank exp./Exchange loss					
Travel expenses	120.000	10.000	10.000	10.000	10.000
Communication					
Representation					
Other Expenses					
office costs					
Allocation of costs					
Recharging to third parties					
revenue from group cost allocation					
revenue from internal recharching					
discharge of cost allocations					
capitalized service					
gains from disposal of f.a.					
revenue from release of provisions					
Total	120.000	10.000	10.000	10.000	10.000

Abb. 5: Maßnahmensteckbrief (Teil 2)

Organisation & IT

Von laufendem Interesse im Programm war daher die Frage, ob bereits ausreichend Maßnahmen definiert und in der Folge umgesetzt sind, um das gesteckte Ziel zu erreichen. Dies machte eine Vereinheitlichung der Bewertung aller im Programm entwickelten Maßnahmen erforderlich. Im Konkreten hieß das, dass der Effekt kostenartengenau zu erfassen war. Jede Maßnahme war so viel „wert", wie sie das Ausgangsergebnis verbessern konnte.

Integration in die Budgets Diese detaillierte Erfassung war Grundvoraussetzung dafür, dass die Programminhalte anschließend in die operativen Budgets integriert werden konnten. Denn die Integration der finanziellen Auswirkungen des Gesamtprogramms in die Jahresbudgets ist unverzichtbar, will man die Effektivität eines Kostensenkungsprogramms auch im operativen Bereich sicherstellen (s. Abb. 6).

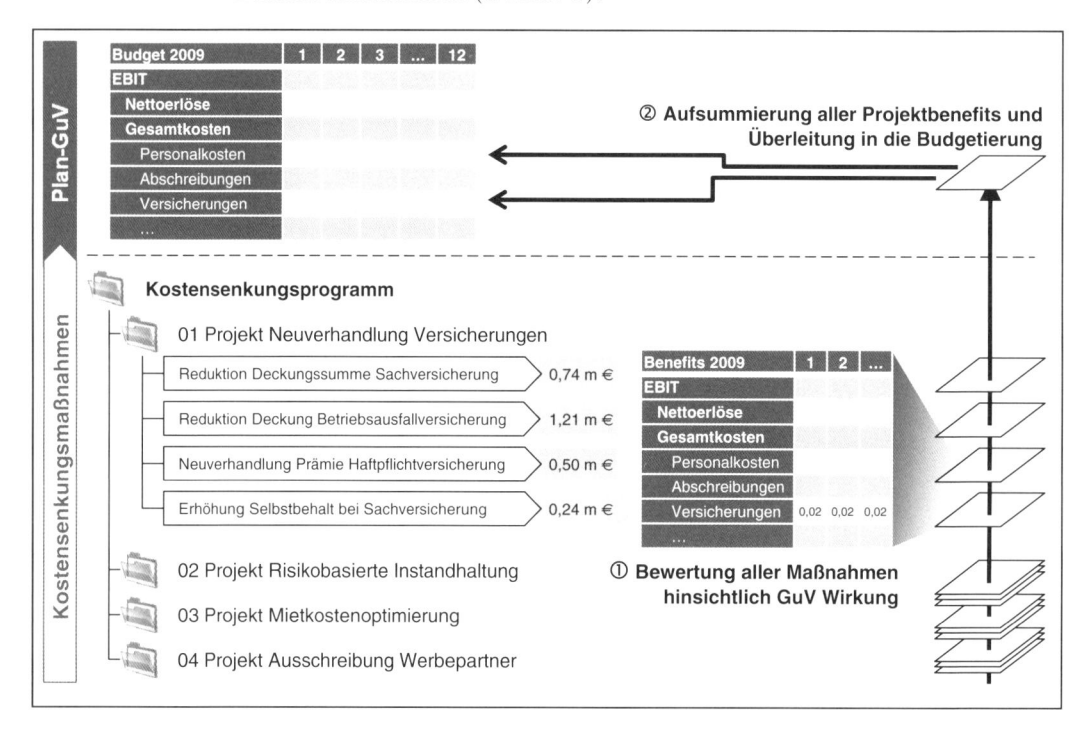

Abb. 6: Integration der Programminhalte in die operativen Budgets

4.4 Effektkontrolle

Schwierige Kontrolle Nach Erfahrung der Autoren konzentrieren sich Projekt- bzw. Programmmanagementansätze in der Praxis auf die Phasen der Initialisierung, Konzeption und Umsetzung. In die Überprüfung der Wirksamkeit und Nachhaltigkeit der implementierten Projektvorhaben wird wenig bis keine Zeit investiert.

Potenziale heben

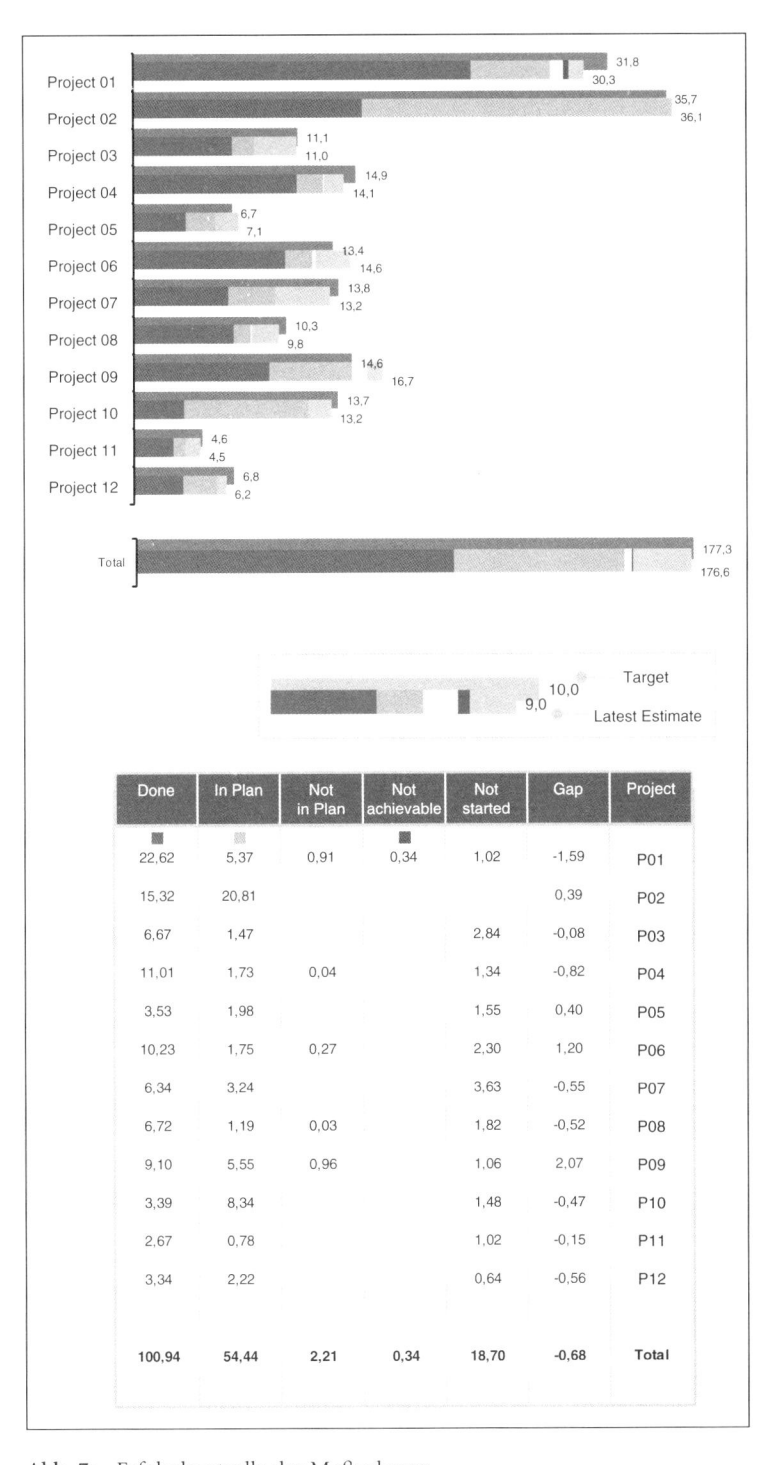

	31,8
Project 01	30,3
Project 02	35,7 / 36,1
Project 03	11,1 / 11,0
Project 04	14,9 / 14,1
Project 05	6,7 / 7,1
Project 06	13,4 / 14,6
Project 07	13,8 / 13,2
Project 08	10,3 / 9,8
Project 09	14,6 / 16,7
Project 10	13,7 / 13,2
Project 11	4,6 / 4,5
Project 12	6,8 / 6,2
Total	177,3 / 176,6

Target 10,0
Latest Estimate 9,0

Done	In Plan	Not in Plan	Not achievable	Not started	Gap	Project
22,62	5,37	0,91	0,34	1,02	-1,59	P01
15,32	20,81				0,39	P02
6,67	1,47			2,84	-0,08	P03
11,01	1,73	0,04		1,34	-0,82	P04
3,53	1,98			1,55	0,40	P05
10,23	1,75	0,27		2,30	1,20	P06
6,34	3,24			3,63	-0,55	P07
6,72	1,19	0,03		1,82	-0,52	P08
9,10	5,55	0,96		1,06	2,07	P09
3,39	8,34			1,48	-0,47	P10
2,67	0,78			1,02	-0,15	P11
3,34	2,22			0,64	-0,56	P12
100,94	**54,44**	**2,21**	**0,34**	**18,70**	**-0,68**	**Total**

Abb. 7: Erfolgskontrolle der Maßnahmen

- Zum einen liegt dies gewöhnlich an der beschränkten Verfügbarkeit von Ressourcen: Projektleiter stehen nach Abschluss der Umsetzung ihres Projektes häufig nicht mehr zur Verfügung, da sie bereits wieder neue Projekte und/oder ihre Linienagenden übernommen haben. Auch das Controlling kann eine konsequente Nachverfolgung finanzieller Projektergebnisse neben den laufenden Standardprozessen kaum leisten.
- Zum anderen ist die Nachrechnung von Projektbenefits selten trivial. Denn üblicherweise stellen finanzielle Ergebniszahlen eine Aggregation unterschiedlichster, sich überlappender betriebswirtschaftlicher Sachverhalte dar. Somit können aus dem standardisierten GuV-Reporting kaum eindeutige Rückschlüsse auf den finanziellen Erfolg von Einzelprojekten und -maßnahmen getroffen werden.

Im Referenzbeispiel war die Frage der Wirksamkeit der entwickelten Maßnahmen entscheidend für den Programmerfolg. Hätte man nach Abschluss der Implementierung der Einzelmaßnahmen auf eine weiterführende Nachrechnung verzichtet, wäre dies einem 12-monatigen Blindflug gleichgekommen – mit der Hoffnung, am Jahresende tatsächlich auf dem gewünschten Wert zu landen. Es galt also, den Programmerfolg durch eine laufende Überprüfung der tatsächlichen finanziellen Auswirkungen der Maßnahmen sowie der Entwicklung allenfalls erforderlicher Gegensteuerungsaktionen sicherzustellen (s. Abb. 7).

4.4.1 Laufende Überprüfung des finanziellen Isteffekts der Maßnahmen

Erfolgsfaktor Budgetintegration

Bei der Umsetzung der laufenden Effektkontrolle machte sich ein Umstand besonders bezahlt: die Integration der Benefit-Schätzungen aller Maßnahmen im Programm in das aktuelle Jahresbudget. Dadurch konnten die Standard-Controlling-Prozesse wie Monatsberichtswesen und Jahresendforecasting ohne Einschränkung auch für die laufende Verfolgung der Programmzielerreichung verwendet werden. Eine groß angelegte Parallelrechnung war somit nicht erforderlich und es konnte jeweils auf die bereits bekannten Ergebniszahlen referenziert werden.

Bei relevanten Budgetüberschreitungen wurden die zugehörigen Einzelmaßnamen im Sinne eines „Management by Exception" näher betrachtet. Parallel wurde die Wirksamkeit der wertmäßig bedeutendsten Maßnahmen von zentraler Stelle aus analysiert, um etwaige gravierende Ausfälle auszuschließen.

4.4.2 Entwicklung kurzfristiger Gegensteuerungsmaßnahmen

Rasche Reaktion auf Abweichungen

Sobald feststeht, dass es in bestimmten Unternehmensbereichen zu Abweichungen gekommen ist, sollte sich in der Folge sehr schnell die Frage nach Möglichkeiten zur Gegensteuerung stellen. Denn je weiter das

Jahr fortschreitet, desto geringer werden die Möglichkeiten, Fehlentwicklungen der Vormonate zu korrigieren. In der Praxis haben sich insbesondere drei Vorgehensweisen zur Sicherung des Programmerfolgs bewährt:

- **Konsequentes Nachhalten definierter Maßnahmen:** Ein Teil der entstandenen Lücken lässt sich i. d. R. schon alleine dadurch schließen, dass verzögerte Maßnahmen konsequent in Richtung Fertigstellung bewegt werden. Zu prüfen ist darüber hinaus, ob erfolglose Maßnahmen eventuell durch kurzfristig angestoßene Ersatzmaßnahmen kompensiert werden können. Hier empfiehlt sich der Blick über die Bereichs- bzw. Landesgrenze hinaus hinsichtlich der Möglichkeit zur Übertragung erfolgreicher Ansätze.
- Kontrolle der Purchase-to-pay-Prozesse: Potenzial bietet auch eine Analyse aller relevanten Bestell- und Bezahlprozesse in Bezug auf fehlende Kostenkontrollmechanismen und ähnlicher Schwachpunkte. So hat sich im Praxisbeispiel bei der Überprüfung der Bestellprozesse herausgestellt, dass jeder Gebietsleiter die Möglichkeit hatte, Instandhaltungsleistungen direkt bei den Partnerfirmen zu beauftragen. Die Genehmigung der Ausgabe wurde dann i. d. R. im Nachhinein ausgestellt. Durch diese unkoordinierten Bestellungen kam es regelmäßig zur Überschreitung des Instandhaltungsbudgets. Nachdem der Sachverhalt transparent gemacht worden war, wurde der Beauftragungsprozess entsprechend umgestellt: Heute gibt es einen Single Point of Contact in der zentralen Instandhaltungsabteilung, der die Beauftragung der Partnerfirmen unter Berücksichtigung des verfügbaren Budgets steuert. Dienstleistern und Gebietsmanagern wurde kommuniziert, dass Rechnungen über Leistungen aus dezentralen Bestellungen künftig nicht mehr bezahlt werden.
- **Identifikation der verbleibenden, beeinflussbaren Kostensenkungsmöglichkeiten:** Als letzte Möglichkeit bleibt natürlich die unterjährige Kürzung von Budgets. Dabei sind allerdings zwei Restriktionen zu berücksichtigen: Zum einen sind die Jahresbudgets bereits bis zu einem gewissen Grad ausgegeben oder gebunden. Zum anderen eigenen sich auch nur ganz bestimmte Kostenarten für kurzfristige Einschnitte. So wird eine Kürzungsvorgabe für einen Bereich, der nur noch über freie Budgets in den Kostenarten „Abschreibung" und „Personal" verfügt, tendenziell wenig erfolgreich sein. Vor der Vereinbarung und Kommunikation unterjähriger Budgetstopps empfiehlt es sich also, die bereichsindividuelle Budgetsituation entsprechend zu analysieren.

Für alle vorgeschlagenen Gegensteuerungsmaßnahmen gilt, dass sie aktiv vom Programmsteuerungskreis einzufordern sind. Anders gesagt, müssen alle Beteiligten verstanden haben, dass die in der Effektkontrolle festgestellten Abweichungen nicht alleine kommentiert, sondern durch

Maßnahmen aktiv einfordern

konkrete Aktionen auch reduziert werden müssen. Im Praxisfall entschied man sich dafür, die kritischsten Länder im Rahmen des monatlichen Jour fixe des Steuerungskreises vorzuladen um sich über den Status der entwickelten Gegensteuerungsmaßnahmen berichten zu lassen.

4.5 Ergebnisse

Programmziele deutlich erreicht

Die strukturierte Identifikation von Potenzialen, das laufende Nachhalten des Projektfortschritts auf vier Ebenen, die Bewertung und Integration der Umsetzungsmaßnahmen in die Budgetierung sowie die laufende Effektkontrolle ermöglichen es nach zweijähriger Laufzeit, das ambitionierte Programmziel mehr als deutlich zu erreichen. Durch die laufende Steuerung war über alle Phasen im Programm hinweg transparent, wie sehr man zum jeweiligen Zeitpunkt von der Zielerreichung entfernt war und in welche Richtung man entsprechende Anstrengungen konzentrieren musste. Durch das gewählte Vorgehen war es aber nicht nur gelungen, die finanzielle Zielsetzung im Programm zu erfüllen. Innerhalb der beiden Jahre wurden Organisation und Prozesse im Bereich nachhaltig kosteneffizienter gestaltet und damit die Basis für zukünftige Wettbewerbserfolge in einem stürmischeren Umfeld geschaffen.

5 Fazit

Kosten sind mehr als Personal

Kosteneffizienzen zu heben statt kurzfristigen Personalabbau zu betreiben ist vielleicht nicht in jeder wirtschaftlichen Situation ein gangbarer Weg. Akute Unternehmenskrisen verlangen oftmals rasche und schmerzhafte Eingriffe in die Organisationsstrukturen, um schnelle Kostensenkungen realisieren zu können. Trotzdem werden auch abseits von Krisenzeiten in vielen Unternehmen ausschließlich personalbezogene Kosten als Reduktionspotenzial angesehen, während alle anderen Kostenblöcke nahezu als „gottgewollt" und damit unbeeinflussbar erscheinen. Aber gerade durch die Hebung der in diesen Blöcken versteckten Effizienzpotenziale lassen sich nachhaltige Wettbewerbsvorteile für die Kostenposition des Unternehmens gewinnen.

6 Literaturhinweis

Matzler/Bailom/Tschernernjak/Hinterhuber, Kostensenkungsprogramme in der Praxis: Ergebnisse einer Managerbefragung, Der Controlling-Berater (5), S. 723–738.

Kostenrechnung mit OLAP: Verflachung oder Chance zur Flexibilisierung?

- Der Anwendungsbereich der klassischen Kostenrechnung wird überwiegend durch standardisierte Transaktionslösungen wie SAP ERP abgedeckt. Allerdings sind entsprechende Lösungen relativ starr.
- Die Anforderungen an Kostenrechnungsinformationen sind vom Rechnungszweck abhängig. Dies erfordert i. d. R. den Einsatz paralleler Abrechnungsverfahren und Sonderrechnungen.
- Die OLAP-Technologie erlaubt ein einfaches Modellieren von Werteflüssen. Durch die Entkopplung von ERP-Systemen besteht die Möglichkeit, mit geringem Aufwand flexible Teilrechnungen aufzubauen.

Inhalt		Seite
1	Überblick	229
2	Die wichtigsten Problempunkte einer DV-Unterstützung	230
2.1	Zweckpluralität	231
2.2	Differenzierung	231
2.3	Flexibilität	232
2.4	Wirtschaftlichkeit	233
3	Modellierung mit Dimensionen und Würfeln	234
3.1	Entwicklung von analytischen Anwendungen	234
3.2	Strukturelemente	236
3.3	Transaktionsebene versus Saldenebene	238
3.4	Matrizenrechnung und OLAP	240
3.5	Modellieren mit Würfeln und Regeln	242
3.6	Grenzen von OLAP	247
4	Unterstützung der Zweckpluralität	248
4.1	Abgrenzungsrechnung	250
4.2	Konzernkostenrechnung	253
5	Eingliederung in eine Informationssystem-Architektur	255
6	Literaturhinweise	258

■ Der Autor

Dr. Karsten Oehler verantwortet seit Anfang September 2008 das Competence Center Finance bei der Cognos GmbH, einer IBM-Tochter, in Frankfurt.

1 Überblick

Die Art der DV-Unterstützung in Rechnungswesen und Controlling hat sich in den letzen Jahren verändert. Dominierten früher fast ausschließlich zentrale Systeme für die Massenverarbeitung sowie Tabellenkalkulationen für die Berichtsaufbereitung und Ad-hoc-Analyse, haben sich mehr und mehr analytische Anwendungen im Bereich zwischen den beiden oben aufgeführten Aufgabenschwerpunkten etabliert (vgl. Abb. 1).

Veränderungen im Rechnungswesen

Analytische Anwendungen sind Werkzeuge, die für die Aufbereitung und Analyse großer Datenmengen geeignet sind und speziell die Analyse durch das Navigieren (sogenanntes „Slice and Dice" bzw. „Drill down/Drill up") dieser Datenbestände unterstützen.

Neben der Aufgabe der Informationsanalyse leisten viele dieser Werkzeuge Beachtliches in Bezug auf die Ableitung von Informationen. So ist meistens eine Regelsprache vorhanden, mit der komplexe Ableitungen bis hin zur differenzierten innerbetrieblichen Leistungsverrechnung umgesetzt werden können. Zudem kann auch die Planung durch Eingabefunktionen und Simulationsmöglichkeiten unterstützt werden.

Unterstützung durch Regelsprache

Diese Werkzeuge sind durch die kontinuierlich verbesserte Skalierbarkeit mittlerweile auch für Aufgabenbereiche geeignet, die zurzeit noch leistungsfähigen Abrechnungssystemen vorbehalten sind. So sind Konzepte zur Abbildung von Kostenrechnungssystemen wie z. B. der Prozesskostenrechnung verfügbar. Bei genauerem Hinsehen erweisen sich diese Konzepte meistens als sehr stark vereinfachend, wenn nicht gar als Rückschritt gegenüber etablierten Kostenrechnungssystemen. Die Abbildung eines differenzierten Werteflusses wird zugunsten einer rein statistisch orientierten Rechnung aufgegeben. Somit sind bewährte Instrumente wie z. B. Abstimmungsrechnungen nicht mehr verfügbar. Zudem werden lediglich Teilaspekte einer an sich umfassenden Kostenrechnungskonzeption berücksichtigt.

Konzeptionelle Vereinfachung

Eine tiefergehende Untersuchung in Bezug auf die Umsetzung bekannter Systeme wie der Grenzplankostenrechnung, der relativen Einzelkostenrechnung, der Betriebserfolgsrechnung usw. erscheint zweckmäßig. Insbesondere im Hinblick auf teilweise äußerst hohe Anforderungen dieser Systeme ist hier durchaus eine gewisse Skepsis angebracht. Auf der anderen Seite zeichnen sich analytische Anwendungen dadurch aus, dass sie relativ leicht konfigurierbar sind. Gegenüber den verbreiteten komplexen betriebswirtschaftlichen Standardsoftware-Systemen ist somit ein hohes Einsparungspotential zu erwarten.

OLAP und komplexe Kostenrechnungssysteme

Ad-hoc-Systeme
(Tabellenkalkulationen)

Analytische Anwendungen
(Planung, Konsolidierung, Analyse, Reporting)

Abrechnungssysteme
(Geschäftsbuchhaltung, Betriebsbuchhaltung)

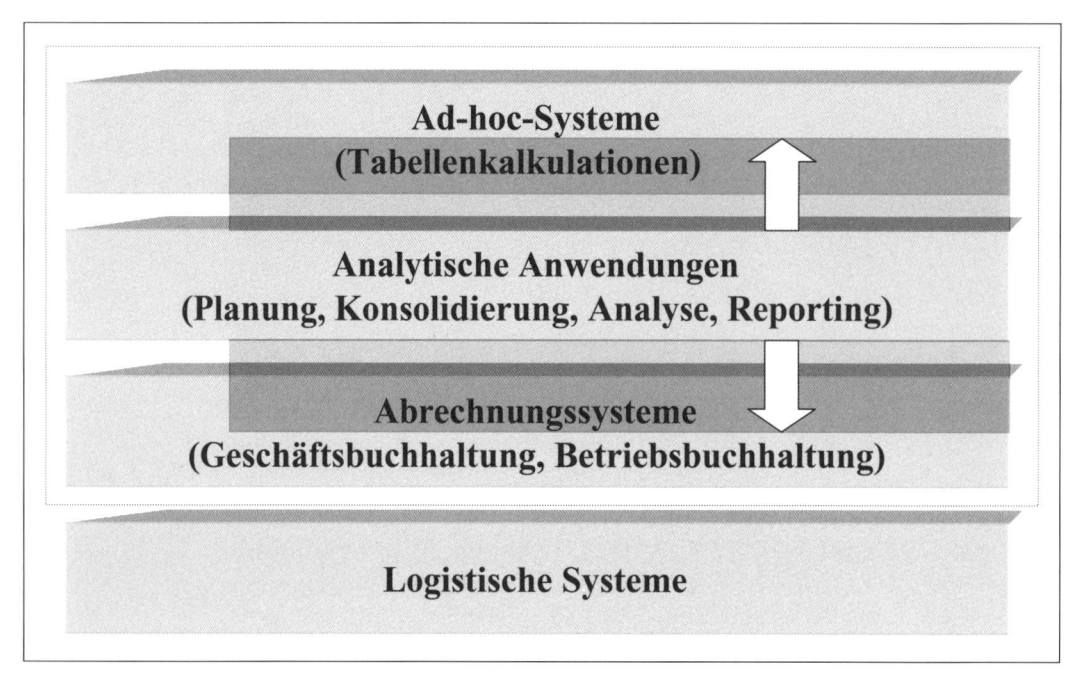

Logistische Systeme

Abb. 1: Geltungsanspruch analytischer Anwendungen im Rechnungswesen

Zielsetzung
Der Beitrag soll die Eignung analytischer Anwendungen (inbesondere Online Analytical Processing) anhand einiger spezieller Themen der Kostenrechnung aufzeigen. Typische Auswertungsfunktionen wie das „Drill down" in einer Ergebnisrechnung oder in einem BAB sollen hierbei nicht betrachtet werden. Dies ist die ureigenste Domäne dieser Werkzeuge, sodass hier kaum ein Erkenntnisgewinn zu erwarten ist.

Zur Verdeutlichung der Möglichkeiten ist ein Beispiel erstellt worden. Da die Darstellung den Umfang des Beitrags sprengen würde, ist das Beispiel im Beitrag „Gestaltung eines Kostenrechnungssystems mit OLAP" (HI2120323) im Haufe Controlling Office zu finden.

2 Die wichtigsten Problempunkte einer DV-Unterstützung

Kritik an etablierten DV-Systemen zur Kostenrechnung wird häufig bezüglich der Starrheit geäußert.[1] Änderungen im Abrechnungsfluss oder die Erfüllung zusätzlicher Rechnungszwecke sind i. d. R. nur schwer in das bestehende Konzept zu integrieren.

---
[1] Fröhling (1993), S. 321.

Wo liegen nun Anforderungen an die Systemunterstützung aus dem Blickwinkel einer vielfältig verwendbaren Kostenrechnung? Man kann hier die vier Kategorien

- Zweckpluralität,
- Differenzierung,
- Flexibilität und
- Wirtschaftlichkeit

unterscheiden.

2.1 Zweckpluralität

Die Zweckpluralität kennzeichnet den Erfüllungsgrad unterschiedlicher Rechnungszwecke. Bezüglich dieser Anforderung gibt es im Wesentlichen zwei Grundrichtungen. Die Vertreter der einen Richtung fordern eine **Angleichung unterschiedlicher Zweckrechnungen** (im Besonderen des externen und des internen Rechnungswesens).[2] Es werden „Unschärfen" in Bezug auf unterschiedliche Rechnungszwecke zugunsten einer einheitlichen Gewinnkonzeption in Kauf genommen.

Vertreter der anderen Richtung plädieren für die **Aufrechterhaltung unterschiedlicher Zweckrechnungen**, da ansonsten die Gefahr von Fehlentscheidungen wächst.[3] „Die betriebswirtschaftliche Vernunft verlangt, die Rechnungszweckabhängigkeit des Rechnungsinhalts beizubehalten."[4] Unterschiedliche Zwecke im Rechnungswesen spiegeln sich meistens in unterschiedlichen Bewertungen wider,[5] sodass technisch kaum ein Problem der differenzierten Weiterverrechnung besteht. Probleme werden eher in der Erklärbarkeit unterschiedlicher Ergebnisse gesehen.

2.2 Differenzierung

Die Differenzierung stellt hingegen auf den verfügbaren Detaillierungsgrad der Zielinformationen ab. Der Jahresüberschuss als Residualgröße ist als eine wenig differenzierte Zahl zu betrachten. Eine Aufspaltung nach Geschäftsbereichen, Primärkontierungen usw. erweitert hingegen die Nutzbarkeit dieser Information.

---

[2] Vgl. Küpper (1997).
[3] Zum Beispiel Schneider (1998); Coenenberg (1995).
[4] Schneider (1998), S. 34.
[5] Müller (1996), S. 130.

Differenzierung ist eine wesentliche Voraussetzung für die Zweckpluralität, ist jedoch nicht mit dieser gleichzusetzen, da die Differenzierung auch unabhängig von der Zweckpluralität gesehen werden kann.

2.3 Flexibilität

Flexibilität ist die Fähigkeit der Anpassung eines Systems an unterschiedliche oder veränderte Kontexte. Flexibilität kann strukturbezogen oder auswertungsbezogen gesehen werden. Im ersten Fall kennzeichnet sie die Fähigkeit, Systemabläufe während der Konfiguration und während der Laufzeit anzupassen. Die auswertungsbezogene Flexibilität kennzeichnet die Möglichkeit, während der Analyse beliebige Sichten zu wählen. In diesem Beitrag steht die strukturbezogene Flexibilität im Vordergrund.

Grobarchitektur — Damit stellt sich die Frage nach einer Grobarchitektur. *Weber* hat bereits 1994 das Ende der klassischen Kostenrechnungssysteme prognostiziert. Seiner Auffassung nach werden die wenigen fest definierten Rechnungssysteme durch schlanke Datenaufbereitungen abgelöst, die leicht durch fallweise Rechnungen ergänzt werden können (vgl. Abb. 2).

Abgrenzung zur Grundrechnung — Der Gedanke ähnelt dem der Grundrechnung, der bereits in den dreißiger Jahren des letzten Jahrhunderts von *Schmalenbach* aufgebracht wurde und von *Riebel* und seinen Schülern konsequent weiterentwickelt wurde: Ein zweckneutraler Grundspeicher liefert alle Daten, die dann durch fallweise Sonderrechnungen ergänzt werden. Der wesentliche Unterschied zum Vorschlag von *Weber* ist die Aufgabe der kompromisslosen Zweckneutralität. Der Auswertungsspeicher enthält schon zweckbezogene Aufbereitungen. Dies entspringt auch der Erkenntnis, dass ein Auswertungszweck bereits Einfluss auf die Erfassung und den gesamten Werteflusse hat. Eine Aufbereitung zum Bedarfszeitpunkt verbietet sich damit in vielen Fällen. Auch mit modernen Werkzeugen ist beispielsweise eine komplexe Abweichungsnachverrechnung von Kostenstellen über ein Auftragsnetz nicht ohne erheblichen Aufwand umsetzbar. Die hieraus entstehenden Daten sind also auch als Bestandteil einer zweckpluralen Grundrechnung zu sehen.

Abstraktion und Standardsoftware — In diesem Zusammenhang ist eine Diskussion des richtigen Konkretisierungsgrads von Standardsoftware-Systemen von Bedeutung. Hierbei kann der Grad der Lösungsunterstützung höchst unterschiedlich erfüllt werden. Werden sehr konkrete Strukturen fest implementiert, wird das System relativ starr und kann entsprechend nur genau für die vorgesehene Problemstellung eingesetzt werden. Soll dann beispielsweise eine Kostenstellenrechnung um eine prozessorientierte Rechnung ergänzt werden, geht dies häufig nur mit einem hohen Anpassungsaufwand. Man macht i. d. R. Abstriche und passt die organisatorischen Anforderungen an die entsprechende Lösung an.

Kostenrechnung mit OLAP

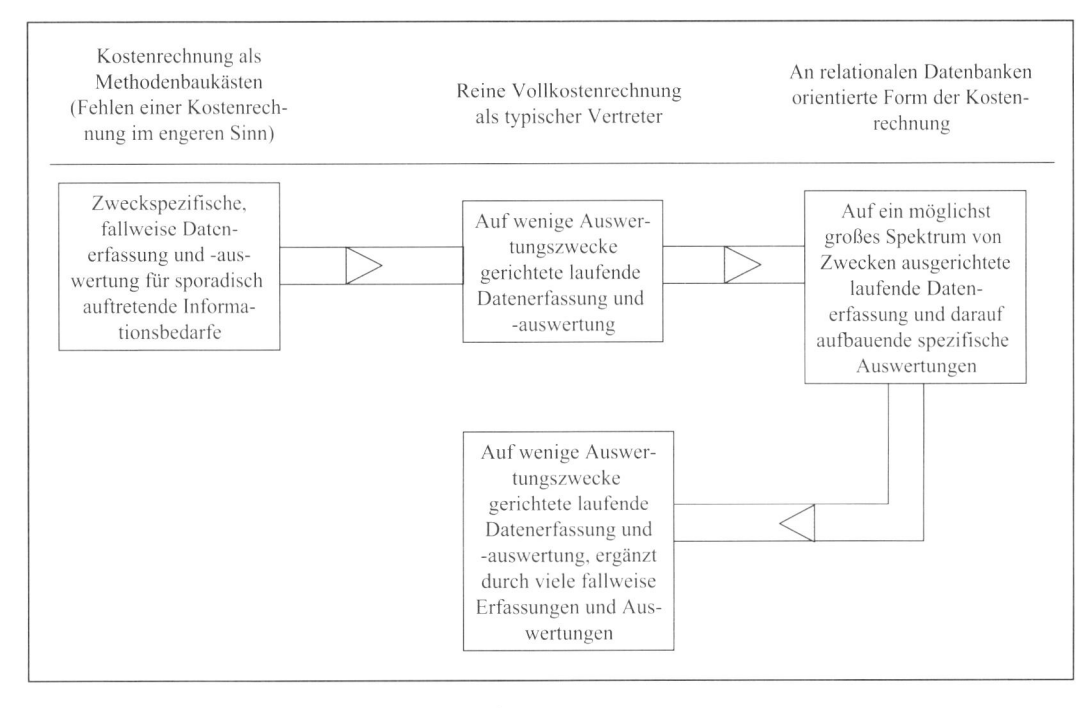

```
┌─────────────────────────────────────────────────────────────────────────────┐
│  Kostenrechnung als                                    An relationalen      │
│  Methodenbaukästen      Reine Vollkostenrechnung      Datenbanken           │
│  (Fehlen einer Kosten-   als typischer Vertreter      orientierte Form der  │
│  rechnung im engeren                                  Kosten-               │
│  Sinn)                                                rechnung              │
│  ─────────────────────────────────────────────────────────────────────────  │
│                                                                             │
│  ┌──────────────┐        ┌──────────────┐            ┌──────────────┐       │
│  │Zweckspezifi- │        │Auf wenige    │            │Auf ein mög-  │       │
│  │sche, fallweise│       │Auswer-       │            │lichst großes │       │
│  │Daten-        │   ▷    │tungszwecke   │    ▷       │Spektrum von  │       │
│  │erfassung und │        │gerichtete    │            │Zwecken aus-  │       │
│  │-auswertung   │        │laufende Da-  │            │gerichtete    │       │
│  │für sporadisch│        │tenerfassung  │            │laufende Da-  │       │
│  │auftretende   │        │und           │            │tenerfassung  │       │
│  │Informations- │        │-auswertung   │            │und darauf    │       │
│  │bedarfe       │        │              │            │aufbauende    │       │
│  │              │        │              │            │spezifische   │       │
│  │              │        │              │            │Auswertungen  │       │
│  └──────────────┘        └──────────────┘            └──────────────┘       │
│                                                                             │
│                          ┌──────────────┐                                   │
│                          │Auf wenige    │                                   │
│                          │Auswer-       │                                   │
│                          │tungszwecke   │                                   │
│                          │gerichtete    │                                   │
│                          │laufende      │                                   │
│                          │Datenerfassung│   ◁                               │
│                          │und           │                                   │
│                          │-auswertung,  │                                   │
│                          │ergänzt durch │                                   │
│                          │viele fallweise│                                  │
│                          │Erfassungen   │                                   │
│                          │und Aus-      │                                   │
│                          │wertungen     │                                   │
│                          └──────────────┘                                   │
└─────────────────────────────────────────────────────────────────────────────┘
```

Abb. 2: Entwicklungslinien der Kostenrechnung[6]

Implementiert man hingegen abstrakte Strukturen – man geht z. B. von der konkreten Kostenstelle auf ein generisches Kalkulationsobjekt über – erhöht sich der Anwendungsgrad. Damit erhöhen sich jedoch i. d. R. auch die Kosten für die Konfiguration, da ein konkretes System erst „customized" werden muss. Standardfunktionen einer Kostenstellenrechnung wie beispielsweise ein Modul zur Umlagenrechnung sind dann nicht vorhanden. Der Grad der Konkretisierung schwankt erheblich. Ein extremes Beispiel wäre die Nutzung einer relationalen Standard-Datenbank als Entwicklungsplattform.

Generischer Ansatz

2.4 Wirtschaftlichkeit

Es sind zwei gegenläufige Kostentreiber zu betrachten: niedrige Anpassungskosten der Software und niedrige Anpassungskosten der Organisationsänderungen. Bei diesen gegenläufigen Kosten ist ein Optimum zu finden. Eine Kernhypothese dieses Beitrags ist es, dass dieses Optimum näher bei OLAP-Systemen als bei Standardsoftware-Systemen für die Kostenrechnung liegt.

---

[6] Quelle: Weber, J., Kostenrechnung zwischen Verhaltens- und Entscheidungsorientierung, in: krp 2/94, S. 103.

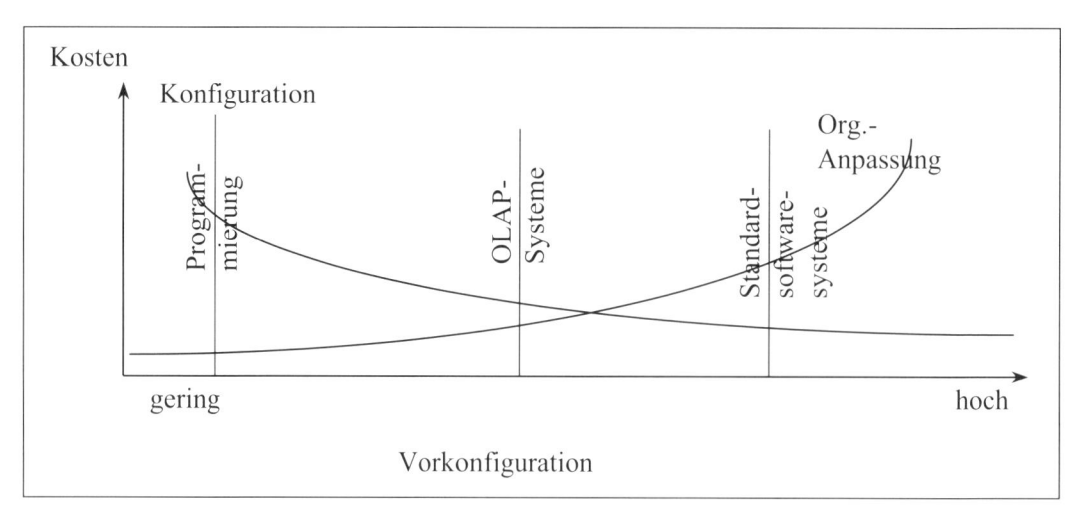

Abb. 3: Abstraktionsgrad von Anwendungssystemen

3 Modellierung mit Dimensionen und Würfeln

3.1 Entwicklung von analytischen Anwendungen

Die Unzufriedenheit vieler Anwender mit der Informationsbereitstellung führte schon vor über 30 Jahren zur Entwicklung relationaler Datenbanksysteme, die gegenwärtig den Standard für Speichersysteme großer Datenmengen darstellen. Mit der Einführung solcher Systeme wurde die Zielvorstellung verbunden, gleichermaßen Datenunabhängigkeit, Integritätssicherung und für den Endanwender zugängliche Auswertungsvielfalt zu erreichen. Dass alle Ziele nicht in gleichem Maße erreicht wurden, liegt im Wesentlichen an den unterschiedlichen Anforderungen an solche Systeme. Die Integritätssicherung steht in einem Zielkonflikt zur einfachen Auswertbarkeit. Durch die sogenannte Normalisierung von Datenstrukturen werden Informationsstrukturen in kleine Einheiten zerlegt, die für Auswertungen entsprechend wieder zusammengesetzt werden müssen. Diese Aufgabe kann einem Endanwender kaum zugemutet werden.

12 Anforderungen an OLAP

Codd und Mitarbeiter haben in einem viel beachteten Artikel zwölf Anforderungen an rein auswertungsbezogene Werkzeuge gestellt und somit den Begriff OLAP als Abgrenzung zu OLTP (Online Transaction Processing, die klassische Transaktionsverarbeitung) geprägt.[7] Mittels zwölf Regeln werden seitdem OLAP-Systeme definiert. Zentraler Anker-

---

[7] Vgl. Codd/Codd/Salley (1993).

punkt ist dabei das Denken in Dimensionen und entsprechender Mehrdimensionalität. Weitere Anforderungen sind schnelle Antwortzeiten, intuitive Datenanalyse, flexible Berichterstellung, unbegrenzte Anzahl der Dimensionen, verteilte Architektur, Multi-User-Fähigkeit etc.

Deutlich wurde, dass die Anforderungen eine eigenständige Modellierung neben den operativen Datenverwaltungssystemen erfordern. Unter dem Begriff OLAP wurden dann alle denkbaren Abfragewerkzeuge subsumiert und der Begriff somit ziemlich verwässert. Mittlerweile hat ein Prozess der konzeptionellen Stabilisierung eingesetzt.

Eigene Datenhaltung

Eine wichtige Eigenschaft für die Modellierung der Kostenrechnung ist von *Codd* und seinen Mitautoren allerdings nicht problematisiert worden: Jede anspruchsvollere Kostenrechnung ist auch gleichzeitig eine Plankostenrechnung. Mit anderen Worten: Es müssen Planungsinformationen erfasst werden können. Entsprechend benötigen entsprechende OLAP-Werkzeuge auch die Möglichkeit des Schreibens von Daten. Zwar ermöglichen immer mehr Werkzeuge das Erfassen von Informationen, allerdings gibt es hier erhebliche Unterschiede (vgl. auch Abb. 4):

Datenerfassung mit OLAP

- Relationale OLAP-Systeme, die die mehrdimensionale Struktur auf Basis einer relationalen Datenbank virtuell aufbauen, sind, wenn überhaupt, nur sehr eingeschränkt in der Lage, Daten zurückzuschreiben.
- Sogenannte MOLAP[8]-Datenbanken sind hier i. d. R. wesentlich leistungsfähiger. Sie ermöglichen beispielsweise auch die automatische Erstellung von Vorschaurechnungen oder Verteilungen, bei denen ein Anwender beispielsweise auf einem aggregierten Element (z. B. einer Kostenstellengruppe) einen Wert eingeben kann, der dann in Echtzeit auf die untergeordneten Elemente nach einem bestimmten Verteilungsschema verteilt wird. Besonders leistungsfähig in Bezug auf die Verarbeitung von Regeln sind sogenannten „In Memory"-Datenbanken, die alle Informationen in den Arbeitsspeicher laden. Typische Vertreter sind IBM Cognos TM1 oder Infor ALEA.
- Ein weiterer Ankerpunkt ist die Festlegung von Regeln. In der Kostenrechnung besteht die Notwendigkeit, komplexe Regeln zu definieren, um den Werteflusss beschreiben zu können. Dies sollte vom Werkzeug adäquat unterstützt werden.

---

[8] „Mehrdimensionales OLAP"; solche Werkzeuge speichern die Daten optimiert für den Zugriff, sodass die Lese- und Schreiboperationen für Datenoperationen minimiert werden.

Werkzeug	Anbieter	Eignung	Anmerkung
Analysis Service	Microsoft	o	Begrenzte Rückschreibefähigkeit, begrenztes Regelwerk in Bezug auf Iterationsfähigkeit
Alea	Infor	+	Rückschreibefähiges, flexibles Regelwerk, Limitierung bei Iterationsverfahren
BI	SAP	o	Begrenzte Rückschreibefähigkeit, Regeln über programmiersprachenähnliche Methoden
BPC	SAP	+	Rückschreibefähiges, flexibles Regelwerk
Cognos Powercube	IBM	-	Keine Rückschreibefähigkeit, minimales Regelwerk
Cognos TM1	IBM	+	Rückschreibefähiges, flexibles Regelwerk, Unterstützung Iterationsverfahren
Excel Pivot-Tables	Microsoft	-	Keine Rückschreibefähigkeit, minimales Regelwerk
Essbase	Oracle	+	Rückschreibefähiges, flexibles, aber komplexes Regelwerk, Unterstützung Iterationsverfahren

Abb. 4: Auswahl populärer OLAP-Systeme und deren Eignung für Kostenrechnungsmodellierung

Die Anforderungen werden in den folgenden Abschnitten noch weiter konkretisiert.

3.2 Strukturelemente

Dimensionen Der zentrale Begriff von OLAP ist die Dimension. Dieser Begriff wurde bereits vom Einzelkostenrechner *Riebel* verwendet[9] und kennzeichnet zunächst einmal ein strukturiertes Auswertungsinteresse an vorhandenen oder gewünschten Informationen. Bekannte Dimensionen sind Kostenstellen, Produkte, Kunden, Zeit oder auch Konten. Für die Kostenrechnung sind die Kategorie (Plan, Soll, Ist), die Abhängigkeit vom Beschäftigungsgrad (fix, proportional) und Aufträge weitere wichtige Dimensionen.

Dimensionen umfassen Elemente, die zueinander in Beziehung stehen können. Hierzu werden Hierarchien auf der Basis der Elemente gebildet. Für die Dimension Produkt könnte eine Hierarchie aus der Basis Produkt und den Hierarchieebenen Produktgruppe, Produktart und Geschäftsbereich bestehen. Gegenüber anderen Informationselementen eines Systems zeichnen sich Dimensionen durch einen rechnungszweckbezogenen allgemeinen Konsens aus. So stellt ein Kommentarfeld beispielsweise keine Dimension dar, da kein Konsens über die Struktur dieser Information besteht.

---

[9] Riebel (1979), S. 867 ff.

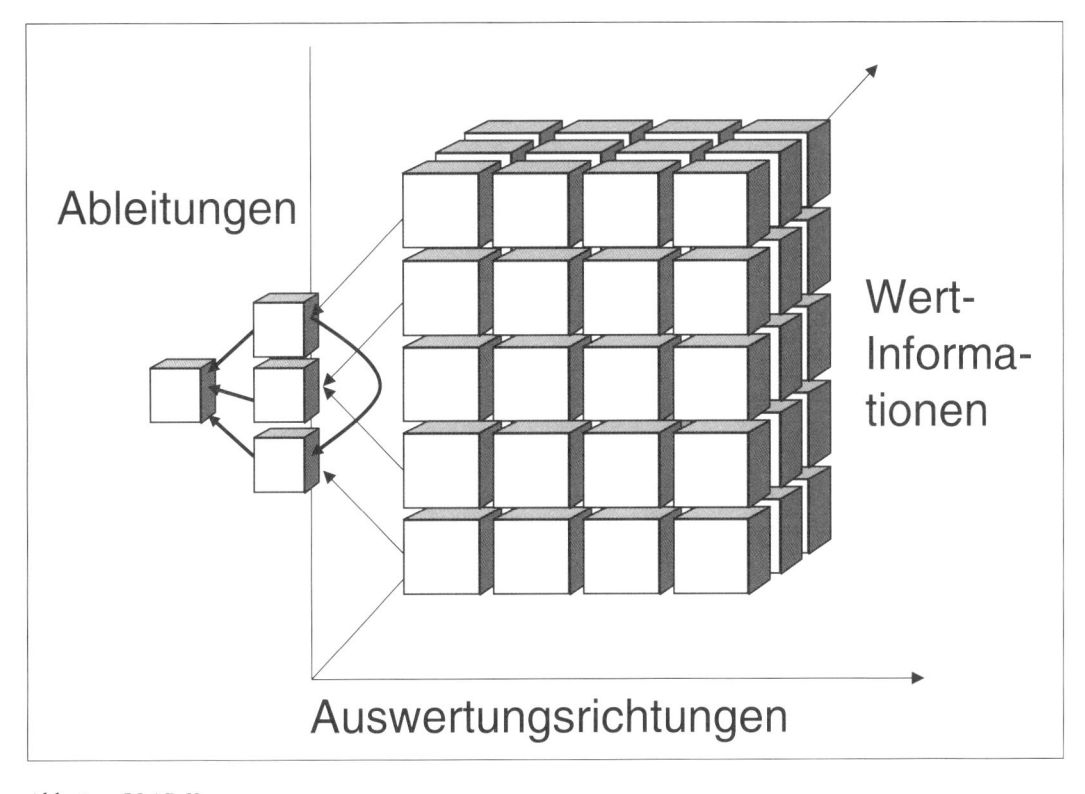

Abb. 5: OLAP-Konzepte

Würfel stellen Kombinationen von Dimensionselementen dar und enthalten die eigentlichen Werte (vgl. Abb. 5). Die Kombination von Dimensionen legt es nahe, die Würfelmetapher zu benutzen. Diese verdeutlicht die Mehrdimensionalität, wobei ein Würfel auf drei Dimensionen begrenzt ist, reale Phänomene jedoch nach wesentlich mehr Dimensionen gekennzeichnet werden. So können dem Würfel *Umsatz* die Dimensionen *Kunden*, *Produkt*, *Periode*, *Region' Vertriebsweg* usw. zugeordnet werden. Um diese höhere Dimensionalität zu kennzeichnen, wird auch häufig von einem Hyperwürfel gesprochen.

Würfel-Metapher

Eine Zelle eines Würfels repräsentiert genau eine Zahl, die sich aus einer eindeutigen Auswahl der Elemente aus den zugehörigen Dimensionen ergibt, z. B. 35.000 EUR Umsatz der Kundengruppe *Mittelstand* der Produktgruppe *Mittlere Datentechnik* der Region *Mitte* im *Januar*. In einem Unternehmen kann eine Vielzahl unterschiedlicher Würfel existieren.

Zellen in OLAP

3.3 Transaktionsebene versus Saldenebene

Wichtig für das Verständnis von mehrdimensionalen Datenbanken ist die Unterscheidung zwischen der Abbildung einzelner Geschäftsvorfälle und einer periodischen Zusammenfassung derselben. Diese Trennung ist keinesfalls neu, sie ist ein wesentliches Kennzeichen jeder Buchhaltung. Ein einzelner Geschäftsvorfall stellt hier einen unverdichteten Vorgang dar und wird im Abrechnungssystem als Datensatz gespeichert. Objekte einer solchen Klasse können in einer Zeiteinheit beliebig oft vorkommen.

Saldenebene im Rechnungswesen

Daneben spielen Verdichtungen – in der Sprache der Buchhaltung Salden oder Verkehrswerte – eine wichtige Rolle. Lediglich Salden gehen in die bekannten Abschlussrechnungen GuV, Bilanz oder Finanzflussrechnung ein. Man abstrahiert vom Einzelfall und betrachtet lediglich zeitliche und meistens auch andere Verdichtungen. So steht hinter der GuV-Position „sonstige betriebliche Erträge" meistens eine Vielzahl von einzelnen Konten. Eine Summensaldenliste stellt hingegen ausschließlich auf die zeitliche Verdichtung ab. Verallgemeinert man diesen Ansatz auf beliebige Auswertungsrichtungen kommt man zur Mehrdimensionalität.

Bedeutung der Trennung

Diese Trennung zwischen Einzelfall und Saldenebene ist für eine Abbildung eines Abrechnungssystems mit mehrdimensionalen Systemen von zentraler Bedeutung. Mehrdimensionale Systeme unterstützen sinnvoll nur die Saldenebene.[10] Für die Abbildung einzelner Geschäftsvorfälle eignen sich mehrdimensionale Datenbanken hingegen nur bedingt. Eine direkte Adressierung einer Zelle mithilfe der Dimensionselemente ist aufgrund der ex ante nicht bekannten Zahl der Datensätze nicht oder nur über Hilfskonstruktionen (z. B. Belegnummer als Dimension) möglich. Abschlussbuchungen und Salden können hingegen direkt von mehrdimensionalen Systemen abgebildet werden.

Doppische Buchhaltung

In doppischen Buchhaltungssystemen fällt es unter Umständen nicht leicht, die Salden- und Transaktionsebene zu unterscheiden. Man kann von der Struktur eines Buchungssatzes nicht mehr auf Bedeutung schließen,[11] denn Abschlussbuchungen und Geschäftsvorfallsbuchungen sind strukturgleich. Betrachtet man das reine Einkreissystem, wird deutlich, dass jegliche Verdichtung über die Doppik abgebildet wird. So entstehen die GuV und die Bilanz nicht durch die Aggregation von Verkehrswerten einzelner Zahlen, sondern durch explizites Buchen von Salden. Das ist allerdings kein Geschäftsvorfall denn dies repräsentiert keinen realen Vorgang im Unternehmen, sondern stellt lediglich aggregierte Informationen für eine bestimmte Auswertungsrichtung zur

---

[10] Mittlerweile unterstützen die meisten Systeme ein sogenanntes „Drill through", den Durchgriff auf relationale Tabellen, in denen sich die zugehörigen Buchungsbelege befinden.

[11] Zu dieser Problemstellung auch Wedekind (1978).

Verfügung. Die Gleichbehandlung von saldenbezogenen und transaktionsbezogenen Buchungssätzen führt zu einer sehr einfachen Implementierung von Abrechnungssystemen, hat jedoch den Nachteil, dass dadurch auswertungstechnisch sehr schwerfällige Systeme generiert werden.[12]

```
Bereich/          Lagerort        Produkt       Lagerart        .....
Profit Center
```

Konto (z. B. Lagerbestand)

	Anfangsbest. 900,- 1.3.98	Abgang 1 600,- 4.3.98	
Summe Zugänge	Zugang 1 400,- 2.3.98	Abgang 2 500,- 6.3.98	Summe Abgänge
	Zugang 2 200,- 12.3.98	....	
	.....	Abgang n 400,- 29.3.98	
	Zugang n 600,- 30.3.98	Endbestand 600,- 31.3.98	

▼ Beispiele:
  ▼ Salden
     GuV, Bilanz,
     Summensaldenliste,
     Verr. Plankosten
  ▼ Transaktionen
     Rechnung, Zahlung,
     Materialentnahme,
     Lagerzugang
  ▼ Kostenrechnung?
     ▼ Verbrauchsfolgen
     ▼ Obligo
     ▼ Einzelfertigung

| Transaktionsebene / Geschäftsvorfall | Saldenebene | **Dimensionen** |

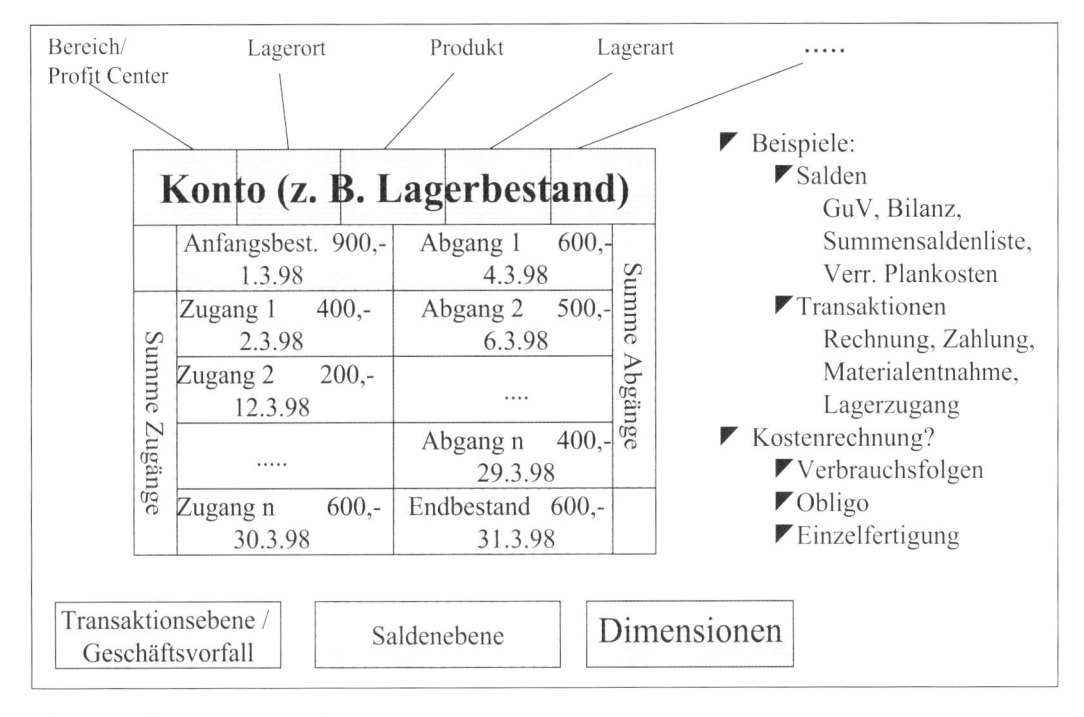

Abb. 6: Salden- versus Transaktionsebene

Die grundsätzliche Frage besteht nun darin, zu untersuchen, ob eine Trennung derart möglich ist, dass eine Kostenrechnung auf einer Saldenebene aufgebaut werden kann. Dies erscheint genau dann möglich, wenn von der Doppik auf eine statistisch-tabellarische Form übergegangen wird.[13] Betrachtet man die Kostenrechnung in diesem Kontext, erkennt man, dass die Kostenrechnung traditionell eher eine Rechnung der Saldenebene ist. Natürlich spielen Belege eine Rolle, allerdings i. d. R. bei der Erfassung in Vorsystemen. Die Verrechnungsflüsse der innerbetrieblichen Leistungsrechnung oder der Kalkulation basieren meistens auf Salden. Die Bedeutung der Transaktionsebene für die Bewertung dürfte jedoch fallweise unterschiedlich sein. In vielen

Pragmatische Aspekte der Trennung

---

[12] Zu dieser Problematik auch Eisele (1993), S. 503.
[13] Eisele (1993), S. 504.

Branchen reicht die Saldenebene als Grundlage einer Kostenrechnung aus.

Teilgebiete einer Kostenrechnung basieren allerdings durchaus auf der Transaktionsebene. Typische Beispiele sind:

- Zur zeitnahen Bewertung von Kalkulationsobjekten besteht häufig die Anforderung, bereits disponierte, aber noch nicht in Rechnung gestellte Faktoren einzubeziehen. Dies wird üblicherweise als Obligo bezeichnet. Um ein direktes Ausziffern zu ermöglichen, kann hier ein Zugriff auf die Bestelltransaktion notwendig sein.
- Verschiedene Verfahren der Gruppenbewertung (FIFO, LIFO usw.) basieren auf einer expliziten Berücksichtigung von Einzelentnahmen.
- Eine mitlaufende Kalkulation von Fertigungs- bzw. Kundenaufträgen erfordert eine zeitnahe Bewertung, sodass jede Fertigungsmeldung unmittelbar in der Kostenrechnung berücksichtigt werden muss.

Transaktionale und Saldenebenen nähern sich in Bezug auf die Granularität der Daten an, je enger der Zeitraum der Verdichtung gewählt wird. Wenn beispielsweise die Zeiteinheit die gewählte kleine Verdichtungsstufe ist, ist das Abrechnungssystem trotz des Verzichts auf die Einzelebene sehr zeitnah.

3.4 Matrizenrechnung und OLAP

Eine beliebte Darstellungsform für betriebswirtschaftliche Modelle sind Matrizen. Es lassen sich damit wechselseitige Beziehungen zwischen Systemelementen sehr elegant berechnen, z. B. lässt sich die innerbetriebliche Leistungsverrechnung bei gegenseitigen Leistungsbeziehungen über eine Matrizeninvertierung exakt berechnen. Input-Output-Modelle wie beispielsweise die Betriebsplankostenrechnung von *Lassmann*[14] sind typische Ausprägungen dieser Verarbeitungsform.

Als Darstellungsform mit dem Ziel einer hohen Übersichtlichkeit sind Matrizenkalküle hingegen weniger geeignet; hier sind gerichtete Grafen sicherlich die bessere Darstellungsform. Abbildung 7 zeigt eine typische analytische Kostenplanungssituation in Matrizenschreibweise. Die Kosten (r) ergeben sich aus der Kostenmatrix, multipliziert mit den Einflussgrößen, neudeutsch „Treiber" genannt.

Buchhaltungssysteme
Auch Buchhaltungssysteme sind gelegentlich in Form von Matrizen beschrieben worden, da hier ebenfalls der Werteflow im Vordergrund steht.[15] Die Zeilen stellen dabei meist die Sollbuchungszeile und die

---
[14] Schweitzer/Küpper (1995), S. 358 ff.
[15] Mattesich (1970), S. 196 ff.

Spalten die Habenbuchungszeile dar. Die Matrizendarstellung ist strukturgleich mit der doppelten Buchhaltung, da es sich um eine andere Darstellungsform des gleichen Sachverhaltes handelt,[16] jedoch verlässt man hierbei die Transaktionsebene.

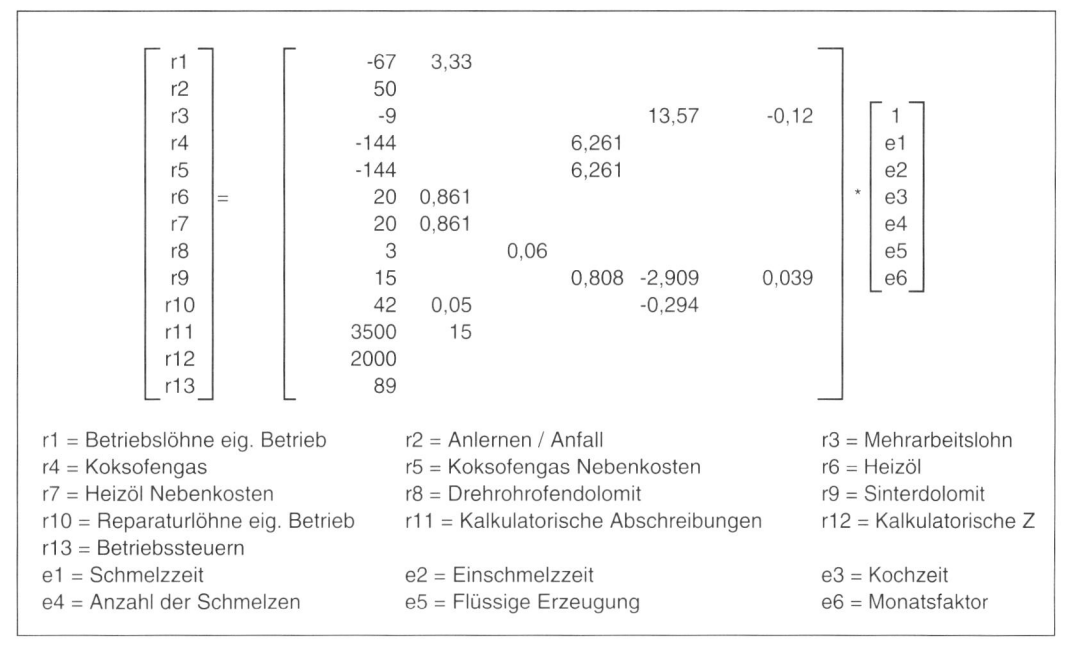

$$\begin{bmatrix} r1 \\ r2 \\ r3 \\ r4 \\ r5 \\ r6 \\ r7 \\ r8 \\ r9 \\ r10 \\ r11 \\ r12 \\ r13 \end{bmatrix} = \begin{bmatrix} -67 & 3{,}33 & & & & \\ 50 & & & & & \\ -9 & & & 13{,}57 & -0{,}12 & \\ -144 & & 6{,}261 & & & \\ -144 & & 6{,}261 & & & \\ 20 & 0{,}861 & & & & \\ 20 & 0{,}861 & & & & \\ 3 & & 0{,}06 & & & \\ 15 & & & 0{,}808 & -2{,}909 & 0{,}039 \\ 42 & 0{,}05 & & & -0{,}294 & \\ 3500 & 15 & & & & \\ 2000 & & & & & \\ 89 & & & & & \end{bmatrix} * \begin{bmatrix} 1 \\ e1 \\ e2 \\ e3 \\ e4 \\ e5 \\ e6 \end{bmatrix}$$

r1 = Betriebslöhne eig. Betrieb   r2 = Anlernen / Anfall   r3 = Mehrarbeitslohn
r4 = Koksofengas   r5 = Koksofengas Nebenkosten   r6 = Heizöl
r7 = Heizöl Nebenkosten   r8 = Drehrohrofendolomit   r9 = Sinterdolomit
r10 = Reparaturlöhne eig. Betrieb   r11 = Kalkulatorische Abschreibungen   r12 = Kalkulatorische Z
r13 = Betriebssteuern
e1 = Schmelzzeit   e2 = Einschmelzzeit   e3 = Kochzeit
e4 = Anzahl der Schmelzen   e5 = Flüssige Erzeugung   e6 = Monatsfaktor

Abb. 7: Kostengüter-Einflussgrößen-Funktionen[17]

Hier besteht ein Anknüpfungspunkt für mehrdimensionale Anwendungen. Die mehrdimensionale Würfelsicht ist die Ausdehnung der Matrizenrechnung auf n Dimensionen. Hierin liegt der wesentliche Unterschied zwischen der matrizenorientierten Sicht einer Buchhaltung und den mehrdimensionalen Systemen. Die OLAP-Dimensionen dienen der Darstellung der Auswertungsrichtungen, nicht dem Werteflusss. Ein Systemelement soll hingegen bei der Matrizendarstellung entlastet und ein anderes belastet werden. Damit sind die beiden Dimensionen einer Matrix auch i. d. R. identisch.

OLAP und Matrizenrechnung

Überträgt man diesen Matrizengedanken auf mehrdimensionale Datenbanken, muss als Konsequenz die gleiche Dimension zweimal in einem Würfel verwendet werden (von einem Fluss zwischen unterschiedlichen Dimensionen – z. B. Kostenstelle an Kostenträger – abgesehen). Dimensionen gleichen Inhalts stellen jedoch in der Idee der mehrdimensionalen

„Von-An"-Beziehungen

---
[16] Mattesich (1970), S. 46; anders hingegen Dauner/Dauner-Lieb (1996), S. 234.
[17] Quelle: Schweizer/Küpper (1995), S. 362.

Organisation & IT

Auswertung eher die Ausnahme dar. Kein bekanntes mehrdimensionales System unterstützt diese Eigenschaft direkt.

Trotzdem ist i. d. R. eine Spiegelung einer solchen Dimension möglich. Meist wird die gleiche Dimension mit unterschiedlichem Namen mehrfach verwendet. Allerdings ergibt sich damit ein unter Umständen erhöhter Pflegeaufwand, da die Elemente doppelt gepflegt werden müssen. Abgesehen davon kann allerdings der Mengen- und Werteflus analog der Matrizenrechnung aufgebaut werden. Dies wird anhand einiger Beispiele noch gezeigt.

3.5 Modellieren mit Würfeln und Regeln

Im Unterschied zu einzelnen Teilrechnungen, wie beispielsweise eine sich an Vertriebsstrukturen orientierte Deckungsbeitragsrechnung, zeichnet sich eine vollständige Kostenrechnung durch eine Vielzahl unterschiedlicher Informationsstrukturen aus. In der OLAP-Terminologie müsste man entsprechend von verschiedenen Würfeln sprechen. Die Leistungsfähigkeit von OLAP-Anwendungen bezüglich der Unterstützung betriebswirtschaftlicher Verfahren zeigt sich in der flexiblen Verknüpfung von Würfeln. Ähnlich der mathematischen Formulierung von Kostenfunktionen[18] können einfache Verknüpfungen wie Menge × Preis, aber auch umfassende Formeln bereitgestellt werden. Typische Funktionen sind:

- Verwendung der Kostenstellenbewertungssätze für die Produkt- bzw. Auftragskalkulation,
- Durchrechnung der Abweichungen bis in die Deckungsbeitragsrechnung und in die geschlossene Kostenträgerrechnung.

Produkt-unabhängige Modellierung

In der Regel ist es nachteilig, wenn bereits während der Konzeption einer Kostenrechnung auf ein spezifisches Umsetzungsmodell abgestellt wird. So gibt es zum Teil in den angebotenen OLAP-Systemen Limitationen bezüglich der Anzahl der Dimensionen. Teilweise ist pro Problembereich nur ein einzelner Würfel vorgesehen. Zwar lassen sich auch in einem solchen Fall umfassende Abrechnungssysteme konstruieren. Nur werden diese eher generischen Würfel mit einer hohen Anzahl Dimensionen sehr unübersichtlich.

Technisch gesehen arbeitet man in einem solchen Fall mit einem dünn besiedelten Würfel („Sparsity"), was i. d. R. von der Verarbeitungsgeschwindigkeit her unkritisch ist. Aus Sicht der Modellierung ist jedoch eine genauere Beschreibung der Elemente hinsichtlich der relevanten Dimensionen sinnvoll, um die Komplexität zu reduzieren. Hierbei

---

[18] Vgl. hierzu z. B. Lackes (1989).

handelt es sich um eine Problemstellung, die mit der klassischen Normalisierungslehre zu vergleichen ist. Die Verwendung eines einzelnen Würfels entspricht dann dem Ausgangspunkt des Normalisierungsprozesses, der sogenannten Universalrelation.[19]

Das Problem beim Umgang mit einem solchen universellen Würfel ist, dass man ein sehr genaues Verständnis über die Bedeutung der zahlreichen Dimensionen haben muss. Praktiker berichten, dass es häufig eher schwer ist, überhaupt Daten in einem vieldimensionalen Würfel zu finden. Es gibt beispielsweise häufig mehrere Alternativen, den Datenelementen die entsprechenden Dimensionen zuzuordnen. So könnte der Preis eines Produkts dem Umsatzkonto zugeordnet werden oder auch keine Kontierung enthalten, da es zwar einen Preis darstellt, aber keinen Umsatz. Das Wissen um diese Zuordnung muss dem Controller bei Auswertungen bekannt sein.

Problem der Dimensionsanzahl

Betrachtet man den Wertefluss in einer Kostenrechnung, ist dieser meistens kein eindimensionaler Strom, bei dem ein Wert von Kostenobjekt zu Kostenobjekt weitergereicht wird, da so wichtige Informationen am Zielobjekt verloren gehen. Werden die Kosten am Quellobjekt nach fix und variabel aufgespalten, würde diese Information bei der einwertigen Weiterverrechnung verloren gehen. Referenz ist im Fall der Grenzplankostenrechnung mit paralleler Fixkostenverrechnung die sogenannte Bewertungsmatrix.[20] Bei jeder Verrechnung wird der Verrechnungspreis in diverse Bewertungsbestandteile der Bewertungsmatrix aufgespalten. Die Bewertungsmatrix ist mehrdimensional. Die Bewertung des Mengengerüsts selber zu einem OLAP-Objekt.

Bewertungsmatrix und OLAP

Auf der Basis des mehrdimensionalen Modells werden nun Berechnungen in der Kostenrechnung durchgeführt, die über das reine Verdichten hinausgehen. Dabei geht es nicht darum, komplexe mathematische Konstrukte abzubilden, sondern darum, arithmetische Operationen über eine Vielzahl von Dimensionen und Elementen anzuwenden. Hierbei ist zwischen eindimensionalen und mehrdimensionalen Funktionen zu unterscheiden.

Berechnung abgeleiteter Kosten

Eindimensionale Funktionen verknüpfen Teilschnitte eines Würfels, indem nur auf eine einzige Dimension zugegriffen werden kann. Eine Deckungsbeitragsdefinition stellt eine solche eindimensionale Formel dar, da die Rechenoperationen nur auf die Dimension „Kennzahlen" angewendet werden. Bedeutend schwerer umzusetzen und auch zu verstehen sind jedoch Formeln, die explizit mehrere Dimensionen umfassen.

---

[19] Date (1995), S. 315.
[20] Vgl. Müller (1996), S. 155–160.

Organisation & IT

Ein typisches Beispiel ist eine Sollkostenfunktion von Kostenstellen der Form

Fixe Plankosten +
proportionale Plankosten *
Istbeschäftigung/Planbeschäftigung

oder formal:

$$K^S_{Kst,Koa} = K^P_{Kst,Koa,f} + K^P_{Kst,Koa,v} * \frac{BZG^I_{Kst}}{BZG^P_{Kst}}$$

mit

K	Kosten		Kst	Kostenstelle
S	Soll		BZG	Bezugsgröße
P	Plan		f	fix
Koa	Kostenart		pr	proportional

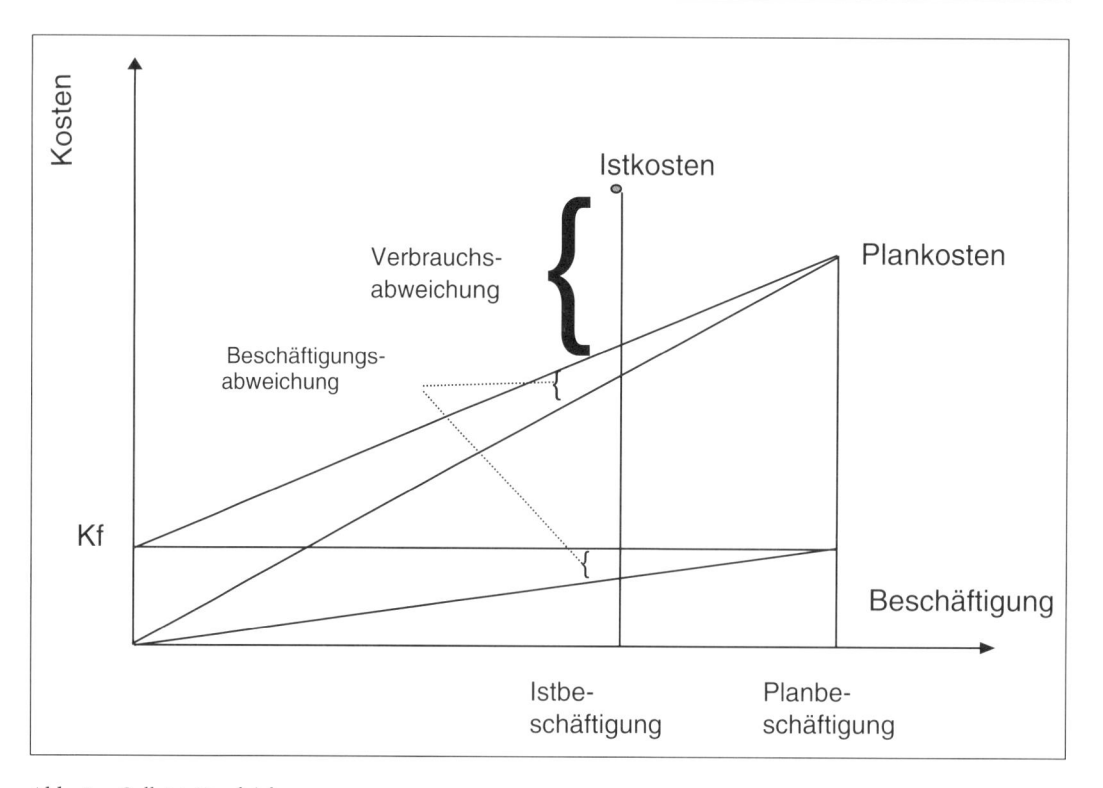

Abb. 8: Soll-Ist-Vergleich

Die entsprechenden Dimensionen sind in diesem Fall Kostenobjekt, Kostenart, Bezugsgröße, Szenario (Plan/Soll/Ist) und Zeit.

Stellt das System entsprechende Regeln bereit, lässt sich diese Berechnungsformel strukturgleich abbilden. Jeder Großbuchstabe stellt eine mehrdimensionale Sicht auf einen Würfel dar. Die Sichten werden durch die Operanden (+, *, /) verknüpft. Die Indizes der oben aufgeführten Formel repräsentieren die Dimensionen. Damit ist eine Adaption von Kostenrechnungsfunktionen unmittelbar möglich. Umsetzungstechnisch kann diese Berechnung auch in einem einzigen Würfel umgesetzt werden. In IBM Cognos TM1 könnte die Regel (bei Zugriff auf einen einzigen Würfel) wie folgt formuliert werden.[21]

Erstellung der Regel

Beispiel
[„Szenarien":„Soll"] = n:
[„Szenarien":„Plan Fix"] + [„Szenarien":„Plan Variabel"]*
[„Kostenarten":„Kst-Leistung",„Szenarien":„Ist"]/
[„Kostenarten": „Kst-Leistung", „Szenarien":„Plan Variabel"];

Zum besseren Verständnis wird jedem Element der Dimensionsname, gefolgt durch einen Doppelpunkt, vorangestellt. Dies ist nur dann zwingend notwendig, wenn das gleiche Element in unterschiedlichen Dimensionen enthalten ist, wie es bei einer Leistungsbeziehung („Von"-„An") regelmäßig der Fall ist.

Erläuterungen zur Formel

Die Leistung wird als statistische Kostenart *Kst-Leistung* ausgewiesen. In diesem Fall ist nur eine Leistungsart pro Kostenobjekt vorgesehen. Dies kann jedoch leicht erweitert werden.

n: bedeutet, dass die Regel bei Hierarchien immer auf der niedrigsten Ebene ausgeführt wird. Bei verdichteten Objekten (z. B. Bereichen) werden dann die ermittelten Werte aufaddiert.

Interessanterweise erscheint das Kostenobjekt (Kostenstelle oder -träger) nicht in der Formel. Auch die Kostenarten scheinen nicht im Bildbereich. Damit gilt die Formel automatisch für alle möglichen Kostenobjekte. Dies ist eine besondere Eigenschaft aller OLAP-Regelinstrumente und ein wichtiger Aspekt für die Flexibilität eines solchen Systems. Wird nämlich ein neues Objekt, z. B. eine Kostenstelle oder eine Kostenart, hinzugefügt, gelten die vorhandenen Regel automatisch auch für das neue Objekt.

---

[21] Alle Regeln in diesem Beitrag werden in der speziellen Syntax von IBM Cognos TM1 formuliert. Eine Übertragung auf andere Systeme gelingt allerdings leicht, denn INFOR Alea oder Jedox Palo besitzen eine ähnliche Syntax. Auch die Transformation auf Oracle Essbase sollte problemlos möglich sein. Eine Vertiefung der Regelsprache erfolgt in Abschnitt 4.

Organisation & IT

Abgrenzung zur Tabellenkalkulation

Man kann das gut von der Tabellenkalkulation abgrenzen: Bei der Tabellenkalkulation muss für jedes Objekt eine Verknüpfung erstellt werden. Kommt ein neues Objekt hinzu, muss eine entsprechende Verknüpfung in die Tabellenkalkulation kopiert werden. Bei einer neuen Kostenstelle heißt das, dass die Sollkostenfunktion über alle Kostenarten und Perioden kopiert werden muss. Dies ist fehleranfällig, da das Kopieren manuell erfolgt. Bei einer gut formulierten OLAP-Regel entfällt dieser Anpassungsaufwand. Die oben aufgeführte Formel wird vom OLAP intern wie folgt umgesetzt:

Beispiel

[„Szenarien":„Soll",<Aktuelle Kst>,<Aktuelle KoArt>] = n:

[„Szenarien":„Plan Fix",<Aktuelle Kst>,<Aktuelle KoArt>] + [„Szenarien":„Plan Variabel",<Aktuelle Kst>,<Aktuelle KoArt>]*

[„Kostenarten":„Kst-Leistung","Szenarien":„Ist",<Aktuelle Kst>]/

[„Kostenarten": „Kst-Leistung", „Szenarien":„Plan Variabel,<Aktuelle Kst>"];

Dabei läuft die Formel automatisch über alle vorhandenen Kostenstellen und Kostenarten.

Variierende Dimensionsanzahl

Die unterschiedlichen Dimensionalitäten der Objekte werden über „Leerstellen" ausgeglichen. So werden häufig die Fixkosten mit einer Bezugsgröße erfasst. Die Bezugsgrößen hingegen sind unabhängig von der Kostenart. Man nimmt häufig noch weitere Vereinfachungen vor: So kann die Bezugsgröße beispielsweise auch in die Dimension Kostenobjekt übernommen werden. Sie steht dann unterhalb der Kostenstelle. Dann muss man sich allerdings überlegen, wie Fixkosten bezugsgrößenneutral erfasst werden können.

Hieraus können dann die Abweichungen ermittelt werden. Die verrechneten Plankosten geben an, welche Vollkostenanteile verrechnet worden sind:

$$\text{Verrechnete Plankosten} = \text{Gesamtkosten} \times \frac{\text{Istbeschäftigung}}{\text{Planbeschäftigung}}$$

Danach ermittelt sich die Verbrauchsabweichung zu:

Verbrauchsabweichung = Istkosten − Sollkosten

Die Beschäftigungsabweichung ermittelt sich wie folgt:

Beschäftigungsabweichung = Sollkosten − Verrechnete Plankosten

Ablaufunabhängigkeit

Eine wichtige Voraussetzung zur Komplexitätsreduzierung ist die Ablaufunabhängigkeit der Berechnung. Darunter ist zu verstehen, dass die Reihenfolge bei der Formulierung der Ableitungsregeln keine Rolle spielt. So ist es egal, wo die Formel der Bezugsgrößenermittlung im gesamten Regelwerk steht. Dies erleichtert die Erstellung solcher Regeln erheblich, ist aber leider nur bei wenigen Systemen gegeben.

Bei der Ausführung von Regeln unterscheidet man die dynamische und die statische Kalkulation. Während bei einer dynamischen Kalkulation Verrechnungen und Verdichtungen erst bei einer Informationsanforderung durchgeführt werden, findet eine statische Kalkulation nur bei einem expliziten Aufruf der Berechnungsfunktion statt.

Dynamisch versus statisch

Bei komplexen Abrechnungsläufen wird man nicht umhinkommen, bestimmte Berechnungen statisch auszuführen, da die Rechenbelastung zur Auswertungszeit zu groß werden dürfte. So müssten bei einer Auswertung der Ergebnisrechnung über alle Kostenträger jede definierte Leistungsverrechnung im gesamten System neu ausgeführt werden.

Wichtig in diesem Zusammenhang sind zudem wechselseitige Abhängigkeiten zwischen Kalkulationsobjekten. Diese treten häufig bei der innerbetrieblichen Leistungsverrechnung oder auch bei der chemischen Produktion auf. So leistet eine Raumkostenstelle („Facilitites") an die Personalkostenstelle. Die Personalkostenstelle wiederum leistet an die Raumkostenstelle („Human Resource Management"). Erfolgt eine sequenzielle Entlastung der jeweiligen Kostenstellen in der Reihenfolge Raumkostenstelle – Personalkostenstelle, befinden sich nach Abschluss der Verrechnungen wieder Sekundärkosten der Personalkostenstelle auf der Raumkostenstelle, was i. d. R. nicht erwünscht ist. Insofern muss eine weitere Verrechnung der (zusätzlichen) Belastung erfolgen.

Iterative Berechnungen

Aus dieser Problemstellung ergeben sich lineare Gleichungssysteme, die i. d. R. exakt lösbar sind. Pragmatisch wird hierzu das Iterationsverfahren vorgeschlagen, welches sich durchgesetzt hat.[22] Zur Abbildung des Iterationsverfahrens sind prozedurale Erweiterungen notwendig. Dies wird im Weiteren noch konkretisiert.

Iterationsverfahren

3.6 Grenzen von OLAP

Die Regelsprache bietet die Möglichkeit, komplexe Anforderungen mit wenigen Zeilen umzusetzen. Wenn die Modellierung einer Kostenrechnung so einfach ist, warum gibt es dann überhaupt noch die klassischen transaktionsorientierten Lösungen? Das hat folgende Gründe:

- Es werden bei den Erläuterungen nur einzelne Aspekte herausgearbeitet. Baut man alle Anforderungen zusammen, ergibt dies ein recht komplexes System. Die Regeln müssen koordiniert werden. Wenn

---
[22] Zu den Verfahren Schweizer/Küpper (1995) S. 139 ff.

man hier nicht methodisch vorgeht, läuft man leicht in eine **Komplexitätsfalle**: Das nachträgliche Hinzufügen neuer Objekte oder Regeln führt dazu, dass andere Regeln unerwünschte Ergebnisse liefern. OLAP bietet verhältnismäßig wenig Unterstützung bei der Erstellung solcher komplexen Systeme. Für ein effektives „Software Engineering" fehlen unter anderem wichtige Eigenschaften wie das Geheimnisprinzip, bei dem Module gekapselt werden und nur noch über eine spezifizierte Schnittstelle abgerufen werden können. Erfahrene Berater legen sich hier methodische Beschränkungen auf, um die Komplexität handhaben zu können.

- Das **Nachvollziehen von Strukturveränderungen** hat für die Auswertenden häufig große Bedeutung. Wenn die Kostenrechnung beispielsweise für die externe orientierte Lagerbestandsbewertung herangezogen wird, müssen diese Werte auch nachträglich nachvollziehbar sein. Die zum Zeitpunkt der Bewertung gültige Struktur muss eingefroren werden. Dem stehen aktuelle Änderungen bei Kostenobjekten und Kostenarten gegenüber. Die meisten OLAP-Systeme unterstützen veränderliche Strukturen nur sehr begrenzt. Deswegen sind beispielsweise auch OLAP-Systeme nur selten als Basis für die handelsrechtliche Konsolidierung zu finden.

- Die Kostenrechnung umfasst häufig auch die **Kalkulation** auf der Basis von Stücklisten. Eine Abbildung solcher Strukturen zum Zweck der Kalkulation ist nur eingeschränkt möglich.

- Unter Umständen besteht die Anforderung, **Dimensionselemente** zur Laufzeit vom Anwender neu anlegen zu lassen. Dies ist in einigen OLAP-Systemen häufig mit einer Reorganisation der gesamten Datenbank verbunden und somit nicht praktikabel. Moderne Systeme wie TM1 unterstützen dies allerdings mittlerweile.

4 Unterstützung der Zweckpluralität

Die folgenden Gedanken betreffen die Ausgestaltung von zweckbezogenen Teilinformationen und sollen die Leistungsfähigkeit von OLAP-basierten Rechnungswesensystemen verdeutlichen.

Die Zwecke, die mit einer Kostenrechnung erfüllt werden sollen, sind äußerst vielfältig. Stark vereinfacht kann man die Zwecke nach der Beeinflussung eigener Entscheidungen (Entscheidungsaspekt der Kostenrechnung) und die Beeinflussung fremder Entscheidungen (Verhaltensaspekt der Kostenrechnung) unterteilen.[23] Insbesondere der Verhaltens-

---

[23] Auch Weber (1994).

aspekt steht im Mittelpunkt neuer Kostenrechnungsuntersuchungen.[24] Traditionell wird für jede Anforderung eine eigene Abrechnungslogik implementiert. In den Worten von Kaplan: „One Cost System isn't enough".[25] Eine Architektur könne, wie in Abb. 9 dargestellt, aussehen.

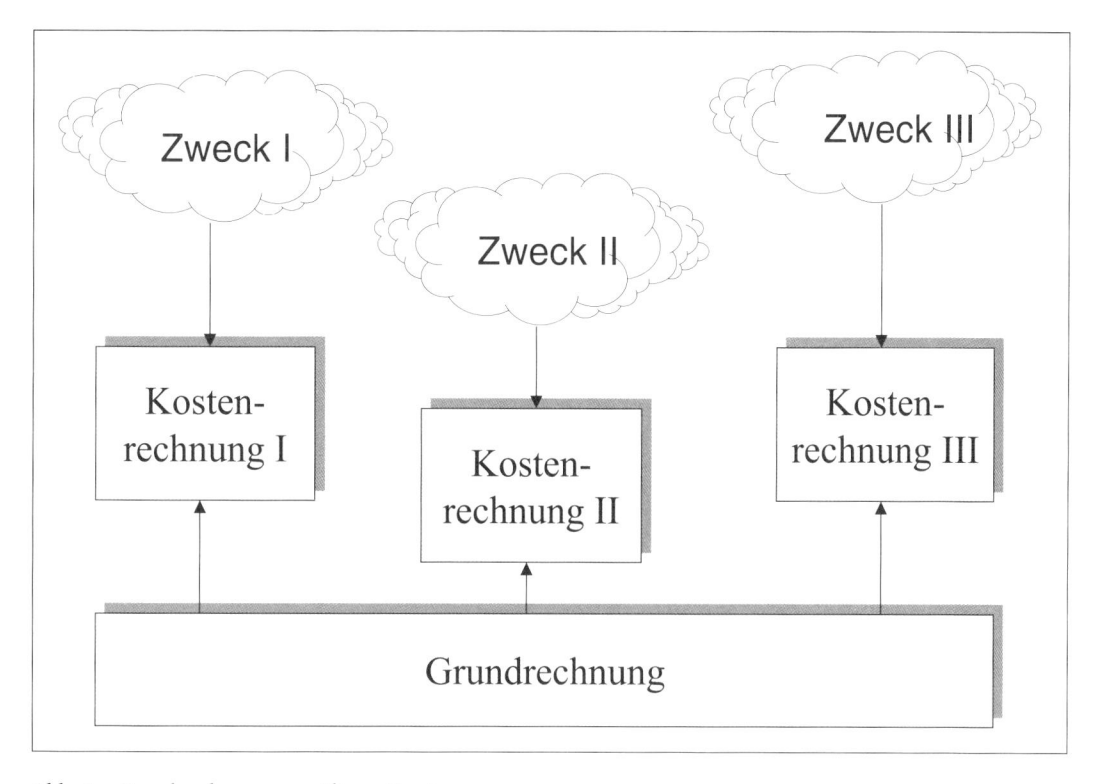

Abb. 9: Zweckrechnungen – Alternative 1

Eine Integration von vielfältigen Zwecken in ein Abrechnungssystem erfordert zum einen die integrierte Nutzung von Abrechnungsstrukturen, aber zum anderen auch die klare Trennung von unterschiedlichen Kosteninformationen. Nachteilig an dem Ansatz ist, dass Verrechnungen und Berechnungen, die nicht in der Grundrechnung enthalten sind, jeweils individuell für den Rechnungszweck implementiert werden. Eine Wiederverwendbarkeit wird höchstens durch Kopieren erreicht. Da die geschilderte Primärkostenrechnung auf beliebige Dimensionen erweitert werden kann, bietet sich eine weitere Modellierungsart an (s. Abb. 10).

Integrierter Wertefluss

---

[24] Zum Beispiel Pfaff (1993).
[25] Vgl. Kaplan (1988).

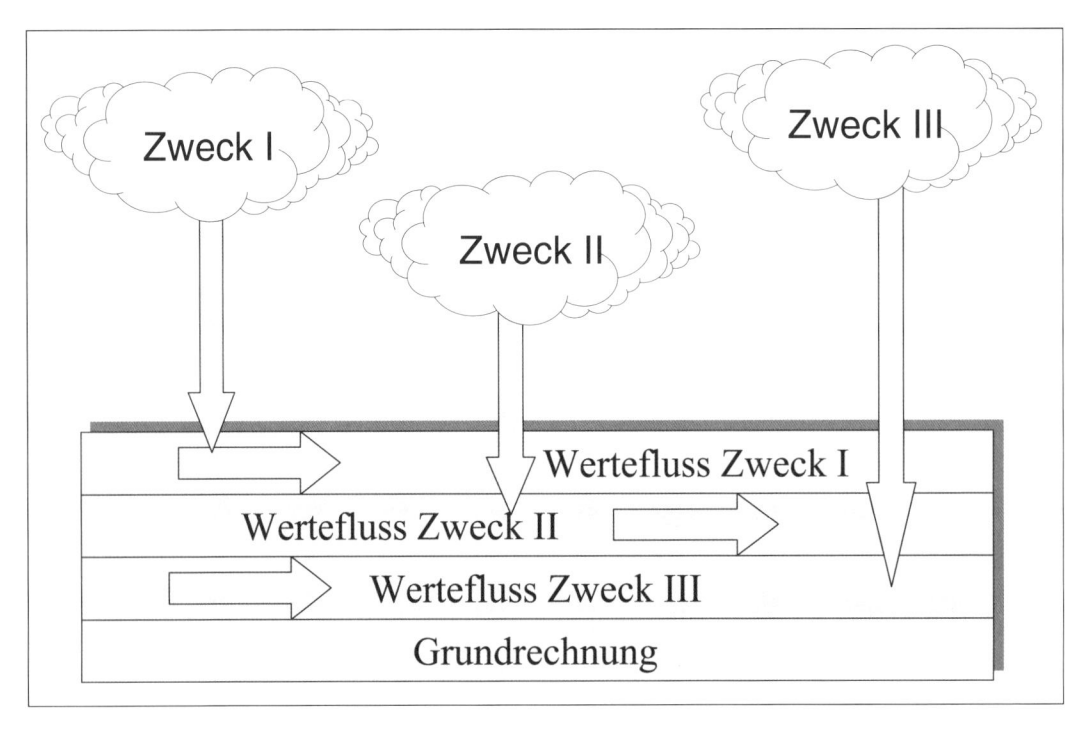

Abb. 10: Zweckrechnungen – Alternative 2

Aus einer Vielzahl von Möglichkeiten werden hier kurz die Bereiche Konzernkostenrechnung und handelsrechtliche/kalkulatorische Abgrenzungsrechnung dargestellt. Auch hier werden aus Platzgründen nur grundsätzliche Punkte angesprochen.

4.1 Abgrenzungsrechnung

Während in den handelsrechtlichen/steuerrechtlichen Kalkülen der Bewertung enge Grenzen gesetzt werden, besteht bezüglich der internen Ansätze vollständige Bewertungsfreiheit. Dies führt zu nicht unerheblichen Differenzen zwischen beiden Rechnungen. Aufgabe einer Abgrenzungsrechnung ist es, die Unterschiede zwischen dem kalkulatorischen und dem handelsrechtlichen Wertefluss unterjährig und jährlich offenzulegen. Dies wird i. d. R. konten- bzw. kostenartenbezogen durchgeführt. Daneben erfolgt häufig eine Übergangsrechnung von der geschlossenen Kostenträgerrechnung auf die bilanzielle Ergebnisrechnung.[26]

---

[26] Vgl. Müller (1996).

Die Bedeutung einer differenzierenden Abgrenzungsrechnung wird umso größer, je differenzierter kalkulatorische Bestandteile auf Kostenträger verrechnet werden. So könnte es sein, dass bei innovativen Produkten grundsätzlich höhere Wagniskosten verrechnet werden. Auch im Rahmen einer Produktlebenszyklusrechnung könnten hier durchaus größere Abweichungen auftreten.[27]

Bedeutung einer Abgrenzungsrechnung

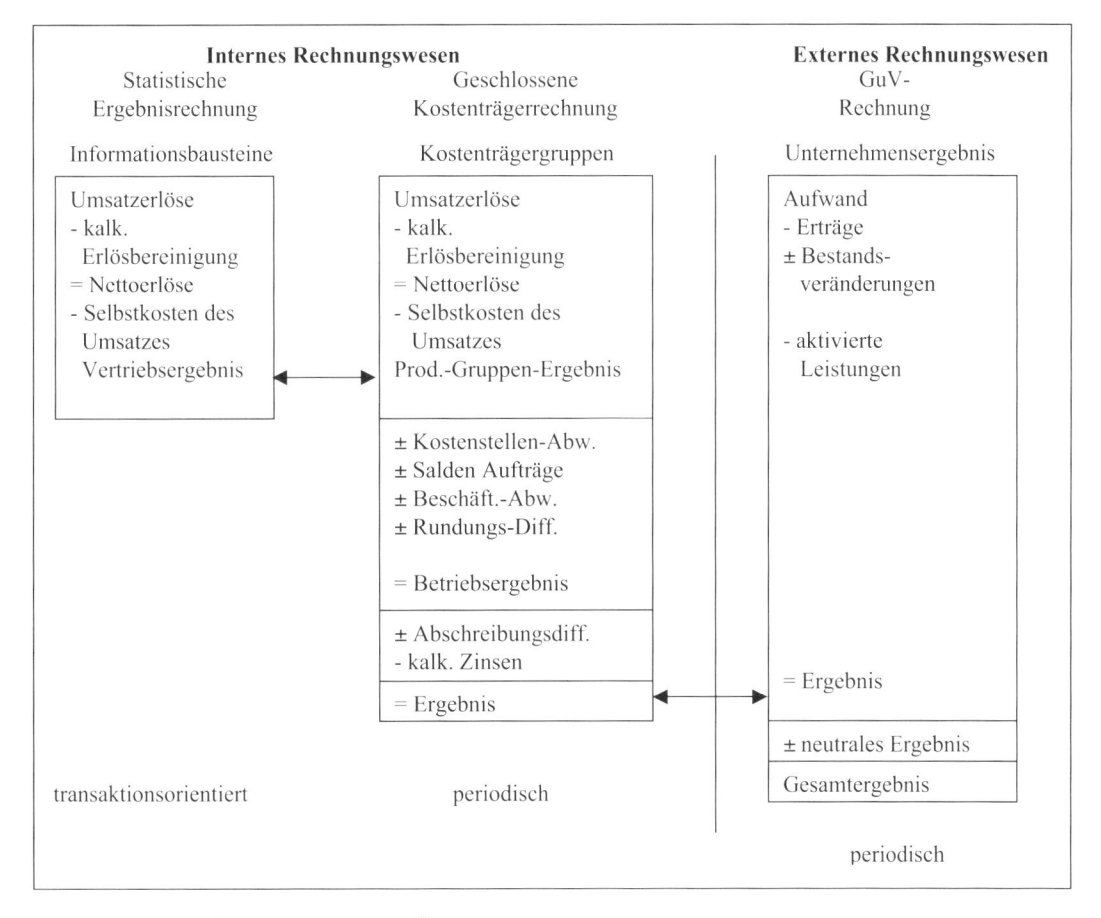

Internes Rechnungswesen		Externes Rechnungswesen
Statistische Ergebnisrechnung	Geschlossene Kostenträgerrechnung	GuV-Rechnung
Informationsbausteine	Kostenträgergruppen	Unternehmensergebnis
Umsatzerlöse - kalk. Erlösbereinigung = Nettoerlöse - Selbstkosten des Umsatzes Vertriebsergebnis	Umsatzerlöse - kalk. Erlösbereinigung = Nettoerlöse - Selbstkosten des Umsatzes Prod.-Gruppen-Ergebnis	Aufwand - Erträge ± Bestandsveränderungen - aktivierte Leistungen
	± Kostenstellen-Abw. ± Salden Aufträge ± Beschäft.-Abw. ± Rundungs-Diff. = Betriebsergebnis	
	± Abschreibungsdiff. - kalk. Zinsen = Ergebnis	= Ergebnis ± neutrales Ergebnis Gesamtergebnis
transaktionsorientiert	periodisch	periodisch

Abb. 11: Aufbau Überleitungsrechnung[28]

Nur die wenigsten Informationen werden in der Kostenrechnung selber erfasst. Ein großer Teil der Kostenelemente wird aus der Finanzbuchhaltung übernommen. Bekanntermaßen unterscheidet sich die Finanzbuchhaltung in der zeitlichen und sachlichen Bewertung gegenüber der Kostenrechnung. Über Rückstellungen und Abgrenzungsposten wird in

---

[27] Zum Konzept vgl. Wübbenhorst (1994).
[28] Quelle: Müller, Prozeßkonforme Granzplankostenrechnung, (1996), S. 577.

Organisation & IT

der Finanzbuchhaltung eine jahresgenaue Zuordnung vorgenommen. Das interne Rechnungswesen ist hingegen i. d. R. monatlich ausgerichtet. Daher ergeben sich zum Teil signifikante unterjährige Verschiebungen, die das interne und externe Ergebnis nicht mehr vergleichbar machen.

Zur Klärung der Unterschiede sollte jedoch sorgfältig zwischen einer Zweckdifferenz und einer Zeitdifferenz getrennt werden, was durch den gemeinsam genutzten Begriff „kalkulatorisch" nicht gerade erleichtert wird. Die Aufteilung von kalkulatorischen Erlösschmälerungen beispielsweise stellt nicht darauf ab, andere Informationen als in der Finanzbuchhaltung bereitzustellen, sondern zu einem frühestmöglichen Zeitpunkt zusätzliche Informationen einzubeziehen.

Monatlicher Abgleich

Zur Angleichung beider Systeme schlägt *Männel* vor, eine monatliche Abgrenzung bereits in der Finanzbuchhaltung durchzuführen. Obwohl viele Systeme hierzu Funktionen bereitstellen, ist dies mit einem gewissen Aufwand verbunden. Dies lässt sich vermeiden, wenn die Saldenebene der Finanzbuchhaltung ebenfalls in die analytische Anwendung übernommen wird. In diesem Fall kann die gleiche Abgrenzungsrechnung für die handelsrechtliche und die kalkulatorische Teilrechnung verwendet werden.

Für eine Transparenz der Ergebnisdifferenzen auf Artikelebene zum handelsrechtlich ermittelten Jahresüberschuss sind solche Rechnungen jedoch nur eingeschränkt nutzbar. Die Abgrenzungsrechnung ist im Wesentlichen für die Integritätssicherung sinnvoll. Für eine genaue Verfolgung der Differenzen sind i. d. R. detailliertere Werte notwendig. Ziel einer Abgrenzungsbrücke sollte es sein, nicht nur formale Richtigkeit sicherzustellen, sondern auch Hilfestellung bei der Beurteilung von Ergebnissen zu liefern. Ein von *Müller* skizziertes Beispiel einer positiven Deckungsbeitragssituation und eines negativen Jahresüberschusses hat weniger eine Zweckdifferenz als Ursache als vielmehr eine Abstimmungsproblematik, wobei nur unzureichende Abgrenzungen vorgenommen werden.[29]

Lösungsansatz

Ein Lösungsvorschlag ist die parallele Durchrechnung handelsrechtlicher und kalkulatorischer Bestandteile. Damit entsteht die Möglichkeit, alle Abschlusskalküle, d. h. auch die internen Rechnungen, alternativ mit kalkulatorischen und handelsrechtlichen Werten darzustellen. Umsetzungstechnisch würde das bedeuten, dass man in einer Dimension „Primäranteile" zwei oder mehrere verschiedene Hierarchien pflegt. Ziel ist es, mögliche Abweichungen zwischen handelsrechtlichen und kalkulatorischen Kalkülen zu jeder Zeit im Berichtswesen klären zu können.

---

[29] Vgl. Müller (1983), S. 378–379.

Diese Struktur ist Bestandteil aller Verrechnungen, sodass alle Bewertungsansätze immer in der gleichen Struktur verwendet werden.

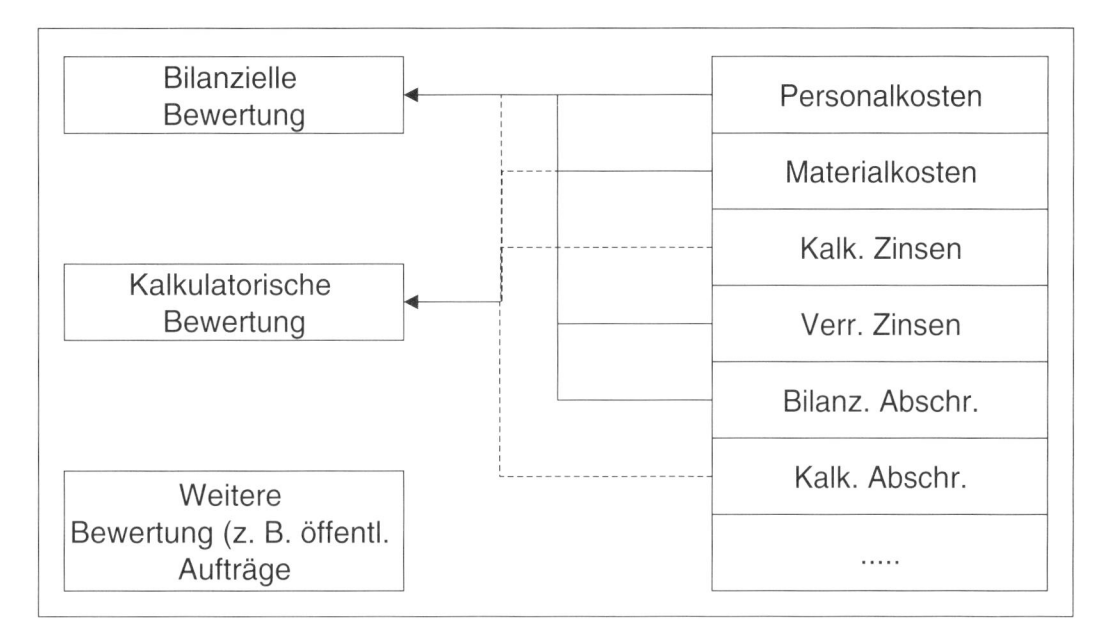

Abb. 12: Zweckplurale Verdichtung

Wie könnte bei einem solchen System eine Ursachenanalyse vonstattengehen? Bei einer Analyse erkennt man beispielsweise, dass die Ergebnisrechnung positiv ist, die zeitentsprechende GuV aber einen Verlust aufweist. Durch Wechsel der Sicht bezieht man die monatlichen zeitlichen Abgrenzungen in die GuV mit ein. Dies erklärt jedoch nur einen Teil der Abweichungen. Durch Einbezug des Bewertungszwecks „handelsrechtlich" in eine Werte-Spalte der Ergebnisrechnung werden pro Position die Differenzen ausgewiesen. Je nach Struktur der aktuellen Ergebnisrechnung erfolgt dies produkt- oder bereichsbezogen. Über Drill down können pro Detailposition die Bewertungsdifferenzen nachverfolgt werden.

Ursachenanalyse

4.2 Konzernkostenrechnung

Für die Konzernsteuerung als eigenständiges Tätigkeitsfeld sind Konzernkostenrechnungsinformationen von zunehmender Bedeutung. Konzernleistungsbeziehungen werden zu Transferpreisen bewertet, sodass der Primärkostencharakter auf Konzernebene verloren geht (gerne auch als „Babuschka-Effekt" bezeichnet). Für die konzernbezogene Bestands-

Babuschka-Effekt

Organisation & IT

bewertung ist jedoch der Primärkostencharakter maßgeblich.[30] Auch sind Fehlentscheidungen aus Konzernsicht nicht auszuschließen, da die jeweilige Teilunternehmung bei Konzernlieferungen von variablen Kostenbestandteilen ausgeht. Aus Konzernsicht sind jedoch meistens fixe Bestandteile zu identifizieren. Auch bei Simulationsrechnungen kann dieses Wissen hilfreich sein.

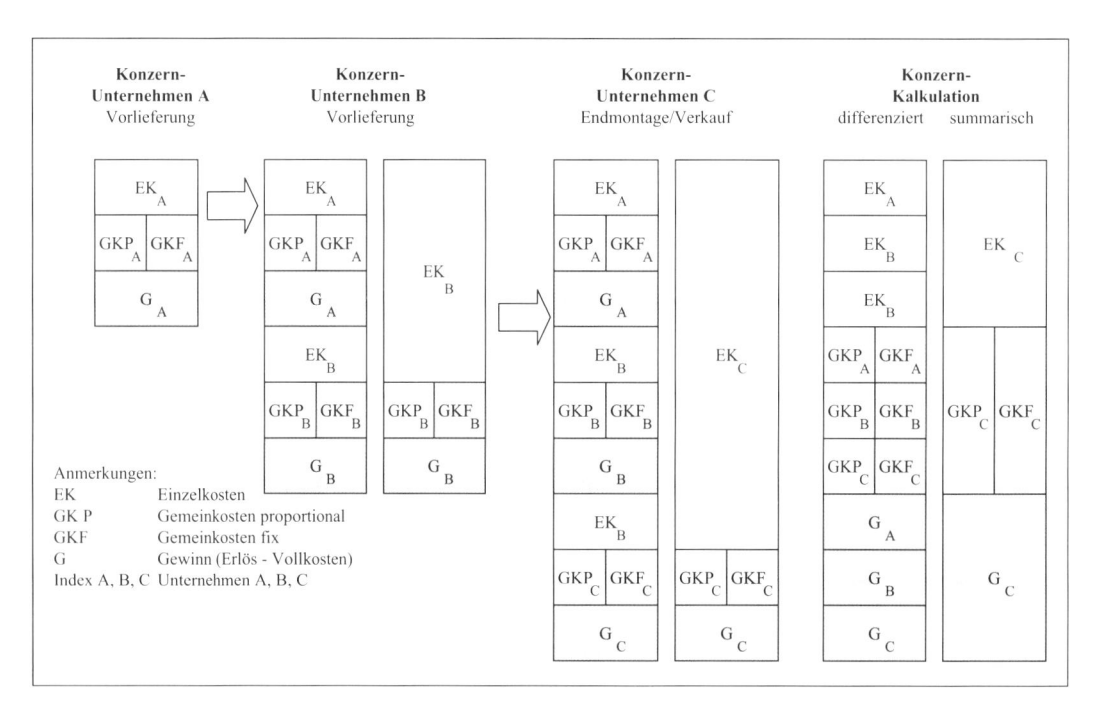

Abb. 13: Konzernkostenrechnung[31]

Problematik der Erstellung	Diese Informationen müssen i. d. R. mit einem hohen Zusatzaufwand bereitgestellt werden. Die Berücksichtigung der Zweckpluralität im Abrechnungsfluss kann hier weiterhelfen. Allerdings stehen bei der Umsetzung die Integrationsprobleme der Vorsysteme im Vordergrund, da davon auszugehen ist, dass es sich bei den DV-Systemen der Teilkonzerne um äußerst heterogene Architekturen handelt.
Übernahme der Primärkostenstruktur	Ein Lösungsansatz könnte es sein, nicht nur Transferpreise, sondern auch die Primärkostenstruktur der liefernden Schwester in die lokale Kostenrechnung zu übernehmen. Dies muss sich nicht auf einen Preisvektor beschränken, sondern kann den gesamten Umfang eines Bewertungswürfels umfassen. Hierbei ergibt sich jedoch ein nicht zu

---
[30] Küting/Weber (1997), S. 310.
[31] Quelle: Müller, Konzernkostenrechnung (1996).

unterschätzendes Problem. Häufig besteht kein Kontraktionszwang zwischen den Unternehmen eines Konzerns. Auch sind die Transferpreise häufig auf dem Verhandlungswege festzulegen. Im Fall der Übergabe des kompletten Preisvektors wird dem empfangenden Unternehmen ein wesentlicher Einblick in die Kosten- und Gewinnstruktur des leistenden Unternehmens gewährt. Dies dürfte sich auf die Verhandlungen ganz erheblich auswirken. Zwar könnte man die Konzernbewertung im DV-System der Empfängerunternehmung verbergen. Da die Verantwortung des DV-Systems i. d. R. bei den Einzelunternehmungen liegt, dürfte dies kein praktikabler Schutz sein.

Ein weiterer Ansatz könnte es sein, das benötigte Mengen- und Wertegerüst der Unternehmungen in eine eigenständige Konzernkostenrechnung zu übernehmen. Dies bedeutet jedoch auch, dass der Wertefluss in der Konzernkostenrechnung ein zweites Mal durchgerechnet werden muss. Des Weiteren führen Doppelverwendungen von Primärschlüsseln usw. zu Problemen, die äußerst aufwendig zu lösen sind.

Eigenständige Konzernkostenrechnung

Beide Ansätze lassen sich mit den vorgestellten Konzepten handhaben. Hierbei treten, wie erläutert, weniger technische, sondern organisatorische Problemstellungen auf. Unter Berücksichtigung dieser Einschränkungen sind konzernbezogene Kostenrechnungsinformationen nur stark vereinfacht bereitstellbar.

5 Eingliederung in eine Informationssystem-Architektur

Nachdem nun verschiedene Ansätze zur Umsetzung mit OLAP diskutiert worden sind, müssen die Teilmodelle „montiert" und in eine Rechnungswesenarchitektur eingebunden werden. Bezüglich der organisatorischen Gestaltung von Geschäfts- und Betriebsbuchhaltung gibt es eine lange Tradition. Man unterscheidet die grundsätzlichen Gestaltungsmöglichkeiten Einkreissystem, Zweikreissystem und reine statistische Kostenrechnung bzw. zugeschaltetes System.[32]

Das Einkreissystem bindet die Kostenrechnung vollständig in den Wertefluss der Geschäftsbuchhaltung ein. Die Schwerfälligkeit des Abschlusses hat dazu geführt, dass diese Form in der Datenverarbeitung wenig verbreitet ist.[33] Neben der reinen kontenmäßigen Abwicklung gibt es auch noch das Einkreissystem mit ergänzter statistischer Betriebsbuchhaltung. Hier werden die umfassenden Berechnungen der Kosten-

Einkreissystem

---

[32] Sinzig (1990), S. 112 f.
[33] Eisele (1993), S. 503.

rechnung in verschiedene Tabellen ausgelagert und nur die Summen in die Konten übernommen.

Zweikreissystem Das Zweikreissystem trennt hingegen konsequent Geschäfts- und Betriebsbuchhaltung voneinander. Eine Abstimmung der Systeme erfolgt über Spiegelbild- bzw. Übergangskonten. Grundlage der Betriebsbuchhaltung bleibt zumindest aus struktureller Sicht die Doppik.

Statistische Kostenrechnung Die rein statistische Kostenrechnung verlässt nun den Weg der Doppik vollständig. An der rein statistischen Kostenrechnung wird die unzureichende Abstimmung bemängelt. Es lassen sich zwar beliebige Informationen herausfiltern, die Beziehung der Resultate zu den Ergebnissen der Finanzbuchhaltung bleibt jedoch unklar. Die Trennung beider Systeme führt häufig zu Abstimmdifferenzen, deren Ursache intransparent bleibt.[34]

OLAP und statistische Kostenrechnung Eine OLAP-Konzeption für das Rechnungswesen eignet sich für die statistisch aufgebaute Kostenrechnung. Wie erläutert, wird in OLAP selber nicht gebucht, sondern lediglich mit Salden gerechnet. Trotzdem können die Ergebnisse der Teilsysteme in die Finanzbuchhaltung und in die logistischen Systeme zurückgespielt werden. Verrechnungssätze bzw. -vektoren für die Plankalkulation und die Bestandsbewertung (sofern sie nicht im OLAP abgebildet werden) sind Daten, die an logistische Systeme bzw. die Finanzbuchhaltung zurückgegeben werden. Eine Möglichkeit einer integrierten Architektur ist (vereinfacht) in Abb. 14 dargestellt.

Hybrider Ansatz In einem ersten Einführungsszenario müssen also nicht unmittelbar alle Bestandteile einer Kostenrechnung auf der Basis analytischer Datenbanken umgesetzt werden. Interessant für ein erstes Projekt sind sicherlich die Kostenstellenrechnung und branchenbezogen auch eine Projekt- oder Auftragskalkulation. Eine Stücklistenkalkulation ist grundsätzlich möglich, resultiert aber unter Umständen in einem recht komplexen Modell.

Flexibilisierung Die notwendige Integration mit dem Vorsystem beeinflusst natürlich die Flexibilität einer OLAP-basierten Kostenrechnung. Da eine Kostenrechnung im Wesentlichen auf den Strukturen der Vorsysteme basiert und daher auch ein Großteil der Daten erhält, ist eine enge Anbindung naheliegend. Alle Strukturveränderungen in den logistischen Systemen sollten entsprechend automatisch aktualisiert werden.

Änderungen der Anforderungen Auf der anderen Seite sind Veränderungen im Wertefluss durchzuführen. Neue oder veränderte Rechnungszwecke erfordern eine entsprechende Anpassung. Zu diskutieren ist, ob eine zweckbezogene Erweiterung möglich ist, ohne die logistischen Systeme tiefgreifend hiervon zu

---

[34] Männel (1996), S. 132.

beeinflussen. Dies hängt davon ab, inwieweit direkt eine zusätzliche primäre Erfassung der Kategorien in den logistischen Systemen vorgenommen wird. Wird beispielsweise eine nach Vertragslaufzeiten differenzierende Rechnung aufgebaut,[35] sind hierzu zusätzliche Informationen in den Vorsystemen zu erfassen.

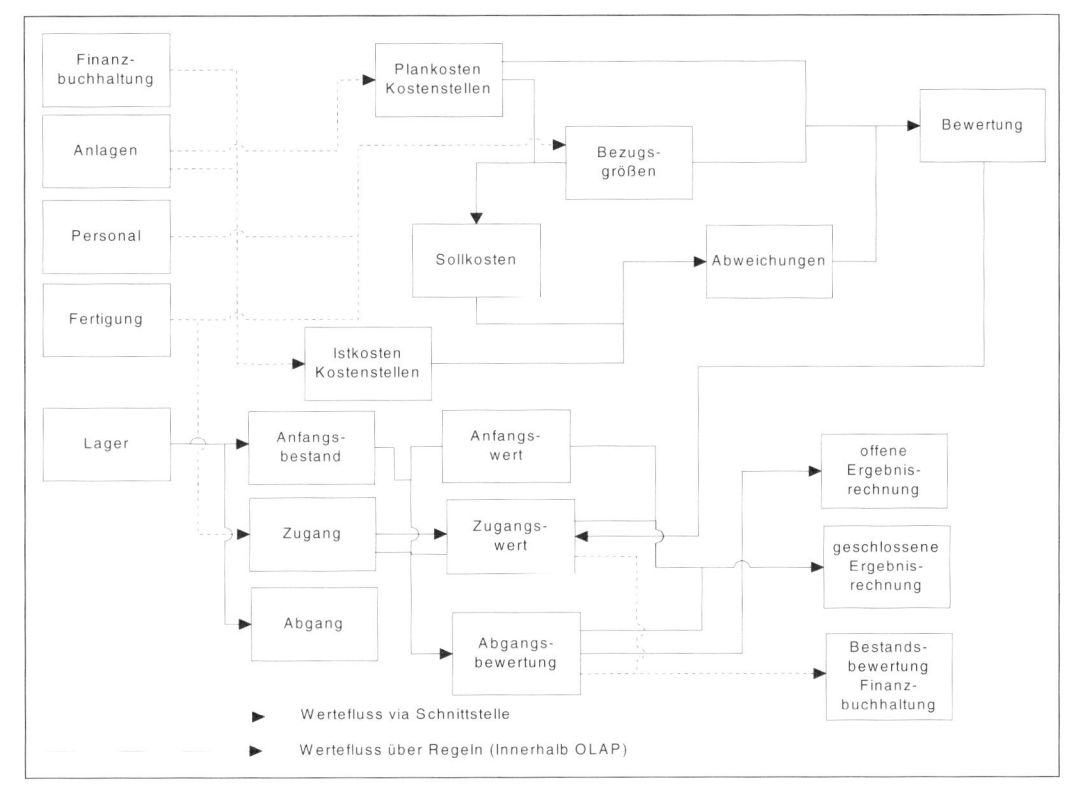

Abb. 14: Struktur einer OLAP-basierten Kostenrechnung

In anderen Bereichen ist hingegen eine automatische Klassifizierung möglich. So kann aus der Material- und der Entnahmeart automatisch die Kostenart bestimmt werden. Insbesondere General-Ledger-Systeme verfügen über umfassende Automatismen zur Ableitung von Dimensionselementen.[36]

Da jeder Rechnungsschritt der Kostenrechnung durch das Auswertungsziel bestimmt ist, ist der Anknüpfpunkt für die Zweckanpassung bei den Zielrechnungen (z. B. der Ergebnisrechnung) zu sehen. Im Gegensatz zum Werteflluss ist eine Veränderung der Struktur dann in entgegen-

Anpassungsrichtungen

---

[35] Zum Beispiel bei Oecking (1994).
[36] Vgl. Oehler (2000).

gesetzter Richtung vorzunehmen. Systemtechnisch ergibt sich die Anforderung, Dimensionen zu bestehenden Würfel dynamisch zu ändern und entsprechend die Ableitungsregeln anzupassen. Hier bestehen bei vielen Systemen zurzeit noch größere Schwierigkeiten. Zum Teil lassen sich bestehende Würfel nicht mehr anpassen, sodass der bestehende Würfel gelöscht und ein neuer erstellt werden muss. Des Weiteren sind die Regeln häufig nicht so generisch, dass diese automatisch auch über neue Dimensionen angewendet werden können. Als Konsequenz sind zurzeit einige manuelle Eingriffe notwendig. Es bleibt zu hoffen, dass diese Einschränkungen überwunden werden.

6 Literaturhinweise

Codd, E. F./Codd, S. B./Salley, C. T., Beyond Decision Support, in: Computerworld, 30/1993.

Coenenberg, Einheitlichkeit oder Differenzierung von internem und externem Rechnungswesen: Die Anforderungen der internen Steuerung, in: Der Betrieb, 42/1995, S. 2077–2083.

Date, An Introduction to Database Systems, 6. Aufl. 1995.

Dauner/Dauner-Lieb, Die Input-Output-Simulation von Unternehmensprozessen, in: Betriebswirtschaftliche Forschung und Praxis, 2/1996, S. 233–251.

Ebbeken, Primärkostenrechung – stückbezogene primäre Kostenartenrechnung als Instrument zur Unternehmensführung, 1970.

Eisele, Technik des betrieblichen Rechnungswesens, 5. Aufl. 1993.

Fröhling, Dynamisches Kostenmanagement, 1993.

Kaplan, One Cost System Isn't Enough, in: Harvard Business Rewiew, 1/1988, S. 61–66.

Kilger, Flexible Plankostenrechnung und Deckungsbeitragsrechnung, 9. Aufl. 1988.

Küpper, Pagatorische und kalkulatorische Rechensysteme, in: Kostenrechnungspraxis 1/1997, S. 20–26.

Küting/Weber, Der Konzernabschluß, 4. Aufl. 1997.

Lackes, EDV-orientiertes Kosteninformationssystem. Flexible Plankostenrechnung und neue Technologien, 1989.

Männel, Reorganisation des führungsorientierten Rechnungswesens durch Integration der Rechenkreise, in: Männel (Hrsg.): Kongreß Kostenrechnung 96, S. 131–146.

Mattessich, Die wissenschaftlichen Grundlagen des Rechnungswesens, 1970.

Müller, Abstimmung zwischen EDV-Systemen der Kostenrechnung und der Finanzbuchführung, in: Scheer (Hrsg.): Rechnungswesen und EDV, 1983, S. 376 – 394.

Müller, Prozeßkonforme Grenzplankostenrechnung, 2. Aufl. 1996.

Müller, Konzernkostenrechnung – Stand der Diskussion und praktische Lösungsansätze, in: Männel, (Hrsg.): Kongreß Kostenrechnung 96, S. 187 – 207.

Oecking, Fixkostenmanagement, 1994.

Oehler, OLAP-Konzeption einer geschlossenen Kostenrechnung, in: Kostenrechnungspraxis Sonderheft, 2/1998, S. 85 – 96.

Oehler, Integration von Zweckrechnungen in einem Standardsoftwaresystem für das Rechnungswesen, 2000.

Oehler, Corporate Performance Management mit Business Intelligence Technologien, 2006.

Pfaff, Kostenrechnung, Unsicherheit und Organisation, 1993.

Plaut/Bonin/Vikas, Grenzplankostenrechnung und Einzelkostenrechnung, in: Kostenrechnungspraxis, 1/1988, S. 9 – 15.

Riebel, Zum Konzept einer zweckneutralen Grundrechnung, in: Zeitschrift für betriebswirtschaftliche Forschung, 1979, S. 785 – 798.

Riebel, Gestaltungsprobleme einer zweckneutralen Grundrechnung, in: Zeitschrift für betriebswirtschaftliche Forschung, 12/1979, S. 863 – 893.

Scheer, EDV-orientierte Betriebswirtschaftslehre – Grundlagen für ein effizientes Informationsmanagement, 4. Aufl. 1990.

Schneider, Rechnungszweckwidrige wiederbeschaffungswertorientierte Abschreibung, in: Kostenrechnungspraxis, 1/1998, S. 34 – 36.

Schweitzer/Küpper, Systeme der Kosten- und Erlösrechnung, 6. Aufl. 1995.

Sinzig, Datenbank-orientiertes Rechnungswesen: Grundzüge einer EDV-gestützten Realisierung der Einzelkosten- und Deckungsbeitragsrechnung, 3. Aufl. 1990.

Weber, Kostenrechnung zwischen Verhaltens- und Entscheidungsorientierung, in: Kostenrechnungspraxis, 2/1994, S. 99 – 104.

Wedekind, Die Objekttypenmethode beim Datenbankentwurf – dargestellt am Beispiel von Buchungs- und Abrechnungssystemen, in: Zeitschrift für Betriebswirtschaft, 5/1979, S. 367–387.

Wübbenhorst, Konzept der Lebenszykluskosten – Grundlagen, Problemstellungen und technologische Zusammenhänge, 1984.

Mit Excel und Access Kennzahlen aus Vorsystemen generieren

- Unternehmenssteuerung basiert im Wesentlichen auf Kennzahlen, die den Zielerreichungsgrad von Unternehmenszielen messen.
- Die Erzeugung von Kennzahlen aus den Vorsystemen der Finanzbuchhaltung geschieht in kleinen und mittleren Unternehmen häufig mit Excel.
- Die Ermittlung valider Kennzahlen benötigt ein Konzept für die Datenübernahme.
- Durch die geschickte und dynamische Verknüpfung von Excel mit Acces erhält man ein sicheres und komfortables Auswertungstool.

Inhalt		Seite
1	Überblick	263
2	Die Konzeption der Auswertungen und der Strukturen	263
2.1	Konzeptionelle Überlegungen zu den Unternehmenszielen und Kenngrößen	264
2.2	Konzeptionelle Überlegungen zu den benötigten Excel-Tabellen	265
2.3	Konzeptionelle Überlegungen zur übergeordneten Steuerung der Berichte	266
2.4	Konzeptionelle Überlegungen zum Berichtslayout	269
2.5	Der Aufbau der Berichte mit den dazugehörigen Stamm- und Strukturdaten	270
3	Die Datenbereitstellung aus den Vorsystemen	271
4	Aufbereitung und Bereitstellung der Bewegungsdaten aus Access	273
5	Die Anbindung an Excel	275
6	Die Fertigstellung der Auswertungen	276
7	Die Erweiterung der Lösung	277

■ Der Autor

Dipl.-Betriebsw. (FH) Hartmut Erb ist Unternehmensberater mit Schwerpunkten bei der Einführung von Controlling-Lösungen bis hin zu OLAP-Datenbanken.

1 Überblick

Heutzutage ist ein effektives und gut verankertes Unternehmenssteuerungssystem ein Muss für jedes Management, um dauerhaft und systematisch Erfolg und Wachstum erzielen zu können und um gegen die mit der Finanzkrise einhergehenden Probleme gut gewappnet zu sein. Die Unternehmenssteuerung basiert hierbei im Wesentlichen auf Kennzahlen, mit deren Hilfe das Erreichen von Unternehmenszielen gemessen wird und Unternehmensprozesse verbessert werden können. Business-Intelligence-Systeme sind hierfür ideale Werkzeuge, die aber nach wie vor viel zu selten eingesetzt werden.

Kennzahlen – ein Muss für die Steuerung des Unternehmens

Excel dominiert, gerade bei kleinen und mittelständischen Unternehmen als Kennzahlensystem. Excel ist laut CBS Interactive GmbH „vor allem bei den größeren Unternehmen mit 100 bis 199 Mitarbeitern beliebt (48 %) und liegt damit weit über dem Durchschnitt. Mittlere Unternehmensgrößen mit bis zu 100 Mitarbeiten benutzen Excel nur in einem Fünftel aller Fälle, bei den kleinen mit bis zu zehn Mitarbeitern nur ein Zehntel. Selbst die Industrie schwört etwa zu einem Drittel auf eine Lösung mit Excel." (Quelle: www.zdnet.de, Basel II: Mittelstand spart am Controlling).

Das Problem jedoch ist, dass die mit der Tabellenkalkulation ermittelten Unternehmenskennzahlen mit viel händischer Arbeit zeitaufwendig aufbereitet werden müssen und dadurch in hohem Maße fehleranfällig sind. Oftmals fehlt es den Unternehmen auch am Know-how, um die Datenströme aus den unterschiedlichen Vorsystemen schnell, konsistent und fehlerfrei (via Access) in die Excel-Auswertungen zu „lenken". Dieser Artikel widmet sich deshalb der Frage, wie sich Daten automatisiert aus unterschiedlichen Vorsystemen mithilfe von Access aufbereiten lassen, um dann anschließend in Excel ausgewertet werden zu können. Hierbei wird ein Tool vorgestellt, das für die eigenen Belange angepasst werden kann.

Excel-Auswertungen zeitaufwendig und fehleranfällig

2 Die Konzeption der Auswertungen und der Strukturen

Zu Beginn eines Projekts, an dessen Ende ein Unternehmenssteuerungssystem stehen soll, stehen die Zielsetzung des Berichtswesens, die Konzeption der Berichte, Berichtsinhalte, Kennzahlen und der Aufbau der dafür benötigten Tabellen. Dieser Top-down-Ansatz stellt sicher, dass zum Schluss auch wirklich das gewünschte Ergebnis, d. h. die gewünschten Auswertungen, zum Tragen kommt. Der Top-down-Ansatz ist deshalb so wichtig, weil in dieser Art von Projekten sehr oft der Fehler begangen wird, dass sich die Projektbeteiligten zunächst mit den Daten aus dem Vorsystem beschäftigen und sich erst im Verlauf der Erstellung der Berichte Gedanken machen, was denn überhaupt ausgewertet werden soll.

Ziele des Berichtswesens definieren

Organisation & IT

Ein sogenannter Bottom-up-Ansatz ist zwar grundsätzlich auch möglich, führt jedoch meistens zu einem erhöhten Aufwand, weil der Datenprozess in aller Regel nachgebessert werden muss. Grundsätzlich müssen im Vorfeld der Gestaltung der Datenprozesse einige konzeptionelle Überlegungen angestellt und verschiedenste Fragestellungen abgearbeitet werden:

- Mit welchen Kenngrößen soll das Unternehmen im Hinblick auf welche Ziele gesteuert werden? Das heißt, welche Auswertungen und dazugehörigen Stamm- und Strukturdaten werden benötigt, um diese Anforderungen zu erfüllen?
- Welche Excel-Tabellen werden benötigt, um die benötigten Auswertungen umzusetzen?
- Wie sieht die übergeordnete Steuerung der Auswertungstabellen aus?
- Welcher konzeptionelle Ansatz liegt dem Berichtslayout zugrunde?

2.1 Konzeptionelle Überlegungen zu den Unternehmenszielen und Kenngrößen

Jedes Unternehmen verfolgt, teils mehr, teils weniger konsequent, eine Unternehmensstrategie, um seine Unternehmensziele umzusetzen. Die Ziele hierbei sind vielschichtig und die Zielerreichung ist meist das Ergebnis der Umsetzung mitunter sehr komplexer interner und externer Prozesse. Im Rahmen dieses Artikels kann deshalb nur exemplarisch anhand eines Beispiels aufgezeigt werden, wie das Berichtswesen prinzipiell aufgebaut werden muss und was es zu beachten gilt.

Beispielunternehmen Im vorliegenden Beispiel wird ein Handelsunternehmen vorgestellt, das im Agrar- und Brennstoff-Bereich tätig ist. Das Unternehmen muss einerseits Kennzahlen und Berichte an externe Adressaten (z. B. Banken) liefern, benötigt aber auch ein System zur internen Unternehmenssteuerung. Es soll ein System etabliert werden, das basierend auf Excel und Access u. a. Informationen zu folgenden Fragestellungen liefert:

- Wie entwickelt sich das **Ergebnis** des Unternehmens unterjährig und im Vergleich zu den Vorjahren? Zielsetzung hierbei ist es, frühzeitig Trends zu erkennen, um Maßnahmen einleiten zu können. Hierfür wird eine GuV auf Monats- und Jahresbasis benötigt, die auch externen Adressaten zugänglich gemacht wird. Die Daten kommen aus der Finanzbuchhaltung.
- Wie entwickeln sich die jährlichen **Durchschnittspreise** der einzelnen Produktgruppen? Hier wird das Ziel verfolgt, die Vertriebsaktivitäten und das Pricing der Produkte besser zu steuern. Dazu bedarf es der Mengen- und Erlöswerte aus dem Vertrieb.

- Wie entwickelt sich die **Produktivität** der Mitarbeiter? Ein Ziel hinter dieser Fragestellung lautet, welche Bereiche aufgrund der Entwicklung von Produktiv- und Krankheitstagen ein besonderes Augenmerk verdienen und wo Maßnahmen eingeleitet werden müssen, um die Mitarbeiterzufriedenheit zu erhöhen, bzw. wo evtl. Arbeitsbedingungen verbessert werden müssen, um den Krankenstand zu senken. Diese Daten stammen aus dem Personalwesen.
- Wie entwickeln sich weitere **Unternehmensindikatoren** (Erlös pro Produktivtag, Personalaufwand pro Produktivtag etc.)? Hinter dieser Fragestellung verbirgt sich die Zielsetzung anhand unterschiedlicher Kenngrößen die Entwicklung in einzelnen Unternehmensbereichen besser verfolgen zu können, um ggf. frühzeitig Maßnahmen gegen negative Trends einleiten zu können. Diese Informationen werden auf Basis der vorhandenen Vorsystemdaten gebildet.

Die Kenngrößen sind, wie erwähnt, exemplarisch zu sehen. Das vorgestellte Beispiel erhebt nicht den Anspruch, ein Kennzahlensystem im Sinne einer umfänglichen Unternehmenssteuerung abzubilden, zumal diese Art Kennzahlen von Unternehmen zu Unternehmen unterschiedlich sind und an den individuellen Unternehmenszielen ausgerichtet werden müssen. Es gilt vielmehr, anhand dieser Kenngrößen beispielhaft aufzuzeigen, wie man die zur Kennzahlenbildung relevanten Werte aus den Vorsystemen aufbereitet und in geeigneter Berichtsform darstellt.

2.2 Konzeptionelle Überlegungen zu den benötigten Excel-Tabellen

Die o. g. Fragestellungen machen unterschiedliche Tabellen erforderlich. So müssen neben den Auswertungstabellen auch Bewegungsdaten- und Strukturdatentabellen vorgehalten werden. Die Arbeitsmappe, die alle diese Tabellen beinhaltet, hält im Einzelnen folgende Tabellen vor:

Aufbau der Auswertung

1. *BerGuV-1* (Auswertung): Der erste GuV-Bericht mit der monatsbezogenen Darstellung der Werte.
2. *BerGuV-2* (Auswertung): Der zweite GuV-Bericht mit der jahresbezogenen Darstellung der Werte.
3. *BerMenge* (Auswertung): Der Bericht mit den Durchschnittspreisen pro Erlösgruppe.
4. *BerMitarbeiter* (Auswertung): Die Personalübersicht mit den Produktiv-, Urlaubs- und Krankheitstagen pro Abteilung.
5. *BerKennzahlen* (Auswertung): Der Bericht mit verschiedenen Unternehmensindikatoren bzw. -kenngrößen.

Organisation & IT

6. *SDGuV* (Struktur): Die Stamm- und Strukturdaten der Konten und Berichtszeilen, die den kontenbasierten Berichten zugrunde liegen.

7. *SDSonstiges* (Struktur): Die restlichen Stamm- und Strukturdaten der Berichte. Diese Tabelle muss nur bei Bedarf gepflegt werden, wenn also beispielsweise eine neue Werteart ausgewertet werden soll, die noch nicht in dieser Tabelle hinterlegt ist.

8. *Parameter* (Struktur): Hinterlegte Parameter, die zur allgemeinen Makro-Steuerung dienen. Diese Tabelle muss nur dann ergänzt werden, wenn ein neues Makro eingebunden werden soll, das über das Feld *E7* in einer der Auswertungstabellen aufgerufen werden soll.

9. *BDVorsystem* (Daten): Die Bewegungsdaten, die per ODBC aus Access übernommen werden.

2.3 Konzeptionelle Überlegungen zur übergeordneten Steuerung der Berichte

Die übergeordnete Steuerung der Tabellen soll ein schnelles Navigieren zwischen den verschiedenen Auswertungen ermöglichen und durch ein einheitliches Layout dem Anwender die Einstellungen der Parameter oder den Aufruf von Makros erleichtern. Die Steuerung und die Funktionen im Bereich der Zeilen 1 bis 20 sind deshalb in allen Tabellen (nahezu) identisch.

	AB	C	D	E	F	GH	I	J	K	L
2		MIS - Management Informations System					Tabelle GuV Jahr	Jahresübersicht 2007		
3		Tab. GuV Jahr		2007						
4		Tab. GuV Jahre								
5		Tab. Preise Jahre		Ist						
6		Tab. Mitarb. Jahre		EUR						
7		Tab. Kennz. Jahre		Blatt berechnen						
8										
9										
10										
11		Kontozuordnung finden								
12		Konto oder Zeile bitte auswählen:								
13		8015 Diesel VK								
14		Übergeordnete Berichtszeile wird angezeigt:								
15		9023 Erlöse Diesel								
16		Die Berichtszeile steht in Excelzeile 29								

Abb. 1: Die übergeordnete Steuerung der Tabellen

Die übergeordneten Elemente setzen sich aus folgenden Bereichen zusammen:

- **Überschrift**: Die Überschrift rechts von der Abkürzung *MIS* ist dynamisch gehalten. Sie bezieht sich zunächst auf das Kürzel in der Zelle, über die zu den einzelnen Tabellen navigiert werden kann (Zellenbereich *C3:C7*). Weiterhin wird das ausgewählte Jahr bzw. die Periode mit angezeigt. Die Überschrift wird durch die Verkettung variabler Inhalte, so z. B. in der Tabelle *BerGuV-1*, durch folgende Formel gebildet: *=VERKETTEN(LINKS($C$3;3)&„elle"&RECHTS($C$3;9);„ | Jahresübersicht ";$E$3)*. Die Überschrift in den übrigen Tabellen wird ähnlich gebildet, bezieht sich dort jedoch auf andere Zellinhalte. Das angezeigte Datum wird über die Formel *=JETZT()* erzeugt und ist deshalb ganz hilfreich, damit beim Ausdruck der Datei immer auch der Stand der Daten nachvollzogen werden kann.
- **Navigation**: Die Navigation zu den einzelnen Arbeitsblättern findet in den Auswertungstabellen im Bereich der Zellen *C3:C7* statt. Der Sprung in die nächste Tabelle wird durch einen Klick auf die entsprechende Zelle ausgelöst und wird via Hyperlink gesteuert. Das entsprechende Dialogfenster wird über das Menü *Einfügen* und dort über den Befehl *Hyperlink* aufgerufen.

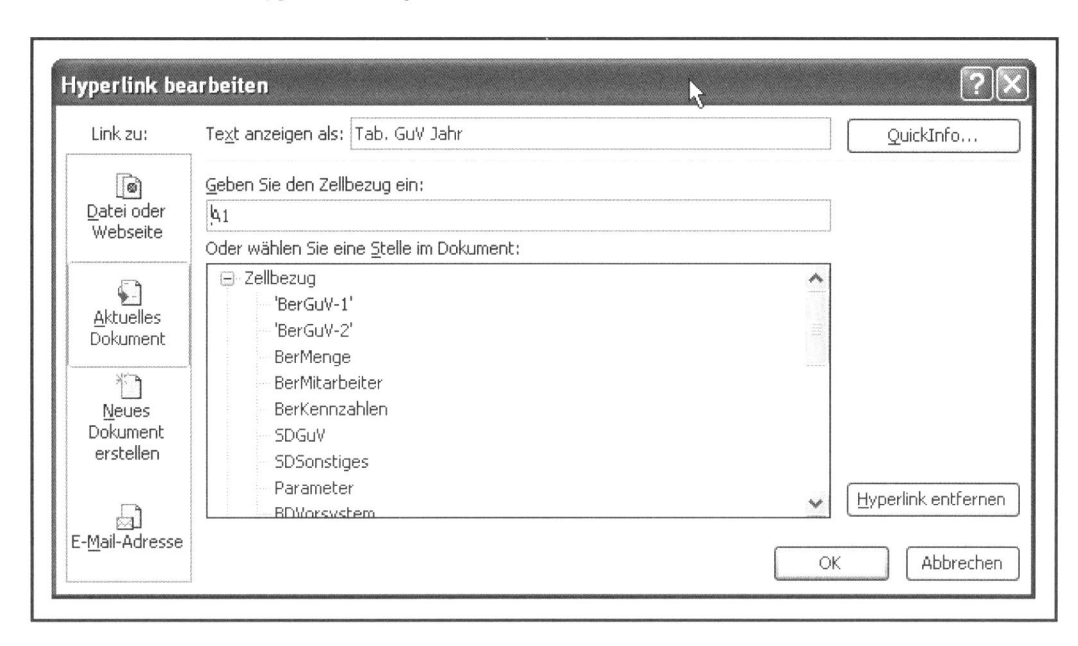

Abb. 2: Die Navigation zur Tabelle *BerGuV-1* erfolgt via Hyperlink

- **Auswahlfeld**: In den Auswertungstabellen kann im Zellenbereich *E3:E6* die Auswahl getroffen werden, welche Daten (z. B. Jahr bzw. Periode) angezeigt werden sollen. In Tabelle *BerGuV-1* kann z. B. das Jahr gewechselt und in Tabelle *BerGuV-2* die Periode umgeschaltet werden. Die Werte verändern sich entsprechend der getroffenen Einstellung. Die hierfür eingerichteten Drop-down-Felder werden über eine Gültigkeits-Liste gefüllt, die wiederum über einen Namens-Bezug auf die Tabelle *SDSonstiges* verweist. Erwähnt werden sollte noch, dass die Tabelle immer dann neu durchgerechnet wird, wenn die Einstellungen im besagten Zellenbereich *E3:E6* wechseln. Diese Aktion ist Makro-gesteuert und soll sicherstellen, dass immer der richtige Datenbezug dargestellt wird. In der Tabelle *BerGuV-1* können Auswertungselemente, so z. B. das Element Jahr in Zelle *E3* ausgewählt werden, die momentan noch nicht „belegt" sind. Das heißt konkret, dass beispielsweise noch keine Daten aus dem Jahr *2008* vorhanden sind und somit auch keine Werte bei der Auswahl *2008* angezeigt werden. Diese Werte können jedoch jederzeit in das Tool mit aufgenommen werden.
- **Steuerungsfeld**: In Zelle *E7* befindet sich ein Steuerungsfeld, über welches Makros aufgerufen werden können. Dieses Drop-down-Feld wird auch über eine Gültigkeits-Liste gefüllt, die über einen Namens-Bezug auf die Tabelle *Parameter* verweist. Das entsprechende Makro wird immer im Zusammenhang mit einer Auswahl in Zelle *E7* ausgeführt.
- **Weitere Steuerungsmechanismen**: In den beiden Tabellen *BerGuV-1* und *BerGuV-2* ist im Bereich der Zellen *C11:E16* ein Zusatz-Feature eingebaut, das helfen soll, die Stammdaten (Konten) in den Berichtstabellen leichter zu pflegen. Wenn die Zelle *C13* angeklickt wird, so wird in Zelle *C15* gleichzeitig die dazugehörige übergeordnete Berichtszeile angezeigt und gleichzeitig erscheint in Zelle *C16* die Angabe, in welcher Excel-Zeile sich diese Berichtszeile befindet. Die Excel-Zeile wird aus den Informationen, beginnend in Zelle *G26*, und den darunter liegenden Zellen generiert. Hier wird mithilfe der Funktion *SVERWEIS()* vorgegangen. Die Anzeige der Berichtszeile ist dann sehr hilfreich, wenn, wie im vorliegenden Fall, die Tabellen sehr groß sind und sehr viele Berichtszeilen beinhalten und ein neues Konto in diesen Bericht einfügt werden muss. In diesem Fall muss einfach das neue Konto ausgewählt und zur Anzeige gebracht werden. Jetzt wird ersichtlich, zu welcher Berichtszeile es zugeordnet werden muss. Das neue Konto kann somit sehr viel schneller einpflegt werden. Dies setzt jedoch voraus, dass die Beziehungen zwischen z. B. Konto und Berichtszeile in der Tabelle *SDGuV* gepflegt werden.

1 2 3	A	B	C	D	E	F	G	H	I	J	K
	2		MIS - Management Informations System						Tabelle GuV Jahr	Jahresübe	
	10										
	11		Kontozuordnung finden								
	12		Konto oder Zeile bitte auswählen:								
	13		8015 Diesel VK								
	14		Übergeordnete Berichtszeile wird angezeigt								
	15		9023 Erlöse Diesel								
	16		Die Berichtszeile steht in Excelzeile 29								
	17										
	18										
	19										
	20		Gewinn und Verlustrechnung								
	21		Hier steht die Berichtsbotschaft								
	22		Agrar-Handels GmbH						Jan	Feb	Mrz
	23		in EUR								
	24		2007 Ist								
	26		8015 Diesel VK						3.785	11.500	11.098
	27		8016 Diesel VK TST						19.927	18.337	22.869
	28		8017 DK-TST aus Fuhrp.						4.609	3.830	5.457
	29		9023 Erlöse Diesel						28.321	33.667	39.423

Abb. 3: Über das Zusatz-Feature kann der Bericht einfacher gepflegt werden

2.4 Konzeptionelle Überlegungen zum Berichtslayout

Ein gutes Berichtswesen muss neben fachlichen Gesichtspunkten unter anderem auch Aspekte für das Softwaredesign, die Datenvisualisierung und die Datenbankorganisation berücksichtigen. Es sind hierbei immer auch folgende Überlegungen von Bedeutung:

- Berichte sind grundsätzlich ein Medium, um den Berichtsadressaten **entscheidungsrelevante Informationen** zur Verfügung zu stellen.
- Berichte sollten eine **Botschaft** enthalten. Es sollen Sachverhalte interpretiert werden und möglichst auch Empfehlungen ausgesprochen werden.
- Berichte sollen letztendlich dazu beitragen, dass der Berichtsadressat **neue Erkenntnisse** gewinnt und seinen Wissenshorizont erweitert.
- Berichte sollten einheitlich strukturiert und nach **eindeutigen Regeln** aufgebaut werden. Das bedeutet vor allem, dass Berichte nicht permanent ihr Layout ändern dürfen und Begriffe unternehmensweit vereinheitlicht und beibehalten werden müssen.

- Berichte sollten auf die **Berichtsinhalte** und nicht auf das Beiwerk wie Logos, CI-Farben usw. reduziert werden.
- Berichte sollten mit einer **hohen Informationsdichte** ausgestattet werden. Informationen, die sich über mehrere Seiten ziehen, sind nur schwer zugänglich. Der Betrachter kann das am besten verstehen und überblicken, was innerhalb der Augenspanne zu sehen ist.

Tipp
Die gedanklichen Ansätze gehen auf *Prof. Dr. Rolf Hichert* zurück. Auf http://www.hichert.com/ wird anhand einer Vielzahl von Beispielen gezeigt, wie professionelle Geschäftsdiagramme gestaltet, Managementberichte optimiert und mit Präsentationen Wirkung erzielt werden können. Die Beispiele aus diesem Artikel lehnen sich an die Notationen (Farbkonzept und generelle Berichtsgestaltung) und die Empfehlungen von *Prof. Hichert* an.

2.5 Der Aufbau der Berichte mit den dazugehörigen Stamm- und Strukturdaten

Nach Abschluss der konzeptionellen Vorarbeiten und Überlegungen kann nun mit der Gestaltung der Berichte begonnen werden. Anhand des nachfolgend abgebildeten Berichtes aus Tabelle *BerGuV-1* sollen die wesentlichen Layout-Themen, die es zu berücksichtigen gilt, näher betrachtet werden.

		B	C	D	E	F	G	H	I	J	K	L	M	N	O
	2		MIS - Management Informations System						Tabelle GuV Jahr	Jahresübersicht 2007				Stand	24.02.09
	3		Tab. GuV Jahr		2007										
	4		Tab. GuV Jahre												
	5		Tab. Preise Jahre		Ist										
	6		Tab. Mitarb. Jahre		EUR										
	7		Tab. Kennz. Jahre		Blatt berechnen										
	8														
	9														
	10														
	20		Gewinn und Verlustrechnung												
	21		Hier steht die Berichtsbotschaft												
	22		Agrar-Handels GmbH						Jan	Feb	Mrz	Apr	Mai	Jun	Jul
	23		in EUR												
	24		2007 Ist												
	26		8015 Diesel VK						3.785	11.500	11.098	15.750	19.843	9.107	7.934
	27		8016 Diesel VK TST						19.927	18.337	22.869	24.912	25.132	25.740	27.157
	28		8017 DK-TST aus Fuhrp.						4.609	3.830	5.457	5.285	4.452	3.909	5.383
	29		9023 Erlöse Diesel						28.321	33.667	39.423	45.946	49.427	38.757	40.474
	32		9026 Erlöse Brennstoffe						287	2.583	281	876	25	2.014	249
	35		9029 Erlöse Heizöl						48.502	56.625	58.941	39.938	27.415	44.213	41.307
	42		9032 Erlöse Einzeldünger						18.828	42.883	115.494	109.900	81.260	94.330	70.449

Abb. 4: Das Layout in Anlehnung an Prof. *Hichert* zum Bericht BerGuV-1

- **Der Berichtskopf**: Er beginnt mit Zeile *20* und enthält als Überschrift die Berichtsbezeichnung *Gewinn und Verlustrechnung*. Er enthält des Weiteren die zum Verständnis notwendigen übrigen Angaben, wie die Unternehmensbezeichnung *Agrar-Handels GmbH*, die Währungseinheit in *EUR*, das ausgewählte Jahr *2007*, das aus der Zelle *E3* übernommen wird, und die Datenart *Ist* (aus Zelle *E5*) als Hinweis, ob es sich z. B. um Ist-, Plan oder Hochrechnungszahlen handelt. Die Monate sind im Bereich der Zellen *H22:S22* hinterlegt und farblich durch einen blauen Doppelstrich (Ist-Werte Monate) in Zeile *25* gekennzeichnet. Das Jahr *2007* wird hier ebenso per Bezug an die Zelle *V22* übergeben und auch das Jahr ist farblich in Zeile *25*, jedoch mit einem blauen Balken (Ist-Werte Jahr) gekennzeichnet. In Zelle *C21* kann eine sogenannte Berichtsbotschaft eingetragen werden, sodass der Berichtsadressat sofort mit der Quintessenz des Berichts vertraut gemacht werden kann. Die Vorgaben für diese aufgeführten Notationen gehen, wie gesagt, auf das weiter oben erwähnte Konzept von *Prof. Hichert* zurück.
- **Die Berichtszeilen**: Sie setzen sich aus Konten, Zwischensummen und Hauptsummen zusammen. Diese Berichtselemente unterscheiden sich durch eine farblich leicht abgestufte Nuancierung und durch eine ebenfalls sehr spärliche Unterstreichung bzw. auch durch zum Teil unterschiedliche Zeilenhöhen. Auch hier wurde versucht, dem Grundsatz Rechnung zu tragen, dass Farben nicht wahllos eingesetzt und auf jegliches „optisches" Beiwerk verzichtet werden soll.
- **Die Struktur**: Sie ist hinsichtlich der Konten, Zwischensummen und Hauptsummen, wie bereits an anderer Stelle angedeutet, in einer separaten Tabelle *SDGuV* hinterlegt. In dieser Tabelle werden die „Beziehungen" der Berichtselemente, d. h. die Beziehungen der Konten zu den Zwischensummen, und die Beziehung der Zwischensummen zu den Hauptsummen gepflegt; sie bilden die Vorgabe für den zeilenbezogenen Berichtsaufbau.

3 Die Datenbereitstellung aus den Vorsystemen

Nachdem nun die Vorarbeiten zu den Berichten, d. h. die eigentliche Konzeptionsarbeit, abgeschlossen sind und die Berichte selbst, mit Ausnahme der noch benötigten Bewegungsdaten, fertiggestellt sind, kann die gezielte Datenbereitstellung aus den Vorsystemen (Finanzbuchhaltung, Personalwesen, Vertrieb), die Erstellung des Datenstroms, angegangen werden. Die Aufgabe besteht jetzt darin, die aus den Vorsystemen zur Verfügung gestellten txt-Dateien so anzubinden, dass die Daten per Mausklick in die Auswertungen gelangen.

Verbindung der externen Daten mit der Auswertung

Organisation & IT

Als Ausgangsbasis dienen Text-Dateien, die aus den Vorsystemen extrahiert werden. Inzwischen bieten nahezu alle Vorsysteme diese Form der Datenextraktion in sogenannte „Flat-Files" (csv-, txt-Format) an. Nachfolgend ist exemplarisch die extrahierte Text-Datei mit den Finanzbuchhaltungsdaten abgebildet, die zur Auswertung kommen sollen.

```
Susa2004.txt - Editor
Datei  Bearbeiten  Format  Ansicht  ?
Datum       KtoNr     KtoBez    SuMonHa  SuMonSo  Saldo
05.04.2004  27        EDV-Software       0        0        0
11.04.2004  50        Gebäude 0          0
06.04.2004  80        Rückstellungen     0        0
20.04.2004  200       Kraftfahrzeuge     0        0
01.04.2004  310       Betriebsausstattung         0        0        0
13.04.2004  311       EDV-Anlage         209,49   0        -209,49
05.04.2004  312       EDV-Software       48,7     0        -48,7
26.04.2004  390       Geringwertige WG            0        0        0
03.04.2004  631       Sparkasse Währungskredit    0        0        0
13.04.2004  800       Stammkapital       0                 0
07.04.2004  811       Pensionsrückstellungen      0        0
12.04.2004  850       Kapitalrücklage 0           0        0
02.04.2004  890       G+V-Vortrag        0        0        0
```

Abb. 5: Die Rohdaten aus der FiBu

Inhalt des Datensatzes aus der FiBu

Der Datensatz dieser Datei enthält das Buchungsdatum, die Kontonummer, die Kontenbezeichnung, den Haben- und den Sollwert des Monats sowie den Monats-Saldo. Diese Daten müssen nun aufbereitet und via Access an Excel übergeben werden. Wie dies im Einzelnen geschehen muss, ist nachfolgend beschrieben.

Zuerst muss eine neue Access-Datenbank mit der Bezeichnung *Daten.mdb* erstellt werden. Anschließend werden in dieser Datenbank im Bereich der *Tabellen* die Text-Dateien durch den Befehl *Tabellen verknüpfen* über das Kontextmenü der rechten Maustaste mit Access dynamisch verknüpft.

> **Tipp**
> Dynamisch verknüpft bedeutet, dass, wenn eine dieser Text-Dateien überschrieben wird, weil z. B. ein neuer Extrakt der Finanzbuchhaltungsdaten stattgefunden hat, nicht mehr eingegriffen zu werden braucht, denn Access merkt sich diese Verbindung dauerhaft. Wichtig ist nur, dass die neue Datei den exakt identischen Aufbau und denselben Namen hat sowie im selben Verzeichnis wie die Vorgänger-Datei abgelegt wird.

4 Aufbereitung und Bereitstellung der Bewegungsdaten aus Access

Die Daten sind nun zwar als Tabellen in Access verfügbar, müssen aber noch mithilfe von Abfragen für den Zugriff aus Excel modifiziert werden. Hierfür muss innerhalb von Access in den Bereich *Abfragen* gewechselt werden, um die Daten über eine Kette von Abfragen zu modifizieren bzw. aufzubereiten. Es ist nicht möglich, alle Modifikationen innerhalb einer einzigen Abfrage auszuführen, weshalb eine neue Abfrage immer auf einer vorhandenen Abfrage aufbaut. Die Abfragekette für die Daten aus der Finanzbuchhaltung ist nachfolgend einmal exemplarisch aufgelistet:

Access und Excel verbinden

1. Abfrage *qrySusajjjj_01*: Hängt zunächst über eine sogenannte Union-Abfrage alle vier Ausgangstabellen (verkettete Text-Dateien im Bereich *Tabellen*) hintereinander.

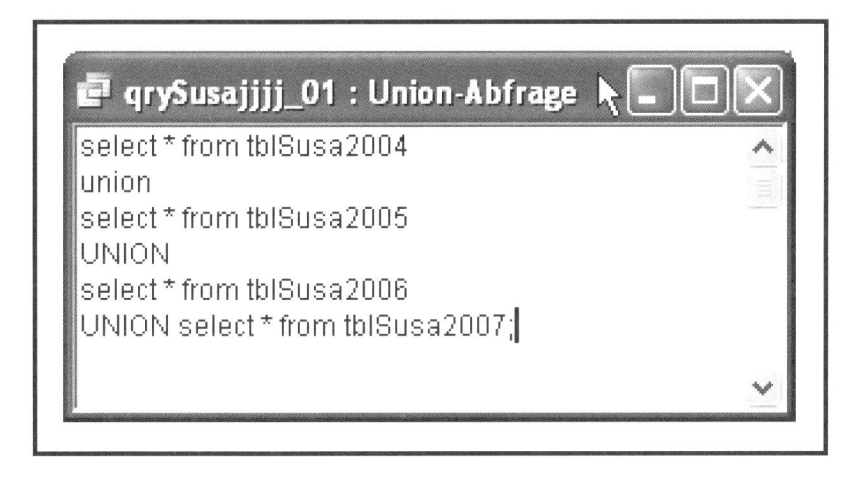

```
qrySusajjjj_01 : Union-Abfrage
select * from tblSusa2004
union
select * from tblSusa2005
UNION
select * from tblSusa2006
UNION select * from tblSusa2007;
```

Abb. 6: Die Text-Dateien mit den Rohdaten aus der FiBu werden über eine Union-Abfrage „hintereinander" gehängt

2. Abfrage *qrySusajjjj_02*: Filtert das Jahr und den Monat aus dem Datum und hängt die Kontonummer und die Kontenbezeichnung (in einem gemeinsamen Feld) zusammen. Ebenfalls werden die Datenart Ist und die Wertart EUR dem Datensatz beigesteuert („Datenanreicherung").
3. Abfrage *qrySusajjjj_04*: Dient der Verdichtung der Jahressummen pro Konto.
4. Abfrage *qrySusajjj_05*: Fügt die beiden vorherigen Abfragen aneinander.
5. Abfrage *qrySusajjjj_50*: Bildet den Key, der in Excel zur Datenfindung benötigt wird.

Organisation & IT

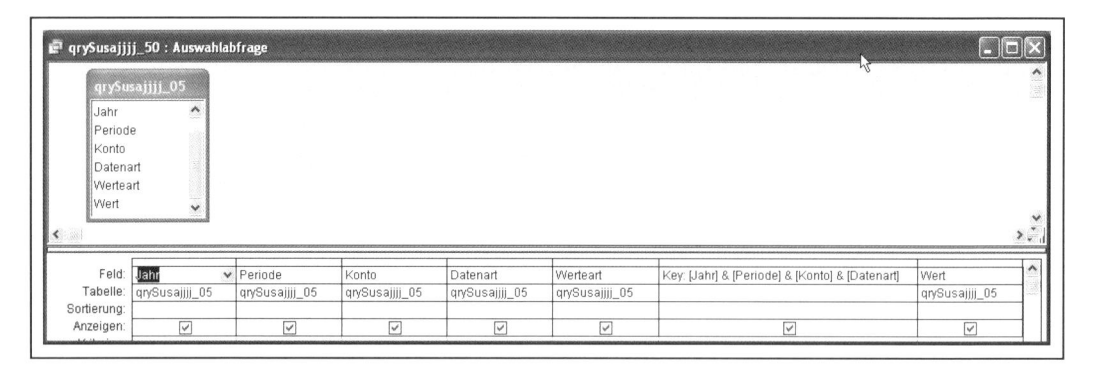

Abb. 7: In dieser Abfrage wird der Key gebildet

Die Abfrageketten für die Werte aus dem Bereich Personalwesen (Mitarbeiterstunden) und Vertrieb (Mengen) werden analog aufgebaut. Die Ergebnisse aus allen drei Abfrageketten werden dann in der Abfrage *qryKennz_90* zusammengeführt und an die letzte Abfrage *qryKennz_99*, die nachfolgend abgebildet ist, übergeben.

Abb. 8: Die Abfrage mit den finalen Daten für die Excel-Auswertungen

Aufbau einer dynamischen Verbindung

Damit nun die Daten zwischen Excel und Access über eine dynamische Verbindung „durchgereicht" werden können, muss die Access-Datenbank *Daten.mdb* ODBC-fähig gemacht werden. Dies erfolgt über das Menü *Systemsteuerung/Verwaltung/Datenquellen(ODBC)*. Dort wird über den Button *Hinzufügen* das Dialogfenster *Neue Datenquelle erstellen* geöffnet und der Eintrag *Microsoft Access-Treiber(*.mdb)* markiert. Jetzt muss über den Button *Auswählen* die Datenbank *Daten.mdb* aus dem Verzeichnis ausgewählt werden, in dem diese gespeichert ist. Anschließend werden noch ein *Datenquellenname* und eine *Beschreibung* für diese Verbindung vergeben und die Menüs wieder geschlossen.

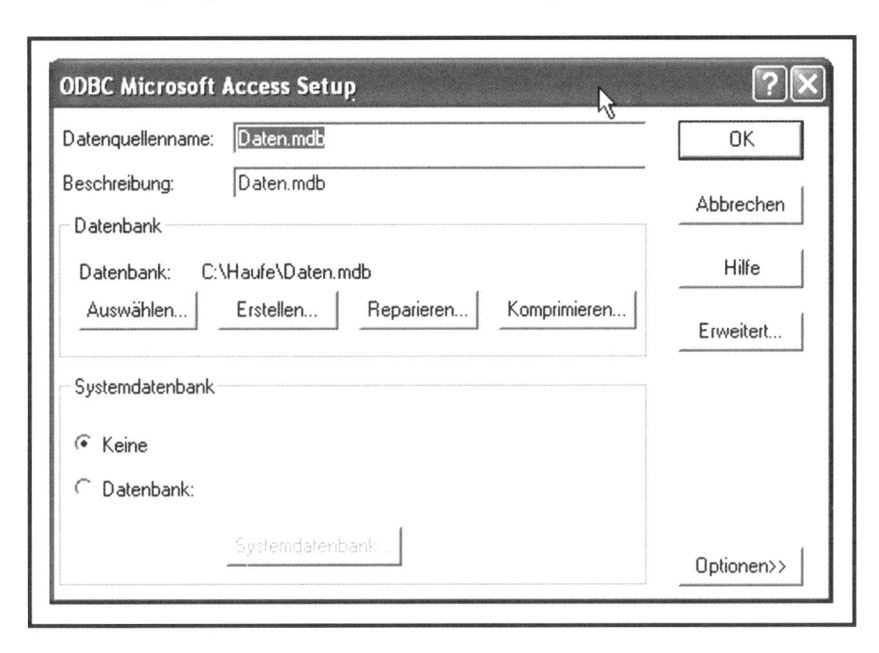

Abb. 9: Die Datenbank Daten.mdb ist jetzt ODBC-fähig

Nun sind die Daten in Access vorbereitet und können in Excel ausgewertet werden.

> **Tipp**
> Damit das hier vorgestellte Tool richtig funktioniert, muss die Datenbank *Daten.mdb* unbedingt auf die beschriebene Art und Weise ODBC-fähig gemacht werden, denn nur so können die Excel-Tabellen mit den Access-Tabellen und diese wiederum mit den Text-Dateien richtig kommunizieren und der Datenstrom zwischen diesen drei Ebenen sichergestellt werden.

5 Die Anbindung an Excel

Im letzen Schritt erfolgt nun die Anbindung der aufbereiteten Bewegungsdaten aus der Access-Datenbank *Daten.mdb* in die Excel-Arbeitsmappe, genauer gesagt, in die dortige Tabelle *BDVorsystem*. Dies erreicht man, indem man in der Tabelle *BDVorsystem* zunächst den Mauszeiger

Datentransfer

Organisation & IT

in Zelle *A1* setzt und anschließend über das Menü *Daten/Externe Daten importieren* den Befehl *Neue Abfrage erstellen* aufruft. Dort wird die zuvor eingerichtete Datenquelle *Daten.mdb** ausgewählt.

Query-Assistent — Über den Query-Assistenten können dann aus der „verfügbaren Tabelle" *qryKennz_99* über den Pfeil > alle Felder in das rechte mit *Spalten in Ihrer Abfrage* bezeichnete Fenster geholt und dann kann mit *Weiter>* zum nächsten Schritt gegangen werden. Es brauchen keine Daten gefiltert zu werden, deshalb kann man über *Weiter>* zur Sortierung voranschreiten. Hier bietet es sich an, die Sortierung so einzustellen, dass zunächst nach dem *Jahr*, dann nach der *Periode* und anschließend nach der *Kennzahl* sortiert wird. Mit *Weiter>* gelangt man nun zum letzten Schritt, dessen Voreinstellung man über den Button *Fertig stellen* beenden kann. Der letzte Dialog zeigt an, dass die Datenübernahme in Zelle *$A$1* beginnen soll, was mit *OK* bestätigt werden kann.

Aktualisierung — Nun sind die Daten aus Access dynamisch mit Excel verknüpft und brauchen lediglich noch über das Makro *Daten aktualisieren* in Zelle *E7* in einer der Auswertungstabellen aktualisiert zu werden, wenn sich die zugrunde liegenden Text-Dateien geändert haben. Der ODBC-Kanal ist also geöffnet und „zieht" die Änderungen der Text-Dateien via Access in die Excel-Tabelle *BDVorsystem*.

6 Die Fertigstellung der Auswertungen

Übernahme der Bewegungsdaten — Jetzt fehlt nur noch, als letzter Schritt, die Einbindung der Bewegungsdaten in die Auswertungen. Diese Einbindung wird über die Funktion *SVERWEIS()* vorgenommen, wobei der *Key* das entscheidende Bindeglied zwischen der Auswertungstabelle und der Tabelle mit den Bewegungsdaten darstellt.

Wie diese Verbindung hergestellt wird, soll anhand der Formel in der Zelle *I26* in der Tabelle *BerGuV-1* genauer betrachtet werden: =WENN(ISTFEHLER(SVERWEIS(T(VERKETTEN($E$3;I23;$B26;$E$5; $E$6));BDVorsystem!$F$2:$G$10677;2;FALSCH));0;SVERWEIS(T(VERKE TEN ($E$3;I23;$B26;$E$5;$E$6));BDVorsystem!$F$2:$G$10677;2; FALSCH)).

Mit dieser Formel wird zunächst einmal über eine *WENN()*-Funktion eine mögliche Fehlermeldung abgefangen, die dann auftritt, wenn für diese Stammdaten-Konstellation keine Datensatz bzw. Key in den Bewegungsdaten existiert. In der *SVERWEIS()*-Funktion wird das Suchkriterium gebildet: *T(VERKETTEN($E$3;I23;$B26;$E$5;$E$6))*. Dieses Suchkriterium wird über das *T* zu einem Text-String umgewandelt.

Über die *VERKETTEN()*-Funktion findet die eigentliche Zusammensetzung des Suchkriteriums statt. In der vorliegenden Zelle *I26* lautet das Suchkriterium *200718015 Diesel VKIstEUR*. Dies ist genau der Schlüssel (Key), der benötigt wird, um über die *SVERWEIS()*-Funktion den dazugehörigen Wert in der Tabelle *BDVorsystem* zu finden, die ja bekanntlich über die gleichen (in Access gebildeten) Schlüssel verfügt. Die Funktion „schaut" also in der Tabelle *BDVorsystem* in Spalte *F* nach, wo sich der Key *200718015 Diesel VKIstEUR* befindet, und holt dann den Wert (in der gleichen Zeile) aus Spalte *G* in die Zelle *I26* der Tabelle *BerGuV-1*. So können nun alle Zellen der Tabelle *BerGuV-1*, die sich auf ein Konto beziehen, mit dieser Formelbeziehung versehen werden.

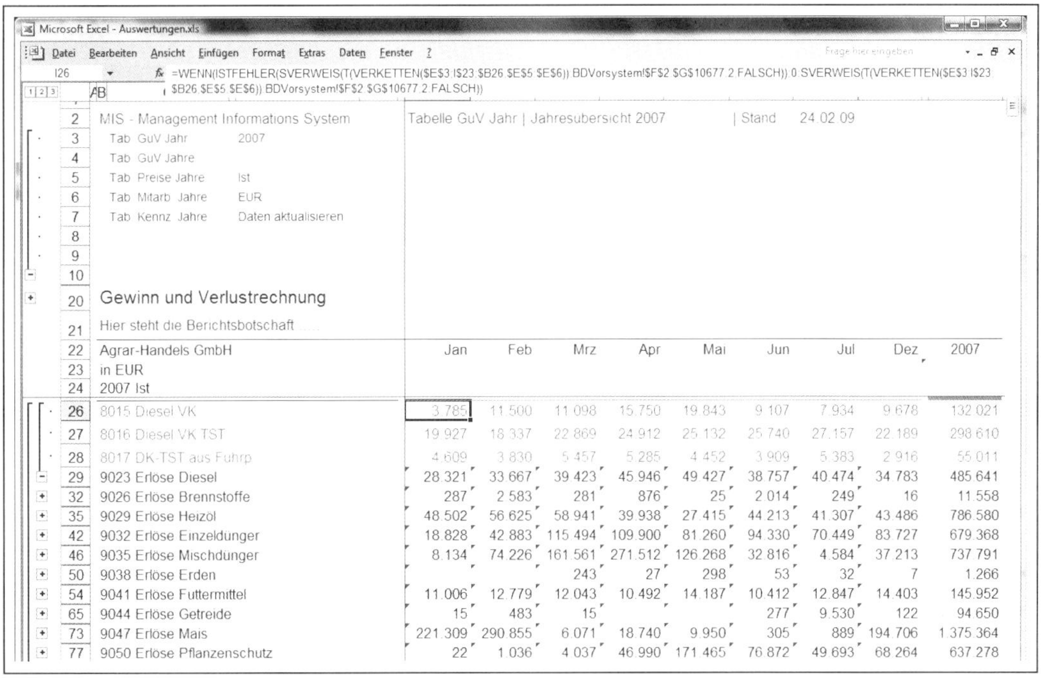

		Jan	Feb	Mrz	Apr	Mai	Jun	Jul	Dez	2007
26	8015 Diesel VK	3.785	11.500	11.098	15.750	19.843	9.107	7.934	9.678	132.021
27	8016 Diesel VK TST	19.927	18.337	22.869	24.912	25.132	25.740	27.157	22.189	298.610
28	8017 DK-TST aus Fuhrp	4.609	3.830	5.457	5.285	4.452	3.909	5.383	2.916	55.011
29	9023 Erlöse Diesel	28.321	33.667	39.423	45.946	49.427	38.757	40.474	34.783	485.641
32	9026 Erlöse Brennstoffe	287	2.583	281	876	25	2.014	249	16	11.558
35	9029 Erlöse Heizöl	48.502	56.625	58.941	39.938	27.415	44.213	41.307	43.486	786.580
42	9032 Erlöse Einzeldünger	18.828	42.883	115.494	109.900	81.260	94.330	70.449	83.727	679.368
46	9035 Erlöse Mischdünger	8.134	74.226	161.561	271.512	126.268	32.816	4.584	37.213	737.791
50	9038 Erlöse Erden			243	27	298	53	32	7	1.266
54	9041 Erlöse Futtermittel	11.006	12.779	12.043	10.492	14.187	10.412	12.847	14.403	145.952
65	9044 Erlöse Getreide	15	483	15			277	9.530	122	94.650
73	9047 Erlöse Mais	221.309	290.855	6.071	18.740	9.950	305	889	194.706	1.375.364
77	9050 Erlöse Pflanzenschutz	22	1.036	4.037	46.990	171.465	76.872	49.693	68.264	637.278

Abb. 10: Die Auswertung ist fertiggestellt und kann per Knopfdruck aktualisiert werden

7 Die Erweiterung der Lösung

Die bestehende Lösung kann mit wenigen Schritten erweitert werden. Wenn der vorhandene Datenbestand aus den Jahren 2004 bis 2007 um das Jahr 2008 erweitert werden soll, muss die Datei mit den Rohdaten aus dem Jahr 2008 aus der FiBu extrahiert und die FiBu-Daten aus dem Jahr 2008 eingebunden werden:

1. Die neue Datei mit den FiBu-Rohdaten (*Susa2008.txt*) muss im gleichen Verzeichnis abgelegt werden wie die anderen Textdateien.
2. Dann muss die Datenbank *Daten.mdb* geöffnet und im Bereich der *Tabellen* diese neue Text-Datei via Kontext-Menü der rechten Maustaste über den Befehl *Tabellen verknüpfen* eingebunden werden.
3. Die verknüpfte Tabelle soll den Namen *tblSusa2008* erhalten.
4. Anschließend muss innerhalb der Liste *Objekte* aus dem Bereich *Tabellen* in den Bereich *Abfragen* gewechselt und die erste Abfrage *qrySusajjjj_01* über das Befehlssymbol *Entwurf* geöffnet werden.
5. Zum Schluss muss die *Union-Abfrage* gemäß nachfolgendem Schaubild angepasst werden.

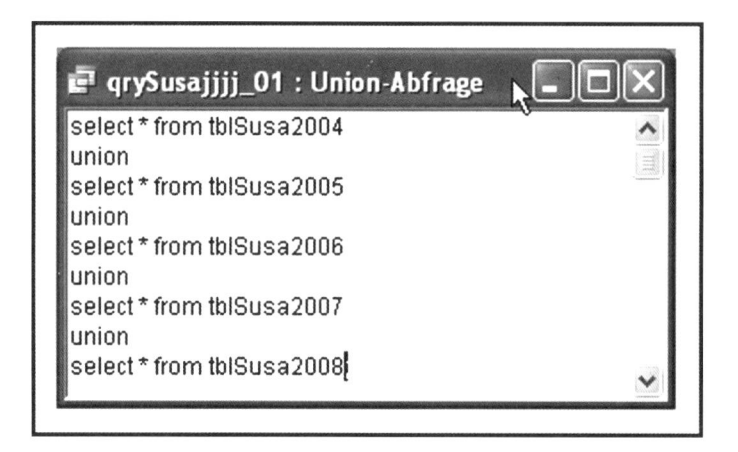

```
qrySusajjjj_01 : Union-Abfrage
select * from tblSusa2004
union
select * from tblSusa2005
union
select * from tblSusa2006
union
select * from tblSusa2007
union
select * from tblSusa2008
```

Abb. 11:   So wird die Abfrage mit neuen Daten erweitert

Tipp
Die in dem Beitrag erwähnten Dateien im Access-, Exel- und Textformat stehen Ihnen im Haufe Controlling Office auch zum Download zur Verfügung (einfach den Haufe Index „2133409" im Suchfeld eingeben). Damit können Sie die einzelnen Schritte, Dateistrukturen und Formatierungen direkt nachvollziehen.

Kapitel 5: Literaturanalyse

Literaturanalyse zum Themengebiet Kostenmanagement in Krisenzeiten

Von Andreas Klein und Matthias Schmitt

Je nach Sichtweise sind brauchbare Bücher zum Kostenmanagement in Krisenzeiten entweder rar gesät oder in nicht überschaubarer Fülle vorhanden. Zur ersten Einschätzung gelangt, wer nach Titeln mit direktem Themenbezug recherchiert. Hier wird man relativ schnell im Themenkreis Sanierung fündig, wo es ja bekanntermaßen darum geht, kränkelnden Unternehmen wieder auf die Beine zu helfen. Für diesen wichtigen Bereich haben wir Ihnen einen Vertreter ausgewählt, der nach Meinung verschiedener Rezensenten das Zeug hat, künftig zu den Standardwerken in diesem Bereich gezählt zu werden.

Wie sich jedoch gesunde und grundsätzlich erfolgreiche Unternehmen in Krisenzeiten behaupten können, dazu ist kaum etwas zu finden. Dies mag daran liegen, dass die Instrumente letztlich die gleichen sind wie die, die sich auch in guten Zeiten empfehlen. In diesem Zusammenhang können wir Ihnen vor allem eine Empfehlung geben, nämlich das zu nutzen, was Sie sowieso schon im Hause haben: den CB und das Ihnen stets verfügbare Controlling-Office. Hier finden Sie eine Vielzahl an Tipps zu gutem Kostenmanagement.

Darüber hinaus wollen wir Ihnen noch zwei weitere interessante Themengebiete nahebringen: Dies ist zum einen das auch für Controller insbesondere in diesen Zeiten immer wichtiger werdende Thema der Unternehmenskultur. Zum anderen stellen wir für die, die sich schon immer gefragt haben, wie es eigentlich zu dem kommen konnte, was wir aktuell an den Märkten erleben, einen der interessantesten Titel zur Finanzmarktkrise vor. Nicht umsonst wurde er bei Erscheinen von der Financial Times Deutschland zum Wirtschaftsbuch des Jahres gekürt. Für (Finanzmarkt-)Laien verständlich werden hier die wesentlichen Zusammenhänge und Konsequenzen aus berufenem Munde dargelegt – somit Mitsprachewissen aus erster Hand.

Die Verfasser der Literaturanalyse

Prof. Dr. Andreas Klein ist Mitherausgeber des Controlling-Beraters und Professor für Betriebswirtschaftslehre mit Schwerpunkt Controlling & International Accounting an der SRH Hochschule Heidelberg.

Dr. Matthias Schmitt beschäftigt sich als freier Unternehmensberater und Interim Manager mit der Einführung von Controlling-Systemen in mittelständischen und Start-up-Unternehmen. Dabei liegt einer seiner Schwerpunkte auf dem F+E-Controlling. Zuvor war er unter anderem knapp vier Jahre bei der GPC Biotech AG tätig, wo das F+E-Controlling ebenfalls den Schwerpunkt seiner Tätigkeiten darstellte. Dr. Matthias Schmitt ist erreichbar unter MxSchmitt@aol.com.

Literaturanalyse

Überblick		
Titel	Grund- lagen	Aufbau- literatur
Autor(en): Andreas Crone, Henning Werner (Hrsg.) **Titel:** Handbuch modernes Sanierungsmanagement **Jahr:** 2007 **Verlag:** Vahlen Verlag, München **Preis:** 60 EUR **Seiten:** 545 **ISBN:** 978-38006-3360-9	++	++
	Praxis- orientiert	Wissen- schaftlich
	++	

Inhalt

Das Thema Sanierungsmanagement ist aktueller denn je. Das Handbuch will Lösungswege aufzeigen, wie angeschlagene Unternehmen aus der Krise geführt werden können.

Die Herausgeber verfügen über umfangreiche Erfahrungen im Sanierungsmanagement. Andreas Crone ist Partner im Bereich Corporate Restructuring bei Ernst & Young und Henning Werner ist Professor für Produktion, Logistik sowie Sanierungsmanagement an der Fachhochschule Heidelberg. Neben den Herausgebern sind weitere zehn Autoren in das Werk eingebunden. Bei allen Autoren handelt es sich um ausgewiesene Praktiker, die als Insolvenzverwalter, Interimsmanager, Bankmitarbeiter, Finanzinvestoren oder Rechtsanwälte über langjährige Erfahrungen im Umgang mit Krisenunternehmen verfügen.

In dem Buch werden alle wesentlichen Themen ausführlich behandelt.

- Kapitel 1 beschreibt typische Krisenursachen, -anzeichen und -verläufe.
- In Kapitel 2 werden die Insolvenztatbestände erläutert und deren Überprüfung in der Praxis dargelegt.
- Kapitel 3 beschäftigt sich mit der Erstellung von Sanierungsgutachten (Gliederung, Inhalte) sowie der Organisation von Sanierungsprojekten.
- Das Herzstück eines jeden Sanierungsgutachtens stellt eine integrierte Finanzplanung dar, die in Kapitel 4 erläutert wird.
- Kapitel 5 beschäftigt sich mit finanzwirtschaftlichen Sanierungsmaßnahmen. Sehr anschaulich wird dargelegt, welche Finanzierungsinstrumente zur Abwendung der Zahlungsunfähigkeit oder Überschuldung geeignet sind.
- In Kapitel 6 werden die steuerlichen Aspekte behandelt.
- Gesellschaftsrechtliche Fragestellungen, die im Rahmen des Sanierungsmanagements regelmäßig von Bedeutung sind (z. B. Eigenkapitalersatzrecht, Formänderung, Abspaltung usw.), werden in Kapitel 7 behandelt.

- Sanierung bedeutet häufig auch, dass Leistungen an Mitarbeiter reduziert und Arbeitsplätze abgebaut werden. Alle relevanten arbeitsrechtlichen Aspekte werden in Kapitel 8 dargestellt.
- Kapitel 9 behandelt Haftungs- und Strafrechtsrisiken. Gerade in der Krise ist es für alle Beteiligten von außerordentlicher Bedeutung, Tatbestände, die ggf. zu einer persönlichen Haftung führen können, zu kennen.
- In Kapitel 10 stellt die Leiterin der Abwicklungsabteilung einer führenden deutschen Privatbank die Interessenslagen und Handlungsoptionen aus Bankensicht dar.
- In Kapitel 11 ist der Ablauf eines Insolvenzverfahrens beschrieben, wobei auch Aspekte des europäischen Insolvenzrechts behandelt werden.
- Kapitel 12 beschreibt die Arbeitsweise und Rolle von Finanzinvestoren, die sich auf den Kauf von Krisenunternehmen spezialisiert haben.
- In Kapitel 13 ist ein Fallbeispiel zur Erstellung einer integrierten Finanzplanung dargestellt.

Bewertung/Empfehlung

Das Werk erhebt den Anspruch, ein Handbuch für die Praxis zu schaffen, was auch ganz überwiegend eingehalten wird. Die vielfältigen und z. T. komplexen Sachverhalte sind anschaulich und für den Praktiker gut nachvollziehbar dargestellt und mit vielen Beispielen versehen. Lediglich in den juristischen Kapiteln gibt es einige Passagen, die für Nicht-Juristen nicht leicht zu verstehen sind. Neben dem „Handwerkszeug" des Sanierungsmanagements werden aktuelle Trends und neue Instrumente zur Sanierung von Unternehmen dargestellt. Aufgrund der zunehmenden Anzahl grenzüberschreitender Insolvenzverfahren wird das Thema „Internationales Insolvenzrecht" aufgegriffen. Darüber hinaus wird der Blick für die Interessenslagen und Handlungsoptionen der unterschiedlichen Beteiligten (z. B. Banken) geöffnet und es werden neue Trends und Instrumente (NPL-Transaktionen, internationales Insolvenzrecht) dargestellt.

Gesamtfazit

Ein ausgewogenes Buch, das die vielfältigen und zum Teil komplexen Fragestellungen, die in Unternehmenskrisen regelmäßig von Bedeutung sind, anschaulich und für den Praktiker verständlich darstellt. Seiner breiten Ausrichtung entsprechend eignet sich das Buch für jeden, der mit Unternehmen in der Krise befasst ist, insbesondere Geschäftsführer, Gesellschafter, Unternehmensberater, Wirtschaftsprüfer, Steuerberater, Mitarbeiter bei Banken sowie betroffene Mitarbeiter in Krisenunternehmen.

Prof. Dr. Andreas Klein

Literaturanalyse

Überblick		
Titel	Grund- lagen	Aufbau- literatur
Autor(en): Jürgen Jaworski, Frank Zurlino	++	++
Titel: Innovationskultur: Vom Leidensdruck zur Leidenschaft. Wie Top-Unternehmen ihre Organisation mobilisieren	Praxis- orientiert	Wissen- schaftlich
Jahr: 2008 **Verlag:** Campus Verlag, Frankfurt/New York **Preis:** 39,90 EUR Print / 33,90 pdf **Seiten:** 192 **ISBN:** 978-3- 593-38319-4	++	

Inhalt

Gerade in Krisenzeiten kommt es darauf an, möglichst kostenbewusst zu sein. Doch wie die Autoren völlig zu Recht ausführen, hat, „wer die Kosten im Griff hat, [...] nur die Basis geschaffen, im Rennen um die zukünftigen Kunden wieder teilnehmen zu dürfen. Die Leistungsfähigkeit, die Kunden für Produkte und Dienstleistungen zu begeistern, speist sich aus einer anderen Quelle: der Innovationsfähigkeit" (S. 13).

Klassisch ausgerichtete Controller sehen ihre diesbezüglichen Aufgaben vorrangig im Projekt- bzw. F+E-Controlling und in der Bereitstellung der entsprechenden quantitativ ausgerichteten Verfahren, Instrumente und Methodiken. Dies sind fraglos wesentliche und auch notwendige Aspekte. Um dauerhafte Innovationskraft sicherstellen zu können, sind sie jedoch bei weitem nicht hinreichend. Dazu bedarf es weiterer, zum Teil eher nur diffus erfahrbarer Konzepte, die sich unter dem Begriff der Unternehmenskultur zusammenfassen lassen. Unternehmenskultur – darunter wird im Allgemeinen die Gesamtheit der im Laufe der Zeit in einem Unternehmen entstandenen und aktuell wirksamen Wertvorstellungen, Einstellungen und Normen des Verhaltens verstanden. Und mit Innovationskultur sind eben die Wertvorstellungen derer gemeint, die am Innovationsgeschehen im Unternehmen teilhaben und das ist im Idealfall ein sehr großer Teil der Mitarbeiter (s. a. S. 25).

Die Empirie belegt, dass am Markt erfolgreiche Unternehmen hier besondere Stärken besitzen, ja, dass gerade hierin die Wurzel ihres Erfolgs zu sehen ist. Ein wichtiger und überdies nicht leicht zu imitierender Wettbewerbsvorteil, den zu durchdringen die Autoren sich zur Aufgabe gemacht haben. Praktische Erfahrungen und Unterstützung haben sie sich dazu bei insgesamt 22 Unternehmen – verschiedenartige, jedoch allesamt äußerst erfolgreich in ihrem jeweiligen Markt – geholt.

Das Buch selbst ist in sieben aufeinander aufbauende Abschnitte gegliedert. Nach Vorwort und Einführung in den Themenkreis behandeln die Autoren die grundlegenden Voraussetzungen für eine Innovationskultur. Diese sehen sie vor allem in einer einenden Vision bzw. in einem Leitbild, zu dessen Formulierung sie konkrete Ratschläge und Beispiele aus den beteiligten Unternehmen geben.

Als weitere wichtige Voraussetzungen werden in den Folgekapiteln interne und externe Vernetzung der Mitarbeiter, geeignete Führungsprinzipien, offene, jedoch nicht unbegrenzte Freiräume sowie Empfehlungen im Umgang mit neuen Ideen (Entstehung, Entwicklung und Filterung) erläutert.

Bewertung/Empfehlung

Trotz wissenschaftlicher Fundierung ein Praktikerbuch: Die Autoren, selbst ausgewiesene Praktiker, zeigen anhand vieler Beispiele, wie die – zumindest aus eher konservativer Perspektive – vermeintlich schwer greifbaren Konzepte erfolgreich in die Praxis umgesetzt werden konnten. Dabei hilft fraglos der stetige Rückbezug auf die Erfahrungen der die Studie unterstützenden Unternehmen. Dadurch ist das Werk nicht nur lehrreich, sondern auch unterhaltend. Aus akademischer Sicht ist zu bemängeln, dass die Autoren dem Leser an vielen Stellen schuldig bleiben, die an sich nachvollziehbaren Aussagen anhand von weiter recherchierbaren Nachweisen zu belegen. Für den praktisch orientierten Leser ist das sicher zu verschmerzen.

Gesamtfazit

Gerade aus Controller-Sicht ein lesenswertes Buch. Die Autoren betonen stets die Wichtigkeit eines effektiven Kostenmanagements, zeigen jedoch auch, dass das nicht alles, ja eigentlich nur der Anfang ist. Vielmehr muss die Zielsetzung sein, eine entsprechende Innovationskultur im Unternehmen zu schaffen. Und dazu können Controller mehr beitragen, als dies mitunter vordergründig gesehen wird.

Prof. Dr. Andreas Klein

Literaturanalyse

Überblick		
Titel	Grundlagen	Aufbauliteratur
Autor(en): Benoit B. Mandelbrot, Richard L. Hudson Titel: Fraktale und Finanzen. Märkte zwischen Risiko, Rendite und Ruin Jahr: 2007 Verlag: Piper Preis: 12,95 EUR Seiten: 448 ISBN: 3-492-24861-6	++	++
	Praxisorientiert	Wissenschaftlich
	++	

■ Inhalt

Der Begründer der fraktalen Geometrie und Harvard-Ökonom Benoit B. Mandelbrot beschreibt in diesem Buch das (Nicht-)Funktionieren der Finanzmärkte. Für den Laien verständlich werden zunächst die Grundlagen der Finanzmarkttheorie, von Markowitz' moderner Portfoliotheorie über das Capital Asset Pricing Model bis hin zur Optionsbewertung nach Black/Scholes dargelegt. Im weiteren Verlauf des Buches legt der Autor dar, wie das mathematische Konzept der fraktalen Geometrie das reale, chaotische Geschehen an den Finanzmärkten aus seiner Sicht besser darstellt als herkömmliche, auch im Risikomanagement der Banken weit verbreitete Methoden und präsentiert seine vor dem Hintergrund der Finanzkrise brandaktuelle Sicht der Finanzmärkte.

Die englische Originalausgabe des Buchs wurde 2004 mit dem Wirtschaftsbuchpreis in der Kategorie „Finanzmärkte" von der Financial Times Deutschland und getabstract ausgezeichnet.

■ Bewertung

Mandelbrot wendet sich mit seinem Buch an den interessierten Laien. Der Leser wird in die wichtigsten Konzepte der Finanzmarkttheorie eingeführt, ohne dass dazu eine einzige Formel verwendet wird. Als roter Faden zieht sich Mandelbrots Grundaussage durch das Buch: Das Geschehen an den Finanzmärkten ist chaotisch und kaum vorhersagbar, die Bildung und das Platzen von Blasen ist Teil des Systems. Die herkömmlichen Methoden der Finanzmarkttheorie, wie sie unter anderem in den Risikomanagementabteilungen der Banken oder in den strategischen Planungsteams der Unternehmen eingesetzt werden, sind aufgrund ihrer mathematischen Basis nicht in der Lage, diese Realität der Extreme abzubilden. Denn basierend auf der zugrundeliegenden Normalverteilung sollten Sprünge, wie sie z. B. der DAX im Oktober 2008 vollzogen hat, gar nicht vorkommen. Tatsächlich kommen solche Sprünge aber immer wieder vor! Hier hilft die fraktale Geometrie, die sprunghafte Realität mathematisch besser zu fassen.

Neben dem aktuellen Bezug zur Finanzmarktkrise ist für den Controller vor allem die fundierte Kritik am Capital Asset Pricing Model bemerkenswert – so manch einer wird sich in den letzten Monaten schon gefragt haben, ob die gängigen Annahmen zum Unternehmensrisiko nicht gründlich hinterfragt werden sollten. Denn nicht nur Aktienkurse können plötzlich einbrechen, sondern auch Absatz, Umsatz und Liquidität.

Empfehlung

DAS Buch zur Finanzmarktkrise – trotz der Tour de Force durch Finanzmarkttheorie und -mathematik sehr gut lesbar, vermittelt der Insider Mandelbrot einen exzellenten Überblick über ein brandaktuelles Thema. Und dies nicht in der üblichen Form der Erklärung des im Nachhinein Offensichtlichen: Denn Mandelbrot sagt die aktuelle Finanzmarktkrise als systeminhärent voraus, indem er das Buch wörtlich als „Warnung an die Finanzwelt" bezeichnet. Leider vergeblich!

Dr. Matthias Schmitt

Literaturanalyse

Stichwortverzeichnis

A
Access
– Datengewinnung aus Vorsystemen mit Excel und Access   261

D
Datenauswertung
– Datengewinnung aus Vorsystemen mit Excel und Access   261
Datenverarbeitung
– Abbildung der Kostenrechnung mit OLAP   227

E
EDV
– Abbildung der Kostenrechnung mit OLAP   227
Effizienzsteigerung
– Projektmanagement   213
– Projektorganisation   205
Effizienzsteigerungsprojekt
– Erfolgsfaktoren   209
Einsparpotenziale
– beim Personal   39, 55
– beim Working Capital   39, 55
– im Marketing   39, 55
– im Vertrieb   39, 55
– in der IT-Abteilung   39, 55
– in der Logistik   39
– in der Produktion   39, 55
Excel
– Datengewinnung aus Vorsystemen mit Excel und Access   261

F
F+E-Controlling
– Projektstrukturen   149
– Reporting   149
– Stundenerfassung   149
Forschung und Entwicklung
– Krisenmanagement   129
– Stratex-Konzept   129

G
Gemeinkostenkalkulation
– Typ-Mengen-orientiert   167
Gemeinkostenmanagement
– 7-W-Analyse   105
– Gemeinkostenwertanalyse   105
– interne Leistungsverrechnung   105

K
Kennzahlen
– Datengewinnung aus Vorsystemen mit Excel und Access   261
Kostenrechnung
– Grundlagen der Umsetzung mit OLAP   227
Kostensenkung
– durch Kurzarbeit   92
– im Personalbereich   87
– Projektmanagement   213
– Projektorganisation   205
– Umsetzungshindernisse   207
Kostensenkungsprogramm
– Erfolgsfaktoren   209
Krise
– Krisenprävention   21
– Liquiditätskrise   21
– strategische   21
– Unternehmenskrise   21
Krisenbewältigung
– Kostensenkungsprogramm umsetzen   205

Kündigung
– Kosten 99
Kurzarbeit
– Grundlagen 92

L

Liquiditätssteuerung
– in Krisenzeiten 71

O

OLAP
– Abbildung der Kostenrechnung mit analytischen Anwendungen 227

P

Personalkosten
– Kostensenkungsmaßnahmen 87
– Senkung durch Kündigungen 99
Potenziale heben
– Projektmanagement 213
Projektmanagement
– zur Kostensenkung 205
Psychologische Faktoren der Interaktion
– apersonelle Faktoren 183
– interpersonelle Faktoren 183
– intrapersonelle Faktoren 183

R

Rationalisierung
– im Personalbereich 87
– Projektorganisation 205
Rationalisierungsprojekt
– Erfolgsfaktoren 209

S

SIDA-Modell 197
Software
– Abbildung der Kostenrechnung mit OLAP 227
Sparmaßnahmen
– durch Kurzarbeit 92
Stundenerfassung
– F+E-Controlling 149

U

Unternehmenskrise
– Liquiditätssteuerung 71
Unternehmenssteuerung
– Datengewinnung aus Vorsystemen mit Excel und Access 261
– horizontale 21
– vertikale 21

V

Variantenkalkulation 167
Variantenmanagement 167

W

Wirtschaftskrise
– Liquiditätssteuerung 71

Z

Zahlungsfähigkeit
– Liquiditätssteuerung in der Krise 71